XML
für Dummies

Ed Tittel, Norbert Mikula &
Ramesh Chandak

XML für Dummies

Gegen den täglichen Frust mit XML

Übersetzung aus dem Amerikanischen
von Michael Theis, Angela Schneider-Theis
und Eduard Paul

mitp

Die Deutsche Bibliothek – CIP-Einheitsaufnahme:

Tittel, Ed:
XML für Dummies / Ed Tittel ; Norbert Mikula ; Ramesh Chandak.
Übers. aus dem Amerikan. von Michael Theis, Angela Schneider-Theis
und Eduard Paul . - Bonn : MITP-Verlag, 2000
Einheitssacht.: XML For Dummies <dt.>
ISBN 3-8266-2860-8
NE: Norbert Mikula, Ramesh Chandak

ISBN 3-8266-2860-8
1. Auflage 2000

Übersetzung der amerikanischen Originalausgabe:
Ed Tittel, Norbert Mikula & Ramesh Chandak: XML For Dummies

Printed in Germany

Ein Unternehmen der verlag moderne industrie AG & Co. KG, Landsberg

Lektorat: Esther Neuendorf
Korrektorat: Petra Heubach-Erdmann
Produktion: TYPisch Müller, München
Druck: Media-Print, Paderborn
Umschlaggestaltung: Sylvia Eifinger, Bornheim
Satz und Layout: Lieselotte und Conrad Neumann, München

Inhaltsverzeichnis

Kapitel 2
Verwandte, die sich mögen: Die Verbindung von XML zu HTML 43

Kapitel 3
Die Beziehung von XML zu SGML verstehen 59

Einführung

Willkommen an der letzten Grenze der WWW-Technologie (World Wide Web). In diesem Buch führen wir Sie in die geheimnisvolle Welt der Auszeichnungssprache XML (eXtensible Markup Language) ein, die gewaltige Ergänzungen zu einem bereits beeindruckenden Fundament, der Dokumentformatsprache HTML (HyperText Markup Language), verspricht, die das Web erst möglich gemacht hat.

Für alle, die komplexe Web-Seiten erstellen möchten, in denen mehrere Datenquellen integriert sind, die ein aktives und dynamisches Verhalten erfordern und für deren Erstellung eine Menge Programmieraufwand notwendig sein kann, um den speziellen Anforderungen zu entsprechen, kann XML die Rettung sein. Wenn Sie bereits HTML kennen, werden Sie sich weniger anstrengen müssen, XML Ihrem Arsenal hinzuzufügen, als Sie denken. (Kein Scherz!)

Wir nehmen in diesem Buch eine ganz klare Annäherung an XML vor – wir erzählen Ihnen, um was es sich bei dieser Auszeichnungssprache handelt und was XML für Ihre Online-Veröffentlichungserfolge tun kann. Wir versuchen, den Anteil an Techno-Geschwätz möglichst gering zu halten und so weit wie möglich die Erläuterungen »auf gut deutsch« zu halten. Neben einer offenen Aussprache über Hypertext, XML und die vielen Fachgebietssprachen, die auf der Basis von XML existieren, wie beispielsweise die Chemical Markup Language oder die Math Markup Language, schließen wir eine Reihe von Beispielprogrammen und Anweisungen mit ein, die Sie dabei unterstützen sollen, XML auf Ihrer Website zu verwenden.

Wir haben diesem Buch auch eine schicke CD beigelegt, die die XML-Beispiele in einer verwendbaren Form enthält sowie eine Reihe weiterer interessanter Dinge für Ihre eigenen Dokumente. Sie finden hier auch zahlreiche XML-Autoren-Tools, Parser, Entwickler-Tools und andere feine Sachen – da ist bestimmt auch etwas für Sie dabei, was Sie als Inspirationsquelle und als Basismaterial für Ihre eigenen Zwecke verwenden können.

Über dieses Buch

Betrachten Sie dieses Buch als einen freundlichen, umgänglichen Führer in und durch die Welt von XML. Verwenden Sie diese Technologie, um Ihre Präsenz im Word Wide Web zu verstärken. Obwohl XML streckenweise ein bißchen schwerer als HTML zu begreifen ist, wird es Ihnen durch den Aufbau des Buches leicht gemacht, die Grundlagen von XML in Angriff zu nehmen und sie dann mit positiver Wirkung einsetzen zu können. Wir bieten darüber hinaus umfangreiche zusätzliche Informationsquellen, Trainingseinheiten und Beratungen – und zwar sowohl online als auch offline. Einige Themen, die Sie in diesem Buch finden, beinhalten folgendes:

- Einen Überblick über die Fähigkeiten, die Terminologie und die Technologien von XML.
- Einen Vergleich von XML mit seinem Juniorpartner HTML und seinem Seniorpartner SGML.
- Einen Überblick über den neuesten XML-Standard.
- Einen Überblick über das Entwerfen, Erstellen und Verwenden der erweiterbaren Merkmale von XML.
- Eine Vorstellung von XML-»Dialekten«, die für spezielle Auszeichnungsmöglichkeiten solcher Bereiche und Funktionen entwickelt wurden, für die der Funktionsumfang von HTML nicht ausreicht. Dazu gehören zum Beispiel die Darstellung komplexer chemischer und mathematischer Prozesse, die Unterstützung der Push-Technologie und Ressourcen-Verteilung sowie das Einbinden dynamischer und multimedialer Schnittstellen.

Vielleicht denken Sie ja, daß man – um XML zu erlernen und zu verwenden – jahrelang trainieren und in ein paar technische Zaubertricks eingeweiht sein muß? Nun, wir glauben, daß dem nicht so ist. Wenn Sie in der Lage sind, jemanden einen Weg in die Stadt zu beschreiben, können Sie auch ganz sicher XML-Dokumente erstellen, die genau das tun, was Sie möchten. Das Ziel dieses Buches ist es auf keinen Fall, Sie in einen konservativen Laffen, ausgestattet mit einem Taschenschirm, zu verwandeln. Wir möchten Ihnen statt dessen hier zeigen, welche Entwurfs- und technischen Elemente Sie benötigen, so daß Sie verstehen, was XML ist und wie es arbeitet, und wir möchten Ihnen das Wissen und die Sicherheit geben, um diese Auszeichnungssprache mit gutem Erfolg verwenden zu können.

Wie man dieses Buch benutzt

Nehmen Sie dieses Buch, um herauszufinden, was XML ist, und wie Sie diese Auszeichnungssprache verwenden können, um individuelles Markup zu erstellen, das Ihren Online-Anforderungen zur Informationsdarstellung und -verwaltung entspricht. Sie erfahren hier auch, was gebraucht wird, um effektive Dokumente zu entwerfen und zu gestalten, um Ihre wichtigen Ideen und Informationen in das gesamte Web mit einzubringen – wenn das Ihr Ziel ist –, oder in das Intranet, wenn Ihre Informationen nur für den »internen Gebrauch« bestimmt sind.

Jeder XML-Code erscheint in Monospace-Schrift wie folgt:

```
<Greeting>Hello, world!</Greeting> ...
```

Wenn Sie XML-Tags oder andere damit bezogene Informationen eingeben, müssen Sie darauf achten, die Informationen exakt so, wie Sie sie im obigen Code sehen, zwischen die Klammern < und > zu setzen, da dies ein Teil der Zauberkunst ist, die XML zur vollständigen Entfaltung bringt. Außerdem erzählen wir Ihnen, wie Sie die Inhalte anordnen und verwalten, die Ihre Seiten so besonders machen, und wir informieren Sie exakt über alles, was Sie benötigen, um die Elemente von XML mit Ihrer eigenen Arbeit zu verbinden.

Auf Grund des Papierformats und der Seitenabmessungen in diesem Buch kann es vorkommen, daß ein paar längere Zeilen von XML-Markup oder Adressen für die WWW-Sites (URLs genannt, für Uniform Resource Locators) in die nächste Zeile umbrochen werden. Auf Ihrem Computer jedoch können diese Zeile als eine einzelne XML-Zeile oder einen durchgehenden URL angezeigt werden, wenn Sie also diese umbrochenen Zeilen sehen, sollten Sie auf keinen Fall einen harten Zeilenumbruch (über die Eingabetaste) einfügen. Jede Instanz an umbrochenem Code wird wie folgt gezeigt:

```
www.infomagic.austin.com/nexus/plexus/lexus/praxis
             this_is_a_deliberately_long.html
```

Wir sahen uns bei der Erstellung dieses Buches immer wieder gezwungen, Code-Zeilen über mehrere Zeilen hinweg zu umbrechen. Beachten Sie jedoch, daß Sie – wie schon erwähnt –, auf keinen Fall harte Zeilenumbrüche einfügen, halten Sie den Code bei der Eingabe in einer Zeile.

In XML ist es sehr wichtig, wie Code eingegeben wird – diese Auszeichnungssprache unterscheidet zwischen Groß- und Kleinschreibung, d.h., sie ist case-sensitive, wie man in der Fachsprache so schön sagt. Der Code muß genau so eingegeben werden, wie er hier im Buch steht (oder – noch wichtiger – wie er in der DTD (Document Type Definition) definiert ist, die wohlgeformte oder gültige XML-Dokumente bestimmt). Damit also Ihre Arbeit möglichst so aussieht, wie unsere Vorgaben in diesem Buch, sollten Sie allen Tag-Text genau so eingeben, wie er hier gezeigt wird.

Mutmaßungen mögen nicht gerechtfertigt sein, aber...

Jemand sagte mal, daß Mutmaßungen sowohl die Person lächerlich machen, die sie vornimmt, als auch die Person, auf die sich die Mutmaßungen beziehen. Obwohl wir diese Schlußfolgerung auch schon mal gehört haben, nehmen wir uns doch die Freiheit, über Sie – den geneigten Leser – ein paar Vermutungen anzustellen:

- ✔ Sie können Ihren Computer ein- und ausschalten.
- ✔ Sie wissen, wie man Maus und Tastatur einsetzt.
- ✔ Sie sind bereits mit HTML und dem Web vertraut, Sie kennen den Unterschied zwischen einem Web-Browser und einem Web-Server und Sie wissen, was ein PlugIn ist und warum PlugIns für so viele Web-bezogene Arbeiten benötigt werden.
- ✔ Sie möchten eigene XML-Dokumente aus Spaß oder zum eigenen Nutzen erstellen oder weil es ein Teil Ihres Jobs ist.

Darüberhinaus nehmen wir an, daß Sie über eine funktionierende Verbindung zum Internet und zu einem Web-Browser, der XML direkt unterstützen kann, verfügen. (Als wir dieses Buch verfaßt haben, war der Internet Explorer 4.0 der einzige Browser mit dieser Fähigkeit, doch

Netscape Navigator versprach, diese Fähigkeiten in naher Zukunft ebenfalls erreichen zu wollen.) Sorgen Sie sich also nicht, wenn Sie keinen solchen Browser haben. Ein Teil dessen, was Sie auf diesen Seiten (und auf der CD-ROM) finden werden, ist eine Sammlung von Zeigern, die Ihnen dabei helfen, die entsprechenden Tools zu bekommen, um direkt mit XML auf Ihrem eigenen Computer arbeiten zu können. Um mit XML zu arbeiten, müssen Sie weder ein scharfsinniger Logiker noch ein Programmiergenie zu sein, noch einen Doktortitel in Informatik haben. Alles was Sie brauchen, ist die notwendige Zeit, um sich XML anzueignen und die Entschlossenheit, die Knifflichkeiten und Fähigkeiten dieser Auszeichnungssprache zu bewältigen.

Wenn Sie einen Satz schreiben können und den Unterschied zwischen einer Überschrift und einem Absatz kennen, sind Sie auch in der Lage, Ihre eigenen XML-Dokumente im World Wide Web zu erstellen und zu veröffentlichen. Verfügen Sie auch noch über genügend Vorstellungskraft und die Fähigkeit, mitzuteilen, was für Sie wichtig ist, und verstehen Sie die speziellen Anforderungen, die aus XML mehr als eine »coole« Technologie machen, beherrschen Sie bereits die Hauptbestandteile, die notwendig sind, um sinnvolle, attraktive XML-Dokumente zu erstellen. Der Rest geht dann ins Detail und dabei helfen wir Ihnen natürlich auch.

Wie dieses Buch aufgebaut ist

Dieses Buch besteht aus vier Hauptteilen. Jeder Teil enthält zwei oder mehr Kapitel und jedes Kapitel mehrere modulare Bereiche. Wenn Sie also zu einem beliebigen Zeitpunkt Hilfe oder Informationen benötigen, schnappen Sie sich das Buch und beginnen Sie dort, wo Sie möchten, oder verwenden Sie das Inhaltsverzeichnis bzw. den Index, um nach bestimmten Themen oder Begriffen zu suchen.

Und hier finden Sie die Inhalte der einzelnen Teile kurz zusammenfaßt:

Teil I: Warum XML »eXtrem cool« ist

In diesem Teil werden Sie in die Auszeichnungssprache XML eingeführt. Wir beginnen mit einem Überblick über die speziellen Fähigkeiten von XML und diskutieren die Entwurfsziele und Motivationen, die zur Erstellung und Spezifikation dieser Sprache führten. Wir behandeln auch die spezielle Verbindung zwischen XML und HTML und erläutern, warum Sie zwar HTML in XML konvertieren können, doch daß dies keine gute Idee ist und daß es umgekehrt auch nicht möglich ist, XML in HTML zu konvertieren. Wir diskutieren die besondere Verbindung zwischen XML und SGML (Standard Generalized Markup Language), die eine wahrhaft mathematische Untermengen-/Obermengen-Verbindung repräsentiert. Wir beenden den ersten Teil dieses Buches mit einem Überblick über die Inhalte und die Notation, die in der vor kurzem veröffentlichten XML-Standarddefinition (auch XML-Spezifikation genannt) erschienen sind. Nehmen Sie sich das letzte Kapitel in diesem Teil als Hilfe, die Inhalte der Spezifikation zu lesen, zu interpretieren und zu verstehen. Dort wird das grundlegende Konzept über die Struktur von XML, seine Arbeitsweise und die Funktionsweise des XLM-Prozessors, der den Code liest, überprüft und das XML-Dokument darstellt, beschrieben. Dieser XML-Standard bietet die Grundlage für alle entwickelten XML-Anwendungen und zukünftigen Fortschreibungen, wie auch selbstverständlich für die Ausführungen in den weiteren Kapiteln unseres Buches.

Teil II: Dokumente und ihr Markup ausbauen

XML vermengt einfachen Text mit speziellen Zeichen-Strings – genannt Markup bzw. Auszeichnungen – die XML-Prozessoren anweisen, wie Dokumente, die auf XML basieren, angezeigt werden sollen. In diesem Teil des Buches finden Sie heraus, wie XML-Dokumente strukturiert werden müssen und was der Unterschied zwischen einem wohlgeformten und einem gültigen XML-Dokument ist. Sie erfahren, was alles mit involviert ist, ein nach Maß gefertigtes XML-Markup zu definieren und dieses definierte Markup zu erweitern und zu verbessern, und wie Inhalte innerhalb eines XML-Dokuments, das angepaßtes Markup verwendet, dargestellt werden können. Wir gehen dann die komplexeren Hyperlinking-Fähigkeiten von XML an, die die einfachen Hyperlink-Möglichkeiten von HTML erweitern und verbessern.

Von dort aus machen wir einen Bogen und behandeln das Erstellen von Stylesheets für XML-Dokumente – und zwar sowohl in Bezug auf die aktuellen Fähigkeiten als auch mit einem Blick auf die leistungsstarke, aber noch nicht komplette XSL-Sprache (XML Style Language). Wir beenden den zweiten Teil mit einer Erörterung über Zeichenkodierung und Zeichen-Entities, so daß Sie leistungsstarke Shortcuts für sich wiederholende Textelemente in Ihren XML-Dokumenten erstellen können und zusätzlich die enge Begrenztheit der Zeichensatzverwendung unter HTML überwinden können. Wenn Sie alle Arten von exotischen Symbolen oder auch Sprachen wie Chinesisch, Koreanisch, Japanisch usw. in Ihren Dokumenten mit einbeziehen möchten (oder müssen), ist das durch XML wesentlich einfacher als mit HTML!

Teil III: XML-Sprache und -Anwendung

Der dritte Teil setzt alle Elemente, die in den beiden vorangegangenen Teilen behandelt wurden, zusammen, um Ihnen zu zeigen, was andere Entwickler mit XML angestellt haben, um spezielle XML-Sprachen – auch XML-»Dialekte« genannt – zu erstellen. Zu diesen – auf der Basis von XML definierten und bestimmten Fachgebieten zugeordneten – Sprachen, die bereits definiert sind oder sich noch im Aufbau befinden, gehören: Chemical Markup Language (CML), Channel Definition Format (CDF), Resource Description Framework (RDF), Distribution and Replication Protocol (DRP) von HTMNL, Mathematical Markup Language (MathML), Web Interface Definition Language (WIDL), Synchronized Multimedia Interface Language (SMIL) und schließlich Open Software Description (OSD).

Sie finden hier nicht nur eine Ansammlung von Akronymen und deren zugrundeliegenden Technologien – das wird Ihnen an vielen Stellen geboten – sondern hier sehen Sie eine leistungsstarke Demonstration, wie XML zur Erstellung von kompakten, mächtigen Auszeichnungssprachen verwendet werden kann, die jeder Art der Dokumenthandhabung oder

Informationsweitergabe entsprechen können. Diese XML-Dialekte agieren sowohl als Beispiele dafür, was in XML möglich ist, als auch als Anregung und Hilfestellung für Leser, entsprechende Lösungsansätze für ihren Bereich zu entwickeln.

Teil IV: Die Top Ten (auch Zehnerlisten genannt)

In diesem abschließenden Teil des Buches ziehen wir ein Fazit und versuchen dabei, aus all dem, was Sie gelesen haben, das Wesentliche herauszufiltern. Sie können hier noch einmal die wichtige und oft behandelte Rolle Revue passieren lassen, die SGML in Zusammenhang mit XML spielt, ein paar hervorragende Verwendungen von XML beobachten, ein paar auffallende XML-Online-Ressourcen überprüfen und Antworten auf brennende Fragen in Bezug auf XML finden. Schließlich beenden Sie Ihre XML-Odyssee, indem Sie Beispiele für XML-Tools und -Software lesen, die Sie dann weiter online oder über die CD-ROM untersuchen können.

Die CD-ROM

Die auf der CD-ROM enthaltenen Bestandteile sind innerhalb von verschiedenen Modulen organisiert, die das Layout des Buches selbst widerspiegeln. Die CD soll Ihnen dabei helfen, den Code und die Beispiele, die innerhalb der folgenden Buchseiten erscheinen, mit den elektronischen Gegenstücken auf der CD abzugleichen. Wir denken, Sie können getrost einen Vorteil daraus ziehen, daß unsere Finger (bei der Code-Eingabe) schon so fleißig gewesen sind, daß Sie auf der CD zahlreiche Beispiele und Elemente finden, die Sie – extrahiert – wunderbar in Ihren eigenen XML-Dokumenten verwenden können.

Wir bieten hier auch zwei zusätzliche Kapitel an – genannt Extra 23 und Extra 24 – die eine Reihe weiterer XML-Tools besprechen sowie eine Liste großartiger XML-Ressourcen bieten. Vergessen Sie auf Ihrem Weg zur XML-Meisterschaft nicht, auch einen Blick darauf zu werfen.

Der Rest des CD-Inhalts ist einer Ansammlung von Tools und Programmen für XML gewidmet, die wir für Sie zur Ihrem Vergnügen und zu Ihrem Nutzen zusammengestellt haben.

Wenn Sie sich mit der Zeit durch das Buch und die CD die notwendigen Kompetenzen erworben haben, sollten Sie – bestens ausgestattet – in der Lage sein, Ihre eigenen XML-Dokumente zu erstellen und sie vielleicht schon in Ihre eigene Website zu stellen!

Besondere Symbole in diesem Buch

Dieses Symbol signalisiert technische Details, die wichtig und informativ, jedoch für das Schreiben in XML nicht unbedingt entscheidend sind. Sie können diese übergehen, wenn Sie möchten (aber bitte kommen Sie später noch einmal darauf zurück).

Durch diese Hinweise können Sie sich einiges Wissen über XML-Markup, Design von Web-Seiten und anderes wichtige Zeug, das weniger kompliziert ist, als Sie fürchten, aneignen.

Diese wichtigen Punkte sollten Sie sich auf jeden Fall merken (das Leben, das Sie retten, könnte Ihr eigenes sein).

Lassen Sie äußerste Vorsicht walten, wenn Sie dieses Symbol sehen. Es warnt Sie vor Dingen, die Sie auf keinen Fall tun sollten. Die Form des Symbols alleine betont schon, daß es harte Konsequenzen haben kann, diese weisen Mahnungen zu ignorieren.

Dieses Spinnennetz-Symbol signalisiert, daß Web-Quellen zu einem Thema zur Verfügung stehen, die Sie weiter untersuchen können.

Wenn Sie das CD-ROM-förmige Symbol sehen, zeigt dies eine Ressource, ein Tool oder einen Zeiger auf Ressourcen an, die Sie auf der diesem Buch beigelegten CD-ROM finden können.

Wie es jetzt weitergeht

Das ist der Teil des Buches, an dem Sie sich eine Richtung heraussuchen und losziehen! *XML für Dummie*s kann man ein wenig mit einem Gulaschrezept vergleichen. Sie malen sich zuerst aus, wie Ihr fertiges Produkt schmecken sollte, tragen dann die Zutaten für Ihr eigenes »Dokumenten-Gulasch« zusammen und beginnen schließlich mit der Kochzeremonie für sich (oder Ihre Firma). Sie werden lernen und lesen, sehr viel im Web surfen, unsere Software und Materialien erforschen, ganz zu schweigen von den unendlich vielen Materialien, die online verfügbar sind. Für das ungeschulte Auge mag es manchmal so aussehen, als würden Sie Zeit vertrödeln. Doch wir wissen ganz genau, daß Sie sich auf eine Entdeckungsreise gemacht haben, die als Konsequenz das Web – wie Sie und wir es kennen – verändern kann. Viel Glück auf Ihrer Reise und vergessen Sie nicht, auf Ihrem Weg auch immer die Informationsautobahn im Blickfeld zu haben.

Genießen Sie es!

Teil I

Warum XML »eXtrem cool« ist

»Hier bei MIC, dem führenden Unternehmen in OEM, wünschen wir einem großartigen PM wie Douglas O. Godges – oder DOG, wie viele ihn nennen – einen angenehmen Ruhestand.«

In diesem Teil...

Dieser erste Teil von XML für Dummies bietet sich als optimaler Einstieg in die Welt der Auszeichnungssprache eXtensible Markup Language – bekannt unter der Abkürzung XML – an. Sie werden hier folgendes vorfinden:

- ✔ Wir bieten einen Überblick über die Hintergründe von XML sowie die Möglichkeiten dieser Auszeichnungssprache.
- ✔ Es werden die Basiselemente der XML-Syntax erläutert sowie Dokumenttypen vorgestellt und die Implikationen von XML für das Web erläutert.
- ✔ Wir diskutieren die Beziehungen zwischen XML, HTML und deren Muttersprache SGML.
- ✔ Wir bieten einen Überblick über Inhalte und Notationen, die in der unlängst veröffentlichten XML-Standarddefinition erschienen sind.

Da die Spezifikation selbst zu umfangreich und komplex ist, um sie bis ins letzte Detail zu untersuchen, ist es unser Ziel, Ihnen dabei zu helfen, die Inhalte dieses wichtigen Dokuments lesen, interpretieren und verstehen zu können. Denn XML beruht auf der Grundlage dieses Dokuments, wie das hier vorliegende Buch natürlich auch.

Was ist XML und was haben Sie damit zu tun?

1

In diesem Kapitel

- Einführung in XML (eXtensible Markup Language)
- Die Ähnlichkeiten von XML und HTML untersuchen
- Syntax und Regeln von XML überprüfen
- Einen Blick auf die Elementtypen und Attribute von XML werfen

XML, die eXtensible Markup Language, ist neu und brandheiß. Haben auch Sie schon mal die Idee gehabt, die Fähigkeiten von HTML zu erweitern und über die Einschränkungen dieser Sprache hinaus eine eigene Auszeichnungsprache zu entwickeln? Und sehnen Sie sich schon seit langem nach einem Dokumentformat, das Sie verwenden können, um Daten via Internet auszutauschen?

Nun, XML kann Ihnen für derartige Wünsche und Probleme eine Lösung anbieten. Obwohl es XML noch nicht sehr lange gibt, wird diese Auszeichnungssprache doch schon in vielen Software-Produkten verschiedenster Industriezweige eingesetzt. Ist ein Einstieg in XML schwierig? Nein, fangen Sie doch einfach mal mit diesem Kapitel an. Sie werden einiges über die Geschichte von XML erfahren und wie Sie damit arbeiten können, wir werden Sie über Gemeinsamkeiten und Unterschiede von XML und HTML informieren und Sie auch darüber auf dem laufenden halten, welche Art von XML-Anwendungen bereits verfügbar sind.

Eine zwanglose Einführung in die eXtensible Markup Language

Um neue Technologien zu verstehen, ist es oft sinnvoll, ein wenig über die Geschichte dieser Technologie und die Leute, die dahinterstehen, zu erfahren. Und deshalb möchten wir Ihnen an dieser Stelle eine nicht allzu lange Geschichte über XML anbieten und auch noch ein paar Hintergrundinformationen hinzufügen. In naher Zukunft wird sicher ein größerer Personenkreis XML kennen und darüber sprechen. Wenn Sie sich also XML annähern – zum Beispiel durch die Lektüre dieses Buches –, haben Sie anderen gegenüber schon einen kleinen Vorsprung.

Ein wenig Hintergrundwissen

Die eXtensible Markup-Language (XML) wurde von einer Arbeitsgruppe des W3C (World Wide Web Consortium) entwickelt. Diese Gruppe setzt sich aus Computer-Forschern und -Experten unterschiedlichster Bereiche zusammen: Experten in Internet- und Intranet-Technologie, Persönlichkeiten aus Verlags-und Medienindustrie sowie Experten in der Erstellung von Auszeichnungssprachen (Markup Languages).

Das Ziel dieser Arbeitsgruppe war es, SGML (Standard Generalized Markup Language) in das Web zu bringen. Eine Einführung in diese Sprache sowie einen Vergleich zu XML finden Sie in Kapitel 3 dieses Buches. SGML wird für die Spezifikation von Auszeichnungsprachen verwendet. Sie ist die Muttersprache der bekannten Web-Sprache HTML (Hyper Text Markup Language).

Die Stärken und Schwächen von SGML waren für das Design von XML ausschlaggebend. Als Ergebnis ist ein Standard für Auszeichnungssprachen herausgekommen, der die Leistungsstärke von SGML beibehält, jedoch ohne die zahlreichen komplexen und selten genutzten Features mit zu integrieren.

Der erste Arbeitsentwurf für XML wurde im November 1996 veröffentlicht. XML wurde dem Publikum vorgestellt, als SGML, die Basis von XML und der Standard für Dokumentveröffentlichung, den zehnten Geburtstag feierte.

Der Erfolg von XML war kolossal. Von den ersten Gehversuchen an hat XML viel Aufmerksamkeit von Analytikern, Redakteuren sowie der gesamten Entwicklergemeinde erhalten. In vielen verschiedenen Szenarien ist XML heutzutage bereits mit involviert oder soll dort eingeführt werden.

XML paßt zu verschiedenen Anwendungen

Wenn Sie sich die heutige Internet-Industrie sowie die vielen, verschiedenen Forschungsprojekte betrachten, werden Sie feststellen, daß es gar nicht so leicht ist, die Kernanwendungen von XML herauszufinden. So bringen Fallstudien immer wieder neue und aufregende Möglichkeiten und Implementierungen hervor, in denen XML einer vorhandenen Lösung einen neuen Wert beimessen kann oder wo XML bei der Lösung von Problemen hilft, die noch von keinem in dieser Konsequenz angepackt wurden.

Nichtsdestoweniger ist XML für zwei Klassen von Anwendungen sehr wichtig. Die meisten Anwendungen von XML fallen in eine der beiden folgenden Kategorien: Dokumente oder Datenaustausch und Datenbank-Vernetzung. Beide Kategorien werden im folgenden erläutert.

Die XML-Dateien und andere XML-Phänomene

Die Leute, die die W3C-Arbeitsgruppe für die XML-Entwicklung gegründet haben, haben nun alle ihre Reden und technischen Informationen im Hypertext-Format aufbereitet. Sie können somit zu ihrer Website gehen und sorgfältig durchlesen, was Sie schon immer über Struktur und dergleichen wissen möchten. Und Sie können dies tun, wenn dieses Wissen aktuell benötigt wird – wenn Sie sich nämlich mit diesem heißen XML-Markup beschäftigen und entsprechende Seiten erstellen möchten.

Weitere Informationen finden Sie auf folgender Website: `www.w3.org/TR/WD-xml-lang.html#sec2.1`.

Wir stellen uns vor, daß die Leute, die bei der Erstellung von XML geholfen haben, gemeinsam mit Moses auf dem besagten Berg gewesen sein müssen. Denn deren »Zehn Gebote« für XML wurden auch zu unseren Zielen, als wir dieses Buch geschrieben haben. Sie können nun sehen, wie wir diese Ziele interpretieren und herausfinden, wie Sie sie in die Tat umsetzen können.

Die XML-Götter haben nicht nur ihren kollektiven Willen erklärt, sie starteten auch ein reguläres Online-Magazin (*The XML Files*), wo Sie jeweils in wöchentlichem Abstand den letzten Klatsch über XML und die Entwicklung nachlesen können. Die folgende Abbildung zeigt, wie diese Homepage aussieht. Dieses Magazin versorgt Sie stets mit den aktuellsten Feinheiten, die zu XML hinzugefügt wurden.

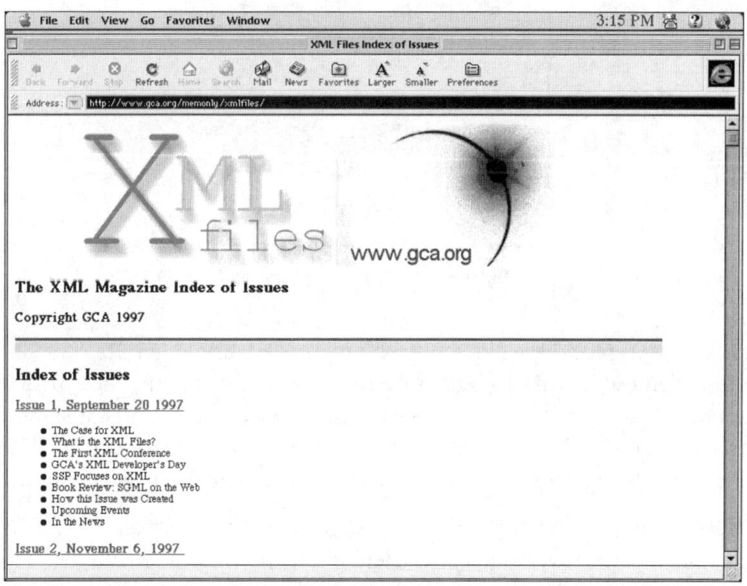

XML für Dokumente

Immer mehr Dokumentautoren erstellen ihre Dokumente unter Verwendung von XML, was ja auch Sinn und Zweck dieser Sprache ist. Das Erstellen von Dokumenten mit XML ähnelt sehr der Vorgehensweise, wie HTML-Dokumente erstellt werden. Der Unterschied ist: XML stellt ein vielfältigeres Set an Elementen zur Verfügung und ist erweiterbar für die unterschiedlichen Ausgabemedien.

XML für den Datenaustausch

Angenommen, Sie möchten Datenbankinformationen über das Internet hinweg austauschen. Nehmen wir weiter an, es wird ein Browser verwendet, um an den Server Informationen über einen von einem Benutzer ausgefüllten Fragebogen zurückzusenden. Dieser und viele andere Prozesse erfordern ein Dokumentformat, das erweiterbar (*extensible*) ist. Das heißt, ein Format, das auf einen speziellen Zweck hin zugeschnitten werden kann und das eine offene, nicht-proprietäre, nicht vom Standard einer bestimmten Firma abhängige Lösung anbietet. In Abbildung 1.1 sehen Sie ein Beispiel in illustrierter Form für dieses Konzept.

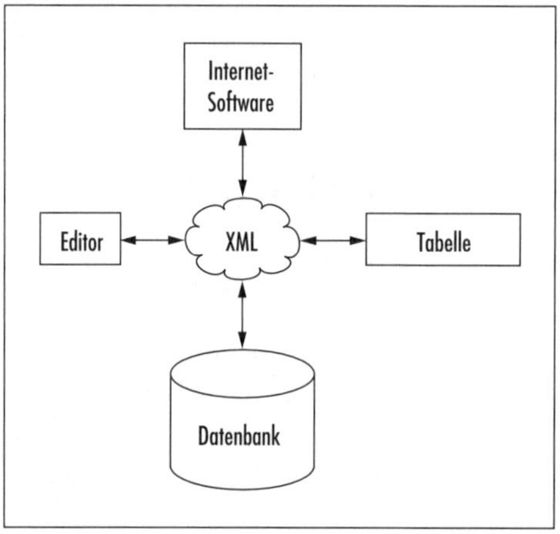

Abbildung 1.1: Datenaustausch mit XML

XML ist die Lösung für diese Art von Problemen. XML findet bereits vielfach Verwendung und gewinnt für den Datenaustausch über das Internet mehr und mehr an Bedeutung. Die Zeiten, in denen Import-/Exportfilter für Tausende von verschiedenen Austauschformaten verwendet wurden, sind vorbei. XML kann in vielen Fällen über eine einzige einheitliche Plattform den Austausch von Daten zwischen verschiedenen Anwendungen organisieren.

Es war schon immer schwierig, ein Austauschformat zu finden, das für den Transfer von Daten zwischen Datenbanken verschiedener Hersteller und unterschiedlicher Betriebssysteme verwendet werden kann. Die Organisation dieses Austauschs ist einer der Hauptanwendungen von XML.

Wenn Sie HTML kennen, kennen Sie auch XML

Wenn Sie bereits mit HTML vertraut sind, sind Sie schon auf dem besten Wege, auch ein XML-Experte zu werden. Schauen Sie sich mal folgendes Textstück näher an:

```
<P>
If you know HTML, you already know XML. Thus, you can get started with XML
<EM>right away</EM>.
</P>
```

Als HTML-Kenner – sofern Sie einer sind – denken Sie jetzt sicher: »Klar, das ist ein Auszug aus einem typischen HTML-Dokument«. Und damit liegen Sie auch absolut richtig. Dieser Auszug können auch von einer Website stammen. Wir sagen jedoch: Das ist ein Auszug aus einem XML-Dokument. Was ist nun richtig?

Die Wahrheit ist: Beides ist richtig. In der Tat unterscheiden sich XML-Dokumente nicht allzusehr von HTML-Dokumenten. XML-Dokumente verwenden eine Syntax, die Sie in ihrem Aufbau bereits von traditionellen HTML-Seiten her kennen. Ein XML-Dokument setzt sich aus einer Gruppe von Tags zusammen, wie zum Beispiel `<P>` oder `<EM>` in HTML. XML ermöglicht Ihnen auch die Verwendung von Attributen und Attributwerten. So könnte das folgende Textstück sowohl als Bestandteil von XML als auch als Bestandteil von HTML gesehen werden:

```
<P>
Both the HTML and the XML specifications can be found at
the Web server of the <A HREF="http://www.w3.org/">World
Wide Web Consortium</A>
</P>
```

In Kapitel 2 finden Sie eine ausführlichere Abhandlung darüber, wo sich HTML und XML ähneln und wo sie sich voneinander unterscheiden.

Nicht aller Anfang muß schwer sein

Sie werden vielleicht befürchten, daß es am Anfang etwas schwierig ist, Dokumente mit XML zu erstellen. Doch das ist nicht der Fall! Tatsächlich benötigen Sie für die Erstellung Ihrer eigenen XML-Dokumente nur einen einfachen alten Texteditor. Wenn Sie aber darüber nachdenken, XML öfters einzusetzen, sollten Sie sich eventuell einen der seit kurzem verfügbaren XML-Editoren zulegen.

Holen Sie das Beste aus diesem Texteditor heraus!

Wenn Sie die ersten Gehversuche mit XML machen, können Sie dazu getrost einen einfachen Texteditor, der auf ASCII basiert, verwenden.

Die meisten Texteditoren haben, wenn Sie ein Dokument das erste Mal speichern, für die Dateierweiterung (die Buchstaben, die hinter dem Punkt eines Dateinamens angefügt werden) vordefinierte Einstellungen. Doch Sie möchten vielleicht für Ihre XML-Dateien eine andere Erweiterung als beispielsweise .txt festlegen. Wenn Sie XML in der Urform verwenden, belassen Sie als Dateierweiterung .XML. Wenn Sie aber beispielsweise mit dem Channel Definition Format (CDF – siehe auch Kapitel 11) arbeiten, sollten Sie eine Erweiterung einsetzen, die dieser Anwendung mehr entspricht. Für CDF wäre die Erweiterung .cdf ein geeigneter Vorschlag.

Sie können XML-Dokumente auch mit Hilfe von anspruchsvolleren Textverarbeitungsprogrammen wie zum Beispiel Microsoft Word oder Corel WordPerfect erstellen. Beachten Sie jedoch, daß solche Programme normalerweise Daten in einem bestimmten binären Format speichern, wie es dem vorgegebenen Dateispeicherungsformat der Anwendung entspricht. (Wenn Sie beispielsweise eine Word-Datei erstellen und speichern, wird diese standardmäßig mit dem Word-Dateiformat .doc abgelegt.) Dieses Format ist jedoch für XML (oder auch HTML) nicht geeignet. Stellen Sie sicher, daß Ihre Dokumente als Textdatei gespeichert werden, wenn Sie sie als ein XML-Dokument verwenden möchten.

Wenn Sie mit einfachen Texteditoren arbeiten, müssen Sie das Markup selbst einfügen. Mit anderen Worten, bei einem Abschnitt wie diesem:

```
Hier wird das Editieren in XML behandelt.
```

müssen Sie selbst ein Markup hinzufügen. Beispielsweise wie folgt:

```
<Para> Hier wird das Editieren in XML behandelt. </Para>
```

Arbeiten Sie nur gelegentlich mit XML-Dateien, genügen diese Aufzeichnungen »per Hand« völlig. Wenn Sie jedoch ernsthaft darüber nachdenken, XML als Hauptformat für Ihre Dokumente einzusetzen, brauchen Sie ein anspruchsvolleres Programm. Und dazu kommen wir gleich.

XML-Editoren: Mehr Leistungsstärke, mehr Bequemlichkeit

Oft sehen XML-Editoren wie eine Mischung zwischen traditionellen Textverarbeitungen und HTML-Editoren aus. Bis zu einem gewissen Grad werden Sie sich wahrscheinlich noch nicht einmal bewußt sein, daß Sie mit XML arbeiten.

XML-Editoren haben zwei unterschiedliche Features, die Sie ganz wesentlich bei der Erstellung von XML-Dokumenten unterstützen können:

- ✔ **Einfache Auszeichnungsmöglichkeiten (Markup):** XML-Editoren bieten die Möglichkeit, auf so einfache Weise Markup an Text hinzufügen, wie Sie beispielsweise in den heutigen Textverarbeitungsprogrammen Textpassagen fett gestalten können. Wählen Sie den entsprechenden Text einfach mit dem Cursor aus und weisen Sie das gewünschte Markup über ein Menü zu.
- ✔ **Erzwingen von Dokumentregeln:** XML-Editoren können Sie für viele Anwendungen dabei unterstützen, herauszufinden, welche Elementtypen innerhalb eines bestimmten Kontextes verwendet werden können. Sie sind in der Lage, bessere Dokumente zu produzieren, da der Editor Sie davon abhält, bestimmte Fehler zu machen. Wenn Sie zum Beispiel festlegen, daß ein `ChapterTitle` (also eine Kapitelüberschrift) nur am Beginn eines neuen Kapitels gültig ist und nicht vor einem einfachen Absatz stehen darf, gewährleistet der Editor, daß `ChapterTitle` auch wirklich nicht an falschen Stellen im Dokument einfügt wird.

Die Syntax von XML und die Regeln der Straße

Die Hauptsyntax von XML ist nicht schwer zu lernen, wenn Sie HTML beherrschen, können Sie auch XML. Im folgenden werden wir einen Blick auf die Basisbestandteile von XML werfen.

Elementtypen und Attribute

Mit ein paar Fachbegriffen sollten Sie schon vertraut sein, denn das macht es wesentlich einfacher, einige Dinge in XML zu verstehen. Ein wichtiges Thema ist der Unterschied zwischen *Elementtypen* und *Tags*. Keine Angst, das klingt komplizierter, als es ist.

```
<P>Über Elementtypen und Tags</P>
```

Als erstes sehen Sie bei diesem XML-Code den Tag `<P>`. Wenn Sie sich ein XML-Dokument betrachten, handelt es sich bei allen Code-Teilen, die von Klammern umgeben sind, um Tags. Wenn wir von konkreten Beispielen sprechen, nehmen wir den Begriff *Tags*. Beziehen wir uns allerdings auf die allgemeine Konzeption, sprechen wir von *Elementtypen*. Das `P` in diesem Tag ist ein Elementtyp.

Und nun haben wir eine gute und eine schlechte Nachricht für Sie. Die gute zuerst: Sie kennen nun den Unterschied zwischen Elementen und Tags. Die schlechte: Die meisten Leute machen diesen Unterschied nicht. Aber Sie wissen es ja jetzt besser als der Rest von uns.

XML ermöglicht es, Ihrem Text explizite Informationen über semantische Tags (engl. semantics) oder die mit einem bestimmten Stück Text verbundene Bedeutung hinzuzufügen. Kein Mensch würde es schwer finden, aus folgendem Code die Schlußfolgerung zu ziehen, daß es sich hierbei um einen Namen handelt. Eine Maschine würde sich damit schon schwerer tun, wenn sich nicht zusätzliche Informationen bei dem Namen befinden würden, die über den Tag präsentiert werden.

```
<Name>Norbert H. Mikula</Name>
```

Die folgenden Beispiele zeigen Fälle auf, in denen sowohl Mensch als auch Maschine nicht so leicht einen Absatz von einer Überschrift unterscheiden kann.

```
<p>Ein Text</p>
<Header>Elementtypen und Attribute</Header>
```

Das ist der Grund, weshalb wir von Markup bzw. von Auszeichnen des Textes sprechen. Wir nennen die individuellen Elementtyp-Exemplare »Tags«, da sie – wie die bekannten Schildchen und Etiketten in Geschäften – zusätzliche Informationen über das Objekt mitteilen, dem sie zugeordnet sind.

Tags werden in einer bestimmten Form dargestellt. Der Beginn wird durch einen Start-Tag definiert. Ein solcher Tag kann wie folgt aussehen: `<NameOfTheTag>`. Zwischen dem Start-Tag und dem Ende befindet sich in der Regel Text. Der Tag kann aber auch leer sein oder der Inhalt kann eine Mischung zwischen anderem Text und Tags sein. Das Ende der Auszeichnung erfolgt über den Schluß-Tag, z.B.: `</NameOfTheTag>`.

Der Start-Tag und der Schluß-Tag müssen denselben Namen enthalten. Außerdem unterscheidet XML auch genau zwischen Groß- und Kleinschreibung, d.h, auch im Bezug darauf müssen beide Inhalte identisch sein.

Es gibt auch Tags, die ohne jeden Inhalt sind. Wenn Sie zum Beispiel den HTML-Elementtyp für einen Zeilenumbruch nehmen, hat dieser keinen Inhalt und könnte folgendermaßen aufgeführt sein:

```
<BR/>
```

XML unterscheidet sich von HTML auch dahingehend, daß jeder XML-Tag ordnungsgemäß wieder geschlossen werden muß – darauf wird streng geachtet. In HTML könnten Sie zum Beispiel auch folgendes sehen:

```
<P>Ein Absatz
<P>Ein weiterer Absatz
```

Der vorangegangene Code-Block würde in XML nicht gültig sein. Sie müssen in XML immer einen Schluß-Tag angeben:

```
<P>Ein Absatz</P>
<P>Ein weiterer Absatz</P>
```

Als weitere Form, eine zusätzliche Bedeutung zu vermitteln, stehen auch *Attribute* und *Attributwerte* zur Verfügung. Angenommen, Sie haben einen Absatz vorliegen und möchten nun anzeigen, ob es sich bereits um den endgültig fertiggestellten Text oder nur um einen Entwurf handelt. Sie könnten dies folgendermaßen tun:

```
<Para><Draft>In der Entwurfsphase</Draft></Para>
```

Bei diesem Vorgehen müßten Sie jedoch diesen Code später wieder ändern, sobald der Text in der endgültigen Form vorliegt und den Elementtyp »Draft« ersetzen z. B. durch »Final«. Doch XML bietet eine bessere Möglichkeit.

Attribute haben einen Namen und einen Wert. Sie finden Attribute in Verbindung mit Tags. Die typische Form eines Attributs sieht folgendermaßen aus: *Attribute-Name*="*Attribute-Value*". Attributwerte müssen in Anführungszeichen angegeben werden, dabei ist es unerheblich, ob es sich um doppelte oder einfache Anführungszeichen handelt.

```
<Para Status="draft">In der Entwurfsphase</Para>
```

In diesem Fall weisen Sie nur einmal den Wert »Draft« dem Attribut »Status« zu und müssen es später auch nur einmal ändern. Vielleicht ist es Ihnen nicht immer auf den ersten Anhieb klar, ob etwas ein Attribut oder ein Elementtyp sein soll. In Kapitel 6 finden Sie detailliertere Informationen über Attribute und Elementtypen.

Hierarchie

Denken Sie mal an ein Buch und überlegen Sie sich dann, wie ein XML-Dokument, das dieses Buch beschreibt, aussehen müßte. Ein Buch besteht (für unsere Zwecke) aus einem Inhaltsverzeichnis, gefolgt von mehreren Kapiteln. Jedes Kapitel hat einen Titel und setzt sich aus mehreren Paragraphen und deren Bereichen und Titeln zusammen. Versuchen wir mal, dieses Konzept ohne den Text auf XML zu übertragen:

```
<Book>
 <TableOfContents> ... </TableOfContents>
 <Chapter>
 <ChapterTitle>XML and why bother</ChapterTitle>
 <Para> ... </Para>
 <Section>
 <Title>The syntax</Title>
 <Para> ... </Para>
 </Section>
 ...
 </Chapter>
</Book>
```

Wie Sie sehen können, bietet XML durch die Verschachtelung der Tags die Möglichkeit, eine hierarchische Struktur zu beschreiben. In Abbildung 1.2 sehen Sie eine Illustration dieser Idee.

Spezielle Zeichen

Bestimmte Zeichen spielen in XML eine wichtige Rolle. So wird zum Beispiel das Weniger-als-Zeichen (<) immer in Zusammenhang mit Tags benutzt. Es ist vorstellbar, daß die Verwendung von < beim Betrachter Probleme bei der Lesbarkeit hervorrufen, und Probleme mit der Lesbarkeit können für eine Maschine, die diese Information verarbeiten muß, ganz garstig werden. Und deshalb sind bestimmte Zeichen in einem XML-Text nicht erlaubt. Sie müssen statt dessen einen Ersatz dafür verwenden, eine Zeichenreferenz. Eine Beschreibung der Zeichenreferenzen finden Sie in Kapitel 9. Im folgenden finden Sie eine kurze Liste mit speziellen Zeichen und was Sie dafür verwenden sollten.

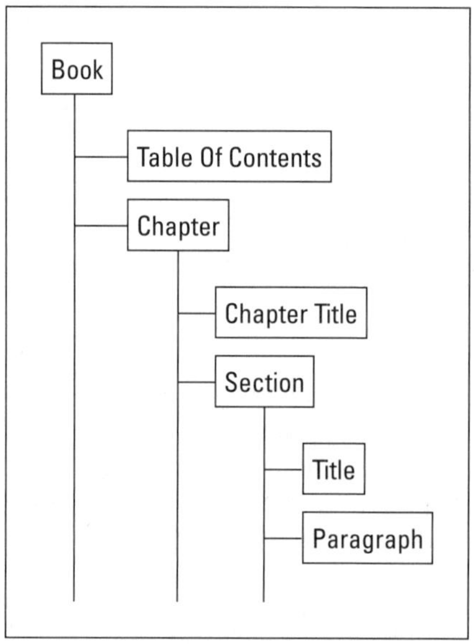

Abbildung 1.2: Eine »strukturierte« Ansicht eines XML-Dokuments

Schreiben Sie in Ihren Text ...	Anstelle von ...
<	<
>	>
&	&
'	'
"	"

Die Leistungsstärke von XML

XML ist nicht auf eine bestimmte Gruppe von Elementtypen beschränkt. Mit Hilfe von XML können Sie auch eigene Element-Sets definieren oder auch Ihre eigenen Attribute, die Sie innerhalb Ihres Dokuments verwenden möchten.

XML ermöglicht es Ihnen, Ihrem Markup eindeutige und selbsterklärende Namen hinzuzufügen. Am häufigsten wird heutzutage in Web-Dokumenten der Absatz-Tag von HTML (<P>) verwendet. Sie können aber auch eindeutigere Namen verwenden als nur ein P für einen Absatz.

Mehr aussagekräftige Namen für Ihre Dokumente

Angenommen, Sie haben einen HTML-Text wie den folgenden vorliegen:

```
<HTML>
<P>
This book is about the eXtensible Markup Language, its
foundations, the theory, and how to use it for your own
applications.
</P>
<P>
The authors are Ed Tittel, Norbert H. Mikula, and Ramesh Chandak
</P>
</HTML>
```

Das ist ein ganz normales HTML-Dokument. Wenn Sie aber nun zum Ausdruck bringen möchten, daß Sie über das Cover von dem Buch sprechen und daß der letzte Absatz Informationen über den Autor beinhaltet?

Sie könnten es mit diesem Code versuchen:

```
<Cover>
<Abstract>
This book is about the eXtensible Markup Language, its
foundations, the theory, and how to use it for your own
applications.
</Abstract>
<AuthorInfo>
<P>The authors are <Author>Ed Tittel</Author>,
<Author>Norbert H. Mikula</Author>, and <Author>Ramesh Chandak</Author>.
</P>
</AuthorInfo>
</Cover>
```

XML ermöglicht es Ihnen, Ihre eigenen Elemente und Attribute zu verwenden. Deshalb versteckt sich ja auch in dem Namen der Auszeichnungssprache das Wort »eXtensible«, also erweiterbar.

XML definiert neue Sprachen

Sie können mit Hilfe von XML eigene Auszeichnungssprachen definieren. Wenn Ihnen die Möglichkeiten von HTML nicht ausreichen oder wenn Sie einen Elementtyp benötigen, der in HTML so nicht vorkommt, machen Sie sich einfach einen eigenen. XML stellt eine Syntax bereit, mit der Sie exakt beschreiben können, wie Ihre eigene Auszeichnungssprache (Markup Language) aussehen soll. Für die Festlegung, welche Elemente und Attribute in Ihren Dokumenten erlaubt sein sollen, gibt es auch einen Fachbegriff: *Document Type Definition (DTD)*. In dieser Dokumenttyp-Definition sind die Regeln enthalten, nach denen die Struktur eines Dokumentes definiert werden soll.

Wenn Sie sich mit XML beschäftigen, kommen Sie zunächst natürlich auch ohne DTDs aus. Sie können auch einfach mit der Arbeit beginnen und Ihre eigenen Dokumente verwenden. Wenn Sie jedoch wollen, daß nicht nur Sie, sondern auch andere Personen mit Ihrer Auszeichnungssprache arbeiten können, müssen Sie explizit sagen, welche Elemente und Attribute erlaubt sind und wie die Elemente ineinander verschachtelt werden können.

Auf all diese Geheimnisse werden wir im Laufe dieses Buches noch ausführlich zu sprechen kommen. Nun werden Sie sich vielleicht fragen: »Muß ich das alles draufhaben, um mit XML klar zu kommen?« Nein. Für viele verschiedene Anwendungen und Industriezweige haben die Experten der jeweiligen Bereiche bereits spezifische Auszeichnungssprachen erstellt, mit denen Sie arbeiten können. Im folgenden sehen Sie ein paar bekannte Beispiele dafür, die im Laufe dieses Buches noch detaillierter beschrieben werden.

- ✔ **Channel Definition Format (CDF):** CDF wurde entwickelt, um einen offenen Weg für den Austausch von Informationen über Kanäle im Internet bereitzustellen. Mehr dazu, was Kanäle sind und was das CDF für Vorteile bietet, können Sie in Kapitel 11 nachlesen. Wenn Sie bereits mit Channel-Features von Programmen wie zum Beispiel dem Internet Explorer 4.0 gearbeitet haben, lesen Sie Kapitel 11, um herauszufinden, wie Sie CDF für Ihre eigenen Anwendungen verwenden können.
- ✔ **Mathematical Markup Language (MathML):** Der Austausch von komplexen mathematischen Formeln war schon immer eine der größten Herausforderungen des World Wide Web. Mit Hilfe von MathML ist es möglich, bestimmte mathematische Formeln und Gleichungen im Internet darzustellen. Auch Nicht-Mathematiker sollten es nicht versäumen, in Kapitel 14 dieses Buches nachzulesen, worin die Fähigkeiten von MML liegen.
- ✔ **Synchronized Multimedia Integration Language (SMIL):** Multimediale Elemente werden ein immer wichtigerer Bestandteil des Internets. Das Ziel dieser Multimedia-Sprache ist es, Multimedia-Inhalte zu integrieren. SMIL wird detailliert in Kapitel 16 beschrieben.
- ✔ **Open Software Description (OSD):** Die Verwendung von Markup zur Beschreibung von Software wird bereits seit einiger Zeit unterstützt. OSD ist eine Technologie, die es Ihnen ermöglicht, Software und deren Komponenten unter Verwendung eines Markups zu beschreiben.

- ✔ **Chemical Markup Language (CML):** Bestimmte Branchen oder Wissenschaftbereiche haben bereits damit begonnen, eine für den Chemie-Bereich standardisierte Auszeichnungssprache auf der Basis von XML zu entwickeln. Die Chemical Markup Language stellt ein Vokabular zur Beschreibung von chemischen Vorgängen wie zum Beispiel dem Aufbau von Molekülen und Atomen bereit. In Abbildung 1.3 sehen Sie ein Beispiel für CML, und in Kapitel 10 finden Sie weitere Informationen zu dieser Auszeichnungssprache.

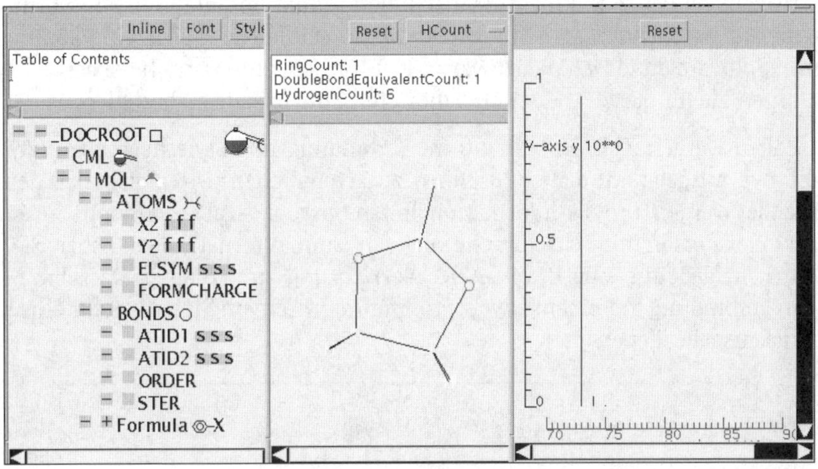

Abbildung 1.3: XML für den wissenschaftlichen Einsatz

Die Welt der auf XML basierenden Auszeichnungssprachen expandiert ständig. Die Wahrscheinlichkeit ist groß, daß Sie in naher Zukunft eine auf Ihre speziellen Anforderungen hin zugeschnittene Auszeichnungssprache finden werden. Und auch wenn Sie auf etwas stoßen, was nur teilweise Ihren Wünschen entspricht, dann erweitern Sie das Vorhandene einfach – nicht umsonst heißt XML schließlich die eXtensible (erweiterbare) Markup Language.

Web-Seiten vor – und nach – XML

XML ändert die Art und Weise, wie Informationen im Internet veröffentlicht werden. Diese Auszeichnungssprache soll kein Ersatz für HTML werden, doch mit Hilfe von XML wird es der Internet-Industrie ermöglicht, neue, leistungsstarke Tools zu entwickeln.

XML: Ein Dokument, viele verschiedene Ausgaben

Auf XML basierende Web-Dokumente stellen erstmal keine Vermutungen darüber an, wie sie auf der Client-Seite Verwendung finden werden. Mit anderen Worten: HTML-Dokumente dienen einem speziellen Zweck – nämlich der Anzeige der Information innerhalb Ihres Browsers.

Letztere können auf einfache Weise HTML-Dokumente verarbeiten, dafür tut sich aber die Software mit der anschließenden Verarbeitung der Information etwas schwerer.

Wenn wir von der anschließenden Verarbeitung sprechen, meinen wir damit folgendes: Wir nehmen die Information, die wir erhalten haben und verwenden sie für einen weiteren Prozeß, ausgeführt mit einer anderen Software. Stellen Sie sich zum Beispiel vor, Sie erhalten eine Produktbestellung, die in XML aufgezeichnet wurde. Eine Anwendung, die XML versteht, kann diese Daten verwenden, um automatisch die Produktionsabteilung zu informieren, damit diese die entsprechenden Schritte zur Produktion einleitet. Gleichzeitig könnten von einer anderen Software diese Daten dazu verwendet werden, automatisch bei den entsprechenden Lieferanten die für diese Produktion benötigten Zulieferteile zu bestellen.

In vielen Fällen werden XML-Dokumente in Verbindung mit Stylesheets genutzt, um eine hochqualitative Ausgabe auf dem Bildschirm zu ermöglichen. Die gleichen Daten können auch verwendet werden, um die Information an ein Sprachausgabeprogramm zu senden, das diesen Text einer Person mit Sehschwäche vorlesen kann. Alternativ dazu haben Sie die Möglichkeit, eine Ausgabe für eine Braille-Ablesevorrichtung zu erzeugen. Dasselbe Dokument kann also in Verbindung mit einem Layoutprogramm und einem Stylesheet für eine hochqualitative Druckausgabe dienen.

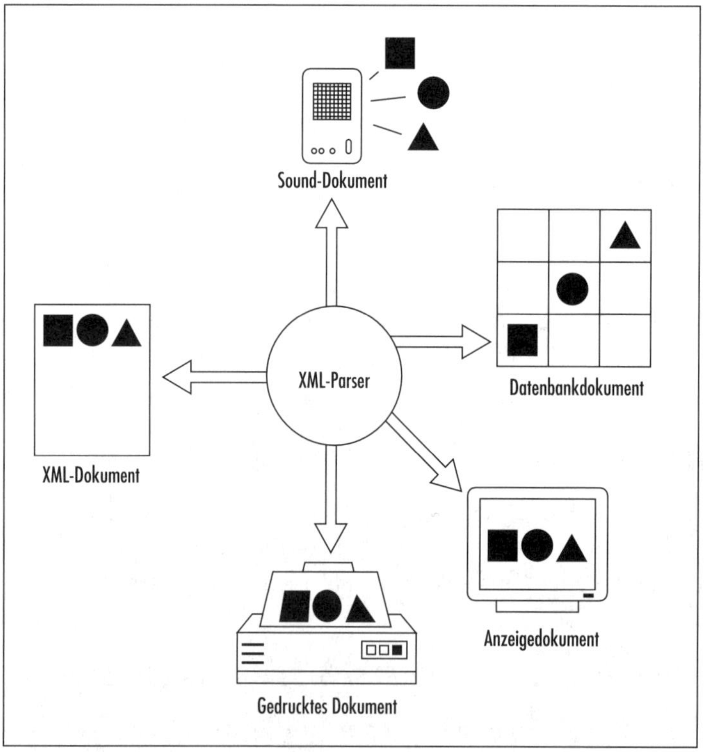

Abbildung 1.4: XML für verschiedene Ausgaben

Der Reiz dieses Konzepts liegt darin: Wenn Sie die Daten für die Ausgabe an die verschiedenen Ausgabegeräte aufbereiten, bleiben die eigentlichen XML-Daten davon unberührt, d.h., sie werden nicht verändert. Sie müssen nur wissen, welche Software-Teile eine Ausgabe bereit stellen können, die für ein spezielles Ausgabeformat oder einen Hardware-Teil benötigt werden.

XML für die Daten, HTML für die Anzeige

In der Praxis werden Sie oft eine Kombination von XML und HTML treffen. XML ist zuständig für die Aufbewahrung der Information und HTML für die Anzeige der Information innerhalb eines Browsers. Was liegt also näher, als das beste aus diesen beiden Welten miteinander zu kombinieren?

Die zugrundeliegende Idee dazu ist, daß man die Originaldaten basierend auf XML und all die reichhaltigen Markups und anderen Informationen über ein Dokument verfügbar hat. Sie können dann dasselbe Dokument für unterschiedliche Zwecke verwenden, und Sie können die in diesen Daten verborgene »Intelligenz« zur Erstellung von leistungsstarken Anwendungen ausnutzen. Wenn Sie jedoch die Daten auf dem Bildschirm anzeigen lassen möchten, werden die Daten in HTML übersetzt – ein Konzept, das in Abbildung 1.5 veranschaulicht ist.

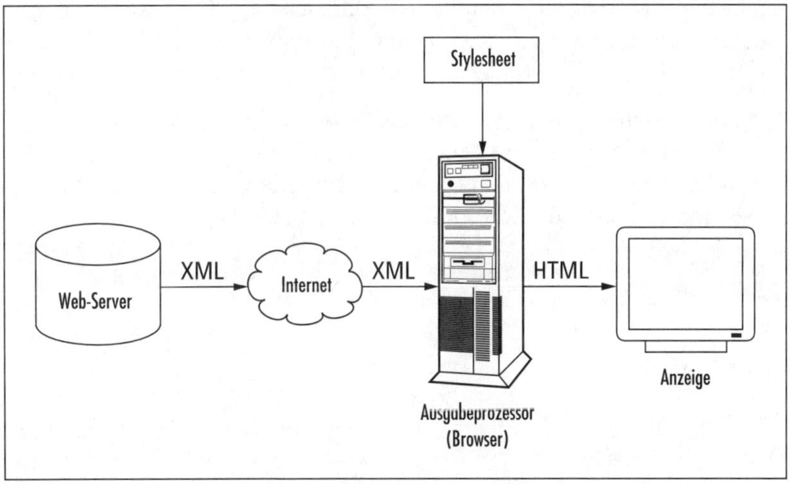

Abbildung 1.5: XML an HTML auf der Client-Seite

Eine Kombination von XML mit HTML kann unterschiedlich erfolgen. Die Methoden unterscheiden sich abhängig von dem Zeitpunkt, zu dem die XML-Daten in HTML übersetzt werden, um innerhalb des Browsers angezeigt zu werden. Mit anderen Worten: XML speichert die Daten, und HTML übergibt sie an den Browser.

- ✔ Die XML-Daten werden an den Client gesendet (Ihren Browser) und der Browser verwendet ein Stylesheet – eine Extra-Information, die Ihren Browser bei der Übersetzung von XML zu HTML unterstützt –, um Sie mit den HTML-Daten für Ihren Client zu versorgen.
- ✔ Die XML-Daten werden auf der Server-Seite behalten und in HTML konvertiert, bevor sie an den Browser gesendet werden.

Der Prozeß der Weiterverwertung

Die Hauptkritik an HTML bezog sich schon immer auf die Tatsache, daß die Daten in einem HTML-Dokument angezeigeorientiert sind. Sie können also nur sehr schwer für anschließende Verarbeitungsprozesse wie das Erstellen von Indizes für die Suche verwendet werden. Sie können die direkte Auswirkung davon auf Ihrer bevorzugten Suchmaschine sehen, wenn Sie eine Abfrage für ein bestimmtes Subjekt eingeben. Oft kriegen Sie dann entweder nur zehn Übereinstimmungen zurück oder aber um die 100.000. Man fragt sich, welche Situation da besser ist – wenn überhaupt.

Da XML-Daten auch dem Zusammenhang entsprechende sowie semantische Informationen aufbewahren, wird das Erstellen von Anwendungen, denen eine gewisse Gewandtheit mit elektronischen Dokumenten zugeschrieben wird, um einiges einfacher. Denken Sie nur an XML-Dokumente, die den Tag `<author>` beinhalten. Plötzlich sind Sie in der Lage, das Web nach allen Dokumenten durchsuchen zu lassen, deren Autor »Norbert H. Micula« ist. (Sie können diesen Autor natürlich durch Ihren Lieblingsautor ersetzen, es sollte nur als Beispiel dienen.)

Auf Tools wie Suchmaschinen hat XML eine große Auswirkung, da Sie sich nicht länger auf Informationen verlassen müssen, mit denen Sie ein HTML-`title` oder ein `H1`-Tag versorgt. Sie sind nun in der Lage, eine explizite Abfrage nach allen Dokumenten zu starten, die in ihrem Code bestimmte standardisierte XML-Elementtypen verwenden.

Verwandte, die sich mögen: Die Verbindung von XML zu HTML

2

In diesem Kapitel

- Verstehen, warum HTML nicht immer das tut, was Sie möchten
- Die Verwendung von Cascading Stylesheets (CSS) erforschen
- Herausfinden, was bei HTML fehlt
- Den Wechsel von HTML zu XML vollziehen

XML und HTML enden beide mit den Buchstaben ML – das scheint schon das erste Indiz für eine Verwandtschaftsbeziehung zu sein. Beide sind Auszeichnungssprachen, die eingebetteten Code verwenden, um den Text eines Dokuments zu beschreiben, und bei beiden handelt es sich um Kinder der um einiges komplexeren SGML-Sprache (Standard Generalized Markup Language). Die Verbindung von XML zu SGML wird ausführlich in Kapitel 3 beschrieben.

Wir behaupten nun nicht, XML sei auf die Schnelle zu lernen, wenn man HTML kennt. Ein tiefergehendes Verständnis für das Wesen von Auszeichnungssprachen ist sehr hilfreich, wenn Sie sich mit XML zu beschäftigen beginnen. Trotzdem raten wir Ihnen, für ein erfolgreiches Arbeiten mit XML ein paar Ihrer Ideen und Vorurteile über HTML über Bord zu werfen.

Wir nehmen an, daß Sie bisher zumindest ein paar oberflächliche Erfahrungen mit HTML gesammelt haben und sich nun mit diesem Hintergrund an das Thema XML heranwagen. Es ist wichtig, die Ähnlichkeiten und wesentlichen Unterschiede zwischen den beiden Auszeichnungssprachen herauszuarbeiten. Ziel dieses Kapitels ist es, daß Sie nicht (länger) dem Mißverständnis unterliegen, bei XML handelte es sich im Grunde genommen nur um eine andere Version von HTML. Wir werden HTML mit XML vergleichen und ein funktionsfähiges HTML-Dokument in ein wohlgeformtes XML-Dokument konvertieren.

Nach der Lektüre dieses Kapitels sollte Klarheit darüber bestehen, daß XML und HTML zwar einerseits in Bezug auf Abstammung und Konstruktion Ähnlichkeiten aufweisen, es sich aber doch um zwei verschiedene Auszeichnungssprachen handelt, mit verschiedenen Ebenen an Verallgemeinerung und Zweckausrichtung. Sie werden ab jetzt nicht all Ihre HTML-Dokumente in gültige XML-Dokumente konvertieren müssen; eher schon sollten Sie in Zukunft in der Lage sein, zu entscheiden, welche Auszeichnungssprache sich in der jeweils vorgegebenen Situation als beste Lösung anbietet.

Warum HTML nicht immer das tut, was Sie wollen

HTML wurde als eine Dokumentbeschreibungs-Sprache entwickelt, die es Benutzern auf verschiedenen Systemen erlaubt, Informationen gemeinsam zu nutzen. Bei dieser Information wurde erwartet, daß es sich um Text handelt, versehen mit ein paar Grafiken und ein paar darin verstreuten Hyperlinks – und nicht um Datenbanken von Text, Grafiken, Sound, Video und Audio, wie es dem aktuellen Status des World Wide Web entspricht.

HTML wird in einfacher Textform beschrieben und hat ursprünglich keine Medien außer Text unterstützt. HTML ist weder beschränkt noch schwach. Es handelt sich um eine lebensfähige Lösung, die einer großen Anzahl von Personen Informationen in einem elektronischen Format verfügbar macht. Doch seit man HTML eingeführt und einem größeren Publikum weltweit zugänglich gemacht hat, wurde auch an HTML in zunehmendem Maße die Forderung gestellt, sich Problemen zu stellen, für deren Lösung diese Sprache niemals konzipiert war. Zu den Aufgaben, für die HTML nicht ausgerüstet ist, zählen:

- ✔ Strenge Kontrolle der Dokumentanzeige.
- ✔ Die Flexibilität, verschiedene und spezifische Informationstypen zu beschreiben.
- ✔ Informationen in einer Vielzahl an Medienformaten übermitteln.
- ✔ Komplexe Link-Verbindungen zwischen Dokumenten definieren.
- ✔ Einmal erfaßte Informationen gleichzeitig auf verschiedenen Medienplattformen veröffentlichen.

Designer von Web-Seiten, wie wir es zum Beispiel sind, erwischen sich manchmal bei folgender Idee: »Meine Überschriften sollen mit 45,5 Punkt Arial formatiert und im zweiten Drittel der Seite zentriert werden.« Auch wenn dieser Formatierwunsch ein wenig übertrieben zu sein scheint, so ist er doch nicht weit von dem entfernt, was Web-Designer in der Realität von ihren HTML-Seiten erwarten (und dann enttäuscht sind, wenn Wünsche dieser Art nicht erfüllt werden können). HTML wurde nicht als eine Auszeichnungssprache für das Seitenlayout entwickelt, sondern als Auszeichnungssprache für die Dokumentbeschreibung. Hinter HTML steht die Idee, daß es Benutzern möglich sein soll, sowohl eine Dokumentstruktur zu beschreiben als auch die Rolle zu definieren, die jeder Teil des Dokuments spielt – und zwar unabhängig von der Anzeige.

Heutzutage wollen Web-Designer dieselbe Layoutsteuerung über ihre Web-Dokumente erzielen, wie sie bereits für Druckdokumente möglich ist. Sie möchten, daß auf ihren Bildschirmen mit ihren Browsern exakt dasselbe angezeigt wird, was potentielle Besucher auf ihren Sites sehen werden. Sobald ein Web-Designer versucht, diese Steuerung zu erhalten, wird er auf folgende Hauptprobleme stoßen:

- ✔ **HTML fehlt die Kontrollgewalt:** Zuallererst beinhaltet HTML keine Mechanismen für die Verwaltung dieser Kontrolle. Sie haben nicht die Möglichkeit, die Anzeigegröße für ein Dokument festzulegen oder die Größe eines Browser-Fensters zu kontrollieren. Diese beiden Variablen werden durch die Bildschirmgröße des Benutzers und dessen persönliche

Präferenzen beeinträchtigt. Obwohl HTML 4 die Tags <FONT> beinhaltet, womit Sie für Ihre Dokumente Festlegungen in Bezug auf Schriftart, Größe und Farbe treffen können, haben Benutzer die Möglichkeit, Ihre Festlegungen zu überschreiben.

- ✔ **Browser unterscheiden sich in der Anzeige:** Man kann weder bei den am meisten verwendeten Browser-Versionen – Internet Explorer und Netscape Navigator/Communicator – noch mit Mosaic, HotJava und anderen grafischen Browsern unmöglich exakt bestimmen, mit welchem Browser oder auf welcher Plattform Ihre Benutzer Ihre Seiten ansehen werden (außer Sie arbeiten in einem homogenen Intranet). Deshalb haben Sie auch nicht die Möglichkeit, wirklichkeitsnah jede Website auf jedem potentiell verfügbarem Browser auf jeder Plattform zu testen, nur um zu sehen, was Ihre Benutzer sehen werden.

Bis jetzt wurden zwei verschiedene Versuche unternommen, um Designern die Steuerungsmechanismen an die Hand zu geben, nach der sie sich so sehr sehnen: neue Tags und Stylesheets.

Neue Tags in den Kampf werfen

Es gibt keine HTML-bezogene Lösung, um eine enge Kontrolle über Web-Seiten zu erhalten. Zwar handelt es sich bei Tabellen, Frames und neuen Formatier-Tags um Lösungen, die – in der Regel durch die jeweiligen Browser-Hersteller – implementiert wurden, um Web-Designern eine zunehmende Kontrolle über Web-Seiten zu ermöglichen. Dieser Lösungsweg birgt jedoch ein paar Probleme.

- ✔ **HTML wurde nie für das Hinzufügen einer Layoutsteuerung entwickelt.** HTML ist dafür vorgesehen, eine Dokumentstruktur zu beschreiben – und zwar unabhängig von der endgültigen Anzeige. Die neuen Tags beschreiben jedoch überhaupt keine Struktur, sie stellen nur Formatieranweisungen zur Verfügung.

- ✔ **Einige Tags wurden ursprünglich nur von bestimmten Browsern der verschiedenen Hersteller unterstützt.** Dies erscheint vielleicht nicht so schwerwiegend, bedeutete jedoch, das diese Tags zum damaligen Zeitpunkt nicht zur offiziellen und verbindlichen HTML-Spezifikation gehörten. So unterstützten die beiden meistverwendeten Browser – Microsoft Internet Explorer und Netscape Navigator/Communicator – bereits zu einer Zeit die Frame-Technik, als die HTML Version 3.2 die offizielle W3C-Spezifikation war. Diese Technik wurde erst viel später in die Spezifikation für HTML 4 aufgenommen. Die früheren Browser-Versionen (bis 2.X) auch dieser Hersteller unterstützen jedoch ebenfalls keine Frames, so daß jedes HTML-Dokument, das solche Frame-Tags enthält, mit diesen Browsern nicht angezeigt werden kann. Also kein Problem?

Als eine Reaktion auf die Anforderungen einiger Web-Entwickler, die mehr Kontrolle über ihre Dokumente erhalten wollten und niemals ganz verstanden haben, daß HTML im Grunde eine Sprache für die Definition der Dokumentstruktur ist, fügten Browser-Hersteller neue Formatier-Tags zu HTML hinzu. Es gibt verschiedene Meinungen darüber, wie sinnvoll das ist; wir glauben jedoch, daß diese Tags auf die Dauer mehr Schaden als Gutes angerichtet haben.

Cascading Style Sheets

Bald realisierte die führende Gruppe für die Entwicklung des Web – das World Wide Web Consortium (W3C) – daß das Erstellen von immer mehr neuen Tags zur Befriedigung aller möglichen Formatieransprüche nicht nur unrealistisch ist, sondern auch unvereinbar mit den Prinzipien und Konzepten von HTML. Was man für HTML benötigte, war eine Möglichkeit, dem Client (sprich Browser) bei der Formatierung eines Dokuments zu helfen, ohne dabei mit der Strukturbeschreibung in Konflikt zu geraten. Dieser Mechanismus muß auch die Möglichkeit beinhalten, festzulegen, wie die HTML-Datei basierend auf dem jeweiligen Anzeigemechanismus formatiert werden soll – Computer-Bildschirm, Overhead-Projektor, Blindenschrift-Ausgabegerät oder was der Benutzer auch immer fordert. Und diese neue Wundertechnologie soll natürlich auch mit der vorhandenen HTML-Syntax und den HTML-Strukturen zusammenarbeiten.

Mit Hilfe von *Cascading Style Sheets* (CSS) können Sie definieren, wie bestimmte HTML-Strukturelemente wie Absätze und Überschriften angezeigt werden sollen. Dabei wird kein zusätzliches HTML-Markup eingesetzt, sondern mit Vorlagen bzw. Formatregeln gearbeitet. Im folgenden sehen Sie einen Teil des Inhalts dieses Kapitels ausgezeichnet mit HTML. Um Ihren Eindruck zu vervollständigen, wurden auch noch ein paar Überschriften eingefügt. In Abbildung 2.1 sehen Sie, wie diese Anweisungen und Inhalte bei der Anzeige in einem Web-Browser dargestellt werden.

```
<H1>Beyond the Call of Duty</H1>
<P> However, since its introduction to the world-at-large, HTML has been
     increasingly called on to provide solutions to problems it was never
     meant to solve. Among the things HTML wasn't built to do are: </P>
<UL>
<LI>tightly control document display
<LI>be flexible enough to describe different and specific types of
     information
<LI>convey information in a variety of media formats
<LI>define complex linking relationships between documents
<LI>publish a single set of information in a variety of media
</UL>
<H2>Onward Ho!</H2>
<P> Web-page designers (like us, for example) sometimes catch themselves
     thinking, "But my heading has to be in 45.5pt Arial and centered in
     the second two-thirds of the page." Although this sentiment is a bit
     exaggerated, it's not far from the reality of what Web page designers
     expect their HTML to do and can't understand why it won't. HTML was
     not created as a page layout markup language but as a document
     description markup language. The whole idea behind HTML was to be
     able to describe a document's structure as well as the role each part
     of the document played, regardless of display. </P>
```

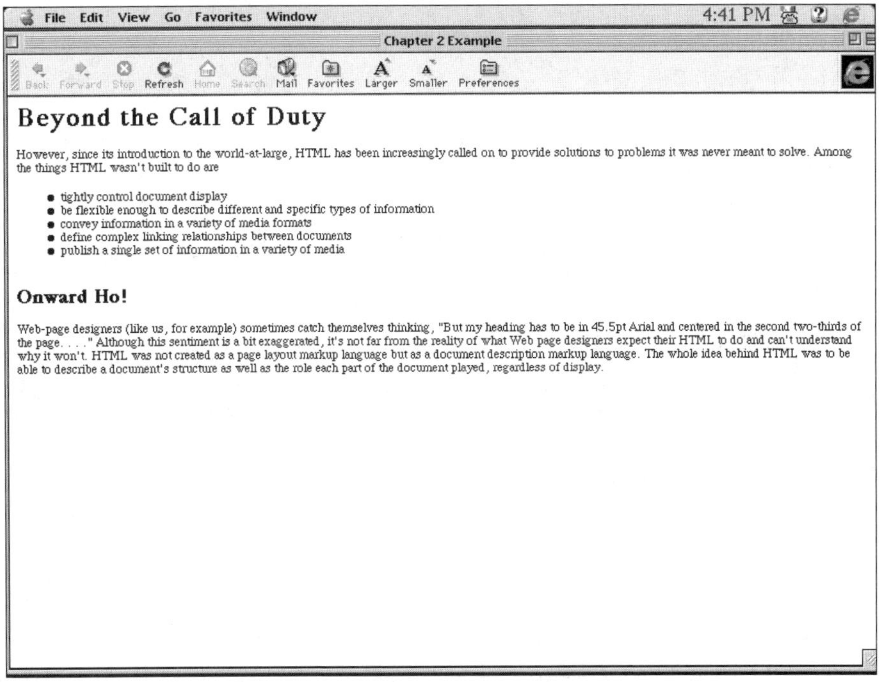

Abbildung 2.1: Ein Beispiel für eine HTML-Seite, wie sie mit den Standardeinstellungen eines Browsers angezeigt wird.

Wie Sie wissen, entsprechen die Standardeinstellungen eines Browser nicht immer den gewünschten Resultaten. Überschriften und Absatzabstände auf einer Seite unter den verschiedenen Bedingungen zu plazieren, ist kein Pappenstiel. Das nächste Beispiel verknüpft diese Art von Stylesheet namens `basic.css` mit unserer Seite und möbelt diese ein wenig auf:

```
BODY {background: white}

H1 {margin-left: 5%;
  color: red;
  font-family: Arial;
  font-size: 20pt;
  }
H2 {margin-left: 7%;
  color: blue;
  font-family: Arial;
  font-size: 18pt;
  }
P {margin-left: 9%;
  font-family: "Comic Sans MS";
  font-size: 12pt;
```

```
  text-align: justify;
  }
UL {margin-left: 11%;
  font-family: "Comic Sans MS":
  font-size: 11pt;
  }
```

Diese Regeln legen die Schriftfamilie und die Größe der Schrift fest und definieren die Abstände zum nächsten Absatz. In Abbildung 2.2 sehen Sie, wie die Seite aussieht, wenn die Formatregeln ihren Anteil erfüllt haben.

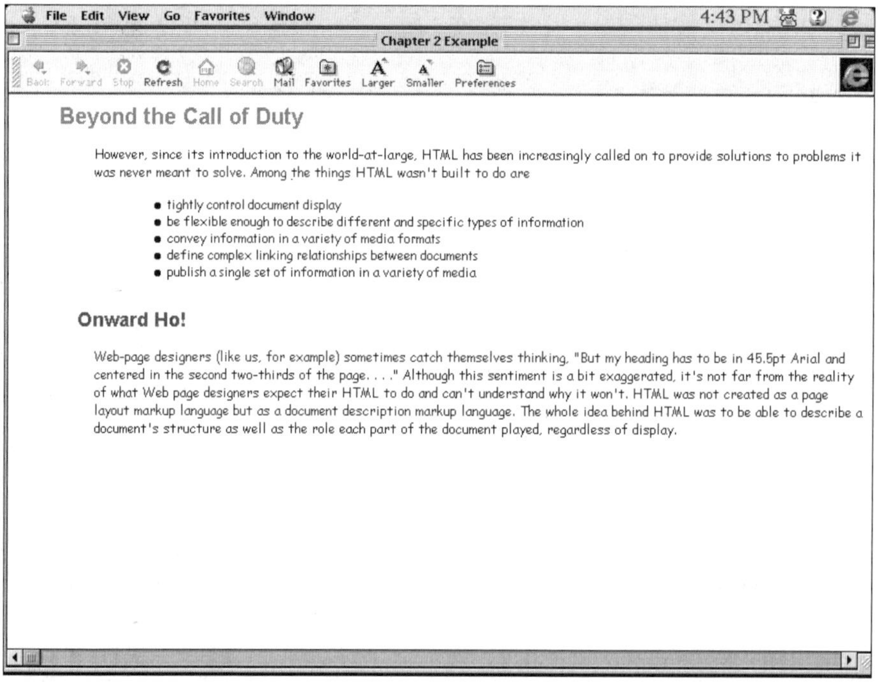

Abbildung 2.2: Eine HTML-Seite kann mit Hilfe von ein paar zugeordneten Stildefinitionen ein total neues Aussehen erhalten.

Angenommen, Sie möchten dieselben Informationen bei einer Konferenz präsentieren und die Seite wird über einen Overhead-Projektor und nicht über einen Computer-Bildschirm angezeigt. Wir müssen also die Formatierung dahingehend ändern, daß sie den veränderten Präsentationsbedingungen entspricht.

Als erstes fallen einem meist die Schriftgrößen ein. Die kleinste Größe, die Sie für die Anzeige auf dem Bildschirm verwenden können und die auch noch der Betrachter hinter der vierten Reihe erkennen kann, ist 24 Punkt. Wir erstellten eine neue Gruppe von Formatregeln mit dem Namen `presentation.css`, die wir anstelle von `basic.css` einsetzten.

```
<STYLE>BODY {background: white}
H1 {margin-left: 5%;
  color: red;
  font-family: Arial;
  font-size: 44pt;
  }
H2 {margin-left: 7%;
  color: blue;
  font-family: Arial;
  font-size: 34pt;
  }
P {margin-left: 9%;
  font-family: "Comic Sans MS";
  font-size: 24pt;
  text-align: justify;
  }
UL {margin-left: 11%;
  font-family: "Comic Sans MS";
  font-size: 24pt;
  }
</STYLE>
```

In Abbildung 2.3 sehen Sie die Anzeige, nachdem die neuen Formatregeln zugewiesen wurden. Beachten Sie, daß jetzt zwar nicht mehr der ganze Text in den Anzeigebereich paßt, der Text aber nun groß genug ist, daß er auch im hinteren Teil des Raumes gesehen werden kann.

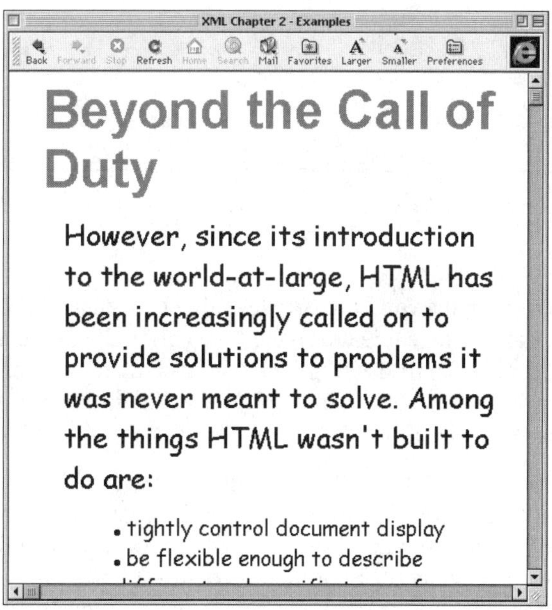

Abbildung 2.3: Durch neue Formatregeln kann die Anzeige einer Seite vielfach verändert werden.

Doch da keine Web-Technologie perfekt ist, sehen Sie in Abbildung 2.4 gleich ein Beispiel dafür, wie die Seite bei der Anzeige durch einen Browser, der CSS nicht unterstützt, aussehen würde. Das bietet zwar nicht gerade den schönsten Anblick, doch zumindest sind Inhalt und Basisstruktur intakt. Dasselbe kann man von HTML-Dateien, die mit komplexen Tabellen oder Frames formatiert wurden, nicht sagen. Stylesheets sind rückwärts-kompatibel. Sie ermöglichen es Browsern, die die Stylesheet-Eigenschaft noch nicht unterstützen, einen Seiteninhalt anzuzeigen – auch dann, wenn es nicht toll aussieht.

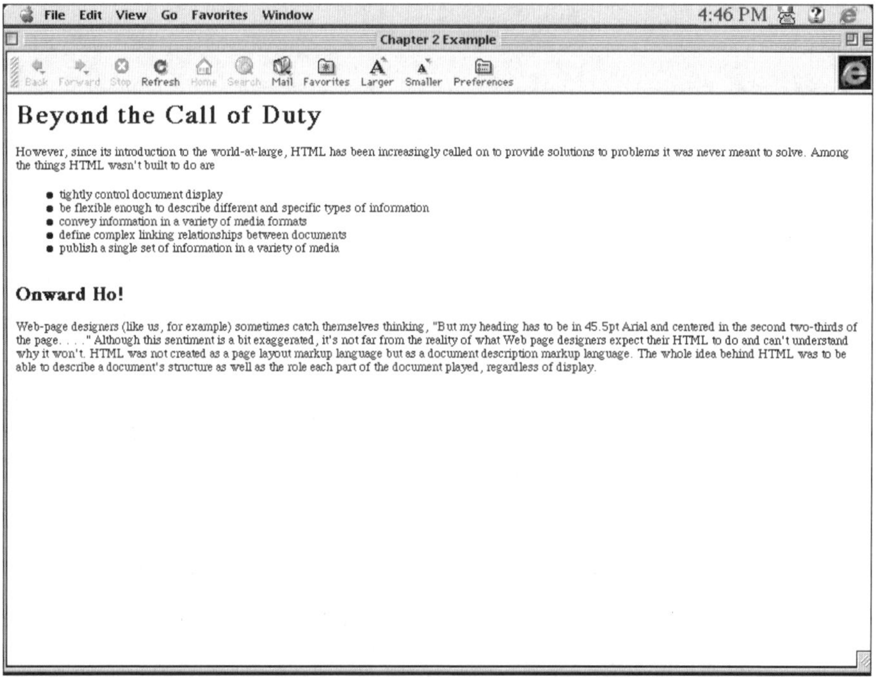

Abbildung 2.4: Eine Web-Seite bei der Anzeige durch einen Browser, der die Stylesheet-Eigenschaft noch nicht unterstützt.

Sie können mit Hilfe von Formatregeln eine ganze Menge mehr mit Ihren Seiten anstellen – alles Dinge, die durch die konventionelle Sprache HTML nicht unterstützt werden. Dabei ist das Einfügen von Abständen erst der Beginn. Einen Überblick über alle Stylesheet-Eigenschaften, die Sie für Ihre HTML-Elemente verwenden können, finden Sie auf der HTML-Site unter: `www.htmlhelp.com`.

Obwohl das Erstellen von neuen Tags ersichtlich einige schwache Punkte aufweist, gehen die Probleme mit CSS und anderen HTML-bezogenen Stylesheets noch ein wenig tiefer. Die Einschränkungen von CSS resultieren daraus, wie sie direkt mit HTML verbunden sind und leiden schließlich unter den gleichen Begrenzungen wie HTML. Obwohl Sie Ihre eigenen Formatregeln definieren können, müssen Sie doch unter einem Angebot an vordefinierten

Eigenschaften (Properties) auswählen und HTML-Elemente mit einbeziehen, um Formatregeln aufzurufen. Sie können keine eigenen Eigenschaften erstellen und Sie haben ganz sicher auch nicht die Möglichkeit, eigene HTML-Tags zu erzeugen.

Es besteht kein Zweifel darüber, daß Stylesheets im allgemeinen – und CSS im speziellen – das beste sind, was HTML passieren konnte, seit Dan Connoly die 2.0-Spezifikation erstellte. Doch auch sie können HTML nicht über die sprachbedingten Beschränkungen hinaus erweitern. Das ist der Grund, weshalb wir XML brauchen.

Was fehlt HTML eigentlich?

Die Antwort auf diese Frage ist einfach und kurz: absolut nichts.

Ja, was nun, werden Sie sich sagen! Wenn an HTML nichts auszusetzen ist, warum in aller Welt sollte ich dann eine neue Auszeichnungssprache wie XML lernen?

Wie bereits schon mehrfach erwähnt, unterliegt HTML gewissen Einschränkungen. HTML wurde zur Beschreibung von Dokumentstrukturen entwickelt, doch es wurden an das Leistungsprofil dieser Sprache immer neue und höhere Anforderungen gestellt. HTML kann nicht jedes Dokument in der Welt anpassen, und diese Sprache ist auch nicht fit genug, dahingehend ausgeweitet zu werden. Und so haben Web-Designer mit dem Versuch angefangen, Ihre Dokumente in die HTML-Markups zu »pressen«, auch wenn HTML nicht die perfekte Form für die Anforderungen eines Dokuments aufweist.

XML kann solchen Anforderungen entsprechen und bietet Lösungen an, für die HTML niemals entwickelt wurde. XML ist erweiterbarer als HTML und daher auch ein wenig komplizierter zu lernen. Mit anderen Worten: Mit XML können Sie eigene Tags und Attribute erstellen bzw. auf die Inhalte einer bereits vorhandenen DTD (Document Type Definition) zugreifen und diese nach Wunsch abändern. Diese Fähigkeiten erlauben es, XML so zu erweitern, daß eine auf die Erfordernisse des Kunden bzw. Benutzers ausgerichtete Informationslieferung ermöglicht wird. Mit HTML können Sie nur die Tags in der DTD verwenden, nicht abändern. Wenn diese nicht Ihren Anforderungen entsprechen, haben Sie Pech gehabt.

Vollziehen Sie den Wechsel: von HTML zu XML

Um die Beziehung zwischen XML und HTML zu illustrieren, werden wir Ihnen im folgenden zeigen, wie Sie eine HTML-Seite von der Website »LANWrights« in ein wohlgeformtes HTML-Dokument konvertieren können.

Sie werden in den nächsten Abschnitten auf einige Begriffe stoßen, mit denen Sie vielleicht noch nicht vertraut sind. Für diese Übung ist es nicht notwendig, diese 100%ig zu verstehen. Unser Ziel ist es, Ihnen zu zeigen, daß HTML eine Auszeichnungssprache für die Dokumentstruktur und nicht für das Seitenlayout ist, und wie XML auf dem aufbaut, was Sie bereits über HTML wissen.

Ein *wohlgeformtes* XML-Dokument aus einem HTML-Dokument heraus zu erstellen, ist nicht so kompliziert, wie Sie vielleicht denken. (Der Begriff »wohlgeformt« wird im Laufe dieses Buches – speziell in Kapitel 5 – noch ausführlich erläutert. An dieser Stelle nur eine kurze Anmerkung dazu: Man bezeichnet so XML-Dokumente, deren Syntax den allgemeinen Richtlinien des W3C entspricht.) Speziell dann nicht, wenn das ursprüngliche HTML-Dokument unter Verwendung einer korrekten HTML-Syntax geschrieben wurde. Folgendes ist für ein wohlgeformtes XML-Dokument charakteristisch:

- ✔ Alle Tags haben einen Start-Tag und einen Schluß-Tag.
- ✔ Alle Tags sind korrekt untereinander verschachtelt.
- ✔ Alle Attributwerte stehen zwischen Anführungszeichen.
- ✔ Leere Elemente sind korrekt formatiert.

Die ersten drei Anforderungen scheinen recht einfach zu sein, obwohl sie in HTML nicht immer notwendig sein müssen. XML kommt ohne viele HTML-Shortcuts aus und ist bei Syntaxfehlern und Einschränkungen sehr nachtragend. Die letzte Anforderung unterscheidet sich von allem, was Sie bisher in HTML gesehen haben. Leere Elemente, mit denen z.B. Bilder in das Dokument einfügt werden, erfordern im Gegensatz zu den Elementen, die Text enthalten, in XML ein spezielles Format.

Sie kennen nun die wichtigsten Anforderungen eines wohlgeformten XML-Dokuments, die Konvertierung kann also beginnen. Die HTML-Seite (unser Versuchskaninchen) ist der erste Teil der aktuellen LANWrights »Coming Soon«-Seite. Sie wird in Abbildung 2.5 gezeigt und verwendet folgenden HTML-Code:

```
<HTML>

<HEAD>
   <TITLE>LANWrights - Writing and Consulting - Coming Soon</TITLE>
   <LINK HREF="lanwstyle.css" TYPE=text/css REL=STYLESHEET>
</HEAD>

<BODY BGCOLOR="#FFFFFF" LINK="#800000" VLINK="#000080">

<CENTER>
<IMG SRC="graphics/comilogo.gif" WIDTH="466" HEIGHT="108"
ALT="Coming Soon @ LANWrights" BORDER="0">
</CENTER>

<P>The books below are still in development. When they are published they
will be transferred to the <A HREF="books.htm">Books in Print
</A> page.

<P><B>Awaiting Publication</P></B>
<UL>
   <LI>Hip Pocket Guide to HTML 4.0<BR>
```

```
    by Ed Tittel, James Michael Stewart, and Natanya Pitts<BR>
    Expected Publication: December, 1997<BR>
    Publisher: IDG Books<BR>
    <BR>

    <LI>Networking Essentials Study Guide<BR>
    by Ed Tittel and David Johnson<BR>
    Expected Publication: February, 1998<BR>
    Publisher: Course Technology<BR>
    <BR>

    <LI>Windows NT Workstation Study Guide<BR>
    by Ed Tittel and Christa Anderson<BR>
    Expected Publication: March, 1998<BR>
    Publisher: Course Technology<BR>

</UL>

</BODY>
</HTML>
```

Um diese HTML-Seite in eine wohlgeformte XML-Seite zu konvertieren, stellen wir sicher, daß sie jeder Anforderung eins zu eins entspricht.

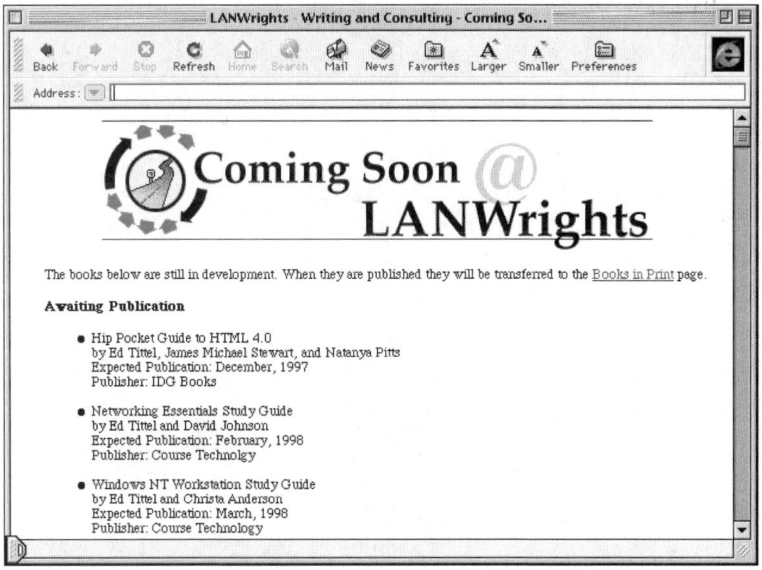

Abbildung 2.5: Die Web-Seite von LANWrights

Alle Elemente haben einen Start-Tag und einen Schluß-Tag

Einige HTML-Tags agieren als Text-Container, die jedoch keine Schluß-Tags benötigen. <P> und <LI> sind dafür bekannte Beispiele. Diese Tags arbeiten auf Grund eines speziellen SGML-Shortcuts in nicht zwingend beidseitig begrenzten Containern. Dieser Shortcut erlaubt es dem Parser, anzunehmen, daß ein Schluß-Tag korrekt vor einem weiteren Start-Tag desselben Elements aufgetreten ist. So ist

```
<P>text text text
<P>text text text
```

dasselbe wie

```
<P>text text text</P>
<P>text text text</P>
```

In XML ist es nicht möglich, ohne Schluß-Tags zu arbeiten. Und so müssen wir für unser Beispiel-Dokument folgendes hinzufügen:

```
<P>The books below are still in development. When they are published they
will be transferred to the <A HREF="books.htm">Books in Print
</A> page.
```

Zusätzlich müssen wir für alle drei List-Tag-Bereiche die entsprechenden Schluß-Tags in der ungeordneten Liste einfügen:

```
    <LI>Hip Pocket Guide to HTML 4.0<BR>
    by Ed Tittel, James Michael Stewart, and Natanya Pitts<BR>
    Expected Publication: December, 1997<BR>
    Publisher: IDG Books<BR>
    <BR>

    <LI>Networking Essentials Study Guide<BR>
    by Ed Tittel and David Johnson<BR>
    Expected Publication: February, 1998<BR>
    Publisher: Course Technology<BR>
    <BR>

    <LI>Windows NT Workstation Study Guide<BR>
    by Ed Tittel and Christa Anderson<BR>
    Expected Publication: March, 1998<BR>
    Publisher: Course Technology<BR>
```

Unser korrekter Code sieht jetzt folgendermaßen aus:

```
<P>The books below are still in development. When they are published they
will be transferred to the <A HREF="books.htm">Books in Print
</A> page.</P>
```

und

```
<LI>Hip Pocket Guide to HTML 4.0<BR>
by Ed Tittel, James Michael Stewart, and Natanya Pitts<BR>
Expected Publication: December, 1997<BR>
Publisher: IDG Books<BR>
<BR>
</LI>

<LI>Networking Essentials Study Guide<BR>
by Ed Tittel and David Johnson<BR>
Expected Publication: February, 1998<BR>
Publisher: Course Technology<BR>
<BR>
</LI>

<LI>Windows NT Workstation Study Guide<BR>
by Ed Tittel and Christa Anderson<BR>
Expected Publication: March, 1998<BR>
Publisher: Course Technology<BR>
</LI>
```

Uns Sie dachten, da kommt was ganz Kompliziertes auf Sie zu!

Alle Tags müssen korrekt ineinander verschachtelt sein

Die Regeln der XML- und HTML-Syntax besagen, daß Tags in einer bestimmten Reihenfolge verschachtelt werden müssen. Dabei gilt als erste Regel: Es muß immer zuerst das geschlossen werden, was Sie zuletzt geöffnet haben. Obwohl folgender HTML-Code in einem Browser gut aussieht, ist er dennoch technisch nicht korrekt:

```
<I><B>test</I></B>
```

Statt dessen sollte er folgendermaßen aussehen:

```
<I><B>test</B></I>
```

Der Tag für Fettdruck ist komplett innerhalb des Kursiv-Tags verschachtelt. XML erfordert eine korrekte Verschachtelung aller Tags, wir müssen also folgende Zeile von unserer Beispielseite:

```
<P><B>Awaiting Publication</P></B>
```

folgendermaßen ändern:

```
<P><B>Awaiting Publication</B></P>
```

Zwei Anforderungen sind abgehakt, zwei müssen noch erfüllt werden.

Alle Attributwerte stehen in Anführungszeichen

In HTML müssen nur bestimmte Attributwerte wie Text-Strings und URLs in Anführungszeichen stehen. Andere Werte wie zum Beispiel Bildhöhe oder Schriftgröße bringen das gewünschte Ergebnis – unabhängig davon, ob sie in Anführungszeichen stehen oder nicht. In XML ist das anders, da müssen alle Attributwerte in Anführungszeichen angegeben werden. Um unser Beispiel in Einklang mit dieser Regel zu bringen, müssen wir den Verknüpfung-Tag ändern, der nur in einer Web-Seite gut funktionieren kann:

```
<LINK HREF="lanwstyle.css" TYPE=text/css REL=STYLESHEET>
```

Folgende XML-Syntax ist korrekt:

```
<LINK HREF="lanwstyle.css" TYPE="text/css" REL="STYLESHEET">
```

Wir sind fast fertig.

Leere Elemente sind korrekt formatiert

Auf den ersten Blick scheint die Art und Weise ein wenig seltsam zu sein, wie in XML leere Elemente formatiert werden. Beachten Sie, daß alle anderen Elemente, um als korrekt zu gelten, einen Start- und einen Schluß-Tag haben müssen. Durch die geringe Änderung der Formatierung eines leeren Elements lassen Sie den Parser wissen, daß das Element in der Tat leer ist und daß es sich nicht um einen Container handelt (also eine Gruppe von Markup-Tags, die nur über einen Start-Tag und nicht über einen Schluß-Tag verfügen). Um in XML ein leeres Element zu erstellen, fügen Sie einfach einen Querstrich (/) – auch Slash genannt – vor das Größer-als-Zeichen, das den Tag abschließt. Ein `IMG`-Tag (ein Tag, mit dem externe Bilder in ein Dokument eingebunden werden), der in HTML folgendermaßen aussieht:

```
<IMG SRC ="file.gif" ALT="image">
```

sieht in XML so aus:

```
<IMG SRC ="file.gif" ALT="image"/>
```

Das geht doch leicht von der Hand!

Wenn unser Beispiel-Dokument auch noch ein wohlgeformtes XML-Dokument werden soll, müssen wir uns noch um ein paar leere Tags kümmern, die nicht korrekt formatiert sind. Das bedeutet, wir werden an alle Zeilenumbruch-, Bild- und Verknüpfung-Tags jeweils einen Slash hinzufügen. Wenn wir damit und mit anderen erforderlichen Korrekturen fertig sind, sieht unser Dokument so aus:

```
<HTML>

<HEAD>
   <TITLE>LANWrights - Writing and Consulting - Coming Soon</TITLE>
   <LINK HREF="lanwstyle.css" TYPE="text/css" REL="STYLESHEET" />
</HEAD>
```

```
<BODY BGCOLOR="#FFFFFF" LINK="#800000" VLINK="#000080">

<CENTER>
<IMG SRC="graphics/comilogo.gif" WIDTH="466" HEIGHT="108"
ALT="Coming Soon @ LANWrights" BORDER="0" />
</CENTER>

<P>The books below are still in development. When they are published they
will
be transferred to the <A HREF="books.htm">Books in Print
</A> page.</P>

<P><B>Awaiting Publication</B></P>
<UL>
   <LI>Hip Pocket Guide to HTML 4.0<BR />
   by Ed Tittel, James Michael Stewart, and Natanya Pitts
<BR />
   Expected Publication: December, 1997<BR />
   Publisher: IDG Books<BR />
   <BR />
   </LI>

   <LI>Networking Essentials Study Guide<BR />
   by Ed Tittel and David Johnson<BR />
   Fxpected Publication: February, 1998<BR />
   Publisher: Course Technology<BR />
   <BR />
   </LI>

   <LI>Windows NT Workstation Study Guide<BR />
   by Ed Tittel and Christa Anderson<BR />
   Expected Publication: March, 1998<BR />
   Publisher: Course Technology<BR />
   </LI>

</UL>

</BODY>
</HTML>
```

Wow, war das einfach! Und Sie dachten schon, Sie werden harte Nüsse knacken. Sicher, Sie müssen ein paar neue Regeln im Kopf behalten, und XML ist formaler als HTML, hier wird nicht so leicht etwas durchgehen. Doch in Form und Funktion sind sich HTML und XML sehr ähnlich.

Natürlich muß ein wohlgeformtes HTML-Dokument nicht unbedingt auch ein funktionierendes HTML-Dokument sein. Wir setzen bei der Erstellung dieses XML-Dokuments voraus, daß eine HTML-DTD in eine vollständig qualifizierte XML-DTD konvertiert wurde, und das ist eine Annahme, hinter der schon einiges steckt. Weitere Details über XML-DTDs, die das eigentliche Eingemachte eines jeden XML-Dokuments darstellen, finden Sie in Kapitel 6.

Eine Hinzufügung in Ihr Arsenal

Wir wollen Ihnen an dieser Stelle gar nicht erst einreden, daß XML HTML ersetzen wird oder daß Sie sich der mühevollen Aufgabe unterziehen müssen, Ihre HTML-Dokumente in XML zu konvertieren (abgesehen davon wetten wir sowieso, daß dafür in naher Zukunft Tools verfügbar sein werden, die das für Sie erledigen). Eher schon gehen wir davon aus, daß XML ein neues Tool mit einer vertrauten Umgebung ist, das Sie schon bald Ihrer Sammlung von Web-Entwicklungswerkzeugen hinzufügen möchten. XML und HTML sind in vielerlei Hinsicht ähnlich, aber sie haben auch eine Reihe von Unterschieden, die ihre Wurzeln in ihrer Einfachheit und den Möglichkeiten der Erweiterbarkeit haben, wie Sie in den anderen Kapiteln dieses Buches sehen werden.

In diesem Kapitel haben wir versucht, XML in einem HTML-relevanten Kontext darzustellen. Kapitel 3 wird die Wurzeln von XML zurück zu SGML verfolgen. Sie werden zu Ihrer Überraschung entdecken, daß alle diese »MLs« Mitglieder einer großen und glücklichen – wenn auch nicht immer zusammenhängenden – Familie sind.

Die Beziehung von XML zu SGML verstehen

3

In diesem Kapitel

- Einführung in SGML
- Die Regeln der DTDs von SGML untersuchen
- Die Unterschiede zwischen SGML und XML herausarbeiten
- Von SGML zu XML wechseln
- Mit einfachen und klaren Strukturen die Konvertierung erleichtern

Dieses Kapitel bietet Ihnen eine Einführung in die Auszeichnungssprache Standard Generalized Markup Language (abgekürzt SGML). Sie finden hier Erläuterungen zu Basiskonzepten und Bausteinen sowie eine Beschreibung einiger Haupt-Features von SGML, die nicht in die Standards von XML (eXtensible Markup Language) mit einbezogen wurden. Das Kapitel schließt mit einer Erörterung ab, wie Sie erfolgreich von SGML zu XML wechseln können.

Wenn Sie bereits über Kenntnisse in der Auszeichnungssprache SGML verfügen, unterstützt Sie dieses Kapitel dabei, herauszufinden, was Sie von diesen Kenntnissen zu XML »rübernehmen« können. Es soll auch Planern bei der Entwicklung von SGML/XML-Systemen helfen, um ihre DTDs (*Document Type Definitions*) so zu entwerfen, daß ihre Arbeit sowohl in der XML-Welt als auch in der SGML-Welt verwendet werden kann.

Eine nette Einführung in die Prinzipien und Praktiken von SGML

Um das Prinzip von SGML zu verstehen, müssen Sie sich zunächst mit der Geschichte von Satzmaschinen und der Entwicklung innerhalb der Druckvorstufe auseinandersetzen (ja, das muß leider sein!). Es war einmal vor langer Zeit, da wurde ein Text, der für eine Veröffentlichung vorgesehen war, mit bestimmten Weisungen für die Layoutmaschine versehen. Diese Weisungen enthielten Informationen über den Einzug, die Abstände und weitere Angaben bezüglich des Erscheinungsbildes eines Dokuments. Die Syntax der Anweisungen hatte zwei wichtige Aspekte, die beide Probleme verursachten:

- **Verfahrensorientierte Informationen:** Das in den Dokumenten verwendete Markup war insofern verfahrensorientiert, da überhaupt nichts darüber ausgesagt wurde, was ein Element eigentlich ist. Es wurde nur festgelegt, wie die Ausgabe durch die eingesetzten Wiedergabesysteme erfolgen sollte. Es gab also nicht die Information, daß der einem »Tag« folgende Text beispielsweise der Titel eines Kapitels ist, sondern es wurde die Information weitergegeben, daß besagter Text in einer Schriftgröße von 20 Punkt in Fettschrift übergeben werden muß. Jegliche semantische Information über ein Wort oder einen Satz waren für die Software unzugänglich.

- **Proprietäre Informationen:** Schriftsatzsysteme waren sehr teuer, und jedes verwendete einen ihm eigenen (proprietären) Weg, ein Dokument-Layout zu beschreiben. So konnte also das von einem System erstellte Text-Setup auf keinen Fall auf ein anderes übertragen werden. Das hatte zur Folge, daß der Austausch von Dokumenten und die Wiederverwendung von Teilen eines Dokuments nicht nur sehr teuer waren, sondern manchmal auch eine unmögliche Aufgabe. Hu!

Das Konzept und die Philosophie von SGML beruhen hauptsächlich auf den folgenden beiden Regeln:

- **Trennung von Inhalt und Anweisungen:** Wiedergabeanweisungen (also Informationen über das Erscheinungsbild eines Dokuments) müssen getrennt von den Originaldaten aufbewahrt werden. Durch ein solches Verfahren können dann zu jeder Zeit die je nach spezifischer Situation erforderlichen Layoutinformationen übergeben werden. Dazu verwendet man Stylesheets, in denen alle Layout- und Wiedergabeanweisungen definiert sind, die Datenbereichen eines entsprechenden Dokumentes zugeordnet werden. In dem Diagramm von Abbildung 3.1 können Sie sehen, wie Stylesheets, Dokumente, Wiedergabesystem und Ausgabe miteinander in Beziehung stehen.

Begegnung mit SGML

SGML ist ein internationaler Standard für die Auszeichnung von Dokumenten. Die Sprache wurde von der ISO (International Standards Organization) 1986 als Standard im Bereich der Textverarbeitungen verabschiedet. Der Name von SGML lautete während des Standardisierungsprozesses ISO 8879. Aus purem Vergnügen möchten wir Ihnen dieses eine Mal den vollen Namen von SGML verraten. Er lautet: »ISO 8879: 1986Information processing – Text and Office Systems – Standard Generalized Markup Language (SGML).«

Die Entwicklung von SGML fing jedoch nicht erst 1986 an. Die Geschichte von Auszeichnungssprachen (Markup) geht weit bis in die Computer-Dinosaurierzeit zurück. Die Ursprünge von SGML finden sich in den späten 60er Jahren. Charles F. Goldfarb und seine Kollegen bei IBM arbeiteten an einem Informationssystem, um Dokumente innerhalb von verschiedenen Systemen verwalten und publizieren zu können, und sie konstruierten die Generic Markup Language (GML). Die in SGML enthaltenen Konzepte sind also schon mindestens 30 Jahre alt.

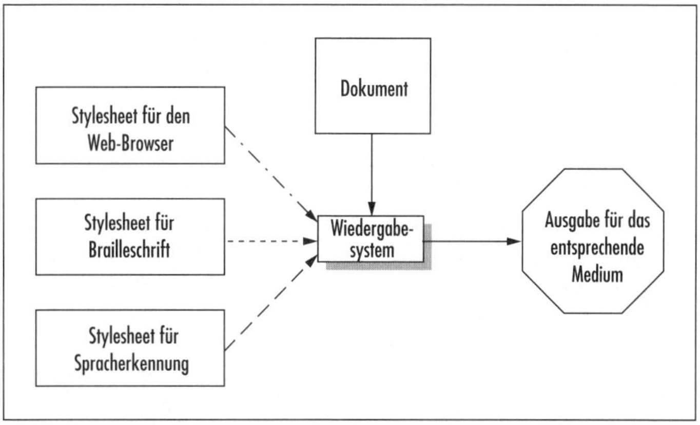

Abbildung 3.1: Stylesheets ermöglichen mehr Flexibilität bei der Dokumentausgabe.

✔ **Die Bedeutung der Elemente eines Dokuments erfassen:** SGML basiert auf der Idee, daß Sie ein Dokument mit Text »kommentieren« müssen, der die semantischen Aspekte (engl. semantics) eines Textteils beschreibt. Wenn wir beispielsweise eine Abschnittsüberschrift schreiben, kann diese Kenntnis beibehalten werden, wie Sie anhand des folgenden Codes sehen können:

```
<Section>
<SectionTitle>
Eine nette Einführung in die Prinzipien und Praktiken von SGML
</SectionTitle>
<Para>
Um das Prinzip von SGML zu verstehen ...
</Para>
</Section>
```

SGML verwendet DTDs, um diese beiden grundlegenden Regeln zu erzwingen. Eine DTD (Document Type Definition) ist eine Art Formatvorlage (Template) für ein Dokument, hier wird dessen Struktur festgelegt. Dieses Buch hat beispielsweise eine sehr streng definierte Struktur, die auch strikt eingehalten wird: Es setzt sich aus Kapiteln zusammen, die mit einer Einführung beginnen und sich dann in mehrere Abschnitte aufteilen, die eigene Überschriften haben. Jeder dieser Abschnitte wiederum enthält Absätze und / oder Unterabschnitte.

Mit Hilfe von DTDs können Sie die Beschreibung einer Klasse von Dokumenten definieren. Nehmen wir mal an, Sie haben eine DTD, die die Struktur eines Buches aus der Serie ... *für Dummies* definiert. Jedes Buch der Serie muß also der Struktur entsprechen, wie Sie in der Dummies-DTD festgelegt wurde. In Abbildung 3.2 sehen Sie eine Darstellung dessen, was wir meinen.

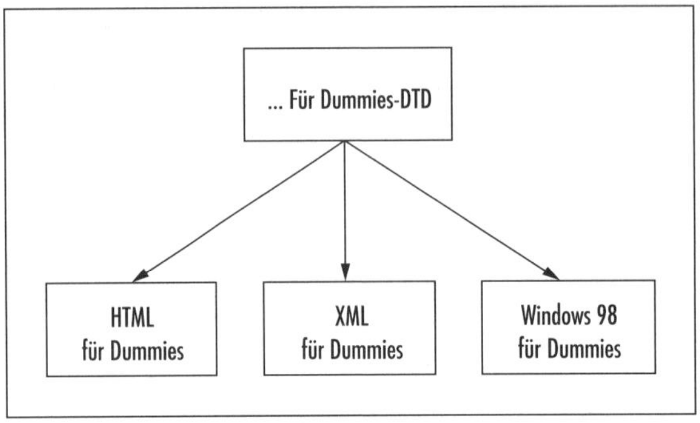

Abbildung 3.2: DTDs sind Vorlagen, die die Regeln für die Struktur eines Dokuments festlegen.

Inhaltsmodelle

SGML stellt Mittel zur Verfügung, um Strukturen auf eine formale und knappe Art auszudrükken und zu definieren. Diese formalen Ausdrücke werden *Inhaltsmodelle* genannt. Über ein Inhaltsmodell kann man definieren, welche Komponenten ein bestimmter Teil eines Dokuments enthalten kann. Wie bereits im vorhergehenden Absatz erwähnt, setzt sich ein Dokumentabschnitt aus einem Titel, Absätzen und – optional – weiteren Unterabschnitten zusammen. Teile des Dokuments, die so ausdrücklich wie diese definiert sind, bezeichnet man als *Elemente*. So handelt es sich zum Beispiel bei Paragraph, Title und Section (für Absatz, Titel und Abschnitt) um Elemente für ein mögliches Inhaltsmodell eines Buches. Mit anderen Worten: Ein Inhaltsmodell für einen Elementtypen ist Bestandteil einer DTD, das ein besonderes Dokumentelement beschreibt.

Die formale Definition von Inhaltsmodellen ähnelt sehr den regulären Ausdrücken, die man von Programmiersprachen wie zum Beispiel Perl her kennt. Das folgende Beispiel eines Inhaltsmodells teilt uns mit, daß ein Abschnitt mit einer Überschrift beginnt (`SectionTitle`) und daß sich daran eine Reihe von Unterabschnitten und Absätzen anschließen.

```
<!ELEMENT Section (SectionTitle,(SubSection|Para)*)>
```

In SGML ist der Einsatz von DTDs unbedingt erforderlich, und der hier beschriebenen formalen Struktur ist absolut Folge zu leisten. SGML-Dokumente beginnen entweder mit einer Referenz auf die Definition ihrer DTDs, oder aber die DTD ist direkt im Dokument am Anfang der Datei untergebracht. Ein SGML-System weist ein Dokument zurück, wenn dessen Struktur nicht den in der DTD festgelegten Regeln entspricht – ähnlich wie ein Amt einen Antrag zurückweisen kann, wenn Sie ihn falsch oder nicht vollständig ausgefüllt haben.

DTDs und die Auswertung und Analyse durch den Parser

In vielen Fällen erfolgt die Auszeichnung (oder das Markup) eines Dokuments »per Hand«. Bei umfangreicheren Auszeichnungen kann dies jedoch bei der Bearbeitung von Text zu ernsthafteren Schwierigkeiten führen. SGML stellt deshalb Features zur Verfügung, die es ermöglichen, das benötigte Markup in einem relativ geringen Umfang zu halten.

Betrachten Sie mal folgendes einfache SGML-Dokumentfragment:

```
<List>
<ListItem>
<Para>Erster Teil einer Liste</Para>
</ListItem>
<ListItem>
<Para>Zweiter Teil einer Liste</Para>
</ListItem>
```

SGML verringert den Eingabeaufwand, den Sie für ein Dokument vornehmen müssen. Wenn Sie den für SGML definierten Regeln folgen, in welchen Fällen Tags ganz weggelassen dürfen oder nur als Start-Tags ohne entsprechenden Schluß-Tag verwendet werden können, sieht das Fragment so aus:

```
<List>
<ListItem>
Erster Teil einer Liste
<ListItem>
Zweiter Teil einer Liste
</List>
```

Sie können nach wie vor das Ende des Absatzes und das Ende des ersten Listenelements finden. Das Ganze läßt sich auch so formulieren: Das Ende des ersten Listenelements und das Ende des Absatzes sind dort zu suchen, wo das nächste Listenelement beginnt. SGML hat diese Regeln in die richtige Form gebracht, um die Dokumenterstellung zu vereinfachen.

In HTML – der wahrscheinlich bekanntesten SGML-Anwendung – kommen die Tag-Auslassungen, wie sie hier beschrieben werden, sehr häufig vor. Trotzdem, woher sollen Sie wissen, daß ein Absatz nicht das nächste Listenelement `<ListItem>` enthält? Diese – und andere – Informationen bezieht ein SGML-System von der DTD. In einer DTD ist definiert, welche Elemente in einem Dokument erlaubt sind und welche nicht.

SGML-Systeme sind dazu befähigt, für die Auszeichnung von Dokumenten die benötigten Informationen aus der DTD beziehen. Dabei werden korrekt die durch ISO 8879 explizit definierten Formalismen eingehalten.

Was kann SGML, was XML nicht kann?

Es gibt einen beträchtlichen Unterschied zwischen SGML und XML – und zwar sowohl in der Dokumentstruktur als auch in der Eignung für eine gegebene Aufgabe. Wie die folgenden Abschnitte zeigen, hat SGML Stärken und Begrenzungen, die XML nicht mit seiner Muttersprache teilt.

Alleinstehende Tags

Das Auslassen von Tags weist – so wertvoll es auch bei der manuellen Bearbeitung von Dokumenten sein mag – zwei potentielle Probleme auf:

- ✔ **Leistung:** Wenn Ihr SGML-Parser herausfinden soll, wo Dinge wie schließende Element-Tags eingefügt werden sollen, kann dies schnell zu einer teuren und zeitaufwendigen Aufgabe werden. Dieses Feature wurde nicht in den XML-Standard einbezogen, da die Erfinder folgendes Ziel im Auge hatten: XML muß stromlinienförmig für Hochleistungsverarbeitung sein.
- ✔ **Erforderliche DTD-Verarbeitung:** Jede Auslassung von Tags erfordert die Analyse einer DTD, um ein gültiges Dokument zu erstellen, in dem alle Tags immer paarweise als Anfang- und Ende-Tag verwendet werden. DTDs stellen einen optionalen Part bei XML-Dokumenten dar.

Einschluß und Ausschluß

- ✔ **Einschluß (Inclusions):** Denken Sie an einen Elementtypen (oder weniger präzise *Tag*) für einen Kommentar. Sie möchten wahrscheinlich die Freiheit haben, einen Kommentar an einer beliebigen Stelle im Dokument einzufügen. Das Einfügen von Informationen über den Kommentar-Elementtypen in jedes der Inhaltsmodelle und an allen möglichen Positionen ist eine zu beschwerliche Aufgabe. Doch unter Einbeziehung *einer Einschließung* können Sie sagen: »Der Kommentar-Elementtyp ist an jeder Stelle des Inhaltsmodells ein zulässiges Element«. Sie verbessern so ein Inhaltsmodell mit einer Anweisung, die besagt: An allen Stellen, die mit einem Abschnitt (`Section`) beginnen, kann ein Kommentar eingefügt werden.

  ```
  <!ELEMENT Section (SectionTitle,(SubSection|Para)*)) +(Comment)>
  ```

- ✔ **Ausschluß (Exclusions):** Damit können Sie festlegen, daß in diesem Inhaltsmodell und in allen anderen Inhaltsmodellen, die in dieser Hierarchie als Kinder (Child) agieren, ein bestimmter Elementtyp nicht erlaubt ist. Im folgenden Beispiel wird zuerst deklariert, daß ein Kommentar überall in Ihrem Buchdokument erlaubt ist, und dann definieren Sie, was innerhalb eines Kommentars vorkommen darf: Zeichendaten (`PCDATA`) oder ein Teil, den Sie betonen möchten (`EM`):

  ```
  <!ELEMENT Book (Title,Chapter*) +(Comment)>
  <!ELEMENT Comment (#PCDATA|EM)* >
  ```

Mit dieser Deklaration können Sie völlig legal einen Kommentar innerhalb eines Kommentars haben (keine gute Idee). Innerhalb Ihres Inhaltsmodells läßt sich das nicht ausdrücken. Sie haben jedoch die Möglichkeit, den Kommentarinhalt durch Verwendung von Exklusionen zu beschränken. Bei dem folgenden veränderten Code sind Kommentare nach wie vor überall im Dokument erlaubt, sie dürfen jedoch nicht innerhalb eines anderen Kommentars auftreten.

```
<!ELEMENT Comment (#PCDATA|EM)* -(Comment)>
```

Kurzreferenzen

Kurzreferenzen (Shortrefs) sind ein XML-Feature von SGML, die verwendet werden, um eine Abgleichung (Mapping) von einem Zeichen oder String mit einer Entität vorzunehmen, das die zu ersetzenden Daten enthält. Sie kennen dieses Feature vielleicht schon von Textverarbeitungen her. Wenn Sie eine bestimmte Zeichenfolge eingeben, wird diese zu einem längeren Wort oder einem Satz erweitert (beides wurde zuvor natürlich festgelegt). Sie könnten zum Beispiel festlegen, daß der String »mfg-nhm« durch folgende erweiterte Version ersetzt wird: »Mit freundlichen Grüßen, Norbert H. Mikula.«

Kurzreferenzen sind auch sehr interessant, wenn Sie beispielsweise ein »carriage return« in einen »para«-Tag mappen:

```
<abstract>
Mein erster Absatz
Mein zweiter Absatz
</abstract>
```

Dies könnte automatisch übersetzt werden in:

```
<abstract>
<Para>
Mein erster Absatz
</Para>
<Para>
Mein zweiter Absatz
</Para>
</abstract>
```

Daten-Tags

Dieses SGML-Feature ermöglicht es, daß Zeichen sowohl semantische Tags (engl. semantics) als auch semantische Daten sein können. Sie können Daten-Tags in Zusammenhang mit Text einsetzen, der zwar ohne jegliches Markup geschrieben wurde, dennoch kann der Parser gleichwohl Start- und Schluß-Tags erkennen. Mit den entsprechenden Definitionen in einer DTD kann ein SGML-Parser diesen Auszug aus einem SGML-Code als eine Liste von Autorennamen und Firmennamen erkennen:

```
<authors>
Ed Tittel, LANWrights, Inc.
Norbert Mikula, DataChannel
</authors>
```

Daten-Tags und Kurzreferenzen sind in etwa das Gleiche; der Hauptunterschied liegt darin, daß Daten-Tags auch Teil des aktuellen Textes werden können, während es sich bei Kurzreferenzen um reines Markup handelt.

Rangordnung

Die Rangordnung eines Elements symbolisiert, auf welcher Verschachtelungsebene es sich befindet. Diese können Sie schon dem Namen eines Tag entnehmen (Generic Identifier):

```
<para1>This is a first level paragraph.
 <para2>This is the first second level paragraph</para2>
 <para2>This is the second second level paragraph</para2>
 <para2>This is the third second level paragraph</para2>
</para1>
```

SGML stellt ein flexibleres Schema für die Wiedergabe dieser Informationen zur Verfügung:

```
<para1>This is a first level paragraph.
 <para2>This is the first second level paragraph</para2>
 <para>This is the second second level paragraph</para>
 <para>This is the third second level paragraph</para>
</para1>
```

Das zweite Beispiel basiert auf einer ausdrücklichen Deklaration in der DTD. Es weist auf das Rang-Feature hin, das für den Elementtypen `para` aktiviert wurde. Die zweiten und dritten Absätze der zweiten Ebene beinhalten in ihren Namen keinen Hinweis auf die Verschachtelungsebene. Ein SGML-System erkennt, daß diese beiden Absätze auf derselben Ebene liegen wie der erste Absatz der zweiten Ebene und weist ihnen daher automatisch eine Numerierung für die Verschachtelungsebene zu. Wenn Sie diesen Teil neu schreiben müssen und Sie den dritten Absatz der zweiten Ebene auf die erste Ebene verschieben möchten, ist es nicht notwendig, dessen Namen zu ändern.

Verknüpfung (Link)

Das sehr komplexe Thema »Verknüpfungen« ausführlich zu behandeln, würde den Rahmen dieses Buches sprengen. Wir setzen uns deshalb mit Verknüpfungen nur insofern auseinander, als wir Ihnen aufzeigen möchten, wie SGML eine Möglichkeit für die Trennung von Inhalt und Format-/Verarbeitungsinstruktionen zur Verfügung stellt.

Angenommen, Sie möchten eine Formatanweisung oder eine Referenz zu einer Prozedur in Ihrem Tag hinzufügen. Das Ergebnis würde wie folgt aussehen:

```
<para font="Times Roman" alignment="center">
Example for adding style information to an element.
</para>
```

Diese Vorgehensweise beinhaltet einige schwerwiegende Nachteile. Zunächst wird der Inhalt nicht mehr getrennt und die Information nicht mehr weitergegeben. Dieses Problem ist an sich schon ein »schlechter Stil« für SGML. Darüber hinaus ist es nicht möglich, verschiedene Formate (Styles) für dasselbe Element zu unterstützen.

Als eine mögliche Lösung dieses Problems bietet SGML die Verwendung eines Verknüpfungs-Features (Link) an. Mit Hilfe dieses Features können Sie Formatanweisungen hinzufügen – oder andere Verbindungen mit diesem Element –, ohne den Inhalt des Dokuments zu zerstören. Im folgenden Code wird das Verknüpfungs-Feature von SGML verwendet:

```
<!LINK CenteredTimesPara
  para [ font="Times Roman" alignment="center" ]
>
```

SGML-Deklarationen

Eine SGML-Deklaration enthält bestimmte Anweisungen für einen SGML-Parser. Diese Anweisungen sind von der DTD unabhängig. Die Deklaration ermöglicht es Ihnen, eine Reihe von verschiedenen syntaktischen Aspekten für Ihr Dokument zu definieren.

XML bietet solche Möglichkeiten nicht an. Jedoch beschreibt eine implizite SGML-Deklaration bestimmte Aspekte eines XML-Dokuments, wenn es als SGML-Dokument angezeigt wird. Im folgenden finden Sie einen kurzen Auszug der vielen aufregenden Dinge, die Sie mit SGML-Deklarationen machen können.

✔ **Dokumentenzeichensatz:** Sie können darüber festlegen, welcher Zeichensatz in Ihrem Dokument verwendet wird. XML verwendet den Zeichensatz ISO/IEC 10646, der dem Unicode ähnelt.

```
BASESET "ISO Registration Number 176//CHARSET
  ISO/IEC 10646-1:1993 UCS-4 with implementation
  level 3//ESC 2/5 2/15 4/6"
```

✔ **Längenbeschränkungen für Namen:** Über eine Deklaration der Längenbeschränkung legen Sie die maximale Anzahl der zu verwendenden Zeichen für Elementtypen-Namen fest. Dieses Beispiel teilt Ihnen mit, daß die Länge von Namen, die für die deklarierenden Elementtypen verwendet werden, nicht mehr als acht Zeichen umfassen darf.

```
NAMELEN 8
```

- **Speicherkapazität:** Damit können Sie den Speicherbedarf festlegen, den Sie für ein SGML-Dokument benötigen. Die folgende Kapazitätsdefinition legt fest, wie oft ein Objekt einer bestimmten Kategorie in einem SGML-Dokument vorkommt – zum Beispiel die maximale Anzahl der Elemente, die definiert wurden, einschließlich der Informationen über die Längenbeschränkung der Namen. Im folgenden Beispiel können Sie nicht mehr als 35.000 Elemente deklarieren, und die Länge eines Elementnamens wird definiert durch `NAMELEN`:

  ```
  ELEMCAP 35000 NAMELEN
  ```

  XML-Dokumente haben keine Begrenzungen hinsichtlich der Quantität oder Kapazität von Objekten, die in Dokumenten verwendet werden.

- **Festlegung der Begrenzer-Zeichen:** In SGML-Dokumenten werden normalerweise die Zeichen <, />, und > als Begrenzer eingesetzt, um Anfang und Ende von Tags anzuzeigen. Die SGML-Deklaration kann jedoch verwendet werden, um verschiedene Strings und Zeichen zuzuweisen, die dieselbe semantische Bedeutung wie die Zeichen, an die Sie gewöhnt sind, haben. (Dieses Feature wird selten genutzt, und es kann zur Quelle eines potentiellen Durcheinanders werden, doch können solche Zuweisungen in bestimmten Situationen auch sehr schwierige Probleme lösen helfen.)

  In XML sind die Zeichen < und & unveränderlich, wenn Sie diese Symbole also sehen, wissen Sie, daß sie Markup kennzeichnen. In SGML gibt es Regeln, die festlegen, ob < und & den Beginn eines Tags bzw. einer Entity-Referenz anzeigen. Wenn Sie in XML die Zeichen < und & im Text verwenden möchten, arbeiten Sie mit Zeichenreferenzen wie `<` für < und `&` für &.

Vereinfachte Kommentare

Wie bei Programmiersprachen oder Textverarbeitungen auch sind Kommentare Bestandteil eines Dokuments, doch sie sind nicht wirklich ein Teil des Dokumentinhalts. Sowohl in SGML als auch in XML starten Kommentare mit der Zeichenfolge <!-- und enden mit -->. Darüber hinaus können in SGML Kommentare mit dem Start- und Schluß-String -- in anderes Markup eingestreut werden.

```
<!-- Content Model : Book              -->
<!-- A book consists of :              --
 -- a title, a set chapters            --
 -- we also include comments           -->
<!ELEMENT Book (Title,Chapter*) +(Comment) -- here we
include comments -->
```

In XML können Sie Kommentare nur mit <!-- öffnen und mit --> schließen. Der String -- kann nicht legal für innere Kommentare verwendet werden. Für XML muß das DTD-Stück folgendermaßen geändert werden:

```
<!-- Content Model : Book                  -->
<!-- A book consists of :                  -->
<!-- a title, a set chapters               -->
<!-- we also include comments              -->
<!ELEMENT Book (Title,Chapter*)>
```

Attributdefinitionen

Sie verwenden Attribute, um Informationen an ein Element anzufügen. Wenn Sie zum Beispiel Informationen über die Ebenen der Vertraulichkeit einem Absatz hinzufügen möchten, gehen Sie wie folgt vor:

```
<Para confidentiality="Internal">
Secrets of project Texas at DataChannel
</Para>
```

Die Liste der SGML-Features, die nicht von XML übernommen wurden, ist unvollständig. Das ist nur ein weiteres Beispiel dafür, wie reich und komplex die vollständige SGML-Sprache sein kann. Wenn Sie mehr über diese Features erfahren möchten, sollten Sie sich auf SGML-Materialien beziehen, die weiter ins Detail gehen. Auf die in diesem Kapitel erwähnten werden Sie wahrscheinlich sehr oft treffen, wenn Sie mit SGML-Dokumenten zu tun haben.

Sie müssen in Ihrer DTD festlegen, welches die Werte für Ihr Attribut »confidentiality« sind:

```
<!ATTRIBUTE Para confidentiality (Internal|Public)
           "Public">
```

Dieser Code teilt Ihnen mit, daß zwei Ebenen an Vertraulichkeit verfügbar sind: »internal« und »public«, wobei letzteres der Standardwert ist.

Sie können sowohl in SGML als auch in XML in vollem Umfang definieren, wie legale Werte für Attribute aussehen sollten. In XML haben Sie die Auswahl unter: `CDATA`, `ENTITY`, `ENTITIES`, `ID`, `IDREF`, `IDREFS`, `NMTOKEN`, `NMTOKENS` und `NOTATION`. SGML versorgt Sie mit sechs weiteren Attributen: `NUTOKEN`, `NUTOKENS`, `NUMBER`, `NUMBERS`, `NAME` und `NAMES`.

Durch die Deklaration von Attributen können Sie auch definieren, was der Standardwert für ein Attribut sein soll. XML ermöglicht es, explizit zu definieren, was als Standard gelten soll (zum Beispiel »Public« in dem Beispiel über Attribute), oder Sie können unter folgendem auswählen:

- ✔ `REQUIRED`: Das Attribut muß wiedergegeben werden, oder es ist ein Fehler.
- ✔ `IMPLIED`: Das Attribut wird vorgeschlagen.
- ✔ `FIXED`: Zeigt an, daß das Attribut den Wert haben muß, wie er nach dem Schlüsselwort "FIXED" festgelegt wurde, oder es ist ein Fehler.

In SGML können Sie auch definieren, daß der Standard CURRENT ist, was bedeutet, daß der Standardwert der letzte Wert ist, den ein Attribut dieses Typs hatte.

```
<Para Author="Norbert Mikula">
Written by Norbert
</Para>
<Para>
Also written by Norbert
</Para>
```

Angenommen, wir haben in der DTD dem Attribut als Standard CURRENT zugewiesen, dann würde für den zweiten Absatz ebenfalls Norbert Mikula als Autor gelten.

Vollziehen Sie den Wechsel: Von SGML zu XML

Wenn Sie von SGML zu XML wechseln möchten, müssen Sie zunächst festlegen, wie dieser Wechsel auszusehen hat. XML kann auf viele verschiedene Arten eingesetzt werden. Man kann es als Format für Autorensysteme verwenden oder aber für die Informationsweitergabe über das World Wide Web.

Autorensysteme

Oft finden Sie in einer Publikationsplattform sehr hochentwickelte und komplexe Autorensysteme, die unter SGML entwickelt wurden. In diesen Systemen stecken oft enorme Investitionen, die Sie wahrscheinlich nicht einfach beiseite legen wollen.

Es fällt uns nichts ein, was es rechtfertigen würde, von SGML-Autorensystemen zu XML-basierenden Autorensystemen zu wechseln. SGML kann auf eine völlig offene Art zu XML umgeformt werden. Es gibt eine Reihe von Autoren-Software, die sich bereits hervorragend unter SGML etabliert haben und die den Export in das XML-Format unterstützen. Und auch wenn sie dies nicht tun, stehen zusätzliche Mittel zur Verfügung, um SGML in XML für eine weitere Verarbeitung umzuformen.

Weitergabe

XML wurde für einen Informationsaustausch im Internet entwickelt, wo es auch seine ganze Leistungsstärke zur Schau stellen kann. Man hat schon etliche Verfahren entwickelt, um SGML für das Senden von Dokumenten von einer Stelle zu einer anderen verwenden zu können. Jedoch treten bei diesen Verfahren verschiedene Probleme auf:

- ✔ **Kritische Menge:** SGML-Systeme waren auf Grund ihrer Leistungsstärke und Komplexität schon immer ziemlich teuer, was es Amateuren eher erschwerte, sich auf dieses Gebiet zu wagen. SGML war auf die Verwendung durch Experten reduziert, so daß es auch niemals zu einem breit genutzten Format für durchschnittliche Internet-Benutzer wurde. In XML dagegen sind alle komplexen Eigenschaften von SGML weggelassen worden, ohne die Idee des strukturierten Markups aufzugeben. Damit entstand ein leistungsfähiges und leicht zu erlernendes Dokumentenformat. Aus diesem Grund wurde XML sehr schnell bekannt, und alle großen Hersteller in den SGML- und Internet-Industrien haben XML zur Unterstützung ihrer Software-Produkte berücksichtigt – oder dies zumindest schon angekündigt.

✔ **Geschwindigkeit:** Die SGML-Verarbeitung kann eine sehr zeitintensive Aufgabe sein. Zwei Dinge machen es schwierig, schnelle Verarbeitungs-Tools für SGML zu erstellen: Die etwas komplexen syntaktischen Regeln von SGML und die Urteile, die ein Parser fällen muß, wenn er sich mit so Themen wie Tag-Auslassungen auseinandersetzt. In der Welt des Internets steht die Verarbeitungsgeschwindigkeit jedoch an erster Stelle. Ein Dokumentformat sollte so entwickelt werden, daß ein Client es herunterladen und schnell verarbeiten kann. Bei der Entwicklung von XML hat man diese Geschwindigkeitsforderung stets vor Augen gehabt.

Mit oder ohne DTD

Es gibt zwei Möglichkeiten, SGML-Dokumente in XML zu übersetzen. Sie können entweder nur das Dokument konvertieren, oder Sie können auch die DTD mit konvertieren, so daß sie mit einer XML-DTD übereinstimmt.

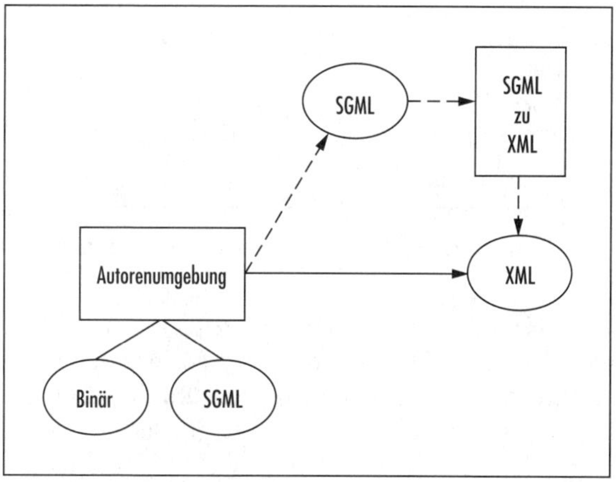

Abbildung 3.3: Der Konvertierungsprozeß nach XML

Übersetzung ohne DTD

Die Übersetzung ohne DTD ist der gradlinigste Weg, um ein SGML-Dokument in XML zu konvertieren. Sogenannte SGML-Normalisierer wie SPAM – Bestandteil der SGML-Parser-SP von James Clark – nehmen im Wesentlichen eine SGML-Dokumentinstanz sowie eine DTD und fügen das Markup hinzu, das durch den Autor weggelassen wurde. Das Ergebnis ist ein SGML-Dokument, das nicht länger die komplexen Features von SGML verwendet. Das abschließende Dokument ist entweder bereits ein XML-Dokument oder sehr nahe an der gültigen XML-Syntax ausgerichtet. Um zusätzliche Erweiterungen ebenfalls zu berücksichtigen, kann es sein, daß der Benutzer für die Ausgabe des SGML-Normalisierers einen Schritt mehr in der Nachbearbeitung tun muß.

Sie können mehr über SPAM herausfinden, indem Sie die Site von James Clark unter `www.jclark.com/sp/spam.htm` besuchen.

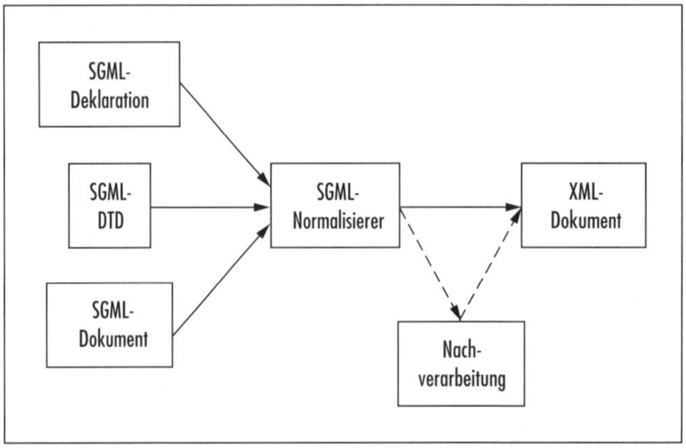

Abbildung 3.4: Der SGML-Normalisierer bei der Arbeit

DTDs werden sowohl in XML als auch in SGML verwendet, um sicherzustellen, daß sich ein bestimmtes Dokument an die Strukturforderungen hält, wie sie durch den Entwickler des Dokumenttyps definiert wurden. In vielen Fällen ist es durchaus auch sinnvoll, die DTD einfach wegzulassen und das Dokument ohne die DTD zu senden.

Angenommen, wir haben ein XML-Dokument, das in einer SGML-Umgebung geschrieben wurde. Weiter angenommen, der Lektor hat nicht nachträglich noch bestimmte Regeln umgangen, so stellt die DTD für das SGML-Dokument sicher, daß das Dokument allen dafür vorgeschriebenen Regeln entspricht. Nachdem alle für die Veröffentlichung des Dokuments zuständigen Personen die letzten Bearbeitungen an den entsprechenden Teilen des Dokuments abgeschlossen haben, kann das Dokument in XML übersetzt werden. Es wurde bereits sichergestellt, daß das Dokument seinem Dokumenttyp entspricht, und so können wir den Text ohne die zu dem Dokument gehörige DTD senden und nach wie vor sicher sein, ein gültiges Dokument vorliegen zu haben, in dem keine wichtigen Informationen fehlen.

Übersetzung mit DTD

Die Übersetzung mit einer SGML-DTD stellt da schon eine etwas kompliziertere Aufgabe dar. Für einige DTD-Konstrukte in SGML gibt es kein entsprechendes Gegenstück in XML. Üblicherweise sind SGML-DTDs das Ergebnis einer sehr gründlichen Analyse der Dokumente und ihrer Struktur. Wenn Sie daher wirklich eine SGML-DTD in eine XML-DTD übersetzen möchten, dient die ursprüngliche SGML als ein wertvoller Rahmen. Nichtsdestoweniger müssen Sie immer noch eine Menge Arbeit investieren, um alle Teile und Stücke der DTD XML-gefällig zu machen.

Wichtige Unterschiede

Die Konvertierung von SGML-Dokumenten in entsprechende XML-Dokumente ist kein gradliniger Prozeß. Wenn Sie sich dennoch damit beschäftigen möchten, sollten Sie sich folgende Punkte vor Augen halten.

Groß- und Kleinschreibung unterscheiden

In XML-Dokumenten wird zwischen Groß- und Kleinschreibung unterschieden, bei SGML-Namen ist das nicht der Fall, außer dies wurde ausdrücklich definiert. Dieser Unterschied bedeutet, daß diese beiden Deklarationen zwei verschiedene Elementtypen beschreiben:

```
<!ELEMENT ChapterTitle (#PCDATA)*>
<!ELEMENT CHAPTERTitle (#PCDATA)*>
```

Begrenzte Verwendung von Inhaltsmodellen mit gemischtem Inhalt

Bei diesen Modellen kann der Inhalt aus Elementtypen und Zeichendaten bestehen. Der Inhalt der folgenden Code-Zeile ist ein einfaches Beispiel für ein gemischtes Inhaltsmodell. Es besteht aus Zeichen, kann aber auch andere Tags wie zum Beispiel <EM> oder <A> als einen Indikator für eine Hypertext-Referenz enthalten:

```
<!ELEMENT Para (EM|#PCDATA|A)*>
```

Der Code ist in SGML vollständig gültig, aber er entspricht nicht einem XML-Inhaltsmodell. In XML muß das Schlüsselwort für Zeichendaten, PCDATA, am Beginn des Inhaltsmodells stehen und kann nicht irgendwo innerhalb des Inhaltsmodells verschachtelt sein. Sie müssen diese Code-Zeile folgendermaßen ändern:

```
<!ELEMENT Para (#PCDATA|EM|A)*>
```

&-Operator

In SGML können Sie einen Operator in Inhaltsmodellen verwenden, den Sie in XML nicht einsetzen können – den &-Operator. Mit diesem Operator kann ausgedrückt werden, daß etwas aus einer Anzahl von verschiedenen Elementen besteht, Sie müssen sich jedoch um die Reihenfolge, in der diese innerhalb Ihres Dokuments erscheinen, nicht kümmern:

```
<!ELEMENT author (name & address & phone & fax)>
```

Das SGML-Inhaltsmodell beschreibt Informationen über einen Autoren. Dabei spielt die Reihenfolge der verschiedenen Elemente keine Rolle; Hauptsache, sie sind alle vorhanden. Im folgenden sehen Sie zwei Beispiele, die dieser Beschreibung entsprechen:

```
<author>
<name>Norbert H. Mikula</name>
<phone>(425) 462 1999</phone>
<fax>(425) </fax>
<address></address>
</author>
<author>
<name>Norbert H. Mikula</name>
<address></address>
<phone>(425) 462 1999</phone>
<fax>(425) </fax>
</author>
```

In XML ist die Verwendung des &-Operators in Inhaltsmodellen nicht erlaubt. Das gleiche Inhaltsmodell müßte hier folgendermaßen ausgedrückt werden:

```
<!ELEMENT author (name,address,phone,fax)>
```

Nun ist die Reihenfolge relevant und das einzig gültige Textstück in einem Dokument sieht so aus:

```
<author>
<name>Norbert H. Mikula</name>
<address></address>
<phone>(425) 462 1999</phone>
<fax>(425) </fax>
</author>
```

Benannte Gruppen

Manchmal möchten Sie in der Praxis ein Inhaltsmodell nicht nur für einen sondern für mehrere Elementtypen anwenden. Zu einem anderen Zeitpunkt möchten Sie wiederum eine Gruppe von Attributdeklarationen für mehr als ein Element zuweisen. In SGML können Sie das über den Einsatz von benannten Gruppen erreichen. Ein Beispiel:

```
<!ELEMENT (para|intro) (emphasis|anchor|footnote)>
<!ATTLIST (para|intro) id ID #REQUIRED>
```

In beiden Fällen können `para` und `intro` emphasis|anchor|footnote verwenden und beide müssen ein `id`-Attribut definiert haben.

In XML können keine benannten Gruppen eingesetzt werden. Die obige Anweisung müßte also folgendermaßen umgeschrieben werden:

```
<!ELEMENT para (emphasis|anchor|footnote)>
<!ATTLIST para id ID #REQUIRED>
<!ELEMENT intro (emphasis|anchor|footnote)>
<!ATTLIST intro id ID #REQUIRED>
```

Durch Parameter-Entities kann eine Wirkung erreicht werden, die es Ihnen ermöglicht, Ihre DTD haltbarer als in diesem Beispiel zu machen.

Anführungszeichen

In HTML – einer der bekanntesten SGML-Anwendungen – treffen Sie oft auf Markup-Abschnitte, die wie folgt aussehen:

```
<Para align=center>
```

Um die Werte der Attribute werden keine Anführungszeichen angezeigt. SGML erfordert nicht den Einsatz von Anführungszeichen, doch XML besteht darauf. Die Anführungszeichen müssen in Form von " "oder ' ' die Attributwerte umrahmen.

```
<Para align="center">
```

XML-Präfix

In XML sind alle Namen, die mit dem XML-Präfix beginnen, reserviert – sie können nicht von anderen Dokumenten verwendet werden. Da XML zwischen Groß- und Kleinschreibung unterscheidet (Case sensitive), sind alle Kombinationen der Großbuchstaben-/Kleinbuchstaben-Präfixe "X"-"M"-"L" reserviert.

Wie wir ausführlicher in Kapitel 6 diskutieren werden, stellt XML ein paar spezielle Attribute zur Verfügung, wie zum Beispiel:

```
xml:space or xml:lang
```

Sicherlich wird in Zukunft XML noch um das ein oder andere Attribut und um den einen oder anderen Elementnamen mit einer speziellen Bedeutung erweitert werden. Um Konflikte zu vermeiden und um sicherzustellen, daß nur für XML spezielle Namen das Präfix XML verwenden dürfen, können Sie das Präfix nur in Situationen, die ausdrücklich im Standard definiert wurden, einsetzen.

Der Anpassungs-Annex für Web-SGML

Diese optionale Erweiterung zu ISO 8879 – der offiziellen SGML-Spezifikation – erlaubt XML und SGML eine klarere Verbindung einzugehen, als sie sie sonst haben würden. Diese Erweiterung zu SGML ermöglicht es, eine Gruppe von Features in SGML zu verwenden, die nicht in der ursprünglichen Spezifikation enthalten sind. Mit Hilfe dieser Features können Sie Dokumente erstellen, die sowohl in der Welt von SGML als auch in der von XML verwendet werden können – und zwar ohne die Probleme, die sonst auftreten könnten.

Dokumente mit nur paarweise verwendeten Tags

Web-SGML – die »Lite«-Version von SGML, die speziell für das Web entwickelt wurde – führt ein neues Konzept in die SGML-Gemeinde ein: ausschließlich paarweise verwendete Tags. Ein solches Dokument wird in der XML-Sprache als »wohlgeformt« beschrieben. Die wichtigste Neuigkeit ist hier, daß diese Dokumente, auch wenn sie nicht mit einer DTD übereinstimmen, gültige Instanzen eines SGML-Dokument sind. Dadurch wird jedes XML-Dokument – ob gültig oder nur wohlgeformt – ein passendes SGML-Dokument. (In Abbildung 3.5 wird diese Verbindung veranschaulicht.)

Leerraum

Bei der Eingabe von Text fügen Sie oft bestimmte Zeichen wie Leerzeichen, Tabulatoren oder leere Zeilen ein, um Leerraum zur besseren Lesbarkeit des Dokuments zu erzeugen.

```
<UL><LI><P><EM>"Readability is king, "</EM> he said.</P>
          </LI></UL>
```

Dieser Auszug aus einem XML-Dokument könnte leichter zu lesen sein, wenn er in folgender Form dargestellt würde:

```
<UL>
 <LI>
  <P><EM>"Readability is king, "</EM> he said.</P>
 </LI>
</UL>
```

Das Einfügen dieses zusätzlichen Leerraums in Ihr Dokument ergibt viele Zeichen, die nicht wirklich Teil des Textes sind. Sie existieren nur, um die Lesbarkeit des Dokuments zu verbessern.

SGML definiert für einen Parser sehr ausgeklügelte Regeln, damit dieser herausfinden kann, welcher Leerraum Bestandteil des Textes ist und welcher nicht. Wenn ein Parser einen Leerraum erkennt, der nicht zum Inhalt gehört, ignoriert er diesen einfach.

XML definiert zwei Verhaltenstypen für den Umgang mit Leerraum. Der eine entspricht der traditionellen Herangehensweise à la SGML. Der zweite ermöglicht es Ihnen, dieses Verhalten auszuschalten. Deswegen würde jeder Leerraum als Bestandteil des Dokuments betrachtet und infolgedessen von einem Parser an die Anwendung übergeben werden.

Der in diesem Abschnitt behandelte Annex ermöglicht es Ihnen, das Verhalten des letzteren Falls auch in SGML zu integrieren. In XML können Sie jedoch dieses Verhalten auf einer Pro-Element-Basis kontrollieren. Weitere Informationen zu diesem Thema finden Sie in Kapitel 6.

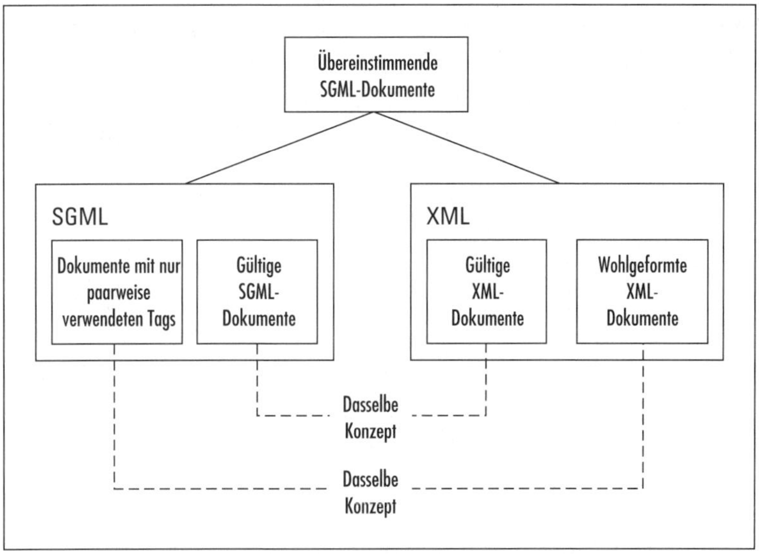

Abbildung 3.5: Gültig und wohlgeformt in XML und SGML.

Wie man SGML und XML optimal zusammenarbeiten lassen kann

Bei der ersten Erörterung in diesem Kapitel wurde versucht, XML und SGML einander gegenüberzustellen und zu vergleichen. Jede der beiden Auszeichnungssprachen wurde für einen speziellen Zweck entwickelt, und jede ist »auf ihrem Gebiet« auch sehr erfolgreich. Wenn Sie in SGML arbeiten, ist es Ihr Ziel, sicherzustellen, daß beide Sprachen nahtlos zusammenarbeiten.

Wenn Sie planen, XML für die Weitergabe zu nutzen und SGML für die Erstellung des Dokuments und den ganzen Prozeß, der vor der Veröffentlichung des Dokuments in Kraft tritt, möchten Sie wahrscheinlich Ihre DTDs und Dokumente so entwerfen, daß Sie zwischen den beiden Standards ohne Probleme Konvertierungen durchführen können.

Halten Sie die Dinge einfach, und Sie haben so die Möglichkeit, die Software und die Kenntnisse beider Welten zu nutzen. Die Gesamtkosten in Bezug auf Eigentumsrechte würden außerdem gewaltig sinken, da Sie sich nicht um Übersetzungsprobleme zwischen den beiden Dateiformaten kümmern müssen.

Die Kernaussage ist folgende: Verwenden Sie keine SGML-Features, die kein Äquivalent in XML haben. Wenn Sie beginnen, mit SGML/XML zu arbeiten und Sie in beiden Welten gleichzeitig sein wollen, empfehlen wir Ihnen, Ihre Systeme so zu planen, als ob es sich um ein XML-System handeln würde. SGML-Systeme sollten keine Probleme damit haben, mit einer einfachen XML umzugehen. Wenn Sie an die Grenzen der Möglichkeiten von XML stoßen, können Sie ein paar der SGML-Features wie benötigt hinzufügen.

Wenn Sie SGML-Features hinzufügen, sorgen Sie dafür, daß Ihre Dokumente nach wie vor nach XML auf eine geradlinige und preisgünstige Weise übertragen werden können.

4

Der Bauplan zum Ausbauen: Die XML-Spezifikation

In diesem Kapitel

- Den Spezifikationsstatus erkennen
- Die Inhalte der XML 1.0-Spezifikation erfassen
- Zugang zur erweiterten BNF-Sprache finden
- Die »Produktionsregeln« von XML erweitern
- XML anhand von Spezifikationsbeispielen verstehen

Richtig hoffähig wurde XML erst durch die formale Spezifikation, die das World Wide Web Consortium – auch bekannt unter der Abkürzung W3C – für XML definiert hat. Und wie das bei den meisten formalen Spezifikationen der Fall ist, erfordert es eine bestimmte Vorbildung, die Inhalte solch dichter und gewaltiger Dokumente interpretieren zu können. Man kann mit Sicherheit sagen, daß das, was Sie in einem Dokument zum Ausdruck bringen wollen, mindestens genauso wichtig ist (wenn nicht sogar wichtiger), wie der Inhalt der Spezifikation selbst. Wenn Sie aber weder eine Spezifikation noch deren zugrundeliegenden Regeln verstehen, so wird auch keiner Ihre Inhalte verstehen können!

Über die XML-Spezifikation!

In diesem Kapitel soll es in erster Linie nicht darum gehen, die Inhalte der XML-Spezifikation zu wiederholen oder wiederzuverwenden, sondern wir möchten Ihnen aufzeigen, wie Sie selbst das Original in Angriff nehmen können. Außerdem werden wir Sie ausreichend mit Informationen versehen, die Ihnen dabei helfen sollen, auch die Bestandteile der Spezifikation zu verstehen, die bisweilen unergründlich erscheinen. Wenn wir ein wenig klarer machen können, wie solche Dokumente arbeiten und wie man sich ihnen am besten nähert, können Sie sich den Rest selbst ausmalen.

Beachten Sie immer, daß durch die Spezifikation die Regeln festgelegt werden, aus denen hervorgeht, was für XML zulässig oder nicht zulässig ist. Um direkt an die Quelle zu gelangen, schauen Sie sich die Spezifikation selbst auf der Website von W3C an:

`www.w3.org/TR/1998/REC-xml-19980210`

Der Name der Spezifikation vermittelt bereits die ersten Informationen – vorausgesetzt, man weiß ein bißchen Bescheid. Er beginnt mit dem String `REC`, d.h., der Spezifikationstext hat bereits den Status einer W3C-Empfehlung (engl. Recommendation). Es handelt sich also mehr oder weniger um ein Endprodukt, nur ein kleiner Schritt fehlt noch, um als offizieller Standard zu gelten. Der String `xml` zeigt das Thema an (was – Sie haben es ja schon erraten – auch das Thema dieses Buches ist). Schließlich sehen Sie als abschließenden String ein ISO-Datumsformat, das die Form `yyyymmdd` aufweist. `yyyy` steht für eine vierstellige Jahreszahl, `mm` für eine zweistellige Monatsangabe und `dd` für ein zweistelliges Tagesdatum. Der letzte Teil des Strings bezieht sich also auf den 10. Februar 1998, das Datum, an dem diese spezielle Spezifikation veröffentlicht wurde. Noch Fragen?

Was steckt alles in der XML 1.0-Spezifikation?

Schon ein flüchtiger Blick auf das Spezifikationsdokument zeigt, daß es in eine Reihe von Abschnitten unterteilt ist, und zwar wie folgt:

- ✔ Im obersten Abschnitt wird die Version in verschiedenen Formaten aufgelistet, und es erfolgt ein Verweis auf die aktuelle und die vorhergehende Version. Dieser Abschnitt benennt auch die Herausgeber des Dokuments und stellt deren E-Mail-Adressen zur Verfügung.
- ✔ Ein kurzer Abriß, der die Spezifikation beschreibt. Der Text ist es wert, an dieser Stelle als Ganzes aufgeführt zu werden (und das nicht nur wegen seiner Kürze, sondern weil er auf den Punkt bringt, um was es sich bei XML eigentlich handelt):

  Die Extensible Markup Language (XML) ist eine Teilmenge von SGML, die vollständig in diesem Dokument beschrieben wird. Das Ziel ist es, generisches SGML genauso über das Web anzubieten, zu empfangen und zu verarbeiten, wie es aktuell bereits mit der Auszeichnungssprache HTML möglich ist. XML liegt das Konzept zugrunde, eine einfache Implementierung sowie ein Zusammenspiel sowohl mit SGML als auch mit HTML zu ermöglichen.
- ✔ Ein Statusüberblick, in dem der aktuelle Status der Spezifikation beschrieben wird. Darüber hinaus wird hier aufgeführt, wer bzw. welche Gruppe für die Inhalte der Spezifikation verantwortlich ist. Es wird darauf verwiesen, wo eine Liste der bekannten Fehler zu finden ist, und es werden weitere Informationen über die Terminologie, die in diesem Dokument verwendet ist, zur Verfügung gestellt.
- ✔ Ein detailliertes Inhaltsverzeichnis, gefolgt von einer Liste von Anhängen.
- ✔ Das eigentliche Kernstück der Spezifikation, das mit einer Einleitung beginnt. Darin befinden sich Angaben zu den Zielen, die verfolgt werden sowie eine Liste von spezifischen und besonderen Begriffen mit Definitionen. Es folgt dann eine Überleitung zur Definition der kompletten Syntax für die Erstellung und Verwendung von XML-Dokumenten.

- ✔ Eine Sammlung von Anhängen, die Verweise und Informationen über Zeichenklassen, XML und SGML, Expansion von Entity- und Zeichenreferenzen, deterministische Inhaltsmodelle, Erkennung von Zeichenkodierungen und die XML-Arbeitsgruppe des W3C enthalten.

Die Spezifikation lesen

Für manchen von Ihnen mag das, was wir im folgenden aufführen, auf den ersten Blick ein wenig unbedeutend erscheinen. Unsere Ausführungen sollen jedoch dazu beitragen, Ihre Konzentration und Aufmerksamkeit beim Studium des XML-Dokuments auf die wesentlichen Dinge zu lenken und Sie dadurch ein wenig zu entlasten. Sie können die Spezifikation vollständig verstehen, wenn Sie bei der Auseinandersetzung mit diesem Thema folgende Anleitungen beachten:

- ✔ Schenken Sie Ihre Aufmerksamkeit dem Abschnitt 1.2 und dem gesamten Abschnitt 2. Hier finden Sie eine Definition der Fachterminologie und der Begriffe, die für diese Spezifikation relevant sind.
- ✔ Zur Erstellung einer wohlgeformten oder gültigen XML ist es wichtig, vor allem die Inhalte der Textteile zu verstehen, die innerhalb der XML-Spezifikation hervorgehoben dargestellt werden. Bei diesen Inhalten handelt es sich um eine Art »Produktionsregeln«, die XML vollständig definieren. Der Rest des Textes im Dokument existiert eigentlich nur, um besser begreiflich zu machen, was aktuell »Sache ist« und wie diese Regeln tatsächlich arbeiten.
- ✔ Aktivieren Sie während des Lesens gewissenhaft alle im Dokument integrierten Links. Durch die Art und Weise, wie die in der XML-Spezifikation verwendete formale Sprache arbeitet (sie heißt EBNF, die Abkürzung für Extended Backus-Naur Form), empfiehlt es sich, die Spezifikation auf Ihrem Computer zu lesen. Sie können so allen Links folgen und die Sprache nach und nach erweitern. Das ist um einiges bequemer als beim Lesen einer gedruckten Version ständig vor- und zurückblättern zu müssen. Im nächsten Abschnitt dieses Kapitels wird dieses Thema näher erläutert.
- ✔ Um alle Implikationen und die Bedeutung der Spezifikation wirklich zu verstehen, sollten Sie das Dokument mindestens zweimal lesen (und wie gesagt – allen Links gewissenhaft folgen). Die Spezifikation ist so aufgebaut, daß sie während ihrer Entwicklung mehr und mehr an Details ansammelt, d.h., höherstufige Konstrukte und Konzepte gehen ihren zugrundeliegenden Details voran.

Mit anderen Worten: Krempeln Sie die Ärmel hoch und suchen Sie sich einen geeigneten Zeitpunkt aus, um die Spezifikation zu erforschen. Von einer anderen Perspektive aus gesehen, setzt sich die XML 1.0-Spezifikation aus folgenden sechs numerierten Abschnitten zusammen:

- **Abschnitt 1: Einleitung.** Dieser Abschnitt beschreibt den Zweck und die Entwurfsziele der Spezifikation. Er bietet auch eine Einführung in spezielle Fachbegriffe, so daß Leser und Personen, die für die Implementierung verantwortlich sind, wissen, wie bestimmte Wörter oder Sätze interpretiert werden müssen, wie ein gültiges XML-Dokument zu formatieren ist und wie ein korrekt arbeitender XML-Prozessor (ob als Software oder als Mensch) die Daten zur Verarbeitung aufbereiten muß.
- **Abschnitt 2: Dokumente.** Dieser Abschnitt beschreibt die wesentlichen Bestandteile, die in einem wohlgeformten oder gültigen XML-Dokument erscheinen können. Das beginnt mit der Aufführung der Elemente eines Dokuments selbst und fährt fort mit der Festlegung des Fundaments, wie Dokumente ausgedrückt werden können, welche Elemente sie enthalten, was Zeichendaten und Markup ausmachen, wo Kommentare in einem Dokument stehen dürfen, usw.
- **Abschnitt 3: Logische Strukturen.** In diesem Abschnitt werden detailliert die Elemente erläutert, die in einem XML-Dokument erscheinen können, mit Hinweisen darauf, aus was sich Markup-Tags und Elementtyp-Deklarationen zusammensetzen. Hier wird auch definiert, wie ein Elementinhalt ausgedrückt werden kann, inklusive Elementnamen, Elementtypen, Attributnamen und -typen und Werten. Es wird der Umgang mit Defaults (Standardwerten) erläutert und wie ein XML-Parser die Daten, die er in einem Dokument findet, verarbeiten kann. Dieser Prozeß wird *Normalisierung* genannt und spiegelt den Prozeß der Erstellung einer internen Repräsentation eines beliebigen Inhalts von XML-Dokumenten wider.
- **Abschnitt 4: Physische Strukturen.** Hier werden die Speichereinheiten – Entities genannt– beschrieben, die XML-Dokumente verwenden, um Daten zu speichern. Diese Daten können entweder geparst (üblicherweise Text, entweder Markup oder Inhalt) oder ungeparst sein (üblicherweise kein Text, vorbehalten für andere Zwecke). In diesem Teil der Spezifikation wird auch behandelt, wie Zeichen- und Entity-Referenzen interpretiert und repräsentiert werden müssen und was unter Wohlgeformtheit und Gültigkeit zu verstehen ist. Sie finden Erläuterungen, wie die Zeichenkodierung in Entities funktioniert und wie sich ein XML-Prozessor beim Lesen von Dokumenten zu verhalten hat. Letzteres ist aber wahrscheinlich nur für diejenigen von Interesse, die solche Prozessoren implementieren müssen.
- **Abschnitt 5: Konformität.** In diesem Abschnitt wird der Unterschied zwischen validierenden und nicht-validierenden XML-Prozessoren behandelt, d.h., welche Ansprüche an den Prozessor beim Lesen eines Dokuments bezüglich Wohlgeformtheit und Gültigkeit gestellt werden. Auch dieser Abschnitt wendet sich speziell an Personen, die für die Implementierung derartiger Prozessoren verantwortlich sind.
- **Abschnitt 6: Notation.** Der gesamten Spezifikation liegt eine Sprache namens Extended Backus-Naur Form (EBNF) zugrunde. Diese Sprache setzt sich aus einer Reihe von Produktionsregeln zusammen. Jede Regel der Grammatik definiert dabei ein Symbol in einer bestimmten Form. Weitere Informationen zu diesem Thema finden Sie im folgenden Abschnitt.

Die meisten Leser werden sich speziell für die Abschnitte 1 bis 3 sowie Abschnitt 6 interessieren. Die Personen, die planen, einen XML-Prozessor einzurichten, werden sich mit dem Dokument in seiner Gesamtheit auseinandersetzen müssen.

Die XML-Produktionsregeln entschlüsseln

Beim Durchlesen der Spezifikation werden Sie immer wieder auf Textboxen stoßen, in denen die Regeln definiert werden, nach denen sich XML verhält. Die Boxen beinhalten eine spezielle Art von Anweisungen, die als *Produktionsregeln* bezeichnet werden. XML wird durch die Gesamtheit der in der Spezifikation angezeigten Produktionsregeln definiert. Es ist daher wichtig zu wissen, wie diese Regeln gelesen werden sollten. Voraussetzung dafür ist ein tiefer gehendes Verständnis für den Aufbau der Regeln sowie für die Bedeutung der Symbole. In Abschnitt 6 der Spezifikation wurde bereits kurz auf die Bedeutung der Produktionsregeln Bezug genommen. Im folgenden werden wir uns ausführlicher damit beschäftigen und auch einige Beispiele mit einbeziehen.

Die Extended Backus-Naur Form (EBNF) wurde von Computerwissenschaftlern in den späten 60er Jahren als eine strenge und eindeutige Form entwickelt, Syntaxregeln für Computersprachen auszudrücken. Nicklaus Wirth, der Entwickler von Sprachen wie Pascal und Modula-2 half dabei, diese Notation in Büchern, die diese Sprachen definierten, populär zu machen. Seitdem wurde EBNF die Standardnotation für die Aufstellung der Syntax von formalen Sprachen aller Arten. Und so gut, wie EBNF für Programmiersprachen im allgemeinen arbeitet, tut es dies auch für XML. An die Art und Weise, wie die EBNF-Sprache zusammengesetzt ist, muß man sich erst ein bißchen gewöhnen.

Die Regeln der Produktion

Die *EBNF-Sprache* setzt sich aus einer Reihe von Produktionsregeln zusammen, wobei jede Regel ein Symbol definiert und diese Form annimmt:

```
symbol  ::= expression
```

Symbole beginnen mit einem großen Anfangsbuchstaben, wenn der rechts vom Äquivalenzsymbol (::=) angezeigte Ausdruck gültig ist, sonst mit einem Kleinbuchstaben. Alle literalen Zeichenketten auf der rechten Seite des Äquivalenzsymbols müssen in Anführungszeichen eingeschlossen werden.

Halten Sie sich stets vor Augen, daß sich die EBNF-Sprache wie eine mathematische Gleichung verhält, in der die Anweisung auf der rechten Seite des Gleichheitszeichens äquivalent zu der Anweisung auf der linken Seite ist: $E=mc^2$. Wie in der höheren Mathematik setzen EBNF-Notationen das Konstrukt höherer Ebene auf die linke Seite des Äquivalenzsymbols und die Sequenz von Konstrukten niedrigerer Ebene auf die rechte Seite. Die EBNF-Sprache kann man erst dann richtig verstehen, wenn man sich vorstellt, daß immer dann in vermehrten Umfang komplexe Produktionen auftreten, sobald höherstufige Konstrukte durch Sequenzen ersetzt werden, die eventuell durch die Erweiterung von Strukturen einer niedrigeren Ebene, die jedoch äquivalent sind, erstellt wurden.

Die gesamte Struktur von XML wird in Produktionsregel [1] ausgedrückt, die auf Seite 5 der Spezifikation erscheint:

```
[1] document  ::= prolog element Misc*
```

Das kann so interpretiert werden: »Ein XML-Dokument muß aus mindestens einem Prolog, gefolgt von einer Null oder weiteren Elementen gemischten Inhalts bestehen.« Ein Verständnis für die Verfahrensweise der XML-Spezifikation setzt voraus, daß man sich wirklich damit auseinandersetzt, was die Gültigkeit eines Prologs, eines Elements und eines Elements gemischten Inhalts ausmacht.

Dabei wird jedes dieser Konstrukte durch weitere Regeln definiert, die die Definition für `prolog`, element und `Misc` erweitern. Wenn Sie sich erst einmal durch die ganze Spezifikation durchgearbeitet haben, werden Sie sehen, daß am Ende alle Erweiterungsmöglichkeiten bis in das detaillierteste gültige Konstrukt ausgeschöpft sind.

Die Regeln hinter den (Produktions-)Regeln

Um EBNF wirklich zu verstehen, ist es wichtig, die Notation dieser Sprache zu verstehen. Lesen Sie dazu folgende Liste mit allen für Sie relevanten Informationen durch:

- ✔ Kommentare können innerhalb einer Produktionsregel erscheinen, sie müssen jedoch mit einem /* beginnen und mit einem /* enden. Kommentare sind einzig und allein für den menschlichen Gebrauch gedacht, für EBNF haben sie keine weitere Bedeutung.
- ✔ Wenn Elemente in einer Sequenz angezeigt werden, diktiert diese Sequenz die Reihenfolge, in der sie erscheinen müssen, abhängig davon, welche Symbolarten zu diesen Symbolen zugehörig sind.
- ✔ Ein Asterisk (*) zeigt an, daß ein Symbol null oder mehrere Male erscheinen kann.
- ✔ Ein senkrechter Strich zwischen Symbolen bedeutet, daß es nur eine Auswahlmöglichkeit gibt. Manchmal stehen solche Auswahlmöglichkeiten zwischen runden Klammern oder eckigen Klammern. In diesem Fall kann nur ein Element ausgewählt werden. So definiert beispielsweise Produktionsregel [5] einen Namen wie folgt:

  ```
  Name ::= (Letter | '-' | ': ') (NameChar)*
  ```

Das kann man folgendermaßen übersetzen: »Ein Name muß mit einem Buchstaben, einem literalen Bindestrich, einem literalen Doppelpunkt beginnen, gefolgt von keiner oder mehreren NameChars.«

- ✔ Bei jeder Sequenz, die innerhalb von Klammern vorkommt, handelt es sich um einen regulären Ausdruck. Ein regulärer Ausdruck ist eine Sequenz von Elementen, die kurz und knapp ausgedrückt werden können. Diese Elemente setzen sich aus einzelnen Platzhaltern zusammen, über die eine Vielzahl verschiedener Zeichenfolgen abgedeckt werden können. So umfaßt der Ausdruck b*exe sowohl die Dateien BIB.EXE, BESTOFALL.EXE als auch alle anderen Dateien, die mit dem Buchstaben b beginnen und als Dateiendung .exe verwenden.
- ✔ Zeichen oder Symbole, die in einfachen, eckigen Klammern erscheinen, definieren einen Bereich oder eine Wertemenge, aus der man einen Wert auswählen kann (abhängig davon, wie die Werte angezeigt werden). In Regel [13] bedeutet der String

  ```
  | [a-zA-Z0-9]
  ```

  folgendes: »oder jedes Zeichen, das in den Bereich vom kleingeschriebenen *a* zum kleingeschriebenen *z*, großgeschriebenen *A* zum großgeschriebenen *Z* oder den Ziffern Null (0) bis neun (9) fällt.«
- ✔ Wenn auf die linke eckige Klammer unmittelbar ein Caret-Symbol folgt, bedeutet dies, daß alle anderen Zeichen oder Symbole, die sich innerhalb der eckigen Klammern befinden, von der Definition auszuschließen sind. So bedeutet folgender String der Produktionsregel [14]:

  ```
  [^<&]*
  ```

  »das erste Zeichen oder jede Anzahl an Wiederholungen, die dem ersten Zeichen folgen, darf in CharData weder ein Weniger-als-Zeichen noch ein Und-Zeichen sein.«
- ✔ Um ein weiteres Symbol zu definieren, können auch spezifische Zeichen oder Symbole von einer bereits definierten Symboldefinition verwendet werden. So bedeutet in der Produktionsregel [15] die Notation:

  ```
  ((Char - '-')| ('-' (Char - '-')))*
  ```

  daß innerhalb eines Kommentars die Zeichenkette -- nicht erscheinen darf. Diese Regel läßt sich expliziter wie folgt entschlüsseln: »Der Inhalt eines Kommentars kann sich aus einem oder mehreren Zeichen zusammensetzen, solange es sich bei einem Kommentarzeichen nicht um einen Bindestrich oder zwei oder mehreren Bindestriche, die innerhalb dieses Inhalts vorkommen, handelt.«

- Bei allen Zeichen, die von einfachen oder doppelten Anführungszeichen umgeben sind, handelt es sich um Literale, wie zum Beispiel der in Produktionsregel [5] aufgeführte Bindestrich oder der Doppelpunkt.
- Ein Pluszeichen zeigt an, daß nach der Produktionsregel ein oder mehrere Symbole auftreten müssen. So läßt sich Produktionsregel [7] folgendermaßen lesen:

  ```
  Nmtoken ::= (NameChar)+
  ```

  »Ein Nmtoken setzt sich aus einem oder mehreren NameChars zusammen.«
- Das Symbol `S` steht für Leerraum (white space), der entweder aus einem Leerzeichen, Wagenrücklauf, Zeilenvorschub oder Tabulator besteht, wie man in Produktionsregel [3] sehen kann:

  ```
  S ::= (#x20 | #x9 | #xD | #xA)+
  ```

  Hier steht die Notation `#x20` für »die Hexadezimalzahl 20, äquivalent zu Dezimal 32.« Dieses Format wird verwendet, um numerische Zeichen-Entities auszudrücken. Es ähnelt dem Format, das man für HTML verwendet (mit der Ausnahme, daß HTML zwischen Hexadezimal- und Dezimalzahlen unterscheiden kann).
- Wenn einer Regel ein String folgt, der mit `[VC:` beginnt und mit `]` endet, bedeutet dies eine *Gültigkeitsbeschränkung*, oder eine Regel, die zutreffen muß, wenn das Ergebnis der XML-Produktion Gültigkeit haben muß. Alle XML müssen wohlgeformt, jedoch nicht zwingenderweise gültig sein.
- Wenn einer Regel ein String folgt, der mit `[WFC:` beginnt und mit `]` endet, bedeutet dies eine *Wohlgeformtheits-Beschränkung*, oder eine Regel, die zuzutreffen hat, wenn das Ergebnis der XML-Produktion wohlgeformt sein muß. Alle XML müssen wohlgeformt sein, so daß Bedingungen wichtige Charakteristiken für XML-Produktionen definieren.

Ob Sie es nun glauben oder nicht – diese relativ kurze Liste der Notationen umfaßt 15 Markup-Typen und deckt komplett die Syntax ab, die EBNF informiert. Wenn Sie mit dieser Kollektion von Regeln und Konstrukten umgehen können, sind Sie auch in der Lage, sich durch die XML-Spezifikation zu arbeiten.

Die XML-Beispiele in der Spezifikation verstehen

Wenn Sie sich die Produktionsregeln in den Textboxen näher ansehen, werden Sie zwei Arten von Elementen darin entdecken. Die einen beginnen mit Zahlen in eckigen Klammern, die am linken Rand der Produktionsregeln angeordnet sind, das sind jedoch nicht die eigentlichen XML-Beispiele. Diese Beispiele sind dazu vorgesehen, ein wohlgeformtes oder gültiges Erscheinungsbild zu illustrieren, und wurden unter Befolgung der weiter oben beschriebenen Produktionsregeln erstellt.

So wird zum Beispiel in Abschnitt 2.7 der Deklaration mit CData gearbeitet, einer wichtigen Übernahme von SGML. Mit CData wird eine spezielle Art von Zeichendaten in XML-Dokumenten definiert. CData-Deklarationen erlauben allen Arten von literalen Zeichen überall in ein Dokument eingefügt zu werden – inklusive den Zeichen, die, wenn ein Dokument von einem XML-Prozessor geparst wird, sonst als Markup behandelt werden könnten.

Abschnitt 2.7 definiert die folgenden Produktionsregeln für CDATA-Bereiche innerhalb von XML-Dokumenten:

```
[18] CDSect ::= CDStart CData CDEnd
[19] CDStart ::= '<!CDATA['
[20] CData ::= (Char - (Char* ']]> ' Char*))
[21] CDEnd ::= "]]>"
```

Ein weiteres Beispiel der Spezifikation liest sich folgendermaßen:

```
<![CDATA[greeting>Hello, world!<greeting>]]>
```

Wenn Sie die vorangegangenen Regeln aufmerksam gelesen haben, ergibt diese Sequenz einen perfekten Sinn. Beim Entschlüsseln der Sequenz werden Sie herausfinden, daß alle CData-Bereiche mit dem String <![CDATA[beginnen und mit dem String]]> enden müssen. Zwischen Start-Strings (CDStart) und End-Strings (CDEnd) können keine Daten den String]]> beinhalten (da dieser ja das Ende eines CData-Bereichs bezeichnet).

Dieses Beispiel illustriert hervorragend, daß der gültige XML-Code – wie er im Inhalt des CDATA-Bereichs <greeting>Hello, world!</greeting> vorkommt, geradezu auf perfekte Weise definierter Gesetzmäßigkeit folgt. Dadurch bieten definierte CDATA-Bereiche eine listige Möglichkeit, Markup-Ausdrücke innerhalb eines XML-Dokumentes darstellen zu können (im Gegensatz zu HTML, wo die Verwendung von Zeichen-Entities erforderlich ist, um Markup innerhalb eines HTML-Dokuments zu reproduzieren). Mit anderen Worten: Die Verwendung von CDATA-Elementen macht es für XML-Dokumente um einiges leichter, XML zu beschreiben, als es dies für HTML-Dokumente bei der Beschreibung von HTML-Markup der Fall ist.

Die meisten anderen Beispiele in der Spezifikation illustrieren nicht nur die Regeln, denen sie folgen, oder die Konstrukte, die sie behandeln. Sie sorgen auch für einen Einblick in das, was XML kann und wie die effektivste Nutzung aussieht. Und das ist auch der Grund, weshalb es die Beispiele absolut wert sind, daß Sie sich mit ihnen auseinandersetzen. Nehmen Sie sich die Zeit, und finden Sie nicht nur heraus, was die Beispiele aussagen, sondern was sie für Sie bedeuten können, wenn Sie mit der Erstellung Ihrer eigenen XML-Dokumente beginnen.

Den Regeln für XML folgen

Obwohl die XML-Spezifikation nun wirklich nicht sehr lang ist (bei einem Umfang von nur 36 Seiten ist sie sehr schlank für ein derartiges Dokument und sogar noch um 25 Seiten kürzer als ihre Vorgängerversion vom 8. Dezember 1997), ist sie doch durchaus kompakt, wenn Sie bedenken, daß das gesamte, erweiterbare Markup-System unter Verwendung von nur 83 Produktionsregeln definiert wurde. Die Regeln alleine würden – um sie in ihrer Gesamtheit zu repräsentieren – auf acht Seiten Platz finden. Doch die Diskussion und Erforschung dieser Regeln sowie die Definition der Begriffe und des Kontextes, in dem sie erscheinen, erfordern die anderen 28 Seiten der Spezifikation. (In unserem Buch benötigen wir für die Diskussion und Erforschung der Regeln sogar fast 400 Seiten!)

Die Tatsache, daß XML erweiterbar ist, führt dazu, daß es unendlich viele Markups und damit verbundene Tags und Attribute gibt. Schon die vorangegangenen Abhandlungen sollten Ihnen, wenn Sie die XML-Spezifikation auf eigene Faust in Angriff nehmen, ein möglichst gutes Rüstzeug mit auf den Weg geben. Wenn Sie sich jedoch immer noch nicht gut genug vorbereitet fühlen, können Sie auf folgender Website mehr über die EBNF-Sprache erfahren:

`www.cs.upe.ac.za/staff/csabhv/slim/ebnf.htm`

Gute Bücher über Programmiersprachen sollten Ihnen dabei helfen, die Details herauszufinden, die wir nicht zu Ihrer vollen Zufriedenheit und Erbauung einbringen konnten. Sehen Sie sich doch mal eines der Programmierbücher aus der ... *Für Dummies*-Reihe an: zum Beispiel *Visual Basic für Dummies*, *Visual C++ für Dummies*, *Programmieren für Dummies* (alle erschienen beim MITP-Verlag).

Um auch mehr über die XML-Spezifikation selbst zu erfahren, sollten Sie auch die XML-Ressourcen überprüfen, die in den Kapiteln 20 und 22 dieses Buches erwähnt sind. Die tolle XML-Site von Robin Cover beinhaltet viele nützliche Kommentare und Informationen, die Sie bei der Entschlüsselung der XML-Spezifikation sehr nützlich finden werden.

Teil II

Dokumente und ihr Markup ausbauen

»Unglücklicherweise sind die Systeme nicht sehr fehlertolarant.«

In diesem Teil...

Dieser Teil beinhaltet Informationen, wie Dokumente strukturiert werden müssen und worin der Unterschied zwischen einem wohlgeformten XML-Dokument und einem gültigen XML-Dokument liegt. Sie erfahren, was alles mit involviert ist, ein nach Maß gefertigtes XML-Markup zu definieren und dieses definierte Markup zu erweitern und zu verbessern, und wie Inhalte innerhalb eines XML-Dokuments, das angepaßtes Markup verwendet, dargestellt werden können. In diesem Teil werden Sie auch herausfinden, was es mit der bedeutenden Document Type Definition (abgekürzt DTD) auf sich hat, über die das Markup, die Struktur und die Fähigkeiten eines jeden XML-Dokuments definiert werden.

In der zweiten Hälfte dieses Teils tauchen wir in die komplexen Hyperlink-Fähigkeiten von XML ein und untersuchen ein paar altbewährte Modelle, die solche Fähigkeiten in Gang bringen können. Wir werfen auch einen Blick darauf, wie Stylesheets für XML-Dokumente eingesetzt werden können, und abschließend diskutieren wir über Zeichenkodierung und Zeichen-Entities, die es Ihnen gestatten, leistungsstarke Shortcuts für sich wiederholende Textelemente in Ihren XML-Dokumenten zu erstellen.

Eine gute Struktur ist die halbe XML

5

In diesem Kapitel

- Die Begriffe *gültig* und *wohlgeformt* definieren
- Techniken für eine gute Kodierung in XML kennenlernen
- Die Tugend der Vollständigkeit achten
- Wissen, daß eine wohlgeformte XML mehr enthält, als der Begriff ahnen läßt
- Herausfinden, wann Sie den Dreh heraushaben

In diesem Kapitel werden wir die Bedeutung der Begriffe *gültig* und *wohlgeformt* untersuchen. Im Anschluß werden wir Ihnen ein paar Techniken zeigen, die eingesetzt werden können, um möglichst perfekt kodieren zu können. Darüber hinaus ist es immer sinnvoll, zu wissen, wie man mit Hilfe von XML eine gute Gesamtstruktur aufbauen kann. Das führt dann zu dem Themenbereich, was unter Wohlgeformtheit wirklich zu verstehen ist. Und schließlich werden Sie herausfinden, ob Sie schon in der Lage sind, mit XML perfekt umzugehen.

Die Begriffe »gültig« und »wohlgeformt« verstehen

Im Zusammenhang mit XML stößt man immer wieder auf folgende Begriffe: *gültig* und *wohlgeformt*.

Alle, die schon mit der Auszeichnungssprache SGML gearbeitet haben, sind mit dem Konzept der Gültigkeit vertraut. Auch in XML hat Gültigkeit dieselbe Bedeutung wie in SGML.

Ein gültiges Dokument muß über eine DTD verfügen. In einer DTD (engl. Abkürzung für Document Type Definition) werden die Grundregeln für die Struktur eines Dokuments festgelegt. Hier wird definiert, welche Tags im Dokument erscheinen können und wie diese untereinander verschachtelt sind (siehe auch Kapitel 3). Die DTD wird auch zur Festlegung von Entities verwendet – wiederverwendbare große Textportionen, die viele Male angezeigt werden können, aber nur einmal übertragen werden müssen (was die Übertragung beschleunigt). Ein Dokument ist dann als gültig anzusehen, wenn es den in der DTD festgelegten Regeln entspricht. Obwohl man DTDs in XML nicht für jeden Fall definieren muß, stellen sie doch all denen, die damit arbeiten möchten, eine besondere Organisationsstruktur zur Verfügung.

Ein XML-kundiger Computer kann die Dokumenttyp-Definition verwenden, um Benutzern dabei zu helfen (oder dies auch von ihnen zu fordern), Dokumente zu erstellen, die gültig sind. Solche Dokumente sind um einiges einfacher zu handhaben und wiederzuverwenden als Dokumente mit den bisher verwendeten Auszeichnung-Tags in der gewohnten Rang- und Reihenfolge.

Das Konzept eines *wohlgeformten* Dokuments ist in XML noch relativ neu. Ein wohlgeformtes Dokument ist fertig erstellt für die Weitergabe im Netz und kann von einem Computerprogramm leicht gelesen werden Im speziellen weisen wohlgeformte Dokumente folgende Besonderheiten auf:

- Alle Anfang-Tags und Abschluß-Tags müssen miteinander übereinstimmen.
- Leere Tags verwenden eine spezielle XML-Syntax (wie zum Beispiel `empty/>`).
- Alle Attributwerte müssen in Anführungszeichen stehen.
- Alle Entities (wiederverwendbare Datenblöcke) sind deklariert.

Es ist bei der Arbeit mit XML-Dokumenten wichtig zu verstehen, was man unter Gültigkeit und Wohlgeformtheit versteht und was für ein Konzept dahintersteckt. Merken Sie sich einfach, daß bei einem gültigen Dokument eine DTD existiert und daß das Dokument den in der DTD aufgestellten Regeln entsprechen muß. Wohlgeformte Dokumente besitzen dagegen keine DTD. Jeder Tag innerhalb des Dokuments muß jedoch über einen Abschluß-Tag verfügen.

Ein gutes Gerüst führt zu einer besseren Lesbarkeit

Kennen Sie auch diese Situation: Man nimmt sich ein Handbuch vor und wünscht sich nach ein paar Seiten entnervt, niemals auf diese Idee gekommen zu sein. Die Seiten strotzen nur so vor grammatikalischen Fehlern, von der Qualität der Syntax ganz zu schweigen, und die Orthographie kann auch nur als lausig bezeichnet werden. Man fragt sich, warum die Autoren anderen Lesern (und auch sich) so etwas antun können. Genauso kritisch sollte man sich den XML-Code vornehmen. Wenn dieser nicht über eine gewisse interne Struktur verfügt (und somit für den Durchschnittskonsumenten lesbar ist), dann weist die Kodierung keine hohe Qualität auf. XML liest sich wie Text, und das ist einer der Vorteile. Sie sollten also bei Ihren Bemühungen nichts unversucht lassen, Ihre Dokumente möglichst lesbar zu gestalten.

In den folgenden Abschnitten wird Ihnen Schritt für Schritt aufgezeigt, wie Sie vorgehen müssen, um eine gute Kodierung zu erhalten.

Die Vorzüge von Vollständigkeit

In Abbildung 5.1 sehen Sie in Form eines Ablaufdiagramms ein Beispiel dafür, wie »komplett« XML in Bezug auf Struktur und Inhalt gesehen werden sollte. Beachten Sie, daß die »Präsentation« das Ziel des Kodierprozesses ist, und das bedeutet, daß Sie die Präsentation durch den gesamten Kodierprozeß hinweg im Auge behalten müssen.

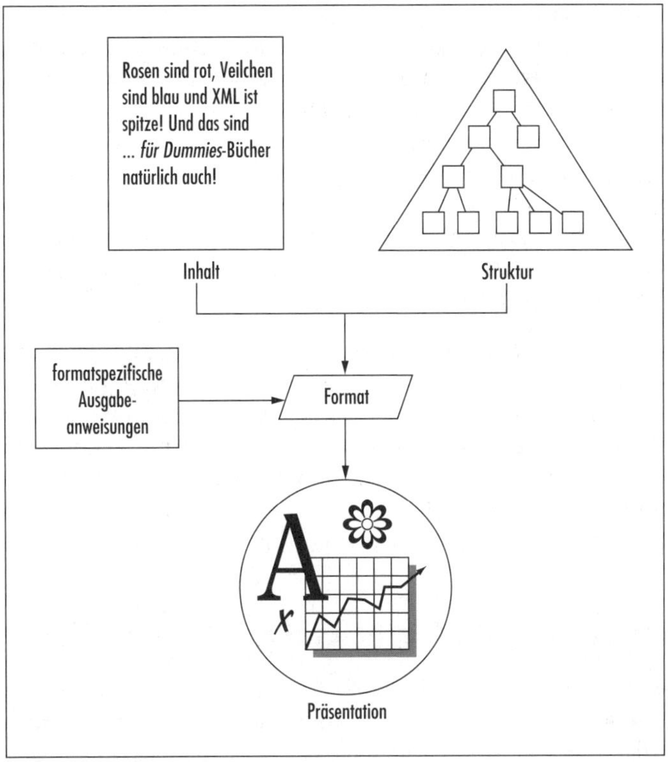

Abbildung 5.1: Der Kodierprozeß von XML

Die Basis aller Auszeichnungssprachen ist SGML, die 1986 von der International Standard Organization (ISO) als Standard übernommen wurde.

HTML ist eine SGML-Anwendung, die allerdings nur eine einzige Gruppe der Elementtypen-Tags darstellt, die unter Verwendung von SGML angelegt werden können. Nachdem im aktuellen Standard HTML 4.0 auch DTD komplett spezifiziert wurde, können auch HTML-4.0-Dokumente nach dem SGML-Standard identifiziert werden. Da XML eine Teilmenge von SGML ist, lassen sich die in SGML geltenden Regeln der Vollständigkeit ebenso auf XML anwenden.

XML-Dokumente setzen sich wie SGML-Dokumente aus Elementen zusammen (das sind Speichereinheiten, die Text und/oder binäre Daten enthalten können). Text setzt sich wiederum aus Zeichen-Streams zusammen, die sowohl den Zeichendateninhalt des Dokuments formen als auch das Metadaten-Markup des Dokuments (extern definierte Dokumente). Das Markup beschreibt das Speicherlayout und die logische Struktur des Dokuments. XML stellt auch einen Markup-Mechanismus zur Verfügung, um die Einhaltung bestimmter Bedingungen bezüglich Speicherlayout und logischer Struktur der Dokumente zu erzwingen sowie Mechanismen, die für eine gute Kodierung verwendet werden können.

In Stil und Struktur ähneln XML-Dokumente HTML-Dokumenten. Wenn jedoch Web-Server mit XML-Inhalt Daten für die Übertragung vorbereiten, müssen sie mit jedem XML-Fragment eine Art Inhaltsprotokoll erstellen, in dem die einzelnen Bestandteile des Dokumentenabschnitts registriert sind; darin müssen Zeiger auf die damit verbundene DTD und ein oder mehrere Stylesheets für die Formatierung enthalten sein. Web-Clients, die XML verarbeiten, müssen in der Lage sein, den Inhalt wieder »auszupacken«, ihn – wenn nötig – in den Kontext entsprechend der DTD syntaktisch zu parsen (zu analysieren), ihn (ebenfalls wenn nötig) wieder zurückzugeben in Übereinstimmung mit den festgelegten Stylesheet-Richtlinien und die Hypertext-Semantik wie zum Beispiel Links zu interpretieren, die mit den einzelnen Dokument-Tags korrekt verbunden sind.

DTDs sind eine große Unterstützung für die Dokumentorganisation, man muß sie für XML-Dokumente jedoch nicht zwingenderweise definieren. Autoren steht es frei, statt dessen auch anwendungsspezifische Tags zu verwenden. Sie sollten jedoch beachten, daß nur XML-Dokumente mit einer DTD gültig sein können. Eine DTD besteht aus einer Reihe von Deklarationen, die eine Standardstruktur-Beschreibung zur Verfügung stellen. In der DTD werden auch die Namen der Tags festgelegt sowie die Beziehung zwischen Elementen in einem Dokument.

Eine wohlgeformte XML bietet mehr, als man denkt

Wenn ein XML-Autor wohlgeformte Attribute-/Wertepaare und Start- und Schluß-Tags erzeugt, wirkt das Gesamtobjekt auf den Betrachter sauber und logisch aufgebaut. Sie sollten daher verstehen, daß Wohlgeformtheit mehr einschließt, als man allein von dem Begriff her zunächst annehmen mag – speziell in Bezug auf die Verwendung von Attribute- und Wertepaaren und Anfang- und Abschluß-Tags in XML-Dokumenten.

Die folgenden Beispiele für elektronische Personalbögen veranschaulichen hervorragend nicht nur die Leistungsstärke, sondern auch die Einfachheit von XML. Im ersten Beispiel ist die DTD ein Bestandteil des XML-Dokuments. Im zweiten Beispiel handelt es sich um eine externe DTD, d.h., die Dokumenttyp-Definition ist als externe Datei untergebracht.

Im ersten Beispiel betrachten wir die kommentierten Attribute-/Wertepaare. Wir schreiben ein einfaches XML-Dokument, das nur Tags enthält, das Dokument hat keinen weiteren Inhalt. Diese Tags können durch Software-Programme geparst und verarbeitet werden.

Bei unserem einfachen Beispiel handelt es sich um ein Dokument, das eine Liste von Personalbögen (engl. `pCard`) enthält. Wir möchten nun veranlassen, daß jedes »pCard list tag« fünf Attribute beinhaltet: den Vornamen der Person, den Nachnamen, die Firma, die E-Mail-Adresse sowie die Website-Adresse. Wir können Standardwerte für Attribute festlegen, um zu gewährleisten, daß jeder Tag dieselbe Anzahl an Attribute-/Wertepaaren hat (obwohl einige Werte auch Null sein können). Die Deklaration der Standardattribute wird durch die PCard-Elemente textmäßig durchsucht, obwohl das in diesem Fall keine Auswirkung hat, da keines der Elemente ein Attribut ausläßt.

Hier sehen Sie das Beispiel, in der die DTD Bestandteil des Dokuments ist:

```
<!DOCTYPE pCard "http://www.aasu.edu/~jdoe/schemas/pCard">

<pCard
 firstname = "Homer"
 lastname = "Simpson"
 company = "Macrosoft"
 email = "simpson@ms.com"
 homepage = "http://www.ms.com"
/>

<pCard
 firstname = "John"
 lastname = "Doe"
 company = "All American State University"
 email = "doe@mail.aasu.edu"
 homepage = "http://www.myhome.com/~jdoe/"
/>
</pCard>
```

Beachten Sie, daß die XML-Formatierung sowohl durch Menschen als auch durch Maschinen lesbar ist. Unmittelbar auf a> folgende oder a< vorhergehende leere Zeilen im Dokument werden vom Parser ignoriert, ebenso wie Leerzeichen innerhalb von Tags. (Eine Situation übrigens, die für HTML so nicht zutrifft.)

Im folgenden zweiten Beispiel befindet sich die DTD in einem extern definierten Dokument. Als ein textbezogenes Format wurde XML dahingehend entwickelt, Daten zu speichern und zu übertragen. Dies kann – wie im ersten Beispiel veranschaulicht –, durch beliebige Attribute-/Wertepaare veranlaßt werden oder durch strategische Einbindung von Tags, die mit dem Ziel um den Inhalt herum angeordnet sind, diesem mehr Bedeutung beizumessen.

Betrachten Sie folgende XML-Kodierung:

```
<!doctype html>
<html version="-//W3C//DTD HTML Experimental 970324//EN">
<head>
<title> Jim's pCard List </title>
</head>
<body>

<h1> Jim's pCard List </h1>

<pCard MONTH=1 YEAR=1998>
<FIRSTNAME> John </FIRSTNAME>
<LASTNAME> Doe </LASTNAME>
<COMPANY> All American State University </COMPANY>
<EMAIL> doe@mail.aasu.edu </EMAIL>
```

```
<HOMEPAGE> http://www.myhome.com/~jdoe/ </HOMEPAGE>
</pCard>

<pCard MONTH=2 YEAR=1998>
<FIRSTNAME> Homer </FIRSTNAME>
<LASTNAME> Simpson </LASTNAME>
<COMPANY> Macrosoft Corporation </COMPANY>
<EMAIL> simpson@ms.com </EMAIL>
</pCard>

<hr/>
<address><a href="mailto:doe@mail.aasu.edu">
John Doe</a></address>
<!-- Created: Tue Jan 03 01:23:42 MET DST 1998 -->
<!-- hhmts start -->
<!-- Last modified: Fri Jan 23 22:32:42 MET DST
<!-- hhmts end -->
</body>
</html>
```

Beachten Sie, daß hier die DTD nicht Bestandteil des Dokuments ist (interne DTD). Wir können sie anderswo spezifizieren, wenn wir die Tags und Datenstrukturen für gültig erklären möchten, oder wir können die DTD übergehen.

`<pCard>` verfügt über:

- ✔ Einen Start-Tag
- ✔ Einen Schluß-Tag
- ✔ Den Inhalt zwischen diesen Tags

In diesem Fall hat das PCard-Element zwei Attribute: `MONTH` und `YEAR`. Diese Werte entsprechen dem Monat und Jahr, an dem der PCard-Eintrag hinzugefügt wurde. Nun kann die DTD festlegen, daß die PCard-Elemente folgende Elemente enthalten müssen: `FIRSTNAME`, `LASTNAME`, `COMPANY` und `EMAIL`. Auch ein `HOMEPAGE`-Element kann mit enthalten sein. Darüber hinaus kann die DTD festlegen, daß jedes `HOMEPAGE`-Element, das in einem gültigen Geschäftsformular angezeigt wird, innerhalb eines PCard-Elements verschachtelt sein muß.

Nachdem die Dokumenttyp-Elemente in einer DTD festgelegt wurden, können Stylesheets, Skripts und Programme mit jedem Element in diesem Dokumenttyp verbunden werden – zum Beispiel ein allgemeines Skript, das einem speziellen Karteneintrag zugeordnet ist und ein eigenes, phantasievolles Fenster öffnet, in dem die Karte in einer noblen Schriftart, Farbe und Anordnung angezeigt wird. Oder ein Stylesheet, das alle Einträge der Mitarbeiter von Macrosoft mit dem Makrosoft-Logo anzeigt.

Die im ersten Beispiel bereit gestellten Formen von Metadaten (Attribute-/Wertepaare) sowie das zweite Beispiel (Anfang-/Abschluß-Tags) veranschaulichen die verschiedenen Möglichkeiten, daß der Dokumentinhalt mit Metadaten aufgezeichnet werden kann, um damit zu ermöglichen, nach Informationen im Dokument zu suchen, Informationen von dem Dokument zu erzeugen und den Dokumentinhalt zu filtern. Metadaten umspannen eine Fülle von Informationen – von digitalen Signaturen beispielsweise und Beglaubigungsbestätigungen bis hin zu Zeitmarken und zu Links, die auf damit verbundene Informationen zeigen.

Wann Sie wissen, ob Sie's können!

XML ermöglicht es Autoren, ihre eigene Dokumentsyntax, Hypertext-Links und Präsentationsdesign zu spezifizieren. Nachdem Sie neue Tags und Elemente mit den neuen Attribute-/Werte-Metadaten erstellt haben, können Sie jedes systematische, strukturierte Dokumentformat mit Hilfe von XML neu verschlüsseln. Speziell Perfektionisten tun gut daran, sich mit dieser Schritt-für-Schritt-Methode an XML »heranzuwagen«.

XML-Markup erstellen

6

In diesem Kapitel

- DTDs definieren
- Untersuchen, was in einer XML-DTD steckt
- Tags aus Spaß und zum eigenen Nutzen hinzufügen
- Durch Attribute mehr aus Ihren Dokumenten herausholen
- Formale Definitionen, die sich auszahlen
- Code erweitern und wieder verwenden
- Einige Beispiele überprüfen

Über eine XML-*DTD* (*Document Type Definition*) – also eine Dokumenttyp-Definition – legen Sie eine gültige Syntax sowie die Struktur und das Format für die Definition von Markup-Elementen fest. Wenn Sie sich nicht an die DTD für Ihr XML-Dokument halten, wird sich der XML-Parser und der Browser über die von Ihnen erstellten XML-Dokumente beschweren. Ein Browser kann ein XML-Dokument, das nicht mit der für dieses Dokument zugewiesenen DTD übereinstimmt, nicht entsprechend verarbeiten und anzeigen. Es ist daher sehr wichtig, zu verstehen, was DTDs in XML ausmachen und sich mit ihnen vertraut zu machen.

Denken Sie daran: XML ist eine Sprache, und die DTD definiert die Art und Weise, wie Sie die Sprache verwenden können. XML ist eine objektorientierte Auszeichnungssprache. Wie bei anderen objektorientierten Sprachen auch können Sie mit XML Objekte definieren oder erstellen. Zusätzlich haben Sie die Möglichkeit, Attribute für die Objekte zu definieren und Werte für die Attribute festlegen. Ein XML-Objekt wird im allgemeinen als XML-*Element* zurückgegeben. Sie können ein XML-Element repräsentieren, indem Sie einen XML-Tag verwenden. Auch für XML-Elemente lassen sich Attribute definieren und Werte für die Elementattribute festlegen. Um zum Beispiel das Element `automobiles` zu definieren, können Sie den Tag `<elementType> ... </elementType>` verwenden, wie Sie im folgenden Code-Auszug sehen können:

```
<elementType id="automobiles">
  <string/>
</elementType>
```

Der folgende Code zeigt ein weiteres Beispiel für die Definition eines XML-Elements mit Attributen sowie Werten für die Attribute:

```
<elementType id="car">
 <attribute name="doors" default="four"/>
</elementType>
```

Der vorangegangene Code definiert ein Element mit `id car`. Die beiden Attribute für das Element sind `name` und `default`. Der Wert für das Attribut `name` ist `doors`. Der Wert für das Attribut `default` ist `four`.

Dieses Kapitel bietet Ihnen einen Einblick in die vielseitige Funktionsweise der XML-DTD und zeigt auf, wie Sie mit Hilfe von DTDs Schemata für Ihre Anwendungs-XML-Daten definieren können. Ein *Schema* ist eine Art Muster, das das Datenmodell repräsentiert, mit dem die Elemente (oder Objekte) definiert werden, ihre Attribute (oder Eigenschaften) sowie das Verhältnis der verschiedenen Elemente untereinander. Sie sollten an dieser Stelle schon mal die Tatsache im Auge behalten, daß jede XML eine überwölbende DTD beinhaltet, in der alle Erweiterungen mit vorhanden sind und daß jede Erweiterung von XML eine DTD haben kann, die darüber hinaus die Erweiterungsdaten definiert.

Beachten Sie, daß sich mit der Entwicklung der XML-Spezifikation auch die DTD weiterentwickelt. Obwohl Ihnen dieses Kapitel einen Überblick über die XML-DTD bietet, ist es natürlich nicht möglich, alle einzelnen Aspekte der Dokumenttyp-Definition zu behandeln. Doch indem Sie nach und nach ein Grundverständnis für die XML-DTD entwickeln, können Sie auch leichter die weiter fortgeschrittenen Definitionen verstehen.

Für Informationen über die XML-DTD besuchen Sie folgende Site:

`http://msdn.microsoft.com/standards/xml/xmldata.htm`

Um die Informationen in diesem Kapitel für Sie – den geneigten Leser – zugänglicher zu machen, werden wir zunächst genau untersuchen, was eine DTD und ein Schema ist. Der Kernpunkt ist, daß die Methode, die verwendet wird, um Ihre Daten zu organisieren, sich direkt auf die Organisation des Schemas auswirkt. Von dort aus werfen wir einen Blick auf die XML-Tags, mit denen Sie Ihre Information verwalten können. Bereiten Sie sich vor, es wird Zeit, sich in die DTD vorzuwühlen.

Was ist denn so besonderes an einer XML-DTD?

XML ist eine spezielle Auszeichnungssprache (engl. Markup Language), die Sie für die Darstellung von strukturierten Daten verwenden können. XML verfügt über eine eigene DTD. Ähnlich haben auch XML-Anwendungen wie die Chemical Markup Language (CML), die Mathematical Markup Language (MathML) usw. ihre eigenen DTDs. (Weitere Informationen über CML finden Sie in Kapitel 10 und über MathML in Kapitel 14).

Um Daten in einem strukturiertem Format darstellen zu können, müssen Sie zunächst die DTD der Auszeichnungssprache verstehen. Folgender Code zeigt ein Beispiel für eine XML-DTD:

```
<!ENTITY % typelinkattrs
 'id ID #IMPLIED
 type CDATA #IMPLIED'>
```

Wenn das vorhergehende Beispiel für eine XML-DTD für Sie so klar wie Kloßbrühe ist, werfen Sie einen Blick in Kapitel 4. In diesem Kapitel finden Sie eine Erklärung, wie man solche Beispiele der XML-Spezifikation lesen kann.

Ein `IMPLIED`-Attribut bedeutet, daß Sie auswählen können, das Attribut und einen Wert für das Attribut für das gegebene Element nicht festzulegen, und der Parser dies auch nicht beanstandet. Die andere Option ist `REQUIRED`, d.h., Sie müssen das Attribut und einen Wert für das Attribut des Elements festlegen, ansonsten wird der Parser Ihre Werte nicht akzeptieren.

Diese DTD spezifiziert, daß Sie die Attribute `id` und `type` für ein Element definieren können, wie anhand des folgenden Codes zu sehen ist:

```
<elementType id="products">
 <string/>
</elementType>

<elementType id="videocards">
 <element type="#products" occurs="ONEORMORE"/>
</elementType>
```

Die erste Definition definiert ein Element mit einer `id` von `products`. Die Inhalte des Elements können vom Typ `string` sein. Die zweite Definition definiert ein weiteres Element mit einer `id` von `videocards`. Zusätzlich legt die Definition fest, daß ein Element mit einer `id` von `videocards` vom Typ `products` ist. Man muß hier zwischen element type (zwei Wörter) und dem String elementType unterscheiden. So ist einfach der element type `products` eine Untergruppe des ersten elementType `videocards`.

Und hier ein weiteres Beispiel für eine XML-DTD:

```
<!ENTITY % elementAttrs 'occurs (REQUIRED|OPTIONAL|ONEORMORE|ZEROORMORE)
          "REQUIRED" '>
```

Diese DTD legt fest, daß Sie ein Element mit einem Attribut definieren können, dessen `occurs`-Wert auf eine der folgenden vier Optionen gesetzt werden kann: `REQUIRED`, `OPTIONAL`, `ONEORMORE` und `ZEROORMORE`. Der Standardwert ist, wie die DTD anzeigt, `REQUIRED`. Beachten Sie, daß der Standardwert in Anführungszeichen dargestellt wird.

Das folgende ist ein Beispiel dafür, wie man ein Schema definieren kann, das auf der vorhergehenden XML-DTD basiert:

```
<elementType id="Cities">
    <element type="#state" occurs="OPTIONAL"/>
    <element type="#company" occurs="ONEORMORE"/>
    <element type="#name" occurs="ONEORMORE"/>
</elementType>
```

Das Schema definiert ein Element mit einer id von Cities. Das Element Cities beinhaltet wiederum drei Elemente: state (occurs="OPTIONAL"), company (occurs="ONEORMORE") und name (occurs="ONEORMORE"). Das alles bedeutet, daß ein Cities-Element nicht strikt ein state-Element fordert, um gültig zu sein. Ein Cities-Element kann auch ein oder mehrere company-Elemente haben und einen oder mehrere name-Elemente.

Das folgende Schema definiert ein Element mit einer id von Cities und das Element Cities beinhaltet drei Elemente: state, company und name. Der occurs-Wert für das Element name ist der Standardwert REQUIRED. Das heißt, das Element Cities muß einen Namen (name) beinhalten:

```
<elementType id="Cities">
    <element type="#state" occurs="OPTIONAL"/>
    <element type="#company" occurs="ONEORMORE"/>
    <element type="#name"/>
</elementType>
```

XML eignet sich hervorragend zur Verwaltung strukturierter Daten. Um Daten darzustellen, müssen Sie ein Schema für die Daten definieren und dann die Daten selbst hinzufügen. Ein Schema repräsentiert das Datenmodell, mit dem die Elemente (oder Objekte) definiert werden, ihre Attribute (oder Eigenschaften) sowie das Verhältnis zwischen den verschiedenen Elementen. So, wie Sie eine Struktur oder ein Modell für ein relationales Datenbankmanagement-System (RDBMS) entwerfen – zum Beispiel Microsoft Access, Sybase SQL Server, oder Oracle – können Sie auch ein Schema oder ein Modell für Ihre Anwendungs-XML-Daten definieren. Die Daten, die Sie hinzufügen, müssen den Definitionen und Regeln des Modells entsprechen. Auf diese Weise wissen Sie, wie der Parser und Browser erwartungsgemäß reagieren werden.

Wenn Sie kein relationales Modell für Ihre Daten haben, sollten Sie erwägen, eines zu erstellen. Grundsätzlich handelt es sich bei einem relationalen Modell um die Aufteilung von Daten in Zeilen und Spalten. Dabei stellen die Spalten die Attribute der Objektfelder dar und die Zeilen die Instanzen oder – in der Datenbanksprache – Datensätze. In Abbildung 6.1 sehen Sie ein Beispiel für ein relationales Modell. Die Tabelle beinhaltet drei Felder (für Vorname, Nachname und Sozialversicherungsnummer): firstName, lastName und ssn.

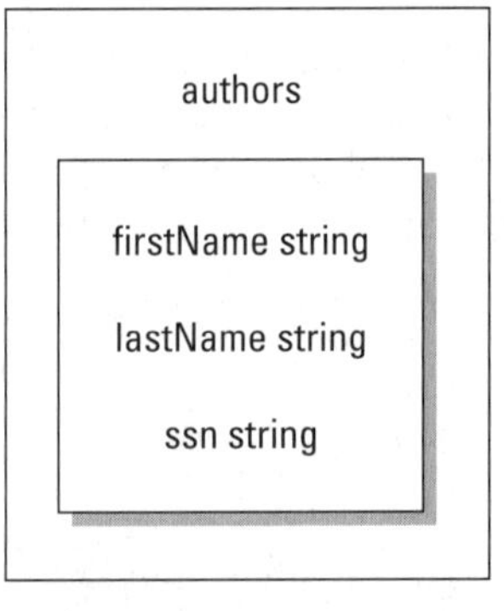

Abbildung 6.1: Ein Beispiel für ein relationales Modell

Um ein XML-Schema für die obige Tabelle zu entwerfen, gehen Sie folgendermaßen vor:

1. **Stellen Sie jedes der drei Felder innerhalb der Tabelle als ein XML-Element dar, indem Sie das Tag-Paar** `<elementType> ... </elementType>` **verwenden.**

   Sie stellen diese Felder so wie im folgenden Code angezeigt dar:

```
<elementType id="firstName">
    <string/>
</elementType>
<elementType id="lastName">
    <string/>
</elementType>
<elementType id="ssn">
    <string/>
</elementType>
```

2. **Stellen Sie die Tabelle authors selbst als ein weiteres XML-Element dar.**

   Beziehen Sie in die Elementdefinition `authors` eine Referenz zu den drei Feldern (oder Elementen) `firstName`, `lastName` und `ssn` mit ein:

```
<elementType id="authors">
        <element id="fn" type="#firstName"/>
        <element id="ln" type="#lastName"/>
        <element id="sn" type="#ssn"/>
</elementType>
```

Was steckt in einer Definition?

Um eine DTD zu erstellen, müssen Sie ein Schema definieren. Wie schon weiter oben erwähnt, repräsentiert ein Schema das Datenmodell, mit dem die Elemente (oder Objekte) definiert werden, ihre Attribute (oder Eigenschaften) sowie das Verhältnis zwischen den verschiedenen Elementen. Für die Definition eines Schemas verwenden Sie das Tag-Paar `<s:schema> ... </s:schema>` wie folgt:

```
<?XML version='1.0'?>
<s:schema id="demographics">
       <elementType id="firstName">
         <string/>
       </elementType>

       <elementType id="lastName">
         <string/>
       </elementType>
```

```
      <elementType id="ssn">
        <string/>
      </elementType>

      <elementType id="Person">
        <element id="fn" type="#firstName"/>
        <element id="ln" type="#lastName"/>
        <element id="sn" type="#ssn"/>
        <key id="k1">
          <keyPart href="#fn"/>
          <keyPart href="#ln"/>
          <keyPart href="#sn"/>
        </key>
        <attribute name="title" default="manager"/>
      </elementType>
</s:schema>
```

Und hier ist ein kurzer Abriß der Teile in diesem Schema:

- Das Attribut `id` des Tag-Paars `<s:schema> ... </s:schema>` legt den Namen des Schemas fest, also `demographics`.
- Die Deklaration definiert drei Elemente: `firstName`, `lastName` und `ssn` (für Vorname, Nachname und Sozialversicherungsnummer).
- Das Schema definiert darüber hinaus das Element `Person`, das die drei Elemente `firstName`, `lastName` und `ssn` beinhaltet. Diese drei Elemente machen zusammen den Primärschlüssel für das Element `Person` aus. (Weitere Informationen über Primärschlüssel finden Sie weiter unten in diesem Kapitel.)
- Das Schema definiert das Attribut `title` für das Element `Person`. Der Standardwert des Attributes ist `manager`.

Zerbrechen Sie sich nicht den Kopf, wenn nicht alle Tags im vorhergehenden Code auf Anhieb verständlich sind (zum Beispiel `keyPart`). Wir wollten uns in diesem Beispiel darauf konzentrieren, wie Schemata formuliert sind und wie die einzelnen Teile – Element, Attribut und Wert – zusammenarbeiten, um ein Schema zu erstellen.

Einen Tag aus Spaß und zum eigenen Nutzen hinzufügen

Nachdem Sie das Schema für Ihre Anwendungsdaten definiert haben, können Sie eine XML-Datei anlegen, die die XML-Tags und -Daten enthält. Mit anderen Worten: Sie können XML-Tags erstellen und Werte für die Tags und ihre Attribute festlegen. Im folgenden sehen Sie ein Beispiel für Daten, die Sie basierend auf dem vorhergehenden Schema erstellen können:

```
<Person>
  <firstName>Jackie</firstName>
  <lastName>Chang</lastName>
  <ssn>555-00-1212</ssn>
</Person>
```

Wenn Sie XML-Tags aus einem bereits vorhandenen relationalem Datenmodell erstellen, bringt das nicht nur Spaß, sondern nützt auch noch etwas. XML eröffnet Ihnen eine vollständig neue Welt an Optionen und Diensten. Wenn Sie zum Beispiel mit relationalen Datenbanken arbeiten, können Sie folgenden Service anbieten:

- ✔ XML-Datendateien aus vorhandenen relationalen Datenmodellen erzeugen. Sie können auch Tools erstellen, die solche Dateien generieren.
- ✔ Bereits vorhandene Websites konvertieren oder ein Upgrade durchführen, um aus XML Vorteile herauszuholen.
- ✔ XSL-Stylesheets verwenden, um XML-Daten im Browser anzuzeigen (weitere Informationen zu Stylesheets finden Sie in Kapitel 8).
- ✔ Reichhaltige Implementierungen von Websites unter Verwendung von XML und XSL mit HTML.

Durch Attribute mehr aus Ihren Dokumenten herausholen

Das folgende Beispiel basiert auf dem Schema, das Sie im Abschnitt *Was steckt in einer Definition* weiter oben in diesem Kapitel erstellt haben. Dieses Beispiel stellt die Verwendung des Attributs `title` (vom Element `Person`) dar. Im folgenden wird der Standardwert (`manager`) für das Attribut `title` überschrieben:

```
<Person title="programmer">
  <firstName>Jackie</firstName>
  <lastName>Chang</lastName>
  <ssn>555-00-1212</ssn>
</Person>
```

Indem Sie an XML-Elemente Attribute hinzufügen, können Sie die Art und das Verhalten der Elemente charakterisieren. Kombinieren Sie XML mit XSL und holen Sie durch die Verwendung von Attributen mehr aus Ihren XML-Dokumenten heraus. Definieren Sie beispielsweise eine XSL-Regel, die den Browser anweist, die Namen von allen Managern in rot anzuzeigen (das Attribut ist `title` und der Wert ist `"manager"`). Auf ähnliche Weise können Sie eine weitere XSL-Regel definieren, mit der die Namen von allen Programmierern in blau angezeigt werden (das Attribut ist `title` und der Wert ist `"programmer"`).

Weitere Informationen zu XSL und der Anzeige von XML in einem HTML-Browser finden Sie in Kapitel 8.

Formale Definitionen, die sich auszahlen

Dieser Abschnitt bietet Ihnen einen Überblick über die verschiedenen XML-Tags, ihre Attribute sowie Erläuterungen, wie Sie diese verwenden können, um XML-DTD und Daten für Ihre Anwendung zu definieren. Eine einfache XML-DTD setzt sich aus einem Element und den Attributen für das Element zusammen. Sie können entweder die Standardwerte für die XML-Elemente verwenden oder eigene Attribute definieren und deren Werte festlegen.

Das Tag-Paar <elementType> ... </elementType>

Für die Definition eines Elements verwenden Sie das Tag-Paar `<elementType> ... </elementType>`. Um dem Element ein Identifizierungszeichen (Identifier) zuzuweisen, setzen Sie das Attribut `id` ein. Im folgenden Beispiel wird mit Hilfe des Tag-Paars ein Element `products` deklariert. Die Definition legt auch fest, daß das Element `products` nur Daten des Typs `string` und nichts anderes enthalten kann.

```
<elementType id="products"> <string/></elementType>
```

Das Attribut type

Nachdem Sie das Element `products` definiert haben, können Sie weitere Elemente festlegen, die zum Typ `products` gehören – zum Beispiel wie hier `videocard`. Um ein weiteres Element dieses Typs zu deklarieren, verwenden Sie das Attribut `type` wie im folgenden Code gezeigt wird:

```
<elementType id="videocards">
 <element type="#products" occurs="ONEORMORE"/>
</elementType>
```

Das Attribut occurs

Mit Hilfe des Attributs `occurs` legen Sie fest, wie oft ein Element innerhalb eines anderen Elementes vorkommen darf. Wenn Sie beispielsweise für das Attribut den Wert `ONEORMORE` wählen, wird damit angezeigt, daß der Wert mindestens einmal vorkommen soll.

Im folgenden sehen Sie ein Beispiel für die Verwendung des Attributs `occurs`. Das Beispiel verwendet die Elemente `products` und `videocards`. Beachten Sie, daß das Element `videocards` zweimal innerhalb des Elements `products` vorkommt (zugelassen durch die

Attributdefinition ONEORMORE und die darunter folgende Markup-Zuweisung einer einzelnen Videokarte):

```
<elementType id="videocards">
 <element type="#products" occurs="ONEORMORE"/>
</elementType>

<products>
 <videocards>MegaUltra 3Dvideo 900</videocards>
 <videocards>VisualWonder MADEX8000</videocards>
</products>
```

Die gültigen Werte für das Attribut occurs sind:

- ✔ REQUIRED
- ✔ OPTIONAL
- ✔ ZEROORMORE
- ✔ ONEORMORE

Auch im folgenden Beispiel für ein XML-Markup wird das Attribut occurs verwendet. Der Elementstatus von state ist OPTIONAL, und es muß mindestens ein Vorkommen (ONEORMORE) der Elemente company und name vorliegen:

```
<elementType id="Cities"> <element type="#state" occurs="OPTIONAL"/>
<element type="#company" occurs="ONEORMORE"/> <element type="#name"
occurs="ONEORMORE"/></elementType>
```

Das folgende XML-Markup ist gültig, da das Markup sich nach dem vorhergehenden Schema richtet:

```
<Cities>
  <name>Jacksonville</name>
  <company>NationsBank of Florida</company>
  <company>Merrill Lynch</company>
  <state>Florida</state>
</Cities>
```

Auch das folgende Markup, das kein Element des Typs state enthält, ist gültig, denn das Schema weist darauf hin, daß das state-Element OPTIONAL ist:

```
<Cities>
<name>Jacksonville</name>
  <company>NationsBank of Florida</company>
  <company>Merrill Lynch</company>
</Cities>
```

Das folgende XML-Markup ist jedoch nicht gültig, da es kein Element des Typs company enthält, das obige Schema jedoch festlegt, daß das Element company mindestens einmal (ONEORMORE) vorkommen muß:

```
<Cities>
  <name>Jacksonville</name>
  <state>Florida</state>
</Cities>
```

Eigene Attribute für Elemente definieren

Zusätzlich zu Elementen können Sie auch Attribute für die Elemente definieren. Verwenden Sie dazu den Tag `<attribute/>`, wie im folgenden Code-Block zu sehen ist. Sie haben auch die Möglichkeit, für das Attribut einen Namen und einen Standardwert festzulegen:

```
<elementType id="organ">
  <element type="#vendor"/>
  <element type="#dealer" occurs="ONEORMORE"/>
  <group groupOrder="OR">
  <element type="#model"/>
  <element type="#price"/>
  </group>
    <attribute name="pipes" default="40"/>
</elementType>

<organ>
 <vendor>Next Generation Calliopes, Inc.</vendor>
    <dealer>First Avenue House of Organs</dealer>
    <dealer>Regency Pipe Organ Company</dealer>
 <price>$15,000</price>
    <model>Circus Screamer 1000</model>
    <pipes>40</pipes>
</organ>
```

Innerhalb der hier gezeigten Schemadefinition wird für das Element `organ` das Attribut `pipes` definiert. Darüber hinaus wird der Standardwert des Attributs (`default`) auf 40 gesetzt. Wenn Sie die Daten definieren, die mit dieser Schemadefinition übereinstimmen sollen, können Sie das Attribut `pipes` wie gezeigt verwenden. Der Wert des Attributs ist innerhalb der Attribut-Tags eingeschlossen. In diesem Beispiel wird als Wert »40« angezeigt. Natürlich können Sie – abhängig von den Anforderungen Ihrer Anwendung – auch einen anderen Wert einsetzen. Das Attribut `pipes` soll als Beispiel veranschaulichen, wie Sie eigene Attribute für die XML-Elemente ihrer Anwendung definieren und verwenden können.

Offener und geschlossener Inhalt

Jedes XML-Schema, das Sie definieren, wird – wenn nichts anderes festgelegt ist – als offener Inhalt betrachtet. Das folgende XML-Markup zeigt ein Beispiel, wie ein Schema mit geschlossenem Inhalt über das Attribut `content="closed"` eingerichtet werden kann. Dieser geschlossene Schematyp kann nur die Elemente enthalten, die Sie im Schema definiert haben.

```
<elementType id="organ" content="CLOSED">
 <element type="#vendor"/>
 <element type="#dealer" occurs="ONEORMORE"/>
 <group groupOrder="AND" occurs="OPTIONAL">
 <element type="#model"/>
 <element type="#price"/>
 </group>
</elementType>
```

Das folgende XML-Markup ist nicht gültig, da das Schema, das wir soeben definiert haben, kein Element des Typs `pipes` enthält:

```
<organ>
 <vendor>Monkey Mate Grinders, Inc.</vendor>
    <dealer>Organ Grinders R Us</dealer>
    <dealer>Roadside Musicians Showplace</dealer>
 <price>$1,500</price>
    <model>E-Z Wind Music Maker</model>
    <pipes>4</pipes>
</organ>
```

Elemente gruppieren

Das folgende XML-Markup zeigt ein Beispiel, das das Tag-Paar `<group> ... </group>` verwendet. Mit diesem Gruppierung-Tag können Sie festlegen, daß eine bestimmte Gruppe von Elementen zusammen auftreten muß. Diese als Gruppe zusammengefaßten Elemente werden dann wie ein einzelnes Element behandelt. Das folgende XML-Markup zeigt zum Beispiel an, daß die Elemente `model` und `price` eine Gruppe bilden und daß diese Elemente nur zusammen auftreten können. Darüber hinaus ist auch die Reihenfolge, in der sie vorkommen, wichtig. Das Element `model` muß dem Element `price` vorausgehen, da dies in der Definition auch so festgelegt ist:

```
<elementType id="organ">
 <element type="#vendor"/>
 <element type="#dealer" occurs="ONEORMORE"/>
 <group occurs="OPTIONAL">
 <element type="#model"/>
 <element type="#price"/>
 </group>
</elementType>
```

Das folgende XML-Markup ist gültig, obwohl die Elemente `model` und `price` überhaupt nicht auftauchen. Doch in dem gerade definiertem Schema wurde ja festgelegt, daß das Auftreten der Gruppe `OPTIONAL` ist.

```
<organ>
 <vendor>Classical Wind Machines</vendor>
    <dealer>House of Pulpit Thunder</dealer>
    <dealer>The Pipe Organ Showcase</dealer>
</organ>
```

Auch das folgende XML-Markup ist gültig, da beide Elemente (`model` und `price`) vorhanden sind und das Element `model` dem Element `price` vorausgeht:

```
<organ>
 <vendor>Classical Wind Machines</vendor>
    <dealer>House of Pulpit Thunder</dealer>
    <dealer>The Pipe Organ Showcase</dealer>
 <model>Sunday Squall 88 w/Wake 'em Up Overdrive</model>
 <price>$105,000</price>
</organ>
```

Gruppieren mit dem Wert AND

Mit Hilfe des Attributs `groupOrder` können Sie die Anordnung von Gruppenelementen definieren. Die gültigen Werte für dieses Attribut sind `AND` und `OR`. Um die Elemente innerhalb einer Gruppe in einer beliebig festzulegenden Reihenfolge anzuzeigen, verwenden Sie `AND` als Wert des Attributs `groupOrder`:

```
<elementType id="organ">
 <element type="#vendor"/>
 <element type="#dealer" occurs="ONEORMORE"/>
 <group groupOrder="AND" occurs="OPTIONAL">
 <element type="#model"/>
 <element type="#price"/>
 </group>
</elementType>
```

Das folgende XML-Markup zeigt, daß das Element `price` vor dem Element `model` rangiert, denn das gerade definierte Schema verwendet `AND` als den Wert des Attributs `groupOrder`:

```
<organ>
 <vendor>August Wind Instruments</vendor>
    <dealer>Classical Brass, Inc.</dealer>
    <dealer>King's Pump Organ Dealership</dealer>
    <price>$85,000</price>
    <model>Eargeschplittin Loudenboomer</model>
</organ>
```

Gruppieren mit dem Wert OR

Falls für die Anordnung der Gruppenelemente ein beliebiges Element verwendet werden kann, nutzen Sie `OR` als Wert des Attributs `groupOrder`:

```
<elementType id="organ">
 <element type="#vendor"/>
 <element type="#dealer" occurs="ONEORMORE"/>
 <group groupOrder="OR">
 <element type="#model"/>
 <element type="#price"/>
 </group>
</elementType>
```

Das folgende XML-Markup ist gültig, da nur eines der Gruppenelemente angezeigt wird (das Element `model`), und damit entspricht das Markup auch dem Schema, das wir gerade definiert haben:

```
<organ>
 <vendor>The Calliope Source</vendor>
    <dealer>Sounds of the Riverboat on Main</dealer>
    <dealer>Circus Supplies and Tentage</dealer>
    <model>New Orleans Gambler Series A</model>
</organ>
```

Auch das folgende XML-Markup ist gültig, denn hier wird das andere Gruppenelement – `price` – aufgeführt, was ebenfalls dem Schema entspricht:

```
<vendor>The Calliope Source</vendor>
    <dealer>Sounds of the Riverboat on Main</dealer>
    <dealer>Circus Supplies and Tentage</dealer>
 <price>$88,050</price>
</organ>
```

Einen Standardwert festlegen

Um für ein Element einen Standardwert festzulegen, verwenden Sie das Tag-Paar `<default> ... </default>`, wie im folgenden Code zu sehen ist:

```
<elementType id="organ">
 <element type="#type"/>
 <element type="#pipes" occurs="OPTIONAL">
 <default>40</default>
 </element>
</elementType>
```

Standardwerte lassen sich nur für Elemente festlegen, deren `occurs`-Werte `REQUIRED` und `OPTIONAL` sind. Bei Werten wie `ZEROORMORE` oder `ONEORMORE` ist dies nicht möglich.

Das folgende XML-Markup ist gültig, da Sie einen Standardwert für ein Element (in diesem Fall `pipes`) festlegen können, dessen `occurs`-Wert `REQUIRED` ist:

```
<elementType id="organ">
 <element type="#type"/>
 <element type="#pipes" occurs="REQUIRED">
 <default>10</default>
 </element>
</elementType>
```

Dagegen ist folgendes Markup ungültig, da Sie keinen Standardwert für ein Element (in diesem Fall `model`) festlegen können, dessen `occurs`-Wert `ONEORMORE` ist:

```
<elementType id="organ">
 <element type="#price"/>
 <element type="#model " occurs="ONEORMORE">
 <default>calliope</default>
 </element>
</elementType>
```

Einen Standardwert festschreiben

Wenn Sie festlegen möchten, daß nur der Standardwert als einziger Wert erlaubt ist, verwenden Sie – wie hier gezeigt – mit dem Tag-Paar `<default> ... </default>` den Tag `<presence="FIXED">`:

```
<elementType id="organ">
 <element type="#type"/>
 <element type="#pipes" occurs="OPTIONAL"
      presence="FIXED">
 <default>40</default>
 </element></elementType>
```

Numerische Werte

Um einen Gültigkeitsbereich für numerische Werte festzulegen, verwenden Sie die Tags `<min> ... </min>` und `<max> ... </max>` wie im folgenden gezeigt wird:

```
<elementType id="rating">
    <string/></elementType>
<elementType id="TVShow">
```

```
<element hef="#rating">
        <min>0</min><max>9</max>
    </element>
</elementType>
```

Das Element dient zur Erfassung der Einschaltquote auf einer Skala von 0 bis 9. Die mathematische Darstellung ist 0 <= Einschaltquote < 9. Das heißt, die Einschaltquote der TV-Show kann größer oder gleich dem Minimalwert sein, sie muß jedoch weniger als der Maximalwert sein. Beachten Sie, daß die Einschaltquote nicht gleich dem Maximalwert sein darf.

Datentypen deklarieren

Um den Datentyp eines Elements zu deklarieren, verwenden Sie den Tag `<datatype/>`. Im folgendem Beispiel wird für das Element `size` der Datentyp `Integer` festgelegt.

```
<elementType id="size">
    <datatype dt="int"/>
</elementType>
```

Primärschlüssel

Wenn Sie schon mal mit Datenbanken gearbeitet haben, kennen Sie die Bedeutung von *Primärschlüsseln*. Es handelt sich dabei – einfach ausgedrückt – um die eindeutige Kennung (unique identifier) eines Elements. Sie können zum Beispiel ein Haus eindeutig durch seine Straße und seine Hausnummer identifizieren. Die beiden Kennungen zusammen ergeben einen Primärschlüssel. Ein anderes Beispiel: Sie können eine Person eindeutig durch ihren Vornamen, Nachnamen und ihre Sozialversicherungsnummer identifizieren. Hier ergeben alle drei Merkmale zusammen den Primärschlüssel.

Auf ähnliche Weise können Sie für ein XML-Element einen Primärschlüssel definieren. Das folgende XML-Markup definiert die Elemente `isbn` und `book`. Die Definition für das Element `book` deklariert einen Primärschlüssel, indem das Tag-Paar `<key> ... </key>` verwendet wird. Der für die Identifizierung des Elements `book` zuständige Primärschlüssel ist das Element `isbn`:

```
<elementType id="isbn">
    <string/>
</elementType>

<elementType id="book">
    <element id="p1" type="#isbn"/>
    <key id="k1">
        <keyPart href="#p1"/>
    </key>
</elementType>
```

Mehrteilige Primärschlüssel

Ein Haus läßt sich eindeutig durch seine Straße und Hausnummer identifizieren. Jede der Kennungen bildet einen Schlüssel. Der Primärschlüssel zur Identifizierung des Hauses ist mehrteilig: Straße und Hausnummer. Zur Identifizierung einer Person nehmen Sie zum Beispiel deren Vorname (first name), Nachname (last name) und Sozialversicherungsnummer (ssn). Die drei Kennungen zusammen bilden einen mehrteiligen Primärschlüssel.

Das folgende XML-Markup definiert die Elemente `firstname`, `lastname` und `ssn`. Die Definition für das Element `person` deklariert einen mehrteiligen Schlüssel, indem die Tags `<key> ... </key>` und `<keyPart> ... </keyPart>` verwendet werden:

```
<elementType id="firstName">
    <string/>
</elementType>

<elementType id="lastName">
    <string/>
</elementType>

<elementType id="ssn">
    <string/>
</elementType>

<elementType id="Person">
    <element id="fn" type="#firstName"/>
    <element id="ln" type="#lastName"/>
    <element id="sn" type="#ssn"/>
    <key id="k1">
       <keyPart href="#fn"/>
       <keyPart href="#ln"/>
       <keyPart href="#sn"/>
    </key>
</elementType>
```

Fremdschlüssel

Wenn Sie schon mit Datenbanken gearbeitet haben, kennen Sie die Bedeutung von *Fremdschlüsseln* (engl. foreign key). Es handelt sich dabei – einfach ausgedrückt – um eine Referenz auf ein Element innerhalb der Definition für ein anderes Element.

Im folgenden XML-Markup wird das Element `book` als Fremdschlüssel innerhalb der Definition für das Element `author` deklariert. Dazu wird der Tag `<foreignKey/>` verwendet. Die Elementinhalte von `author` sind ein Fremdschlüssel zur Identifizierung eines Buches durch `isbn`:

```
<elementType id="isbn">
    <string/>
</elementType>

<elementType id="book">
     <element id="p1" type="#isbn"/>
     <key id="k1">
       <keyPart href="#p1"/>
    </key>
</elementType>

<elementType id="author">
    <string/>
    <foreignKey range="#book" key="#k1"/>
</elementType>
```

Mehrteilige Fremdschlüssel

Wenn ein Fremdschlüssel nicht nur aus einer, sondern aus mehreren Kennungen (Identifier) gebildet wird, können Sie diesen mehrteiligen Fremdschlüssel unter Verwendung der Tags `<foreignKey> ... </foreignKey>` und `<foreignKeyPart> ... </foreignKeyPart>` deklarieren, wie Sie anhand des folgenden Code-Ausschnitts sehen können. Die Elementdefinition `author` enthält einen Fremdschlüsselverweis auf das Element `Person`. In diesem Beispiel wird der Fremdschlüssel aus den Elementen `firstName` und `lastName` zusammengesetzt:

```
<elementType id="firstName">
   <string/>
</elementType>

<elementType id="lastName">
   <string/>
</elementType>

<elementType id="ssn">
   <string/>
</elementType>

<elementType id="Person">
    <element id="fn" type="#firstName"/>
    <element id="ln" type="#lastName"/>
    <element id="sn" type="#ssn"/>
    <key id="k1">
       <keyPart href="#fn"/>
       <keyPart href="#ln"/>
```

```
        <keyPart href="#sn"/>
    </key>
</elementType>

<elementType id="author">
    <element id="ap1" type="#firstName"/>
    <element id="ap2" type="#lastName"/>
    <foreignKey range="#Person" key="#k1">
        <foreignKeyPart href="#ap1"/>
        <foreignKeyPart href="#ap2"/>
    </foreignKey>
</elementType>
```

Hierarchie

Im folgenden XML-Markup sehen Sie ein Beispiel dafür, wie man über eine Elementhierarchie die Verbindungen zwischen den Elementen veranschaulichen kann. Diese Hierarchie wird vielfach auch als Baumstruktur gekennzeichnet. Eine hierarchische Darstellung weist auf die Vererbung von Attributen hin, d.h. die nachgeordneten Knotenpunkte in der Hierarchie (child) übernehmen jeweils die Attribute der übergeordneten (parents). Sie können natürlich den vererbten Wert in der Knotendefinition überschreiben. Wenn Sie Ihr Anwendungs-XML-Schema entwerfen, werten Sie die Beziehungen zwischen den Elementen des Schemas aus und legen fest, ob eine hierarchische Beziehung zwischen ihnen vorhanden ist. In Abbildung 6.2 sehen Sie ein hierarchisches Modell von Automobildaten in einer Datenbank. Der Inhalt der Abbildung kann wie folgt interpretiert werden: Auf der höchsten Ebene befinden sich die Kraftfahrzeuge (`automobiles`). PKWs und Transporter (`cars` und `vans`) sind Kraftfahrzeugtypen. Zwei Beispiele für PKW-Typen sind aufgelistet: `4-dr sedans` und `2-dr sedans`. Um eine solche Hierarchie darzustellen, verwenden Sie den Tag `<superType/>`.

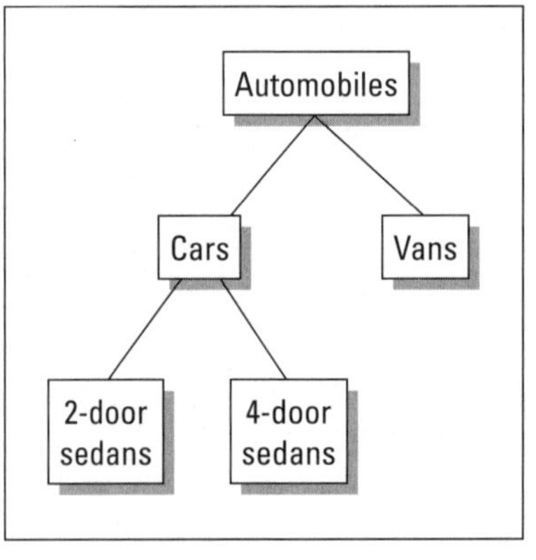

Abbildung 6.2: Ein Beispiel für eine Hierarchie

Die in Abbildung 6.2 dargestellte Hierarchie resultiert aus folgendem XML-Markup:

```
<elementType id="automobiles">
  <string/>
</elementType>

<elementType id="cars">
  <superType type="#automobiles"/>
</elementType>

<elementType id="vans">
  <superType type="#automobiles"/>
</elementType>

<elementType id="4-dr sedans">
  <superType type="#cars"/>
</elementType>

<elementType id="2-dr sedans">
  <superType type="#cars"/>
</elementType>
```

Aliasnamen

Manchmal kommt es vor, daß Sie dasselbe Element in verschiedenen Zusammenhängen verwenden möchten. In diesem Fall haben Sie die Möglichkeit, für das Element einen Aliasnamen – also einen neuen Namen dafür – zu definieren. Wenn beispielsweise bei der ursprünglichen Definition des Elements ein langer Elementname festgelegt wurde, können Sie mit Hilfe eines Aliasnamens dem Element auch einen kürzeren Namen zuweisen. Ein Alias wird mit Hilfe des Tags `<correlative/>` definiert. Das folgende Markup definiert ein Element `country` und dann ein weiteres Element `nation`, welches ein Alias für das Element `country` ist:

```
<elementType id= "country">
    <string/>
 </elementType>

<elementType id= "nation">
    <correlative type="#country"/>
    <string/>
</elementType>

<World>
    <nation>United States of America</nation>
</World>
```

```
<Person>
    <name>Henry Ford</name>
    <country>United States of America</country>
</Person>
```

Elemente aus anderen Schemata verwenden

In der Praxis kommt es auch oft vor, daß Sie Elemente und Attribute, die Sie für ein Schema definiert haben, für ein anderes Schema ebenfalls verwenden möchten. Warum? Nun, es ist einfach bequemer, einmal definierte Elemente und Attribute für andere Schemata wiederzuverwenden und nicht immer wieder alles von neuem schreiben und festlegen zu müssen. Es ist unnütze Fleißarbeit, Code doppelt und dreifach zu produzieren, außerdem ist es nicht sehr professionell. Um Elemente und Attribute von einem anderen Schema verwenden zu können, setzen Sie das Attribut `href` des Tags `<element/>` ein. Beschreiben Sie den URL des Schemas zusammen mit dem Elementnamen (im folgenden Beispiel heißt das Element `dateofbirth`) als Wert des Attributs `href`. Das Element `dateofbirth` soll hier nur als Beispiel dienen. In einer »echten« Anwendung würden Sie die bereits definierten Elemente wiederverwenden, die am besten zu Ihren Anwendungsanforderungen passen.

```
<?XML version='1.0'?>
<s:schema>
       <elementType id="firstName">
         <string/>
       </elementType>

       <elementType id="lastName">
         <string/>
       </elementType>

       <elementType id="ssn">
         <string/>
       </elementType>

      <elementType id="Person">
       <element id="fn" type="#firstName"/>
       <element id="ln" type="#lastName"/>
       <element id="sn" type="#ssn"/>
       <element href="http://employees.lst/dateofbirth"/>
     </elementType>
</s:schema>
```

Zeig mir die Beispiele!

Bevor Sie XML-Daten für Ihre Anwendung definieren, müssen Sie ein Schema für die Daten entwerfen. Über ein Schema legen Sie die Struktur und die Beziehung der Elemente untereinander fest, die die Datenbasis für Ihre Anwendung bilden.

In den folgenden Abschnitten werden wir ein paar Beispiele untersuchen:

- ✔ Der erste Abschnitt behandelt ein XML-Schema und zeigt auf, wie Sie das Schema verwenden können, um Ihre Anwendungs-XML-Daten zu definieren.
- ✔ Im zweiten Abschnitt wird die gegenteilige Vorgehensweise betrachtet – also von den Daten zum Schema. Dabei werden zunächst die benötigten XML-Daten analysiert und daraus dann die Anforderungen an das XML-Schema entwickelt.

Vom Schema zu den Daten

Das folgende Beispiel definiert vier Kernelemente: `name`, `isbn`, `price` und `description`. Das Schema definiert auch das Element `books`, das die vier Kernelemente umfaßt. Beachten Sie, daß das Vorkommen des Elements `description` innerhalb des `books`-Elements `OPTIONAL` ist. Das heißt, ein Buch kann eine Beschreibung haben, die damit verbunden ist. Liegt jedoch keine Beschreibung vor, ist das auch nicht weiter schlimm.

Darüber hinaus definiert das Schema ein höherstufiges Element: `publishers`. Dieses Element befindet sich deshalb auf einer höheren Ebene, da es ein weiteres Element – nämlich `books` – enthält. Innerhalb des Elements `publishers` muß das Element `books` ein oder mehrere Male (`ONEORMORE`) vorkommen. Ein Verleger (publisher) muß also mindestens ein ihm zugeordnetes Buch haben.

Schema

```
<?xml:namespace name="urn:uuid:BDC6E3F0-6DA3-11d1-A2A3-
          00AA00C14882/" as="s"/?>
<?xml:namespace href="http://www.ecom.org/schemas/ecom/" as="ecom" ?>
<s:schema>
<elementType id="name">
          <string/>
       </elementType>

       <elementType id="isbn">
          <string/>
       </elementType>

       <elementType id="price">
          <string/>
       </elementType>
```

```
        <elementType id="description">
           <string/>
        </elementType>

        <elementType id="books">
           <element type="#name"/>
             <element type="#isbn"/>
             <element type="#price"/>
          <element type="#description" occurs="OPTIONAL"/>
        </elementType>

        <elementType id="publishers">
           <element type="#books" occurs="ONEORMORE"/>
       </elementType>
</s:schema>
```

Daten

Das folgende XML-Markup ist – basierend auf dem Schema, das wir gerade definiert haben – gültig, da es der DTD des Schemas entspricht:

- ✔ Das Element `books` kommt innerhalb des Elements `publishers` ein oder mehrere Male (`ONEORMORE`) vor.
- ✔ Die Daten beinhalten keine Beschreibung (description) für das Buch *WebTV for Dummies*, aber sie enthalten Beschreibungen für die beiden anderen Bücher. Das geht völlig in Ordnung, denn das Element `description` ist ja, wie wir gerade innerhalb des Schemas definiert haben, `OPTIONAL`.
- ✔ Der Inhalt von allen vier Kernelementen `name`, `isbn`, `price` und `description` ist vom Typ `string`.

```
<?XML VERSION='1.0'?>
<publishers>
     <books>
          <name>Figure Skating For Dummies</name>
 <isbn>0-7645-5084-5</isbn>
          <price>$19.99</price>
          <description>Figure Skating For Dummies gives you
           the inside scoop about ways to improve and
           enhance your performance.</description>
     </books>
     <books>
          <name>Dating For Dummies</name>
 <isbn>0-7645-5072-1</isbn>
          <price>$19.99</price>
```

```
        <description>With Dating For Dummies, you have
         everything you need to make the dating game work
         for you.</description>
    </books>
    <books>
        <name>WebTV For Dummies</name>
         <isbn>0-7645-0150-X</isbn>
         <price>$19.99</price>
    </books>
</publishers>
```

Von den Daten zum Schema

An dem zweiten Beispiel wird eine zum vorigen umgekehrte Vorgehensweise erörtert – also von den Daten zum Schema. Dabei werden zunächst die benötigten XML-Daten analysiert und daraus dann die Anforderungen an das XML-Schema entwickelt. Die Methode dafür ist eigentlich recht einfach: Bilden Sie dazu eine Baumstruktur der vorhandenen Daten. Unterscheiden Sie die vorhandenen Hierarchie-Ebenen in Haupt und Unterebenen oder wie es im (Computer-)Englischen heißt, in Parent- und Child-Knoten. Finden Sie für jeden Knotenpunkt die entsprechenden Attribute. Aus den entsprechenden Attributwerten können Sie den zuzuweisenden Datentyp des Attributs ableiten. Mit diesen ermittelten Informationen sind Sie in der Lage, das benötigte XML-Schema zu definieren.

Daten

In diesem Beispiel heißt das Element auf der höchsten Ebene `Products`. Die beiden anderen Elemente – `VideoCards` und `DigitalCameras` – sind in diesem Element enthalten und kommen dort auch ein oder mehrere Male vor. Es muß nicht zwingend eine Beschreibung für eines der Produkte vorliegen, da das Kernelement `description` für die Elemente `VideoCards` und `DigitalCameras OPTIONAL` ist. Der Inhalt der Elemente `name` und `price` ist vom Typ `string`. Die Kernelemente sind daher `name`, `price` und `description`.

```
<?XML VERSION='1.0'?><Products>
    <VideoCards>
        <name>CoolVideo</name>
        <price>$189.95</price>
    </VideoCards>
    <VideoCards>
        <name>Cool 3D</name>
        <price>$149.95</price>
    </VideoCards>
    <DigitalCameras>
        <name>MaxView 8000</name>
        <price>$199</price>
```

```
    </DigitalCameras>
    <DigitalCameras>
        <name>DigitalView 2000</name>
        <price>$699</price>
    </DigitalCameras>
</Products>
```

Schema

Das folgende Schema definiert drei Kernelemente `name`, `price` und `description`. Es definiert auch die zusätzlichen Elemente `VideoCards` und `DigitalCameras`, die die drei Kernelemente umfassen.

XML unterscheidet zwischen Groß- und Kleinschreibung (case sensitive). Wenn Sie also das Element `VideoCards` mit V und C in Großbuchstaben definieren, müssen Sie den Elementnamen auch immer wie im Schema definieren.

Beachten Sie, daß das Vorkommen von `description` für die Elemente `VideoCards` und `DigitalCameras OPTONAL` ist. Darüber hinaus definiert das Schema ein Element auf höherer Ebene: `Products`. Die Elemente `VideoCards` und `DigitalCameras` sind in diesem Element enthalten und können dort ein oder mehrere Male vorkommen (`ONEORMORE`). Mit anderen Worten: Sie müssen ein oder mehrere Vorkommen sowohl von `VideoCards` als auch von `DigitalCameras` im Element `Products` haben.

```
<?xml:namespace name="urn:uuid:BDC6E3F0-6DA3-11d1-A2A3-
          00AA00C14882/" as="s"/?>
<?xml:namespace href="http://www.ecom.org/schemas/ecom/" as="ecom" ?>
<s:schema>
       <elementType id="name">
         <string/>
       </elementType>

      <elementType id="price">
         <string/>
      </elementType>

      <elementType id="description">
         <string/>
      </elementType>

      <elementType id="VideoCards">
         <element type="#name"/>
         <element type="#price"/>
         <element type="#description" occurs="OPTIONAL"/>
      </elementType>
```

```
<elementType id="DigitalCameras">
   <element type="#name"/>
   <element type="#price"/>
   <element type="#description" occurs="OPTIONAL"/>
</elementType>

<elementType id="Products">
   <element type="#VideoCards" occurs="ONEORMORE"/>
   <element type="#DigitalCameras" occurs="ONEORMORE"/>
   </elementType>
</s:schema>
```

Wie Sie Ihren Code wiederverwendbar machen können

Am besten lassen sich Daten auf der Basis eines relationalen Datenmodells entwerfen und darstellen. Wenn Sie bereits über ein solches Modell verfügen, können Sie es als Grundlage für die Erstellung des XML-Schemas verwenden. Anderenfalls sollten Sie in Betracht ziehen, ein relationales Datenmodell zu erstellen.

Wenn Sie ein Schema für Ihre Anwendungs-XML-Daten anlegen, versuchen Sie so oft wie möglich, die Elemente als in sich abgeschlossene Objekte oder Einheiten zu definieren. Speichern Sie das Schema getrennt von den Daten – in einer eigenen Datei mit der Erweiterung `.dtd`. Durch diese getrennte Sicherung haben Sie die Möglichkeit, das Schema über mehrere XML-Anwendungen hinweg wiederzuverwenden.

Wenn Sie bereits mit der objektorientierten Programmierung vertraut sind, stellen Sie sich einfach ein XML-Element als ein Objekt vor und die Attribute des Elements als Objektattribute. Sie können so die Prinzipien und Vorteile von wiederverwendbarem Code auch auf die Erstellung von XML-DTDs und -Schemata anwenden.

Den Multiway-Hyperlinks von XML begegnen

7

In diesem Kapitel

- Linking (Verknüpfung) mit XML
- Zeiger (Pointers) mit Referenzen vergleichen
- Bidirektionales Linking
- Multiway-Links erstellen

Das Großartige am Internet im allgemeinen und am Web im speziellen ist die Möglichkeit, mit Hyperlinks zu arbeiten. Damit können Ressourcen, die auf einem Server gespeichert sind, Bezug auf Ressourcen nehmen, die auf einem anderen Server gespeichert sind – zwischen zwei Büros, über eine Straße oder über die ganze Welt hinweg. Die verschiedenen Ressourcen müssen dabei nicht einmal demselben Typ angehören.

SGML, die Mutter aller Auszeichnungssprachen (Markup Languages), besitzt nicht die Fähigkeit, einen Markup-spezifischen Linking-Mechanismus zu unterstützen. Es ist ja hinreichend bekannt, daß Hyperlinking speziell auf HTML zugeschnitten ist. Damit auch die Auszeichnungssprache XML die lebendige Internet-Technologie nutzen kann, müssen eigene Linking-Mechanismen vorhanden sein, die mit den entsprechenden Mechanismen von HTML kompatibel sind und die auch die XML-eigene Erweiterbarkeit und Robustheit unterstützen.

Lernen Sie die eXtensible Linking Language (XLL) kennen. In Kapitel 4 haben wir Ihnen gezeigt, wie der erste Teil der XML-Spezifikation vollständig die Syntax der Sprache beschreibt. In diesem Kapitel beschäftigen wir uns mit dem zweiten Teil der Spezifikation, der die Linking-Fähigkeiten von XML-Dokumenten behandelt. Diese Fähigkeiten ähneln den Hypertext-Features von HTML.

Linking in XML

Werfen wir doch gleich zu Beginn einen Blick auf die grundlegenden Linking-Mechanismen von XML. Bevor wir direkt ins kalte Wasser springen, sollten Sie sich für eine Linking-Erfahrung vorbereiten, die sich mit allen Wassern gewaschen hat. Das ist nicht der HTML-Link Ihrer Vorfahren!

Wenn Sie ein XML-Dokument über einen einfachen Link mit einer anderen Internet-Ressource verbinden – das muß nicht notwendigerweise ein anderes XML-Dokument sein –, dann wurden diesem Link wahrscheinlich einer von mehreren Parametern zugewiesen, dazu gehören:

- ✔ Einer oder mehrere Strings, die beschreiben, welche Rolle der Link im Dokument spielt, und die als ein Label für den Link fungieren.
- ✔ Anweisungen, die mitteilen, was mit dem Link geschehen soll:
  - das aktuelle Dokument ersetzen,
  - den Link in einem neuen Fenster öffnen,
  - die Inhalte des Links in das aktuelle Dokument einfügen.
- ✔ Bestimmungen, ob der Benutzer den Link anklicken muß, um ihn zu aktivieren oder ob eine automatische Aktivierung des Links erfolgt, sobald er durch die weiterverarbeitende Anwendung entdeckt wird.

Darüber hinaus beinhalten die vorgeschlagenen Mechanismen eine erweiterte Unterstützung für »reguläre« Internet-Adressen (URLs). Ein XML-Dokument soll nicht nur imstande sein, einen Link zu einer anderen Internet-Ressource herzustellen, sondern es soll auch in der Lage sein, auf spezifische Teile der Ressource zu zeigen oder die Ressource zu suchen. HTML bezieht zu Suchzwecken Fragezeichen in URLs ein oder bettet den Tag `<A NAME=>` innerhalb eines HTML-Dokuments ein, um einen Link zu einem spezifischen Punkt im Dokument herzustellen. XML-Links sollen dies ohne spezielle Mechanismen können.

Unsichere Vorschläge in einer unsicheren Welt

Obwohl XML offiziell als Standard gilt, befinden sich noch einige damit verbundene Technologien wie Stylesheets und Linking-Fähigkeiten in der Entwicklungsphase. Links werden ein integraler Bestandteil zukünftiger Implementierungen von XML sein, doch wie diese Fähigkeiten zu implementieren sind, wird noch heiß diskutiert.

Alle Linking-Mechanismen und spezifischen Merkmale, die in diesem Kapitel behandelt werden, basieren auf Vorschlägen, die noch weiterentwickelt werden. In vielen Fällen verweisen wir Sie auf Web-Sites, anstatt zu wiederholen, was auf der gedruckten Seite steht, da die Sites und ihre Subjekte garantiert während der Produktion dieses Buches und viele Monate später mehrere Male verändert werden.

Wenn Sie es bis jetzt noch nicht gewußt haben: Das Web ist die aktuellste Ressource, an die Sie sich wenden können, nachdem Sie sich mit diesem Buch eine Wissensgrundlage geschaffen haben. Solange Sie also im Blickfeld behalten, daß alles, was wir hier erörtern (und auch alles über das Web) nicht in Stein gemeißelt ist, sind Sie für alles bestens vorbereitet.

Und wie soll XML diese wunderbaren Dinge zustande bringen? Hör genau zu, du Grashüpfer: XML kann die verknüpfte Ressource im Detail beschreiben, indem es Dinge sagt wie »beziehe alles vom vierten Absatz des dritten Kapitels bis zum Ende des fünften Kapitels mit ein« oder »nur die dritte Spalte.« XML muß etwas über die DTD der verknüpften Ressource wissen, so daß die Elemente verarbeitet werden können. Doch wenn HTML als eine Untermenge von XML behandelt wird, bedeutet dies, daß dieses Linking von XML-Dokument zu XML-Dokument oder von XML-Dokument zu HTML-Dokument möglich ist.

Um Bandbreite und Verarbeitungszeit zu sichern, kann der Entwickler vorschreiben, daß das verknüpfte Dokument oder Fragment extrahiert und auf dem Server des Dokuments gespeichert wird (in einem Cache-Speicher, um nach der Verwendung gelöscht zu werden). Alternativ dazu kann das verknüpfte Dokument auch auf den entsprechenden Server heruntergeladen und durch die analysierende (parsing) Anwendung wie erforderlich zerlegt werden.

Um alles besser zu machen (oder noch verwirrender), müssen XML-Links nicht notwendigerweise im Dokument gespeichert werden, sondern lassen sich auch außerhalb des Dokuments ablegen. Das heißt, die Links müssen nicht in beiden Dokumenten, die über einen Link miteinander verknüpft sind, enthalten sein. Links können als Gruppe in einem Dokument gespeichert und alle auf einmal durch den Benutzer aktiviert werden. Stellen Sie sich ein XML-Dokument vor, das Fragmente von mehreren anderen Dokumenten enthält, die alle erst zu dem Zeitpunkt zusammengeführt werden, an dem der Anwender das Dokument öffnet oder dieses über einen Link aktiviert. Zusätzlich kann man eine Sammlung dieser Art verlinkter Dokumente zusammenstellen und diese wiederum mit einem Link verknüpfen.

Zeiger (Pointers) oder Referenzen? Ein Vergleich!

Sehen Sie sich genau an, wie XML-Links arbeiten. Um einen Bezug auf Stellen im aktuellen Dokument oder einem anderen Internet-Dokument – das müssen nicht notwendigerweise Dokumente sein, die auf XML oder SGML basieren – herzustellen oder darauf zu zeigen, verwenden Sie diese beiden Elemente:

- ✔ `Pointer (xptr>)`: Links zu einer anderen Stelle im aktuellen Dokument oder in einem externen Dokument.
- ✔ `Reference (xref>)`: Links zu einer anderen Stelle im aktuellen Dokument oder in einem externen Dokument. Dieser Link-Typ verwendet eine erweiterte Zeiger-Notation (pointer notation), die durch zusätzlichen Text oder Kommentare modifiziert werden kann.

Sowohl Zeiger als auch Referenzen haben folgende Attribute, die die Funktionalität ausdehnen:

- ✔ `doc`: Identifiziert das Dokument, das die Referenz enthält.
- ✔ `from`: Identifiziert den Anfang des Bereichs einer Ressource, die verknüpft werden soll.
- ✔ `to`: Identifiziert das Ende des Bereichs einer Ressource, die verknüpft werden soll.

Die Attribute `from` und `to` verwenden beide die erweiterte Linking-Notation TEI. Diese spezielle Notation wird unter »Extended Pointers« im zweiten Teil der XML-Spezifikation, die sich mit dem Thema Linking beschäftigt, aufgeführt. Sehen Sie unter folgender Web-Site nach: `www.textuality.com/sgml-erb/WD-xml-link.html`. (Beachten Sie, daß das ein Arbeitsentwurf ist, der sich in kürzester Zeit wie ein Chamäleon ändern kann. Suchen Sie einfach immer nach »Extended Pointers«.)

Wenn Sie mit HTML vertraut sind, ist Ihnen vielleicht aufgefallen, daß unter den vorherigen Attributen kein `target`-Attribut mit aufgelistet war. Statt dessen verwenden die Elemente die Attribute `to` und `from`, um alle oder Teile der Ressource, die durch das `doc`-Attribut spezifiziert wurden, zu verknüpfen. Weitere Informationen finden Sie in der Web-Site, auf die wir gerade im vorherigen Absatz hingewiesen haben.

Die Attribute `from` und `to` verwenden Schlüsselwörter, die von einer vordefinierten Liste stammen. Diese Liste, die wir gerne hier als Ganzes vorgestellt hätten, wird bestimmt bis zum Druck dieses Buches mindestens zweimal geändert. Eine komplette Liste finden Sie in aktueller Form im Bereich »Extended Pointers« unter oben angegebener Adresse.

Für alle technisch Interessierten, die sich –bisweilen aus reinem Masochismus – daran erfreuen können, technische Spezifikationen zu lesen, sind Zeiger und Ressourcenelemente formal in der XML-Spezifikation unter `www.w3.org/TR/1998/REC-xml-19980210` definiert. Der folgende Code-Auszug zeigt den Inhalt der Spezifikation, in dem erweiterte Zeiger beschrieben werden:

```
<!-- 14.2.1: Extended pointers -->
<!ELEMENT xref  (%paraContent) >
<!ATTLIST xref %a.global;
 %a.xPointer; >

<!ELEMENT xptr  EMPTY >
<!ATTLIST xptr %a.global;
 %a.xPointer; >
<!-- This fragment is used in sec. 14 -->
```

Geraten Sie nicht gleich in Panik, wenn Sie Probleme damit haben, formale Definitionen zu lesen. Gehen Sie noch mal in Ruhe Kapitel 4 durch, wo wir erläutern, wie man an die XML-Spezifikation herangeht.

Die Regeln der Code-Straße

Die Werte der Attribute für die Elemente `<xptr>` und `<xref>` müssen auf eine bestimmte Art und Weise festgelegt werden. Wenn das Zeiger- oder Referenz-Element überhaupt keine Attribute hat, wird es mit dem *Wurzelelement,* auch als *root* bezeichnet, verknüpft. Das Root ist dasselbe wie das Dokumentelement – das Element auf höchster Ebene, das den Rest des XML-Dokuments enthält – des Dokuments, in der der Zeiger oder die Referenz erscheint. Wenn man eine Web-Seite als Beispiel heranzieht, ist das Element `<HTML>` das Wurzelelement. Wenn der Benutzer auf einen Link klickt, dem keine Attribute zugewiesen wurden, zeigt der Browser als Inhalt das an, was als automatische Standardvorgabe vordefiniert wurde.

Jede Ressource, die als Wert für das Attribut `doc` aufgelistet ist, muß in der DTD (Document Type Definition) des Dokuments als externe Entity deklariert werden. Wenn eine Ressource als Wert für das Attribut `doc` benannt wird, wird die gesamte Ressource verknüpft.

Die Information darüber, welche spezielle Portion der Ressource verknüpft werden soll, ist in den Werten der Attribute `to` und `from` enthalten. Im folgenden finden Sie ein paar Hinweise zu diesen Attributen:

- ✔ Wenn die Attribute `from` und `to` nicht enthalten sind, wird standardmäßig die ganze Ressource verknüpft.
- ✔ Wenn die Attribute `from` und `to` beide enthalten sind, beginnt das festgelegte Fragment der Ressource an dem Punkt, der durch das Attribut `from` markiert wird, und stoppt am Ende des Strings, der im Attribut `to` aufgelistet ist.
- ✔ Wenn das Attribut `to` vor dem Attribut `from` kommt, wird der Link falsch arbeiten (das liegt eigentlich auf der Hand, aber wir erwähnen es trotzdem).
- ✔ Wenn nur das Attribut `from` enthalten ist, bekommt das Attribut `to` automatisch den gleichen Wert wie `from` zugewiesen.
- ✔ Und schließlich wird ein Zeiger oder eine Referenz mit einem Attribut `to`, aber ohne ein Attribut `from` ebenfalls zerstört.

Neue Wege für das Linking im Web beschreiten

Hyperlinks bringen das Web zum Laufen, das Idiom `<A HREF="whatever">` wurde durch Web-Gurus universal. Durch XML jedoch werden Hyperlinks in mehrere sinnvolle Richtungen erweitert.

Suchen Sie sich eins aus: Links mit Mehrfachauswahl (Multiple choice)

Wir beziehen uns im folgenden auf einen Teil eines Beispiels von Michael Sperberg-McQueen, das auf den Seiten des W3-Consortiums veröffentlicht ist. Wir haben den Code noch ein bißchen aufgemotzt, um Ihnen die unterschiedlichen Möglichkeiten der Erstellung von Links auf einer Web-Seite zu verdeutlichen. Dieses Beispiel ist einer Beschreibung für ein Schachturnier entnommen:

```
<P>Faced with a tight situation, Karpov found a
<X>
<L ROLE="EG" TITLE="Russian translation"
          SHOW="NEW" HREF="/cgi-bin/xlate?term="checkmate" />
<L ROLE="ToMove" TITLE="Jump to move in game record"
          SHOW="REPLACE" HREF="game.html#Move127" />
<L ROLE="PIC" TITLE="Illustration" SHOW="EMBED"
HREF="pix.xml#DESCENDENT(1,FIG,CAPTION,CHECKMATE)" />
<L ROLE="CourseNotes" TITLE="Course Notes" HREF="notes.xml#ID
(def-Checkmate)..DITTO,NEXT(3,P)" />
   checkmate</X>.</P>
```

In einem Browser würde der Code in etwa so aussehen:

> Faced with a tight situation, Karpov found a *checkmate*.

Sobald Benutzer auf »checkmate« klicken, werden sie nicht mit dem üblichen Web-Verhalten konfrontiert – nämlich nach dem Link zu suchen. Statt dessen sehen sie ein Menü mit den folgenden vier Einträgen:

- ✔ **Russian Translation:** Wenn man diese Option wählt, läuft ein gewöhnliches CGI-Skript ab. Die Attribute `SHOW="NEW"` bedeuten, daß, anstelle die aktuelle Seite zu ersetzen, die Ergebnisse des Skripts in einem neuen Fenster gezeigt würden (in einer HTML-Seite hieße das: `TARGET=_NEW`).

- ✔ **Jump to move in game record:** Diese Option, die einen Link zu einer HTML-Seite darstellt, würde sich exakt so verhalten wie das Web heutzutage.

- ✔ **Illustration:** Diese sehr interessante Option stellt einen Link zu einer XML-Datei dar. Der Text nach dem # in dem URL besagt, daß sich der Link auf das erste `FIG`-Element bezieht, das die Attribute `"CAPTION, CHECKMATE"`. hat. Auch würde wegen des Attributs `SHOW="EMBED"` dieses Zielmaterial in die Anzeige bei der Position des Links eingefügt, statt daß die aktuelle Seite mit der Seite oder dem Text ersetzt wird, auf die bzw. den sich der Link bezieht.

- ✔ **Course Notes:** Diese Option hat einen Link zu einem bestimmten Text in einer XML-Datei – besonders die ersten drei Absätze, die einem Tag folgen, der das Attribut `ID="def-Checkmate"` hat.

Nach unserer bescheidenen Meinung stellen diese klaren Erweiterungen der aktuellen Linking-Möglichkeiten des Webs eine enorme Bereicherung dar, und sie kosten wenig. In dem vorhergehenden Beispiel führt ein Link zu vier weiteren Links, wovon jeder einzigartige und nützliche Ressourcen hat.

Beide Wege gehen: Links in zwei Richtungen (bidirektional)

Bei bidirektionalen Links muß man sich als erstes vor Augen halten, daß sie immer in einer umgekehrten Position vorhanden sind. Das heißt, diese Links ermöglichen es einem verarbeitenden System, die inverse Beziehung zwischen zwei Links abzuleiten. Und nun auf Deutsch: Üblicherweise erstellen wir Links, bei denen wir eine Richtung im Sinn haben, aber der Leser mag genauso an dem umgekehrten Link interessiert sein. Alles klar?

Wenn zukünftige Linking-Vorschläge von XML die Möglichkeit anbieten können, bidirektionale Links für geschützte Datenbanken zu erstellen – ohne dabei die Sicherheit der Datenbank zu gefährden –, wird der Inhalt der Datenbank automatisch gesteigert, da die Information vom anderen Ende des Links auf effektive Weise der Datenbank hinzugefügt wird. Bidirektionale Links können auch in dem weiten Feld der Datenverwaltung eingesetzt werden. Wenn ein Dokument verschoben oder gelöscht wird, wird durch diese Links das Auffinden von »toten« Links wesentlich erleichtert.

Multiway-Links

XML-LINK, eine Erweiterung der XML-Sprache, stellt einen der aufregendsten Aspekte von XML dar. Obwohl XML-LINK technisch gesehen kein Bestandteil der XML-Spezifikation ist, erwarten Entwickler, daß es in den meisten XML-Anwendungen Verwendung finden wird. XML-LINK ermöglicht es, daß ein Teil des Dokuments auf einen anderen Teil zeigen kann, und – indem es das tut – eine robuste Datenstruktur aufbaut. Da es den Zeigermechanismen in C oder Java ähnelt, ist XML-LINK bestens für die Arbeit innerhalb von komplexen Systemen geeignet.

Auch wenn Ihnen das bisher noch nicht aufgefallen ist: Sie haben bereits mit einer Untermenge von XML-LINK gearbeitet, wenn Sie die Anker- und Bild-Tags in HTML verwendet haben. Sobald Sie auf die Inhalte eines Ankers klicken, ersetzen die Inhalte der verknüpften Ressource entweder Ihre Anzeige mit dem Inhalt oder es wird ein neues Fenster geöffnet, um den Inhalt anzuzeigen. Die einzige Möglichkeit, zu veranlassen, daß ein Dokument-Link die Ressource imselben Fenster öffnet, besteht darin, mit `Frame` zu arbeiten, aber Frames haben bekanntlich ihre eigenen Probleme. Mit XML-LINK können Sie den aktuellen Inhalt mit einem Teil oder der ganzen verknüpften Ressource ersetzen lassen, die Resource in einem neuen Browser-Fenster öffnen lassen oder den Inhalte an der aktuellen Link-Position einfügen, ohne zur Frame-Verwendung gezwungen zu sein. Wenn Sie Stylesheet-Positionierung mit XML-Links kombinieren, gehören Frames der Vergangenheit an.

Da die Spezifikation von XML-LINK sehr mächtig ist, kann es sowohl viele Tausende von Links unterstützen oder auch mit einer kleinen Auswahl arbeiten. Die allerletzte Implementierung von XML-Linking wird von der Entwicklung einer Gruppe von Mehrzweckanwendungen abhängig sein – und zwar sowohl für Entwickler als auch für Endbenutzer. Da die Popularität von XML sprunghaft zunimmt, können wir erwarten, daß viele dieser Anwendungen in naher Zukunft entwickelt werden.

Einfache XML-Links sind bereits in JUMBO implementiert, einem Paket, das für die Zusammenarbeit mit der CML-Sprache (Chemical Markup Language) von XML erstellt wurde. Wenn Sie weitere Informationen über JUMBO und CML erhalten möchten, werfen Sie einen Blick in Kapitel 10.

Der einfache XML-Link (<XML-LINK="SIMPLE">) hat zwei Konfigurationsoptionen:

✔ ACTUATE=(user|auto)

- USER: Legt fest, daß der Benutzer die Aktivierung des Links einleiten sollte (üblicherweise durch Klicken auf Text oder ein eingebettetes Bild oder eine Schaltfläche).
- AUTO: Legt fest, daß der Link automatisch aktiviert wird, sobald das Dokument geöffnet wird.

✔ SHOW=(new|replace|embed)

- NEW: Veranlaßt, daß die verknüpfte Ressource in einem neuen Fenster oder Objekt geöffnet wird; es ist ein Äquivalent zu dem Attribut TARGET=_blanc für den Anker-Tag in HTML.
- REPLACE: Veranlaßt, daß die verknüpfte Ressource im selben Fenster wie das aufrufende Dokument angezeigt wird und dabei das Quelldokument ersetzt wird. Es ist ein Äquivalent zu einem Anker-Tag in HTML ohne das Attribut TARGET.
- EMBED: Veranlaßt, daß die verknüpfte Ressource in das aufrufende Dokument eingefügt wird, ohne dabei das Quelldokument zu ersetzen, sondern statt dessen zum neuen Bestandteil dieses Dokumentes zu werden; es gibt in HTML kein Äquivalent für diese Aktion.

Die Einstellungen für diese beiden Optionen werden in sechs Attributen für das einfache Link-Element kombiniert:

✔ USER REPLACE: Der Link wird durch den Benutzer aktiviert, und die Inhalte des Links ersetzen die Inhalte des aufrufenden Dokuments.

✔ USER NEW: Der Link wird durch den Benutzer aktiviert, und die Inhalte des Links werden in einem neuen Fenster geöffnet.

✔ USER EMBED: Der Link wird durch den Benutzer aktiviert, und die Inhalte des Links werden in dem aufrufenden Dokument an derselben Stelle wie der Link eingefügt.

✔ AUTO REPLACE: Der Link wird automatisch beim Öffnen des Dokuments aktiviert, und die Inhalte des Links ersetzen die Inhalte des aufrufenden Dokuments.

✔ AUTO NEW: Der Link wird automatisch beim Öffnen des Dokuments aktiviert, und die Inhalte des Links werden in einem neuen Fenster geöffnet.

✔ AUTO EMBED: Der Link wird automatisch beim Öffnen des Dokuments aktiviert, und die Inhalte des Links werden in dem aufrufenden Dokument an derselben Stelle wie der Link eingefügt (wie der Tag image von HTML).

Sie können Software wie zum Beispiel Panorama Publisher verwenden, um die Linking-Attribute auf neue Ebenen zu führen. Entwickeln Sie zum Beispiel Dokumente, die für alle Anwendungssorten eine Vielzahl an Multiway-Links anbieten – und zwar sowohl online als auch offline.

Ein SGML-Dokument enthält die XML-Dokumentinstanz und die DTD, die verwendet wurde, um es zu erstellen. Panorama ist flexibel, da das Programm jede DTD verstehen kann. So verwendet zum Beispiel das technische Handbuch, das mit Panorama ausgeliefert wird, den Industriestandard DOCBOOK DTD, wohingegen das Beispiel von Acoustic Sound Generator (siehe Abbildung 7.1) CALS DTD verwendet. Sie hätten aber auch ein Dokument veröffentlichen können, das auf irgendeiner gültigen DTD basiert, inklusive

- ✔ Air industriy standard DTD (ATA)
- ✔ HTML DTD
- ✔ Railroad Industry Standard DTD (EPCES)
- ✔ Ihre eigene handgemachte DTD

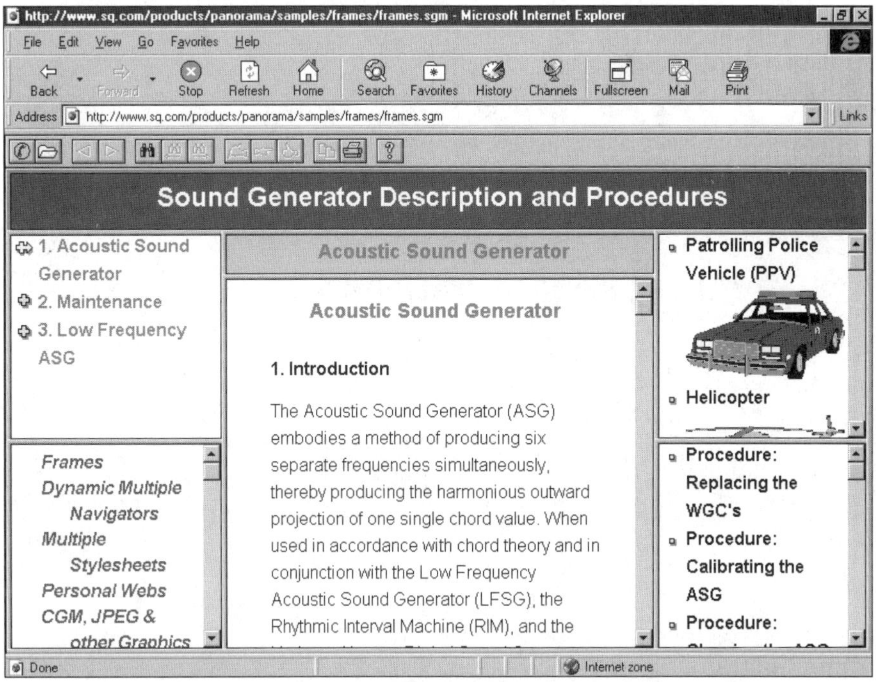

Abbildung 7.1: Eine Kreation von Panorama Publisher – Acoustic Sound Generator

Weitere Informationen über Panorama und andere Autoren-Tools von XML finden Sie im Bereich »Extras« auf der CD-ROM. Extra 25 enthält Beschreibungen von einigen der besten Tools, die aktuell verfügbar sind, inklusive Hyperlinks zu weiteren Web-bezogenen Informationen und Demo-Downloads. Wir haben auch von einer Reihe dieser Pakete Demo-Versionen auf die CD-ROM gepackt, um Ihnen die Zeit, die gewöhnlich beim Herunterladen (Download) vom World Wide Web anfällt, zu sparen.

Linking auf einer komplett neuen Ebene

Obwohl sich die XML-Spezifikation und die Linking-Fähigkeiten von XML im allgemeinen zweifelsfrei noch in der Entwicklungsphase befinden, kristallisiert sich doch immer klarer heraus, wie die Mechanismen arbeiten und welche Einschränkungen von HTML sie ersetzen sollen, wie die Zusammenarbeit mit vorhandenen Web-Linking-Mechanismen auszusehen hat und wie erweiterbar sie sein sollten. Und wie bei allen Dingen rund um Web-XML, werden in den nächsten Monaten viele Veränderungen auftreten, doch die kurze Geschichte von XML gewährleistet eigentlich jetzt schon, daß eine strahlende Zukunft bevorsteht.

Ihren Sinn für den XML-Stil verfeinern

8

In diesem Kapitel

- Die Festlegungen von CSS (Cascading Style Sheet) verstehen
- Die XSL-Sprache verstehen
- Objekte positionieren
- Sich auf einen Stil einigen
- XSL verwenden
- XSL-Stylesheets erstellen
- Einen Blick in die Zukunft von XSL werfen

Dieses Kapitel bietet Ihnen einen Überblick über die Extensible Style Language (XSL) und wie Sie XSL verwenden können, um Auszeichnungen in visuelle Ausgaben umzuwandeln. Durch das ganze Kapitel hinweg werden die Features von XSL beschrieben. Sie erfahren, welche Vorteile XSL bietet und wie Sie die verfügbaren Tools verwenden können, um XSL-Dateien zu erstellen, zu bearbeiten und anzuzeigen. Sobald Sie die XSL-Tags und ihre Attribute verstehen, sind Sie im Handumdrehen in der Lage, in XSL zu programmieren.

In diesem Kapitel stellen wir Ihnen auch den XML-Styler vor, einen XSL-Editor von ArborText. Und wir begleiten Sie Schritt für Schritt bei der Erstellung eines XML-Dokuments mit einem XSL-Stylesheet.

Beginnen wir mit etwas Stabilem: CSS1 und CSS2

Ein CSS (Cascading Style Sheet) definiert die Spezifikation für die Präsentation und das Erscheinungsbild eines HTML-Dokuments. Sie können beispielsweise unter Verwendung von CSS den Browser anweisen, einen Absatz in grüner Farbe anzuzeigen. Der Browser kann auch dahingehend gelenkt werden, den Titel einer Seite in einer bestimmten Schriftart anzuzeigen. Im wesentlichen kann man sagen, daß Sie mit Hilfe von CSS das Präsentationsformat eines Dokuments definieren können.

Auf ähnliche Weise definiert die XSL-Sprache (Extensible Style Language) die Spezifikation für die Präsentation und das Erscheinungsbild eines XML-Dokuments. Sowohl CSS als auch XSL stellen eine plattformunabhängige Methode zur Verfügung, das Präsentationslayout des

Dokuments festzulegen. Gegenwärtig gibt es für CSS zwei Spezifikationen: CSS1 und CSS2. Da CSS2 auf CSS1 aufbaut, sind die CSS1-Stylesheets auch gültige Stylesheets in CSS2.

Das W3C (`www.w3.org`) hat die CSS1-Spezifikation bereits abgesegnet. Die CSS2-Spezifikation liegt noch als Arbeitsentwurf vor. Besuchen Sie die W3C-Site, wenn Sie mehr Informationen über die CSS1-Spezifikation erhalten möchten.

Die Entwicklung von XSL wurde von Microsoft (`www.microsoft.com`), ArborText (`www.arbortext.com`) und Inso Corporation (`www.inso.com`) vorangetrieben. Es wurde vom W3C der Vorschlag übernommen, XSL zur Standard-Formatsprache für XML-Dokumente zu machen. XSL basiert auf DSSSL (Document Style Semantics and Specification Language), einer Obermenge von XSL. DSSSL ist eine Dokumentformatsprache (document style language), die in erster Linie mit SGML-Dateien (Standard Generalized Markup Language) verwendet wird.

Die XML-Formatsprache (XSL) untersuchen

Sie können innerhalb eines XSL-Stylesheets zwei Regeltypen definieren: Konstruktionsregeln und Stilregeln.

- ✔ Die Definition einer *Stilregel* (style rule) beinhaltet die Festlegung eines Musters sowie einer Aktion, die in Kraft tritt, wenn das festgelegte Muster gefunden wird. Mit anderen Worten: Sie können XML mitteilen, daß jedesmal, wenn ein bestimmter Fall (instance) auftritt, eine bestimmte Aktion ausgeführt werden soll.
- ✔ Die Definition einer *Konstruktionsregel* (construction rule) beinhaltet die Festlegung eines Musters und die Erstellung eines Elements; Sie können zum Beispiel mit Hilfe der Tags `<DIV> ... </DIV>` (div = Division = Bereich) einen Bereich einrichten lassen, wenn das festgelegte Muster gefunden wird.

Im folgenden Code finden Sie ein Beispiel für eine XSL-Stilregel. Wie Sie sehen können, definiert die Regel die Präsentation und das Erscheinungsbild der Zielelemente eines XML-Dokuments:

```
<xsl>
 <style-rule>
 <target-element type="products"/>
 <apply font-weight="italic"/>
 </style-rule></xsl>
```

Die Definition ist umschlossen von den Tags `<xsl> ... </xsl>`. So wie Sie CSS-Stildefinitionen für ein HTML-Dokument innerhalb von `<STYLE> ... </STYLE>`-Tags einbinden können, umschließen Sie die XSL-Konstruktions- und Stilregeln durch `<xsl> ... </xsl>`-Tag-Paar. Die hier gezeigte XSL-Stilregel zeigt an, daß das Zielelement (also das Element, auf das die Regel übertragen werden soll), vom Typ products ist. Außerdem enthält die Regel die Anweisung, daß das Zielelement in Kursiv (»Italic«) dargestellt werden soll.

XML unterscheidet zwischen Groß- und Kleinbuchstaben (case sensitive), Alle XSL-Tags werden dagegen in Kleinbuchstaben geschrieben.

Jede Stilregel beinhaltet jeweils ein Muster (pattern) sowie eine Aktion, die für das Muster zutrifft. Im vorherigen Code ist <target-element type="products"/> das Muster und <apply font-weight="italic"/> die Aktion. Es soll also für alle Elementtypen von products der Schriftstil Kursiv zugewiesen werden.

Der nächste Code-Block zeigt ein Beispiel für eine XSL-Konstruktionsregel. Die Regel bezieht sich auf Zielelemente des Typs automobiles. Mit Hilfe der Tags <DIV> ... </DIV> soll ein Bereich eingerichtet werden, und die Elementtypen von automobiles sollen in einer Schriftgröße von 14 Punkt und in der Schriftart-Familie Serif dargestellt werden. Der Tag <DIV> richtet einen Bereich ein, in dem mehrere Elemente eingeschlossen werden können. Alles, was zwischen dem Start-Tag <DIV> und dem Schluß-Tag </DIV> steht, wird als Teil des Bereichs interpretiert. Da die Tags <DIV> ... </DIV> den Tag <children/> beinhalten, bezieht sich die Regel auch auf alle untergeordneten Elemente des Typs automobiles:

```
<xsl>
 <rule>
 <target-element type="automobiles"/>
 <DIV font-size="14pt"; font-family="serif">
 <children/>
 </DIV>
 </rule>
</xsl>
```

In diesem Code ist <target-element type="automobiles"/> das Muster und das zusammengesetzte Element ist <DIV font-size="14pt"; font-family="serif"> <children/></DIV>. Als Ergebnis dieses Codes werden die Elementtypen von automobiles sowie alle untergeordneten Elemente (child elements) in einer Schriftgröße von 14 Punkt und in der Schriftart-Familie Serif dargestellt.

Die Dinge zurechtrücken: Objekte positionieren

Mit Hilfe des Attributs position eines Elements können Sie die Muster innerhalb der Stilregeln näher bestimmen – Sie legen die Elementposition unter Berücksichtigung der »Geschwister« des Elements fest.

- ✔ `first-of-type`: Das Element muß der erste Nachkomme eines Elements dieses Typs sein.
- ✔ `last-of-type`: Das Element muß der letzte Nachkomme eines Elements dieses Typs sein.
- ✔ `first-of-any`: Das Element muß der erste Nachkomme eines Elements beliebigen Typs sein.
- ✔ `last-of-any`: Das Element muß der letzte Nachkomme eines Elements beliebigen Typs sein.

Der folgende Code zeigt ein Beispiel dafür, wie das Attribut `position` verwendet werden kann. Die festgelegte Aktion (`font-weight="italic"`) wird dem ersten Zielelement des Typs `products` zugewiesen. Mit anderen Worten: Das erste Vorkommen des Elementtyps `products` wird in kursiv wiedergegeben.

```
<xsl>
 <style-rule>
 <target-element type="products" position="first-of-type"/>
 <apply font-weight="italic"/>
 </style-rule>
</xsl>
```

Auch der folgende Code zeigt ein Beispiel für die Verwendung des Attributs `position`. Die Formatregel weist die festgelegte Aktion (`font-weight="bold"`) dem letzten Zielelement des Elementtyps `telephones` zu:

```
<xsl>
 <style-rule>
 <target-element type="telephones" position="last-of-type"/>
 <apply font-weight="bold"/>
 </style-rule>
</xsl>
```

Auf ähnliche Weise können Sie das Attribut auch für die Positionsangaben `position="first-of-any"` und `position="last-of-any"` anwenden.

Einheitliche Styles erfinden

Durch die Verwendung von XSL-Styles können Sie benannte Styles und Inline-Styles definieren. Darüber hinaus haben Sie die Möglichkeit, Skripts und Makros in Ihren XSL-Stylesheets festzulegen. Sie können auch ein XSL-Stylesheet in ein anderes importieren.

Beachten Sie, daß sich die XSL-Spezifikation in einer ständigen Weiterentwicklung befindet. Wenn Sie sich über den letzten Stand der Entwicklung informieren möchten, besuchen Sie die Site `http://msdn.microsoft.com/xml/default.asp` und klicken Sie von dort aus zu den entsprechenden Stellen.

Benannte Styles

Sie haben auch die Möglichkeit, einem Style einen Namen zuzuweisen. Sie können dann diesen benannten Style so vielen Elementen, wie Sie möchten, zuweisen. Die Benennung eines Styles ähnelt der Art, wie Sie eine Funktion deklarieren. Diese Funktion können Sie dann an so vielen Stellen in Ihrer Anwendung einsetzen, wie Sie wollen.

Im folgenden Code wird gezeigt, wie Sie einen benannten Style mit Hilfe des Tags `<define-style/>` anlegen können, um ein Style-Objekt zu definieren. Benannte Styles lassen sich sowohl in Stilregeln als auch in Konstruktionsregeln verwenden. Im folgenden Code wird ein Schriftartformat in Kursiv erzeugt:

```
<define-style name="font-style"; font-weight="italic"/>
```

Der folgende Code-Auszug zeigt ein Beispiel, wie ein benannter Style in einer Stilregel verwendet werden kann:

```
<style-rule>
 <target-element type="products"/>
 <font-style quadding="center"/>
</style-rule>
```

Dieser Code produziert eine Stilregel, die bestimmt, daß alle Elementtypen von `products` zentriert werden.

Der folgende Code-Auszug zeigt ein Beispiel, wie ein benannter Style in einer Konstruktionsregel verwendet werden kann:

```
<rule>
 <element type="chapter">
 <target-element type="heading"/>
 </element> <paragraph use="title-style">
 <children/>
 </paragraph>
</rule>
```

Dieser Code produziert eine Konstruktionsregel, die den benannten Style `title-style` allen `chapter`-Elementtypen zuweist. Die Elementtypen `chapter` enthalten die Elementtypen `heading`.

Direkte Styles

In der Praxis kommt es manchmal vor, daß Sie nur einem oder zwei Elementen in einem XML-Dokument einen Style zuweisen müssen. In diesem Fall ist es nicht nötig, gleich eine komplette XSL-Datei anzulegen, sondern Sie können statt dessen die Styles eben direkt einsetzen. Im folgenden Code sehen Sie ein Beispiel dafür, wie ein solcher Code definiert werden kann. Dem definierten Namen für den XSL-Namensraum (namespace) werden zwei Doppelpunkte nachgestellt. Legen Sie dann die Eigenschaft fest, deren Wert Sie einstellen möchten, gefolgt von dem Wert selbst, wie Sie in der folgenden Code-Zeile sehen können:

```
<PARA xsl::background-color="orange">
```

Dieser Code produziert einen Absatz mit der Hintergrundfarbe Orange.

Der nächste Code-Auszug zeigt eine weitere Methode, die Sie verwenden können, um einen direkten Style zu bestimmen. Definieren Sie eine Konstruktionsregel und legen Sie einen Wert für die ID der Regel fest. Um die Regel mit einem Element in Verbindung zu bringen, verwenden Sie die ID, wie im folgenden Code gezeigt wird; die Auslassung (...) symbolisiert, daß hier noch mehr Code enthalten sein kann:

```
<rule>
 <target-element id="myrule"/>
        <SPAN font-weight="bold" color="white">
       <children/>
        </SPAN>
</rule>
...
<PARA id="myrule">
```

Dieser Code produziert eine Konstruktionsregel, die besagt, daß alle myrule-Elementtypen in der Farbe Weiß dargestellt und in Fettschrift hervorgehoben werden.

Skripts

Mit Hilfe des Tags <define-script> ... </define-script> können Sie Skripts schreiben und dann dieses Skript in einer Konstruktions- oder Stilregel verwenden. Innerhalb eines Skripts lassen sich sowohl Funktionen als auch Variablen definieren. Der folgende Code zeigt ein Beispiel für ein XSL-Skript:

```
<define-script>
 var incrMargin = "30";
 function newMargin(currMargin){
 return (incrMargin + currMargin);}
</define-script>
<rule>
 <target-element type="heading"/>
 <DIV margin-right=newMargin(10)>
      <children/>
 </DIV>
</rule>
```

Dieser Code definiert ein Skript, und produziert eine Konstruktionsregel. Der Skript definiert die Funktion newMargin(), und diese Funktion gibt die Summe des aktuellen Seitenrands und des variablen Werts von incrMargin zurück. Die Konstruktionsregel legt fest, daß alle heading-Elemente einen rechten Seitenrand verwenden, dessen Größe dem Rückgabewert der Funktion newMargin() entspricht.

Makros

Durch die Definition eines Makros können Sie HTML- und CSS-Objekte zusammen gruppieren und dann das Makro über mehrere Regeln hinweg wiederverwenden. Ein Makro wird über den Tag <define-macro> ... </define-macro> definiert. Nach der Festlegung eines Makros können Sie es als Tag in der XSL-Regel verwenden.

Im folgenden Code sehen Sie, wie die Objekte <DIV> ... </DIV>, <paragraph> ... </paragraph> und <contents> ... </contents> zu einer Makro-Willkommensmeldung zusammengefügt werden und dieses Makro dann für Zielelemente des Typs welcome verwendet wird.

```
<define-macro name="welcome-message">
 <DIV>
 <paragraph>
 Welcome to CyberTetris!
 <contents/>
 </paragraph>
 </DIV>
</define-macro>
<rule>
 <target-element type="welcome"/>
 <welcome-message font-weight="bold">
 <children/>
 </welcome-message>
</rule>
```

Dieser Code definiert ein Makro (welcome-message) und produziert eine Konstruktionsregel. Das Makro definiert einen Absatztext. Die Konstruktionsregel legt fest, daß alle welcome-Elementtypen das Makro welcome-message aufrufen und der Schriftstil fett zugewiesen wird.

Stylesheets importieren

Sie können XSL-Stylesheets verschachteln, indem Sie ein XSL-Stylesheet in ein anderes importieren. Dazu verwenden Sie den Tag <import/>:

```
<import href="mystyle.xsl">
```

Dieser Code importiert ein XSL-Stylesheet mit dem Namen mystyle.xsl.

XSL-Tools und -Ressourcen

In den folgenden Abschnitten werden wir ein paar der verfügbaren XSL-Tools näher untersuchen – und zwar das Kommandozeilen-Tool von Microsoft-XSL, den XML-Styler und DocProc. Mit Hilfe des Kommandozeilen-Tools können Sie HTML-Dateien aus XML-Datendateien und XSL-Stylesheets generieren. Der XML-Styler von ArborText beinhaltet eine grafische Benutzeroberfläche, die Sie verwenden können, um Ihre XSL-Stylesheets zu bearbeiten. Bei DocProc handelt es sich um einen XSL-Parser.

Das Kommandozeilen-Tool von Microsoft-XSL

Sie können sich das Kommandozeilen-Tool von Microsoft-XSL herunterladen, indem Sie die entsprechenden Download-Sites von Microsoft aufrufen.

Um sich die HTML-Dateien anzeigen zu lassen, die das MSXSL-Tool generiert, verwenden Sie einen Browser wie Navigator oder den Internet Explorer. Beide Browser enthalten die Java Virtual Machine (JVM), so daß Sie JVM nicht separat installieren müssen.

Wie schon weiter oben erwähnt, können Sie mit Hilfe des Kommandozeilen-Tools HTML-Dateien aus XML-Datendateien und XSL-Stylesheets generieren. Diese HTML-Dateien können Sie sich dann in Ihrem Browser anzeigen lassen. Um dieses Tool auszuprobieren, gehen Sie wie folgt vor:

1. **Installieren Sie das Kommandozeilen-Tool und die Beispiele in einem Verzeichnis (\XSL zum Beispiel).**

   Nun wechseln Sie zu der DOS-Eingabeaufforderung in Windows 95.

2. **Wählen Sie in Windows 95 im START-Menü die Option AUSFÜHREN.**

   Es erscheint das Dialogfeld AUSFÜHREN.

3. **Geben Sie in das ÖFFNEN-Eingabefeld command ein und klicken Sie auf OK.**

   Windows 95 startet eine DOS-Session, und Sie sehen den traditionellen Befehls-Prompt (etwas Ähnliches wie C:\Windows).

4. **Wechseln Sie in das Verzeichnis, in dem Sie das Tool gespeichert haben.**

   Wir haben unseres in `\XSL` gespeichert. Sie können das Tool jetzt verwenden.

5. **Lassen Sie sich vorführen, wie das Tool arbeitet, indem Sie folgendes in die Befehlszeile eingeben und dann die Eingabetaste drücken:**

   ```
   msxsl -i sample.xml -s sample.xsl -o view1.html
   ```

   Der Parameter `-i` legt die Eingabedatei (`sample.xml`) fest, der Parameter `-s` die XSL-Datei (`sample.xsl`) und der Parameter `-o` die Ausgabedatei (`view1.html`). Um sich die HTML-Datei anzeigen zu lassen, öffnen Sie `view1.html` im Internet Explorer.

Sie können auch ein anderes Stylesheet ausprobieren (zum Beispiel `alternate.xsl`) und sich das Ergebnis im Internet Explorer anzeigen lassen.

Die so generierten HTML-Dateien funktionieren sowohl, wenn sie durch den Internet Explorer 4 als auch durch Netscape Navigator 4 angezeigt werden. Das ist jedoch nicht bei HTML-Dateien der Fall, die ActiveX von Microsoft verwenden. Diese Dateien arbeiten nur mit dem Internet Explorer 4 oder höher. Im Netscape Navigator steht keine integrierte Unterstützung für ActiveX-Objekte zur Verfügung. Weitere Informationen über ActiveX-Objekte finden Sie weiter unten in diesem Kapitel.

Der XML-Styler von ArborText

Der XML-Styler von ArborText stellt eine grafische Benutzeroberfläche (GUI) zur Erstellung und Bearbeitung Ihrer XML-Stylesheets zur Verfügung. Die Erstellung von XML-Stylesheets wird wesentlich erleichtert, da Sie nicht die Syntax der verschiedenen XSL-Befehle für die Definition von Mustern, Aktionen usw. im Kopf haben müssen.

Der XML-Styler wurde in Standard-Java geschrieben. Gegenwärtig ist der XML-Styler nur für Windows 95- (und höher) und Windows NT-Plattformen verfügbar. Sie können sich die Version 0.9 von folgender Website von ArborText herunterladen: `www.arbortext.com`.

Obwohl der XML-Styler in Java geschrieben ist, wird das Produkt aktuell in eine ausführbare WIN32-Exe-Routine »eingebunden«, die Microsoft Java Virtual Machine (JVM) verwendet. Um die aktuelle Version des XML-Styler ablaufen zu lassen, muß deshalb auf Ihrem System der Internet Explorer 4.0 oder höher installiert sein. Bei ArborText plant man, eine »ungebundene« Version freizugeben, die Sie mit Sun JVM (oder anderen) ablaufen lassen können.

Bis jetzt ist das ActiveX-Control die einzig verfügbare Komponente, mit deren Hilfe Sie sich das Ergebnis von XML-Datendateien, denen XSL-Stylesheets zugewiesen wurden, anzeigen lassen können. Das ActiveX-Control von Microsoft können Sie mit dem Internet Explorer 4.0 oder höher ablaufen lassen. Dieser ist aktuell der einzige Browser, der XSL unterstützt.

Docproc

Docproc – ein XSL-Parser – wurde von Sean Russel (von der Universität von Oregon, Fachbereich Physik) unter Verwendung von Java geschrieben. Docproc unterstützt alle drei Objekttypen: HTML-, CSS- und DSSL-Objekte.

XSL wird aktiv!

Microsoft bietet gegenwärtig ein ActiveX-Control an, das Sie zusammen mit XSL einsetzen können. Sie können sich damit XML-Daten, die XSL-Stylesheets verwenden, im Internet Explorer anzeigen lassen. Sie brauchen also keinen separaten Browser mehr, um das Ergebnis dieser XSL-/XML-Verbindung zu überprüfen.

Um ganz viel über ActiveX-Control herauszufinden, laden Sie es zunächst herunter, und zwar von folgender Site:

`http://www.microsoft.com/germany/download.`

Durchblättern Sie die Seite, bis Sie auf den Eintrag `ActiveX Control Pad` stoßen und klicken Sie diesen an. Folgen Sie dann den Anweisungen. Aktuell sind diese noch in Englisch gehalten. Wenden Sie sich an den Microsoft Support, wenn Sie noch Fragen dazu haben.

Ein ActiveX-Control ist ein wiederverwendbares Objekt, das auf der Microsoft ActiveX-Technologie basiert. ActiveX ist keine Programmiersprache, sondern eine Gruppe von Technologien, die ActiveX-Controls, Active Server Pages, Active documents, ActiveX scripting usw. enthalten.

Weitere Informationen über die ActiveX-Technologie finden Sie auf der Microsoft Web-Site unter:

`http://www.microsoft.com/com/tech/activex.asp` (auf Englisch).

Wenn Sie mit dem Internet Explorer arbeiten und besser verstehen möchten, wie das ActiveX-Control arbeitet, lassen Sie dazu eine Demo ablaufen. Rufen Sie im Internet oben erwähnte Microsoft-Site auf und klicken Sie weiter, bis Sie zu der XMLViewerDemo kommen. Wenn Sie diese Site das erste Mal besuchen, wird das ActiveX-Control vom Internet Explorer automatisch heruntergeladen, installiert und registriert. Ist das nicht super? Der Browser kümmert sich darum, die notwendigen Komponenten auf Ihrem System zu installieren und zu registrieren! Beachten Sie, daß das ActiveX-Control nur zusammen mit dem Internet Explorer 4 oder höher arbeiten kann. Der Internet Explorer zeigt die Seite so, wie sie in Abbildung 8.1 zu sehen ist.

Wie Sie erkennen können, werden die XML-Daten in einem sehr grundlegenden Format angezeigt. Beachten Sie die verschiedenen XSL-Stylesheets, die auf der linken Seite der Browser-Anzeige zu sehen sind. Um ein bestimmtes Stylesheet zu betätigen und sich die Ergebnisse im Internet Explorer anzeigen zu lassen, klikken Sie in der Spalte der Stylesheets auf den entsprechenden Namen. Wenn Sie zum Beispiel auf `bids-table.xsl` klicken, zeigt der Browser die Ergebnisse dieses XML-Codes, der in Abbildung 8.1 zu sehen ist, in einem Tabulatorformat an, wie in Abbildung 8.2 angezeigt wird.

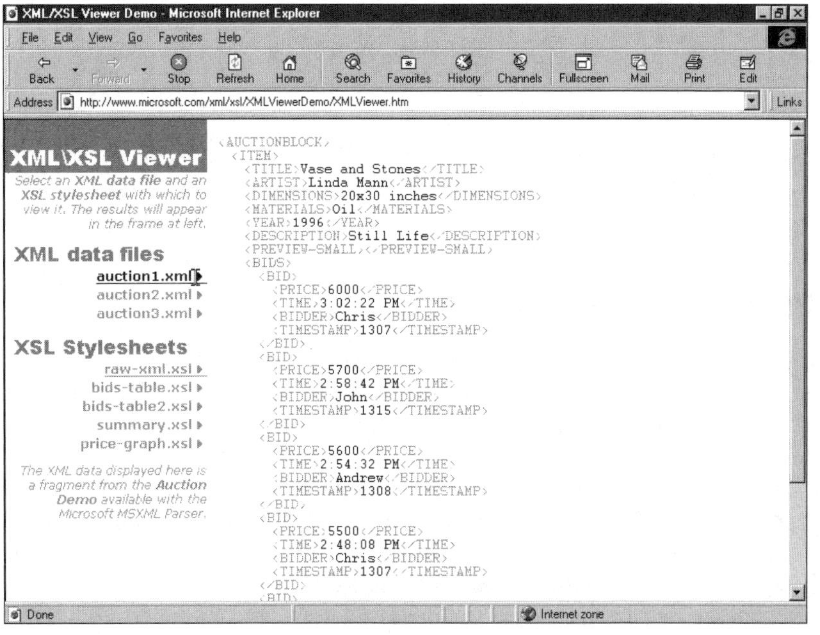

Abbildung 8.1: Verwenden Sie den Internet Explorer, um sich die Demo von ActiveX anzeigen zu lassen.

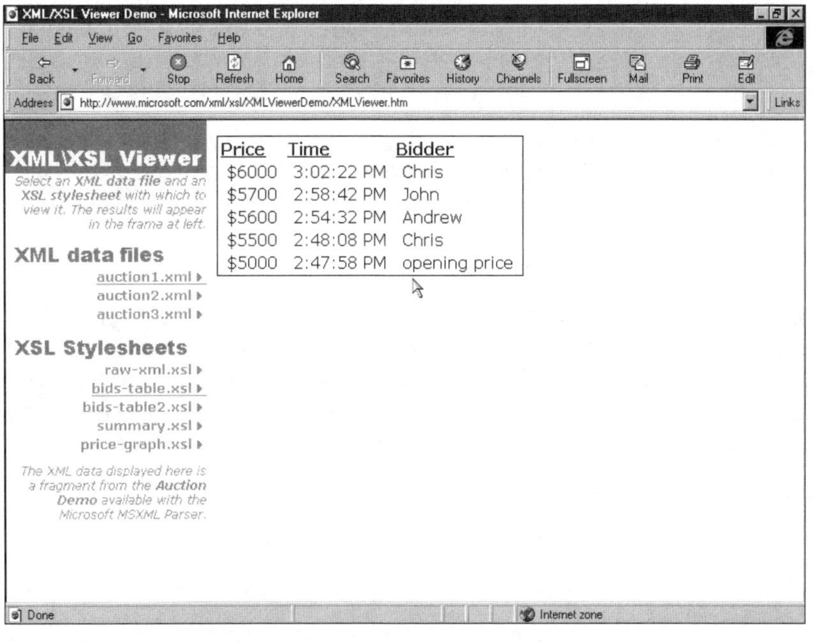

Abbildung 8.2: Das Stylesheet `bids-table.xsl`

Wenn Sie auch solche Ergebnisse haben möchten, brauchen Sie folgende Komponenten und Dateien: XSL ActiveX-Control, XML-Datendatei, XSL-Stylesheet und den Internet Explorer. Und das war's dann schon!

Die ActiveX-Demo funktioniert nicht im Netscape Navigator, da Netscape die ActiveX-Technologie nicht unterstützt.

XSL-Stylesheets erstellen

Es gibt zwei Möglichkeiten, XSL-Stylesheets zu erstellen. Sie können dazu Ihren bevorzugten Texteditor verwenden (Notepad oder WordPad zum Beispiel), was zweifelsfrei der schwierigere Weg ist, da Sie jede Code-Zeile manuell eingeben müssen. Die Wahrscheinlichkeit, daß sich hier Fehler einschleichen, ist bei dieser Methode sehr hoch. Zusätzlich müssen Sie den Code manuell formatieren und Einrückungen vornehmen. Der Internet Explorer 4 enthält einen XML-Parser, der in C++ geschrieben und in Bezug auf Leistungsstärke optimiert wurde. Dieser XML-Parser ist jedoch nicht in der Lage, Gültigkeitsprüfungen vorzunehmen. Er kann also nicht Fehler im Code identifizieren. Microsoft verteilt den Quellcode für einen validierenden XML-Parser, der in Java geschrieben ist und den Entwickler verwenden können, um ihn in Ihre Anwendungen einzubeziehen.

Wenn Sie einen GUI-Editor wie den XML-Styler von ArborText verwenden, können Sie XSL-Stylesheets schon auf einfachere Weise erstellen. Sie brauchen sich nicht mehr den Kopf über jeden Befehl zu zerbrechen, seine Syntax und Struktur und was es da sonst noch alles gibt. Machen Sie sich Ihren Weg durch einfaches Zeigen und Klicken für die Erstellung von Stylesheets frei.

Der XML-Styler ist ein neues Produkt – Version 0.9. Man kann ganz sicherlich Erweiterungen und Modifikationen erwarten, da sowohl XML als auch XSL immer mehr an Popularität gewinnen und der Hersteller an der Verbesserung des Tools arbeitet. Darüber hinaus kann man davon ausgehen, daß es auch Tools von anderen Herstellern geben wird.

In den folgenden Abschnitten werden beide Methoden zur Erstellung von XSL-Stylesheets erläutert. Um sich die Ergebnisse im Internet Explorer anzeigen zu lassen, vergewissern Sie sich zunächst, daß das ActiveX-Control auf Ihrem System installiert und registriert ist. Wie bereits weiter oben erwähnt, kann ActiveX nur zusammen mit dem Internet Explorer 4 (oder höher) eingesetzt werden. Der Netscape Navigator 4 unterstützt keine ActiveX-Controls.

Die folgenden Schritte umreißen, wie XML, XSL und HTML zusammenarbeiten:

1. **Legen Sie das XML-Dokument an, das die Daten enthält.**

2. **Erstellen Sie das XSL-Stylesheet, das die Stil- und Konstruktionsregeln enthält.**

3. **Erstellen Sie das HTML-Dokument, das die XML-Daten und die XSL-Regeln verwendet.**

4. **Laden Sie Ihren Browser, öffnen Sie das HTML-Dokument und lassen sich das XML-Dokument so anzeigen, wie es durch das XSL-Stylesheet formatiert wurde.**

In den folgenden Unterabschnitten werden diese einzelnen Schritte detaillierter untersucht.

Alle Dateien, die Sie im folgenden erstellen werden, müssen sich innerhalb desselben Verzeichnisses befinden, damit sie zusammenarbeiten können.

Ein Stylesheet von Hand erstellen

Folgen Sie diesen Anleitungen, um XML-Daten im Internet Explorer unter Verwendung von XSL-Stylesheets zu erstellen und anzeigen zu lassen:

1. **Erstellen Sie das XML-Dokument.**

   Sie können ein XML-Dokument erstellen, indem Sie einen XML-Editor verwenden oder einen von Ihnen bevorzugten Texteditor (wie zum Beispiel Windows Notepad). Der folgende Code zeigt ein Beispiel für eine XML-Dokumentdatei, der Sie den Namen `products.xml` zuweisen sollten:

```
<?XML VERSION='1.0'?>
<Products>
   <Communications>
      <name>email 97</name>
      <price>$37.95</price>
      <description>email 97 is the electronic mail
       management system for you!</description>
   </Communications>
   <WebDesign>
      <name>Emblaze WebCharger</name>
      <price>$89.95</price>
      <description>Improve the appearance and performance
       of your Web site with WebCharger.</description>
   </WebDesign>
   <Graphics>
      <name>QuarkXPress 4</name>
      <price>$689.95</price>
      <description>QuarkXPress 4 gives you the tools to express
       your ideas with innovation and imagination.</description>
   </Graphics>
</Products>
```

   Beachten Sie, daß im obigen Code das Dokument `products.xml` die folgende Hierarchie an Tags enthält. Bei diesen Tags muß auf Groß- und Kleinschreibung geachtet werden (case sensitive). Die Stilregel, die Sie im nächsten Schritt erstellen, ist von diesen Tags abhängig. So kann eine Stilregel für den Tag `Products` nicht für den Tag `PRODUCTS` arbeiten.

```
Products
   Communications
      name; price; description
   WebDesign
      name; price; description
   Graphics
      name; price; description
```

2. **Speichern Sie das XML-Dokument und erstellen Sie das XSL-Stylesheet.**

   Sie können ein XSL-Stylesheet erstellen, indem Sie einen XML-Editor verwenden oder einen von Ihnen bevorzugten Texteditor (wie zum Beispiel Windows Notepad). Der folgende Code zeigt ein Beispiel für eine XSL-Stylesheet-Datei, der Sie den Namen `products.xsl` zuweisen sollten:

```
<xsl> <rule>
   <root/>
   <HTML>
      <BODY font-family="Arial, helvetica, sans-serif"
       font-size="12pt" background-color="#EEEEEE">
         <children/>
      </BODY>
   </HTML>
 </rule>
 <rule>
    <target-element type="Communications"/>
    <DIV background-color="orange" color="white" padding="4px">
         <select-elements>
            <target-element type="name"/>
         </select-elements>
         :
         <select-elements>
            <target-element type="price"/>
         </select-elements>
       </DIV>
    <DIV margin-left="15px" margin-bottom="1em" font-size="11pt">
         <select-elements>
            <target-element type="description"/>
         </select-elements>
       </DIV>
 </rule>
 <rule>
    <target-element type="WebDesign"/>
    <DIV background-color="red" color="white" padding="4px">
         <select-elements>
```

```
            <target-element type="name"/>
         </select-elements>
         :
         <select-elements>
            <target-element type="price"/>
         </select-elements>
      </DIV>
      <DIV margin-left="15px" margin-bottom="1em" font-size="11pt">
         <select-elements>
            <target-element type="description"/>
         </select-elements>
      </DIV>
   </rule>
   <rule>
      <target-element type="Graphics"/>
      <DIV background-color="blue" color="white" padding="4px">
         <select-elements>
            <target-element type="name"/>
         </select-elements>
         :
         <select-elements>
            <target-element type="price"/>
         </select-elements>
      </DIV>
      <DIV margin-left="15px" margin-bottom="1em" font-size="11pt">
         <select-elements>
            <target-element type="description"/>
         </select-elements>
      </DIV>
   </rule>
   <rule>
      <target-element type="name"/>
        <SPAN font-weight="bold" color="white">
           <children/>
        </SPAN>
   </rule>
   <rule>
      <target-element type="price"/>
        <children/>
   </rule>
   <rule>
      <target-element type="description"/>
        <SPAN font-style="italic">
           <children/>
        </SPAN>
   </rule>
</xsl>
```

Innerhalb des Stylesheets definieren Sie eine Konstruktionsregel für die Wurzel-HTML-Ebene, das ist der Body-Bereich des HTML-Dokuments. Darüber hinaus definieren Sie Konstruktionsregeln für die Zielelemente `Communications`, `WebDesign` und `Graphics`.

Für jedes dieser Zielelemente legen Sie eine Hintergrundfarbe über den Tag `<DIV> ... </DIV>` fest. Um sich den Namen und den Preis des Produkts innerhalb der Hintergrundfarbe des Zielelements anzeigen zu lassen, verwenden Sie den Tag `<SELECT-ELEMENTS>`. Über die Tags `<DIV> ... </DIV>` wird erreicht, daß eine Produktbeschreibung unterhalb des Produktnamens und des Preises angezeigt wird. Die Eigenschaften, die Sie für die beiden Teile oder Abschnitte der Seite setzen, sind unterschiedlich. Im ersten Teil (den ersten Abschnitt der Seite) legen Sie Vordergrundfarbe, Hintergrundfarbe und Innenabstand fest. Für den zweiten Teil setzen Sie den linken und unteren Rand und legen die Schriftgröße fest.

Darüber hinaus definieren Sie Konstruktionsregeln für die Tags `name`, `price` und `description`. In der Konstruktionsregel des Tags `name` verwenden Sie den Tag `<SPAN>`, um die Daten in einem strukturierten Format anzeigen zu lassen (weiße Vordergrundfarbe und Fettschrift). Zusätzlich beziehen Sie den Tag `<children/>` ein, so daß die Regel auf alle untergeordneten Tags von `name` (sofern vorhanden) angewendet wird. Auf ähnliche Weise definieren Sie Konstruktionsregeln für die Tags `price` und `description`.

Noch ist ein Schritt offen: Sie müssen ein HTML-Dokument erstellen, das Sie verwenden können, um die Information in dem XML-Dokument anzeigen zu lassen. Wie Sie ein solches Dokument erstellen können, wird im Abschnitt *Das HTML-Dokument erstellen* weiter unten in diesem Kapitel beschrieben.

Ein Stylesheet im XML-Styler erstellen

Für die Erstellung von Stylesheets bietet sich auch der XML-Styler von ArborText an. Sie können im XML-Styler ein Stylesheet wie das soeben »per Hand« erstellte öffnen. Der XML-Styler erkennt die von Ihnen definierten Konstruktionsregeln und präsentiert sie in dem Register Construction Rules, wie in Abbildung 8.3 zu sehen ist. Der XML-Styler zeigt fünf weitere Register an: Style Rules, Named Styles, Macros, Scripts und ID/Class Names.

Der XML-Styler befindet sich noch in seiner Anfangsphase. Man kann noch nicht von einem wirklich robusten Produkt sprechen. Das Tool beinhaltet gegenwärtig noch nicht alles, was Sie von einem XSL-Editor erwarten würden.

Um anhand eines Beispiels herauszukriegen, wie man mit dem XML-Styler arbeiten kann, versuchen Sie, eine Konstruktionsregel für den Tag `Communications` zu erstellen. Wie im folgenden Schritt gezeigt wird, möchten Sie Vordergrundfarbe, Hintergrundfarbe und Innenabstand für den Teil der Seite setzen, die Informationen über das Produkt anzeigt.

Sie müssen zunächst ein XML-Dokument erstellen, wie es im vorherigen Abschnitt beschrieben wurde. Bei den im folgenden beschriebenen Abläufen wird davon ausgegangen, daß ein Dokument mit dem Namen `products.xml` existiert.

Um mit dem XML-Styler eine Konstruktionsregel für `Communications` zu erstellen, gehen Sie folgendermaßen vor:

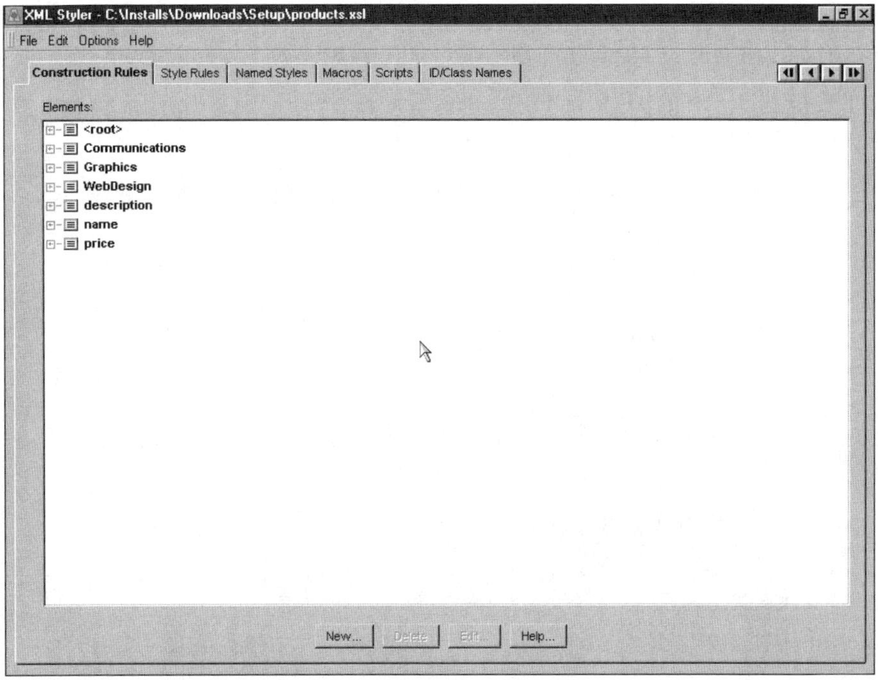

Abbildung 8.3: Der XML-Styler zeigt die Konstruktionsregeln, die innerhalb der Datei `products.xsl` *definiert wurden.*

1. **Öffnen Sie den XML-Styler.**

   Die Anwendung fordert Sie auf, ein neues Stylesheet zu erstellen (Standardvorgabe) oder ein vorhandenes Stylesheet zu öffnen. Um mit der Standardvorgabe fortzufahren, klicken Sie auf OK. Der XML-Styler zeigt das Dialogfeld New Style Sheet – Collect Tags an.

2. **Wählen Sie in diesem Dialogfeld Collect Tags.**

3. **Aktivieren Sie die zweite Option (Yes, Collect Tag Names from an Existing Document), legen Sie den Pfad für das XML-Dokument fest (**`products.xml`**) und klicken Sie auf Next.**

Der XML-Styler zeigt das Dialogfeld NEW STYLE SHEET – DEFAULT FONT an. Sie werden aufgefordert, die Standardfestlegungen für Schriftgröße, Schriftartstärke und Schriftfamilie festzulegen.

4. **Akzeptieren Sie die Standardvorgaben und klicken Sie auf OK.**

   Der XML-Styler liest die Tags aus dem XML-Dokument und zeigt sie im Fenster XML-STYLER -UNTITLED.XSL an.

5. **Um eine neue Regel zu einen Tag hinzuzufügen, klicken Sie einmal auf den Tag, um ihn zu markieren (zum Beispiel COMMUNICATIONS) und klicken Sie auf NEU.**

   Der XML-Styler zeigt das Fenster DESCRIBE NEW ELEMENT – ELEMENT NAME an, wie in Abbildung 8.4 zu sehen ist.

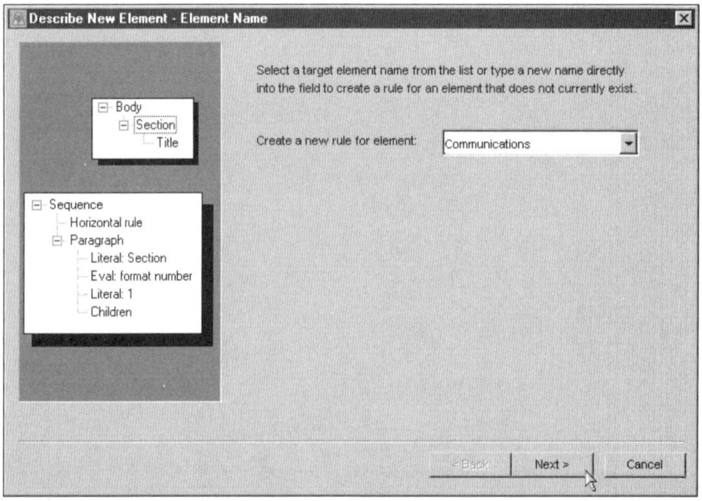

Abbildung 8.4: Die Beschreibung des neuen Elements im XML-Styler

6. **Akzeptieren Sie die Standardoption (COMMUNICATIONS) und klicken Sie auf NEXT.**

   Der XML-Styler zeigt das Fenster DESCRIBE NEW ELEMENT – FLOW OBJECT USED an.

7. **Legen Sie das HTML- oder CSS-Objekt fest, das Sie für die Regel haben möchten (in diesem Fall DIV) und klicken Sie auf FINISH.**

   Das Programm wechselt wieder zu dem Fenster XML-STYLER -UNTITLED.XSL.

8. **Um die Regel für den Tag COMMUNICATIONS zu bearbeiten, doppelklicken Sie auf COMMUNICATIONS und dann auf BY ITSELF.**

   Der XML-Styler zeigt das Fenster EDIT RULE an.

9. **Klicken Sie im rechten Bereich des Fensters auf DIV.**

10. Wählen Sie im Register FONT aus der Dropdown-Liste COLOR die Farbe Weiß und wählen Sie als Hintergrundfarbe aus dem entsprechenden Listenfeld blau (siehe Abbildung 8.5).

Da es sich um die erste Freigabe des Tools handelt, können Sie keine weiteren Eigenschaften und deren Werte definieren. Doch ArborText arbeitet an der Verbesserung des Tools und seiner Features, so daß wir hoffentlich in naher Zukunft eine bessere und effizientere Version erwarten dürfen.

Am besten lassen sich gegenwärtig XML-Stylesheets erstellen, indem Sie zuerst den XML-Styler benutzen und dann Notepad oder WordPad, um die zusätzlichen Eigenschaften und ihre Werte – wenn nötig – einzubeziehen.

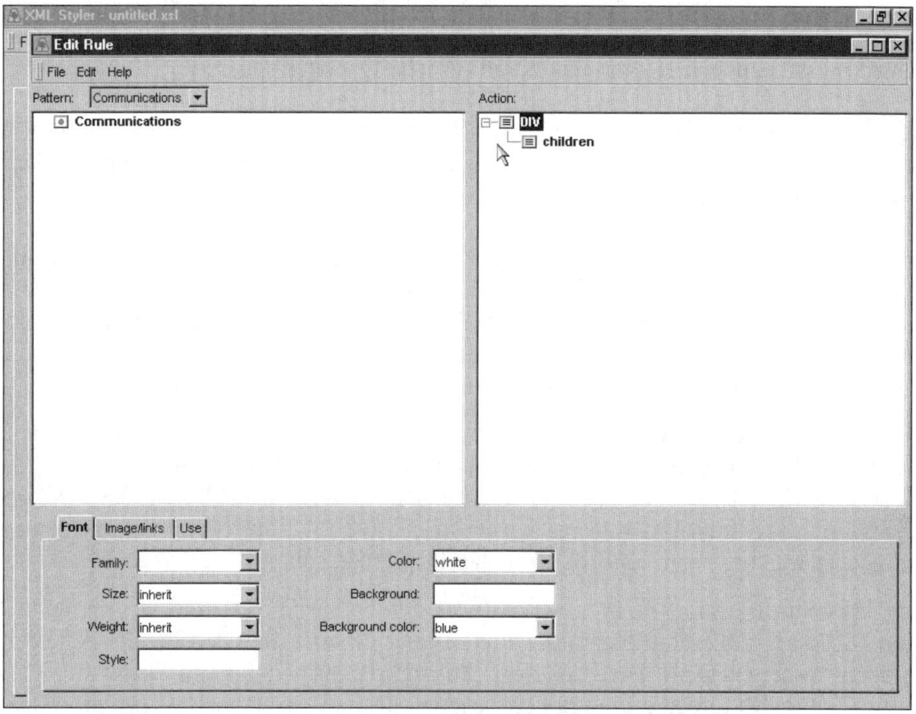

Abbildung 8.5: Die Attribute für den Tag <DIF> festlegen.

11. Speichern Sie das Stylesheet unter dem Namen `products.xsl`.

12. Erstellen Sie die HTML-Datei `products.htm`.

Wie im letzten Schritt gezeigt wird, müssen Sie ein HTML-Dokument erstellen, daß Sie verwenden können, um die Informationen im XML-Dokument anzuzeigen. Wie Sie ein solches Dokument erstellen können, lesen Sie im folgenden Abschnitt.

Das HTML-Dokument erstellen

Sie können sich XML-Dokumente, die durch ein XSL-Stylesheet formatiert wurden, durch ein HTML-Dokument und einen Browser anzeigen lassen. Wenn Sie durch eine der zuvor beschriebenen Methoden ein XML-Dokument (`products.xml`) und ein Stylesheet (`products.xsl`) erstellt haben, verwenden Sie den im folgenden dargestellten HTML-Code, um das HTML-Dokument `products.htm` (oder `products.html`, wenn Sie mit einem Macintosh arbeiten) anzulegen. Erstellen Sie die HTML-Datei unter Verwendung Ihres bevorzugten HTML-Editors – Microsoft FrontPage 98 oder Sausage Software's Hot Dog – oder geben Sie den HTML-Code in Windows Notepad bzw. einen anderen Texteditor ein.

Heutzutage werden viele Programme angeboten, die Sie verwenden können, um eine HTML-Datei zu erstellen. Wir können diesen Prozeß deshalb nicht für jeden möglichen HTML-Editor beschreiben, doch wir können erläutern, welche Elemente in einem HTML-Dokument erscheinen müssen und wie sie miteinander in Beziehung stehen müssen.

Vergleichen Sie die folgenden Abschnitte, in denen erläutert wird, wie der HTML-Code arbeitet, auch immer mit dem darunter stehenden Code-Block, um dort alle Details zu entnehmen.

Innerhalb der HTML-Datei müssen Sie mit Hilfe des Tags `<OBJECT/>` einen Bezug auf das ActiveX-Control herstellen. Der Parameter `ID` des Controls legt dessen Namen fest, der Parameter `classid` ein eindeutiges Hexadezimal-Kennzeichen (Identifier) und der Parameter `codebase` den URL, von dem der Browser das Control herunterlädt und es dann installiert und registriert (sofern es noch nicht auf Ihrem System registriert wurde).

Darüber hinaus sollten Sie die Parameter `documentURL` und `styleURL` mit einbeziehen. Wie Sie anhand des folgenden Codes erkennen können, legt der Parameter `documentURL` das XML-Dokument fest (`products.xml`) und der Parameter `styleURL` das XSL-Dokument (`products.xsl`). Ohne diese Information wüßte das ActiveX-Control nämlich nicht, welches Dokument in welcher Form im Browser angezeigt werden soll.

Unter Verwendung des Tags `<DIV> ... </DIV>` können Sie einen Bereich definieren und die `ID` von `XSLTarget` diesem Bereich zuweisen. Dieser Bereich stellt den Teil der Seite dar, auf dem der Browser die XML-Daten anzeigt. Zusätzlich können Sie ein Skript für `EVENT="onload"` schreiben. In diesem Skript deklarieren Sie die Variable `xslHTML` und weisen den Wert der Eigenschaft `XSLControl.htmlText` der Variable zu. Dann weisen Sie die Variable der Eigenschaft `innerHTML` des Bereichs `xslTarget` zu. So weisen Sie die Eigenschaft `htmlText` des ActiveX-Controls der Eigenschaft `innerHTML` des Bereichs zu, so daß der Browser die XML-Daten im festgelegten Bereich anzeigen kann. Und so sieht der Code im Ganzen aus:

```
<HTML>
 <HEAD>
 <TITLE>Product Catalog</TITLE>
 </HEAD> <SCRIPT FOR="window" EVENT="onload">
```

```
 var xslHTML = XSLControl.htmlText;
 document.all.item("xslTarget").innerHTML = xslHTML;
 </SCRIPT>
 <BODY>
 <OBJECT ID="XSLControl"
 CLASSID="CLSID:2BD0D2F2-52EC-11D1-8C69-0E16BC000000"
 CODEBASE="http://www.microsoft.com/xsl/xsl/msxsl.cab"
 STYLE="display:none">
 <PARAM NAME="documentURL" VALUE="products.xml">
 <PARAM NAME="styleURL" VALUE="products.xsl">
 </OBJECT>
 <DIV id="xslTarget"></DIV>
 </BODY>
</HTML>
```

Um sich die Ergebnisse anzeigen zu lassen, öffnen Sie die HTML-Datei im Internet Explorer (siehe Abbildung 8.6).

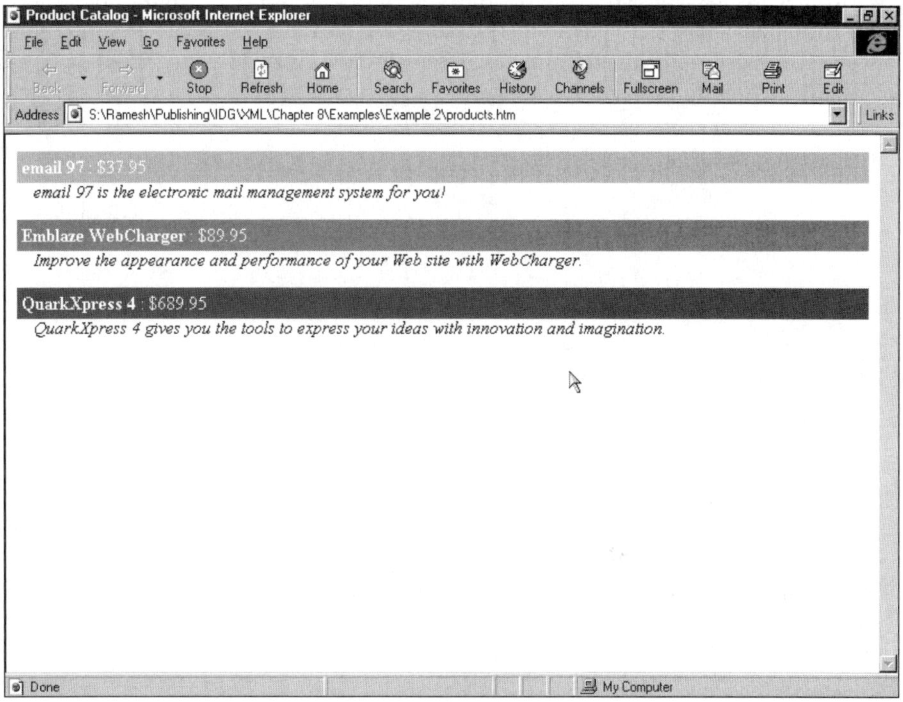

Abbildung 8.6: Die XML-Daten im Internet Explorer anzeigen.

Und wann wird XML zur Hauptsendezeit gesendet?

Wenn man erreichen möchte, daß XSL in der Web-Gemeinde populärer als jetzt wird, ist es notwendig, XML als den Standard in der Darstellung von strukturierten Daten festzulegen. Darüber hinaus müssen sowohl XML als auch XSL die Billigung des W3C-Konsortiums erhalten und ein etablierter Standard innerhalb der Industrie werden. Im Laufe des Jahres 1997 haben Microsoft, ArborText und Inso Corporation die XSL-Spezifikation dem W3C als Vorschlag mit dem Anliegen unterbreitet, XSL zur Standard-Formatsprache für XML-Dokumente zu machen.

Während XML und XSL immer mehr an Popularität dazugewinnen, entwickeln eine Reihe von Herstellern parallel dazu GUI-Tools (graphical user interface für grafische Benutzeroberfläche), die das Erstellen, Bearbeiten und Verwalten von XML- und XSL-Dateien wesentlich erleichtern sollen. In diesem Kapitel wurde ein solches Tool ausführlicher beschrieben – der XML-Styler von ArborText. Bis jetzt ist das ActiveX-Control die einzig verfügbare Komponente, mit deren Hilfe Sie sich das Ergebnis von XML-Datendateien, denen XSL-Stylesheets zugewiesen wurden, anzeigen lassen können. Während XML und XSL sich immer mehr zu einem Standard in industriellen Bereichen entwickeln, erwartet man von Netscape und Microsoft, daß sie einen integrierten Support für das Lesen und die Anzeige von XML-Daten in ihren Browsern zur Verfügung stellen.

Benannte Entities

9

In diesem Kapitel

- Mit Zeichen arbeiten, die nicht dem Standard entsprechen
- Spezielle Zeichen produzieren
- Den Zeichensatz ISO-Latin-1 verwenden
- Weitere ISO-Zeichensätze entdecken

Wenn Sie schon mal eine DTD gelesen oder sich intensiver mit HTML beschäftigt haben, sind Sie wahrscheinlich auch auf so geheime Notationen wie < oder ° gestoßen. »Seltsam«, werden Sie sich gedacht haben, »was sollen denn diese kleinen Biester hier«? Nun, diese komischen Dinger sind einfach eine Anleitung an den Parser, der XML oder HTML lesen und interpretieren muß, diese Platzhalter mit den gleichwertigen Zeichen oder Strings aus der DTD oder verbundenen Definitionen zu ersetzen, um ein Dokument wiederzugeben.

Diese Symbole werden Zeichen oder numerische *Entities* genannt. Wenn Sie ein Dokument mit der Zeichen-Entity < sehen, wird auf Ihrem Computerbildschirm das Weniger-als-Zeichen (<) angezeigt, wohingegen die Entity ° die auch als ° gekennzeichnet werden kann (wenn Sie die entsprechende DTD haben), das Grad-Symbol produziert.

Entities sind aus den folgenden drei gewichtigen Gründen notwendig:

- ✔ Sie verwenden Entities, um ASCII-Zeichen *höherer Ordnung* (mit Codes über 127) in einem XML-Viewer darstellen zu lassen. Entities können auch Zeichen außerhalb des ASCII-Zeichensatzes unterstützen.
- ✔ Wenn Sie Entities verwenden, können Sie Dokumente erstellen, die spezielle Zeichen (wie zum Beispiel mathematische Notationen) enthalten. XML-Viewer können diese Zeichen darstellen, die anderenfalls als Markup interpretiert werden würden.
- ✔ Entities steigern die Übertragbarkeit von SGML-Dokumenten. Da Entities Platzhalter in der SGML-Dokumentinstanz sind, können Sie – entsprechend den Anforderungen einer einzelnen Site – unmittelbar wiedergegeben werden. Ein Beispiel ist die Entity &COMPANY. Ein Subunternehmer könnte diese Entity als *Meier und Sohn* definieren, ein anderer als *Phantom-Warenhaus*.

Während Sie dieses Kapitel lesen und die Fähigkeiten von XML-Entities untersuchen, werden Sie viele Zeichen und Symbole finden, die niemals in Ihren XML-Dokumenten erscheinen werden. Für alle, deren Muttersprache nicht englisch ist oder die in einer wissenschaftlichen Umgebung arbeiten, werden in den nächsten paar Abschnitten viele diakritische Kennzeichen, Akzente und andere Arten von Zeichenmodifikationen auftauchen, die speziell für sie hilfreich sein werden. Viel Spaß damit!

Spezielle Zeichen produzieren

Damit Entities in XML arbeiten können, sind zwei Bestandteile erforderlich. Zunächst muß eine Entity-Deklaration für das Zeichen (oder die Zeichensequenz) im DTD-Bereich erscheinen. Diese Art von Deklaration nimmt normalerweise folgende Form an:

```
<!ENTITY Acirc "&#194; " >
<!-- capital A, circumflex accent -->
```

Bei der ersten Zeile handelt es sich um die aktuelle Entity-Deklaration, die den String `Acirc` mit dem Symbol gleichstellt, das durch den numerischen Zeichencode 194 gekennzeichnet ist. Damit die Entity in einem XML-Dokument verwendet werden kann, muß der String `Â` oder `Â` erscheinen.

Ob in der DTD oder im Dokument – durch drei Zeichen wird dem Viewer signalisiert, daß er in einer Zeichentabelle nach einem String suchen soll und nicht einfach den Entity-String anzeigen soll.

- ✔ **Und-Zeichen (&):** Wenn ein String mit dem Zeichen `&` beginnt, kann der Viewer mitteilen, daß das, was folgt, eine Entity-Referenz ist und nicht ein Haufen gewöhnlicher Zeichen. Wenn das nächste Zeichen kein Gitternetz-Zeichen (#) ist, weiß der Viewer, daß der folgende String ein Symbolname ist und er in der DTD-Tabelle der definierten Entity-Namen nachsehen muß. Dieses Konstrukt wird *Zeichen-Entity* genannt, wenn sich die Referenz auf ein einzelnes Zeichen bezieht, oder *benannte Entity*, wenn auf einen String Bezug genommen wird, der mehr als ein Zeichen lang ist.
- ✔ **Gitternetz-Zeichen (#):** Dieser Code kennzeichnet eine *numerische Entity*. Wenn der Viewer zufällig auf ein `&` gefolgt von einem `#` stößt, teilt das `#` dem Viewer mit, daß das, was als nächstes folgt, eine Zahl ist, die dem Zeichencode für ein Symbol entspricht, das auf dem Bildschirm produziert werden soll.
- ✔ **Semikolon (;):** Mit diesem Zeichen wird die Entity-Referenz selbst beendet. Wenn der Viewer auf ein `a ;` stößt, weiß er, daß der String, der eine Entity darstellt, beendet ist. Der Viewer kann dann beliebige Zeichen oder Nummern gefolgt von `&` oder `&#` benutzen, um die entsprechende Suchaktion auszuführen und das angeforderte Zeichensymbol anzuzeigen.

Wenn der Viewer die Information in der Entity-Referenz nicht erkennen kann, kann es sein, daß er – anstatt eine Fehlermeldung auszugeben – die Originalzeichen anzeigt. Sie sollten also Ihre XML-Ausgabe sorgfältig durchsehen! Heutzutage gibt es allerdings auch Viewer, die eine Fehlermeldung produzieren, wenn derlei Probleme auftreten.

Basierend auf dem, was Sie über Tags wissen und vielleicht auch über Computer-Zeichensätze, werden Sie bestimmt einige Aspekte von Zeichen und benannten und numerischen Entities überraschen. Und hier gleich ein paar potentielle Überraschungseffekte:

- ✔ XML unterscheidet zwischen Groß- und Kleinschreibung (case sensitive), wenn der String an Zeichen für eine Entity reproduziert werden muß. Mit anderen Worten: `<` ist nicht dasselbe wie `<`! Stellen Sie sicher, daß Sie die Zeichen-Entities exakt so verwenden, wie es in den Tabellen 9.1 bis 9.5 gezeigt wird. (Aus diesem Grund verwenden wir oft numerische Entities, da ist es schwieriger, einen Fehler zu machen.)
- ✔ Die numerischen Codes für das Reproduzieren von Zeichen innerhalb von XML stammen von dem Zeichensatz ISO-Latin-1 ab und den numerischen Unicode-Codes – einige davon werden weiter unten in diesem Kapitel in den Tabellen 9.1 bis 9.5 beschrieben. Natürlich sind diese Codes nicht vergleichbar mit den ASCII-Sequenzen. Wenn Sie aber gar nicht wissen, was diese Sequenzen sind, brauchen Sie sich auch nicht weiter darum zu kümmern. Konzentrieren Sie sich auf die Zeichen, wie Sie in den Tabellen 9.1 bis 9.5 angezeigt werden oder kopieren Sie die Ziffern, die mit dem Schema ISO-Latin-1 übereinstimmen. Sie kriegen exakt, was Sie möchten, in welcher Form auch immer Ihr Dokument wiedergegeben wird.

ISO-Latin-1 – keine tote Sprache!

ISO-Latin-1 ist der rätselhafte Name des Zeichensatzes, den HTML und XML standardmäßig verwenden.

- ✔ *ISO* bedeutet, daß der Zeichensatz den offiziellen internationalen Standards der *I*nternational Standards Organization entspricht. ISO-Latin-1 hat einen weiteren, noch rätselhafteren Namen: ISO 8859-1. (Alle ISO-Standards haben entsprechende numerische Tags, ganz einfach, um noch mehr Verwirrung zu stiften).
- ✔ *Latin* bedeutet, daß der Zeichensatz von dem lateinischen Alphabet abstammt, das weltweit zur Darstellung von Text in vielen Sprachen verwendet wird.
- ✔ Die Zahl *1* bezeichnet die Zeichensatznummer für diesen Standard. So stellt das lateinische Alphabet den ersten Zeichensatz in dieser Serie dar.

XML unterscheidet zwei Typen an Entities für Zeichen:

- ✔ **Zeichen-Entities:** Diese Entities sind Zeichen-Strings, die spezifische Zeichen darstellen. `<` und `È` zeigen einen String von Zeichen (lt und Egrave), die für weitere Zeichen stehen (< und È). (**Hinweis:** Benannte Entities sind wie Zeichen-Entities, außer daß ie Strings darstellen können, die mehr als ein Zeichen lang sind.)
- ✔ **Numerische Entities:** Dabei handelt es sich um einen String von Zahlen, die Zeichen darstellen. Numerische Entities werden durch die Kombination `&#` identifiziert. So zeigen zum Beispiel `<` und `È` einen String von Zahlen (60 und 200), die für die Zeichen (< und È) stehen.

Da die Menge an Informationen, die im Web-Format präsentiert werden, ständig zunimmt und deren Form einem ständigen Wandel unterliegt, wird die Notwendigkeit weiterer normierter Zeichensätze immer deutlicher. Deshalb unterstützt XML erweiterte Entity-Sets, die folgendes beinhalten:

- ✔ Griechische Zeichen
- ✔ Interpunktion für einen speziellen Zweck (in der XML-Sprache *general punctuation* genannt)
- ✔ Buchstaben-ähnliche Zeichen
- ✔ Einen allgemeinen Multialphabet-Zeichensatz, der 8-, 16- und 32-Bit-Zeichen, bekannt als Unicode (ISO10646-88 und Erweiterungen) unterstützt.
- ✔ Pfeile
- ✔ Mathematische Zeichen
- ✔ Vermischte technische Zeichen
- ✔ Vermischte Symbolzeichen

Beachten Sie, daß in XML die Unterstützung dieser Zeichensätze neu ist. Nur Viewer, die XML direkt unterstützen (Internet Explorer 4.0 und neuere Versionen plus XML-spezifische Viewer und Editoren) können die in diesen Zeichensätzen gefundenen Entities korrekt wiedergeben.

Der Rest dieses Kapitels enthält Listen, in denen viele der Zeichensätze aufgeführt sind, die von XML unterstützt werden. In den Tabellen 9.1 bis 9.5 sehen Sie in vier Spalten nebeneinander jeweils das Zeichen selbst, seine Zeichen-Entity, die numerische Entity sowie eine Kurzbeschreibung. Wir beginnen mit dem Zeichensatz ISO-Latin-1, da er von allen aktuellen und vielen älteren Viewern voll unterstützt wird, und fahren dann mit ein paar neueren Zeichensätzen fort. Unicode können wir hier allerdings nicht behandeln, denn mit mehr als 30.000 definierten Zeichen würde dieser Zeichensatz eindeutig den Rahmen dieses Kapitels sprengen.

Auf der CD-ROM befinden sich für alle diese Zeichencode-Schemata Entity-Deklarationen mit Aufrufsyntax. Die folgende Liste stellt Dateinamen zur Verfügung, mit Hinweisen über die Inhalte der Dateien, die Sie auf der CD finden können.

Dateiname	Enthält XML-gefällige Entity-Deklarationen für diese Zeichensätze
`iso-lat-1.txt`	Zeichensatz ISO-Latin-1
`iso-grk-x.txt`	Zeichensätze ISO-Greek-1 bis 4
`math-chr.txt`	Mathematische Zeichen characters
`tech-chr.txt`	Technische Zeichen
`symb-chr.txt`	Allgemeine Symbolzeichen

Unicode-Kodierungen

Wenn Sie sich ein wenig mehr mit den Möglichkeiten beschäftigen, die Unicode für XML bereitstellt, werden Sie schnell herausfinden, daß Unicode gleich in mehreren »Geschmacksrichtungen« auftritt und daß Unicode-Zeichen mit speziellen Alphabeten und Zeichensätzen korrespondieren (von denen ein paar weiter unten in diesem Kapitel dokumentiert sind). Wenn Sie sich wirklich für dieses Thema interessieren, gibt es keine bessere Quelle als die des Unicode-Konsortiums *The Unicode Standard, Version 2.0*.

Unicode soll den Prozeß, alle Arten von Zeichen in eindeutige, erkennbare große Muster zu übersetzen, so vereinfachen, daß Computer diese Zeichen in Dokumenten präzise und schnell auf dem Bildschirm darstellen können. Der Unicode-Zeichensatz ist auch unter der Bezeichnung Universal Character Set, Version Zwei bekannt, gewöhnlich abgekürzt als UCS-2. Dieses steht alleine als eine Möglichkeit da, eine enorme Ansammlung von Zeichensätzen, speziellen Symbolen und allen Arten von typographischen Elementen zu repräsentieren.

Für den Computereinsatz wurden zwei spezielle Formate entwickelt, genannt Universal Character Set Transformation Formats (oder UTFs). In diesen Formaten sollen eine beliebig große Zahl von Zeichensätzen in je 8-Bit-Datenblöcken – genannt *Bytes* – dargestellt werden.

- ✔ UTF-7 – hier werden nur 7 Datenbits in individuellen Bytes verwendet.
- ✔ UTF-8 – hier werden nur 8 Datenbits in individuellen Bytes verwendet.

UTF-7 wird nur noch selten verwendet, doch von Zeit zu Zeit werden Sie darauf stoßen. Es ist vollkommen in RFC-1642 dokumentiert und zur Durchsicht unter folgender WWW-Adresse verfügbar:

`www.cis.ohio-state.edu/htbin/rfc/rfc1642.html`

UTF-8 wurde ursprünglich von X/Open als eine Möglichkeit entwickelt, eine Dateisystem-sichere Version von Unicode zu erstellen, doch es entwickelte sich seither zu einer Ergänzung des Standards ISO/IEC 10646, der Unicode bestimmt. UTF bewahrt die Originalwerte der gesamten ASCII-Zeichen mit niedrigerem Wert (0 bis 12/9), aber es kann auch Zeichen höherer Ordnung darstellen, indem es Zwei-zu-Vier-Byte-Sequenzen verwendet, was Unicode einen riesigen, darstellerischen Bereich einräumt. Diese Repräsentationsform wird am häufigsten mit XML und SGML in Verbindung gebracht und findet wahrscheinlich auch in Ihren Dokumenten am häufigsten Verwendung.

Weitere Informationen über Unicode und UTF-8 finden Sie auf der Website des Unicode-Consortiums unter: `www.unicode.org/`.

Nach Maß gemachte Entities auf Ihren Befehl erstellen

Um eigene Entity-Dateien erstellen zu können, ist es erforderlich, die Syntax der ENTITY-Deklaration in einer DDT näher zu verstehen. Für eigene Versionen würden Sie folgende Syntax verwenden:

```
<!ENTITY <name> "&#<code>;" ><!-- <comment> -->
```

Und das bedeutet folgendes:

- ✔ `<name>` muß durch einen eindeutigen, kurzen und beschreibenden Namen ersetzt werden, der sich auf das Zeichen im Dokumenttext bezieht.
- ✔ `<code>` benennt den numerischen Code, der das Zeichen repräsentiert.
- ✔ `<comment>` beschreibt, was durch den Namen und den numerischen Code dargestellt wird.

Damit Sie besser verstehen können, was durch diese Codes und Namen repräsentiert wird, listen wir in unseren Tabellen keine Entity-Deklarationen auf, sondern zeigen Ihnen, wie diese Zeichen aussehen, so daß Sie sie richtig in Ihren XML-Dokumenten einsetzen können.

Wie schon erwähnt, übergehen wir den Unicode-Zeichensatz auf Grund seiner Komplexität. Er umfaßt alle Zeichensätze, die wir in diesem Kapitel beschreiben und darüber hinaus noch ein paar mehr. Um den Unicode-Zeichensatz in einem XML-Dokument aufzurufen, schließen Sie einen Eintrag wie den folgenden in Ihren Dokument-Kopfbereich mit ein:

```
<?XML version="1.0" encoding="ISO-10646-UCS-2"?>
```

Diese zusätzliche Zeile ermöglicht Ihnen einen Zugriff auf alle Zeichen, die Sie sich für Ihre Dokumente vorstellen können, ohne daß Sie dazu auf irgendwelche externen oder internen Entity-Dateien Bezug nehmen müssen.

XML-Zeichensätze

Und nun kommen wir zu den Zeichensätzen, die Sie wahrscheinlich am meisten in Ihren Dokumenten verwenden werden.

Die Tabellen in diesem Kapitel zeigen nur Zeichen, vordefinierte Namen und numerische Codes!

Zeichen	Zeichen-Entity	Numerische Entity	Beschreibung
		&#00; - &#08;	Nicht verwendet
			Horizontaler Tab
Zeilenumbruch oder neue Zeile
		&#11; - &#31;	nicht verwendet
			Leerzeichen
!		!	Ausrufezeichen
"	"	"	Anführungszeichen
#		#	Amerikanisches Nummernzeichen
$		$	Dollarzeichen
%		%	Prozentzeichen
&	&	&	kaufmännisches "&" (Und-Zeichen)
'		'	Apostroph
(		(	Linke Rundklammer
)		)	Rechte Rundklammer
*		*	Asterisk
+		+	Pluszeichen
,		,	Komma
-		-	Bindestrich
.		.	Punkt
/		/	Slash
0-9		0 - 9	Ziffern 0-9
:		:	Doppelpunkt
;		;	Semikolon
<	<	<	Kleiner als
=		=	Gleich
>	>	>	Größer als
?		?	Fragezeichen
@		@	Klammeraffe
A-Z		A - Z	Großbuchstaben A-Z
[		[	Linke Eckklammer
\		\	Backslash
]		]	Rechte Eckklammer
^		^	Caret-Zeichen
_		_	Horizontales Linienzeichen
`		`	Accent grave
a-z		a - z	Kleinbuchstaben a-z

Zeichen	Zeichen-Entity	Numerische Entity	Beschreibung
{		{	Linke Schweifklammer
|				Gerader Strich
}		}	Rechte Schweifklammer
~		~	Tilde
		&#127; - Ÿ	Nicht verwendet
			Erzwungenes Leerzeichen
¡	¡	¡	Umgekehrtes Ausrufezeichen
¢	¢	¢	Cent-Zeichen
£	£	£	Pfundzeichen
¤	¤	¤	Währungszeichen
¥	¥	¥	Yen-Zeichen
¦	¦	¦	Durchbrochener Strich
§	§	§	Paragraph-Zeichen
¨	¨	¨	Umlaut (dieresis)
©	©	©	Copyright
a	ª	ª	Ordinal-Zeichen weiblich
«	«	«	Angewinkeltes Anführungszeichen links
¬	¬	¬	Verneinungszeichen
-			Kurzer Trennstrich
®	®	®	Registrierungszeichen
¯	¯	¯	Überstrich
o	°	°	Grad-Zeichen
±	±	±	Plusminus-Zeichen
2	²	²	Hoch-2-Zeichen
3	³	³	Hoch-3-Zeichen
´	´	´	Acute-Zeichen
µ	µ	µ	Micro-Zeichen
¶	¶	¶	Absatz
·	·	·	Mittelpunkt
¸	¸	¸	Häkchen unten
1	¹	¹	Hoch-1-Zeichen
o	º	º	Ordinal-Zeichen männlich
»	»	»	Angewinkeltes Anführungszeichen rechts
¼	¼	¼	Ein Viertel
½	½	½	Ein Halb

Zeichen	Zeichen-Entity	Numerische Entity	Beschreibung
¾	¾	¾	Drei Viertel
¿	¿	¿	Umgekehrters Fragezeichen
À	À	À	A mit Accent grave
Á	Á	Á	A mit Accent Acute
Â	Â	Â	A mit Circumflex
Ã	Ã	Ã	A mit Tilde
Ä	Ä	Ä	A Umlaut
Å	Å	Å	A mit Ring
Æ	Æ	Æ	A mit legiertem E
Ç	Ç	Ç	C mit Häkchen
È	È	È	E mit Accent grave
É	É	É	E mit Accent acute
Ê	Ê	Ê	E mit Circumflex
Ë	Ë	Ë	E Umlaut
Ì	Ì	Ì	I mit Accent grave
Í	Í	Í	I mit Accent acute
Î	Î	Î	I mit Circumflex
Ï	Ï	Ï	I Umlaut
Ð	Ð	Ð	Eth (isländisch)
Ñ	Ñ	Ñ	N mit Tilde
Ò	Ò	Ò	O mit Accent grave
Ó	Ó	Ó	O mit Accent acute
Ô	Ô	Ô	O mit Circumflex
Õ	Õ	Õ	O mit Tilde
Ö	Ö	Ö	O Umlaut
×	×	×	Mal-Zeichen
Ø	Ø	Ø	O mit Schrägstrich
Ù	Ù	Ù	U mit Accent grave
Ú	Ú	Ú	U mit Accent acute
Û	Û	Û	U mit Circumflex
Ü	Ü	Ü	U Umlaut
Ý	Ý	Ý	Y mit Accent acute
Þ	Þ	Þ	THORN (isländisch)
ß	ß	ß	Scharfes s
à	à	à	a mit Accent grave
á	á	á	a mit Accent acute

Zeichen	Zeichen-Entity	Numerische Entity	Beschreibung
â	â	â	a mit Circumflex
ã	ã	ã	a mit Tilde
ä	ä	ä	a Umlaut
å	å	å	a mit Ring
æ	æ	æ	a mit legiertem e
ç	ç	ç	c mit Häkchen
è	è	è	e mit Accent grave
é	é	é	e mit Accent acute
ê	ê	ê	e mit Circumflex
ë	ë	ë	e Umlaut
ì	ì	ì	i mit Accent grave
í	í	í	i mit Accent acute
î	î	î	i mit Circumflex
ï	ï	ï	i Umlaut
´	ð	ð	eth (isländisch)
ñ	ñ	ñ	n mit Tilde
ò	ò	ò	o mit Accent grave
ó	ó	ó	o mit Accent acute
ô	ô	ô	o mit Circumflex
õ	õ	õ	o mit Tilde
ö	ö	ö	o Umlaut
÷	÷	÷	Divisions-Zeichen
ø	ø	ø	o mit Schrägstrich
ù	ù	ù	u mit Accent grave
ú	ú	ú	u mit Accent acute
û	û	û	u mit Circumflex
ü	ü	ü	u Umlaut
ý	ý	ý	y mit Accent acute
þ	þ	þ	thorn (isländisch)
ÿ	ÿ	ÿ	y Umlaut

Tabelle 9.1: Der Zeichensatz ISO.Latin-1

Zeichen	Zeichen-Entity	Numerische Entity	Beschreibung
Α	Α	Α	Alpha (mit großem Anfangsbuchstaben)
Β	Β	Β	Beta
Γ	Γ	Γ	Gamma
Δ	Δ	Δ	Delta
Ε	Ε	Ε	Epsilon
Ζ	Ζ	Ζ	Zeta
Η	Η	Η	Eta
Θ	Θ	Θ	Theta
Ι	Ι	Ι	Iota
Κ	Κ	Κ	Kappa
Λ	Λ	Λ	Lambda
Μ	Μ	Μ	Mu
Ν	Ν	Ν	Nu
Ξ	Ξ	Ξ	Xi
Ο	Ο	Ο	Omicron
Π	Π	Π	Pi
Ρ	Ρ	Ρ	Rho
Σ	Σ	Σ	Sigma
Τ	Τ	Τ	Tau
Υ	Υ	Υ	Upsilon
Φ	Φ	Φ	Phi
Χ	Χ	Χ	Chi
Ψ	Ψ	Ψ	Psi
Ω	Ω	Ω	Omega
α	α	α	alpha (mit kleinen Buchstaben)
β	β	β	beta
γ	γ	γ	gamma
δ	δ	δ	delta
ε	ε	ε	epsilon
ζ	ζ	ζ	zeta
η	η	η	eta
θ	θ	θ	theta
ι	ι	ι	iota
κ	κ	κ	kappa
λ	λ	λ	lambda
μ	μ	μ	mu

Zeichen	Zeichen-Entity	Numerische Entity	Beschreibung
ν	ν	ν	nu
ξ	ξ	ξ	xi
ο	ο	ο	omicron
π	π	π	pi
ρ	ρ	ρ	rho
ς	ς	ς	sigmaf
σ	σ	σ	sigma
τ	τ	τ	tau
υ	υ	υ	upsilon
φ	φ	φ	phi
χ	χ	χ	chi
ψ	ψ	ψ	psi
ω	ω	ω	omega
θ	ϑ	ϑ	theta Symbol
ϒ	ϒ	ϒ	Ypsilon mit Haken
Π	ϖ	ϖ	Pi

Tabelle 9.2: Der griechische Zeichensatz

Zeichen	Zeichen-Entity	Numerische Entity	Beschreibung
∀	∀	∀	Für alle
	∂	∂	Teilweise
∃	∃	∃	Vorhanden
∅	∅	∅	Leer
∇	∇	∇	Nabla
∈	∈	∈	Element von
∉	∉	∉	Kein Element von
∍	∋	∋	Enthält als Miglied
Π	∏	∏	n-ary-Produkt
Σ	∑	∑	n-ary-Summe
−	−	−	Minus
*	∗	∗	Asterisk
√	√	√	Quadratwurzel
∝	∝	∝	Proportional zu
∞	∞	∞	Unendlich
∠	∠	∠	Angle

Zeichen	Zeichen-Entity	Numerische Entity	Beschreibung
∧	`∧`	`⊥`	Logisches Und
∨	`∨`	`⊦`	Logisches Oder
∩	`∩`	`∩`	Schnittpunkt
∪	`∪`	`∪`	Einheit
	`∫`	`∫`	Integral
∴	`∴`	`∴`	Deshalb
~	`∼`	`∼`	Tilde-Operator
≅	`≅`	`≅`	Ungefähr gleich
≈	`≈`	`≈`	Fast gleich
≠	`≠`	`≠`	Nicht gleich
≡	`≡`	`≡`	Identisch mit
≤	`≤`	`≤`	Kleiner als oder gleich
≥	`≥`	`≥`	Größer als oder gleich
⊂	`⊂`	`⊂`	Untermenge von
⊃	`⊃`	`⊃`	Obermenge von
⊄	`⊄`	`⊄`	Keine Untermenge von
⊆	`⊆`	`⊆`	Untermenge von oder gleich
⊇	`⊇`	`⊇`	Obermenge von oder gleich
⊕	`⊕`	`⊕`	Direktsumme
⊗	`⊗`	`⊗`	Vektorprodukt
⊥	`⊥`	`⊥`	Senkrecht zu
•	`⋅`	`⋅`	Punkt-Operator

Tabelle 9.3: Der mathematische Zeichensatz

Zeichen	Zeichen-Entity	Numerische Entity	Beschreibung
⌈	`⌈`	`⌈`	Links oben
⌉	`⌉`	`⌉`	Rechts oben
⌊	`⌊`	`⌊`	Links unten
⌋	`⌋`	`⌋`	Rechts unten
〈	`⟨`	`〈`	Spitze Klammer nach links
〉	`⟩`	`〉`	Spitze Klammer nach rechts

Tabelle 9.4: Der vermischte technische Zeichensatz

Zeichen	Zeichen-Entity	Numerische Entity	Beschreibung
♠	`♠`	`♠`	Pik
♣	`♣`	`♣`	Kreuz
♥	`♥`	`♥`	Herz
♦	`♦`	`♦`	Karo

Tabelle 9.5: Der vermischte Symbole-Zeichensatz

Wenn Sie oft mit Zeichen- oder numerischen Entities arbeiten müssen, werden Sie merken, daß es das Leben wesentlich erleichtern kann, mit Hilfe bestimmter Bearbeitungs-Tools das Ersetzen von Zeichen automatisch auszuführen. Sie können auch mit einer guten dateiorientierten Suchen- und Ersetzen-Utility eine Nachbearbeitung in Ihren Dateien durchführen.

Die CD beinhaltet zusätzliche Entity-Dateien und XML-Bearbeitungs-Tools für eine Vielzahl an Plattformen. Finden Sie die Tools heraus, die auf Ihrer bevorzugten Plattform verfügbar sind, wenn Sie oft Zeichencodes in Ihren Seiten verwenden müssen. Die Tools können Sie dabei unterstützen, ein (noch) seriöserer XML-Entwickler zu werden.

Teil III

XML Sprache und Anwendung

In diesem Teil...

In diesem Teil werden wir untersuchen, wie man anwendungsspezifische, XML-basierte Auszeichnungssprachen erstellt. Grundsätzlich soll dieser Teil zeigen, wie man mit XML kompakte, ausdrucksstarke Auszeichnungssprachen erstellt, die fast jedem Bedarf der Handhabung von Dokumenten oder der Verbreitung von Informationen gerecht werden. Dieser Teil behandelt die meisten der wichtigsten XML-Dialekte, die entweder bereits definiert sind oder gerade definiert werden, wie die Chemical Markup Language (CML), das Channel Definition Format (CDF), das Resource Description Framework (RDF), das HTTP Destribution and Replication Protocol (DRP), die Mathematical Markup Language (MathML), die Web Interface Definition Language (WIDL), die Synchronized Multimedia Interface Language (SMIL) und schließlich noch Open Software Description (OSD).

Begeben wir uns also daran, die Buchstabensuppe auszulöffeln.

Die Chemie von XML stimmt

10

In diesem Kapitel

- Eine XML-Anwendung untersuchen
- Die Chemie von XML
- Die Anwendung der Chemical Markup Language (CML)
- Einige XML-Tools, Regeln und Ressourcen betrachten
- Die CML-DTD
- Beispiele betrachten

Die Chemical Markup Language (CML) ist eine Anwendung von XML. Um die Beziehung zwischen CML und XML zu verstehen, können Sie sich CML als das Vokabular, XML als die Grammatik einer Sprache vorstellen. CML dient der Beschreibung und Darstellung von Informationen aus dem Bereich der Chemie, speziell auf molekularer Ebene, im Inter- oder Intranet. Zum Beispiel kann man CML benutzen, um zwei- oder dreidimensionale Modelle von molekularen Strukturen zu zeichnen. Sogar wissenschaftliche Publikationen können mit CML erstellt werden. Im WWW gibt es Beispiele für diese sehr spezielle Anwendung von CML für die Zielgruppe der Chemiker.

CML basiert auf SGML und Java und ist eine relativ neue objektorientierte Auszeichnungssprache, die in Zusammenarbeit mit der OMF (Open Molecule Foundation) entwickelt wurde. Obwohl CML noch kein Standard ist, deuten alle bisherigen Bemühungen darauf hin, daß CML bald zu einem Standard wird.

Auch wenn die Chemie nicht gerade Ihr Spezialgebiet ist und Sie, außer Ihrem Schulwissen, nichts über Moleküle wissen und auch sonst nichts mit diesem Thema zu tun haben, lohnt es, sich an dieser Stelle mit CML zu beschäftigen. CML wird uns in diesem Fall helfen, etwas über die Anwendung von XML zu verstehen. Durch das Verständnis von CML lernen wir eine mögliche Art der sehr speziellen Anwendung von XML kennen.

In diesem Kapitel soll ein Überblick über CML gegeben werden und wie man mit dieser Sprache Informationen aus dem Bereich Chemie im Inter- oder Intranet veröffentlicht. Zusätzlich sollen die Möglichkeiten und Vorteile von CML und der zur Zeit verfügbaren Tools zur Erstellung, Bearbeitung und Anzeige von CML-Dokumenten dargestellt werden. Um CML richtig zu verstehen, benötigen Sie Kenntnisse über die CML-DTD (Document Type Definition) und die Elemente (oder Tags) von CML und deren Attribute. Wenn Sie diese Informationen richtig verstanden haben, ist das Erstellen eigener CML-Dokumente kein Problem mehr.

Moleküle leicht gemacht

Um CML anwenden zu können, sollten Sie sich mit der Terminologie der Moleküle vertraut machen. Keine Angst, es wird nicht nötig sein, die alten Schulbücher hervorzuholen! Sie werden jedoch Verständnis für die Strukturen und Komponenten der Chemie auf molekularer Ebene und deren Zusammenspiel brauchen. Dann können Sie die entsprechenden Informationen mit Hilfe der CML-DTD (Tags und Attribute) darstellen.

Dieser Abschnitt erläutert einige der grundsätzlichen Konzepte. Mit CML können Sie Inhalte aus folgenden Themengebieten darstellen:

- ✔ Anorganische Kristallographie
- ✔ Molekülsequenzen
- ✔ Strukturen von Molekülen
- ✔ organische Moleküle
- ✔ Quantenchemie
- ✔ Spektren

Ein Atom ist die kleinste mögliche Einheit (in der CML-DTD). Fügt man Atome zusammen, ergibt sich ein Molekül. Beispiele für Atome sind Sauerstoff (O), Wasserstoff (H), Kohlenstoff (C) und Stickstoff (N). H_2O repräsentiert das Wassermolekül, NO_2 ist die Darstellung für Stickstoffdioxid und CO_2 ist das Kohlendioxid-Molekül. Die molekulare Struktur zeigt die interne Repräsentation eines Moleküls.

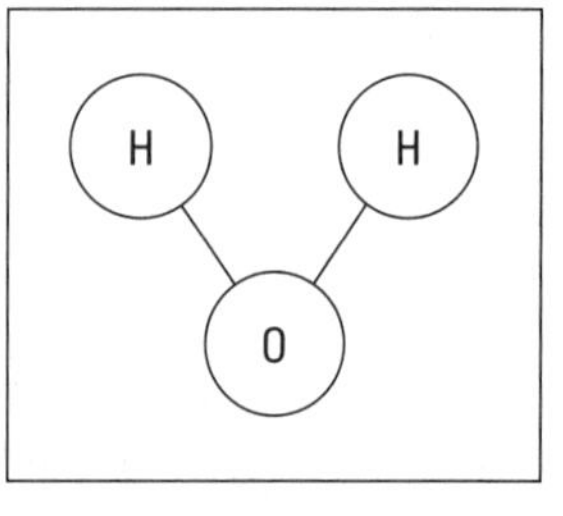

Abbildung 10.1: Die molekulare Struktur von Wasser (H_2O)

Bei XML stimmt die Chemie

Bei XML geht es immer um strukturierte Informationen. Wenn Informationen strukturiert repräsentiert werden können, kann man sie in eine XML-Datei stecken. Diese Informationen können jeden beliebigen Inhalt haben. Die Auszeichnungssprache der Wahl, wenn es um die Repräsentation von Informationen über Moleküle geht, ist CML.

Da mit CML sehr spezielle Informationen, wie etwa chemische Formeln, in einem strukturierten Format vorliegen, brauchen Sie entsprechende Programme zur Anzeige dieser Informationen. Es ist nicht möglich, den schon installierten Web-Browser für die Anzeige solcher Dokumente zu benutzen, da dieser von sich aus keine Unterstützung für spezialisierte XML-Anwendungen, wie etwa CML, bietet.

Bevor wir uns auf die Details von CML, die vorhandenen Tools und die Anwendung von CML stürzen, sollen noch einige, immer wieder vorkommende Begriffe geklärt werden:

- ✔ Genau wie viele andere Auszeichnungssprachen basiert CML auf SGML (Standard Generalized Markup Language). Wie in Kapitel 3 besprochen, ist SGML eine Metasprache, mit der andere Auszeichnungssprachen, wie CML, definiert werden können.
- ✔ CML ist objektorientiert. Auf der höchsten Abstraktionsebene besteht CML aus eine Menge von Elementen oder Tags. Jedes Element (oder jeder Tag) kann Attribute haben, muß aber nicht. Um ein CML-Dokument zu erstellen, müssen Sie also die Tags (und ihre Attribute) neu schreiben oder bestehende manipulieren.
- ✔ Haben Sie ein CML-Dokument erstellt, so können Sie es mit einem entsprechenden Anzeigeprogramm, wie dem CMLViewer, ansehen. Dieses Programm ist auch als Java-Applet verfügbar, so daß man es in einem Web-Browser laufen lassen kann.
- ✔ Alle eingegeben Daten müssen eine bestimmte Struktur haben und bestimmten Regeln genügen. Die verwendeten Regeln und Vokabeln müssen von dem Parser und einem Viewer verstanden werden können. Wie bei allen anderen Programmen auch, können unsinnige oder falsche Eingaben nicht verarbeitet werden.
- ✔ Wie in Kapitel 6 besprochen, legt die DTD diese Regeln und Vokabeln fest. Genau wie XML hat auch CML eine DTD, der jedes CML-Dokument gehorchen muß.

Wieso CML?

Es gibt eine Menge von Gründen für die Anwendung von CML, z.B.:

- ✔ Die Anwendung von CML hat einige Vorteile. CML ist eine plattformunabhängige Auszeichnungssprache. Sie brauchen sich also nicht um die Art von Computer oder Betriebssystem zu sorgen, auf der die Anwendung läuft, die Ihre CML-Dokumente nutzt, es genügt, sich auf den Inhalt zu konzentrieren.
- ✔ Genau wie andere Sprachen, unter anderem Java, ist CML objektorientiert. Denken Sie sich einen CML-Tag als ein Objekt, das Zustände (Attribute) hat. Diesen Zuständen (Attributen) können Sie Werte zuweisen, bzw. diese Zustände ändern.
- ✔ Stellen Sie sich CML als eine rein auf ASCII-Text (ASCII = American Standard Code for Information Interchange) basierende Repräsentation von Informationen aus einer Datenbank vor. Verglichen mit anderen Datenformaten, ist das Versenden von ASCII-Informa-

tionen über das Internet relativ leicht und schnell. Die Clienten, etwa ein Browser, müssen sich nicht erst mit einer Datenbankschnittstelle, wie z.B. Microsoft SQL Server, Sybase Adaptive Server, Oracle etc., in Verbindung setzen. Alle nötigen Informationen sind bereits im Dokument enthalten.

- ✔ CML ist keine Datenbank, obwohl man sowohl die Struktur als auch die Daten mit CML beschreiben kann.

Regeln und Werkzeuge

CML ist eine recht neue Sprache aus einer Gruppe von Neulingen. Sie steckt immer noch in den Kinderschuhen (Version 1), wächst aber schnell heran. Daher gibt es nur wenige Tools, die Ihnen dabei helfen, CML-Dokumente komfortabel zu erstellen.

Das einfachste Tool, um eigene CML-Dokument zu erstellen, ist immer noch der von Ihnen bevorzugte Texteditor, wie etwa Notepad, WordPad, Emacs oder irgend ein anderer Editor.

Solange Sie darauf warten, daß eine Firma oder ein Programmierer ein praktisches kleines Tool herstellt, das Ihnen das Leben mit CML erleichtert, sollten Sie weiterhin mit Ihrem bevorzugten Editor arbeiten. Es ist sicher keine ideale Lösung, aber immerhin ist es eine Lösung.

Nachdem Sie ein XML-Dokument erstellt haben, kann man es zum Test z.B. durch einen Parser laufen lassen. Sie können sich das Ergebnis auch in einem Anzeigeprogramm, wie dem CMLViewer, ansehen. Dieser Viewer ist in Java geschrieben und ist als Applet für den Web-Browser oder als eigene Anwendung zu haben.

Wenn Sie ein CML-Dokument erstellen, müssen Sie einige Regeln und Bestimmungen einhalten. Einige davon sind

- ✔ Ihr Dokument muß die Deklaration des Dokumenttyps (DOCTYPE) enthalten.
- ✔ Jedes CML-Element besteht aus einem Start- und End-Tag. Zum Beispiel muß das Element *Atom* den Start-Tag (`<ATOMS>`) und den End-Tag (`</ATOMS>`) enthalten. Während man bei einigen HTML-Elementen die End-Tags weglassen darf, ist dies bei CML (oder XML) nicht erlaubt.
- ✔ Die Werte von Attributen müssen in Anführungszeichen eingeschlossen sein.
- ✔ Benutzen Sie keine Leerzeichen oder Tabulatoren zur Auszeichnung.

Die CML-DTD

In diesem Abschnitt werden wir die neun wichtigen Elemente der CML-DTD und deren Attribute, anhand von Beispielen behandeln. Alle Elemente der CML-DTD zu besprechen, würde den Rahmen dieses Kapitels sprengen.

Die vollständige Dokumentation mit Beispielen, einem Tutorial, der DTD und Beschreibung der Java-API finden Sie im World Wide Web unter `http://www.venus.co.uk/omf/cml/doc/index.html`

Die neun wichtigen Elemente sind

- ✔ <ARRAY>
- ✔ <ATOMS>
- ✔ <BONDS>
- ✔ <CML>
- ✔ <FORMULA>
- ✔ <MOL>
- ✔ <XADDR>
- ✔ <XLIST>
- ✔ <XVAR>

<ARRAY>

Mit dem <ARRAY>-Tag können ein- und zweidimensionale Felder von Variablen definiert werden. Das folgende Beispiel zeigt die Definition eines eindimensionalen Feldes:

```
<ARRAY BUILTIN="ATID2">
     2 5 6 7 3 8 9 4 5 10 11
</ARRAY>
```

Nachstehend eine andere Möglichkeit, ein Feld von Variablen zu definieren:

```
<ARRAY START="2.5" DELTA="0.5" SIZE="10">
     2.5 3 3.5 4 4.5 5 5.5 6 6.5 7
</ARRAY>
```

Diese Deklaration definiert ein Feld von zehn Variablen, das bei `2.5` beginnt und dessen Werte sich um `0.5` pro Variable erhöhen.

Jeder Start-<ARRAY>-Tag muß einen passenden End-</ARRAY>-Tag haben.

<ATOMS>

Um ein einzelnes Atom oder eine Reihe von Atomen in einem Molekül zu beschreiben, verwendet man den <ATOMS>-Tag. Dieser Tag hat eine ganze Menge von Attributen.

Eine vollständige Liste der Attribute finden Sie unter

`http://www.venus.co.uk/omf/cml/doc/index.html`

Hier sollen nur einige Attribute aufgelistet werden:

- ✔ ATOMNO: Ordnungszahl eines Atoms
- ✔ ATID: Eindeutiger Bezeichner eines Atoms
- ✔ ATTYPE: Atomtyp
- ✔ ELSYM: Atomsymbol
- ✔ ISOTYPE: Isotop des Atoms
- ✔ X2: X-Koordinate des Atoms im zweidimensionalen Raum
- ✔ Y2: Y-Koordinate des Atoms im zweidimensionalen Raum
- ✔ X3: X-Koordinate des Atoms im dreidimensionalen Raum
- ✔ Y3: Y-Koordinate des Atoms im dreidimensionalen Raum
- ✔ Z3: Z-Koordinate des Atoms im dreidimensionalen Raum

Das folgende Beispiel zeigt eine Anwendung des `<ATOMS>`-Tags:

```
<ATOMS>
   <ARRAY BUILTIN="X2">
      -1.342 0.137 0.8 -0.1029 -1.3289 -1.882 -1.8799 0.438 0.464
          -0.1409 0.163
   </ARRAY>
   <ARRAY BUILTIN="Y2">">
      -0.527 -0.905 0.335 1.2439 0.879 -0.8419 -0.878 -1.471
          -1.441 1.1049 2.28
   </ARRAY>
   <ARRAY BUILTIN="ELSYM">">
      C C O C O H H H H H H
   </ARRAY>
</ATOMS>
```

Auch hier muß zu jedem Start-Tag `<ATOMS>` ein End-Tag `</ATOMS>` existieren.

<BONDS>

Um chemische Bindungen zu beschreiben, verwendet man den Tag `<BONDS>`. Eine solche Bindung beschreibt die Verbindung zwischen zwei Atomen. Der `<BONDS>`-Tag kann eine beliebige Anzahl von Feldern enthalten, die dazu dienen, die Bindungsinformationen zu repräsentieren. Der Tag hat folgende Attribute:

- ATID1: Eindeutiger Bezeichner des ersten Atoms der Bindung
- ATID2: Eindeutiger Bezeichner des zweiten Atoms der Bindung
- BONDID: Eindeutiger Bezeichner für die Bindung
- CYCLIC: Gibt an, ob die Bindung zyklisch ist
- ORDER: Ordnung der Bindung
- PARITY: Parität der Bindung

<CML>

Der <CML>-Tag dient der Deklaration eines CML-Dokumentes. Das folgende Beispiel zeigt den Code eines CML-Dokumentes.

```
<!DOCTYPE CML PUBLIC "-//CML//DTD CML//EN">
<CML TITLE="Hello CML">
</CML>
```

Jedes Dokument muß mit einem <CML>-Tag beginnen und mit dem Tag </CML> enden.

<FORMULA>

Um chemische Formeln in einem Dokument zu verwenden, benutzt man den Tag <FORMULA>. Dieser Tag hat folgende Attribute:

- MOLWT: Angabe des Molekulargewichtes eines Elementes
- STOICH: Die Stöchiometrie eines Elementes

Das nachstehende Beispiel ist ein Beispiel für die CML-Variante der Formel für C_2OCOH_2:

```
<FORMULA>
   <XVAR BUILTIN="STOICH">
      C C O C O H H H H
   </XVAR>
</FORMULA>
```

In diesem Beispiel ist die Formel für CH_2OH abgedruckt.

```
<FORMULA>
   <XVAR BUILTIN="STOICH">
      C H H O H
   </XVAR>
</FORMULA>
```

Jedes Dokument muß mit einem <FORMULA>-Tag beginnen und mit dem Tag </FORMULA> enden.

<MOL>

Der Tag <MOL> wird benutzt, um Moleküle zu beschreiben. Um ein Molekül beschreiben zu können, müssen natürlich seine Atome und deren Bindungen, wenn vorhanden, beschrieben werden können. Auch die Beschreibung der Formel des jeweiligen Moleküls gehört dazu. Das folgende Beispiel zeigt eine mögliche Beschreibung für ein Molekül.

```
<MOL>
   <ATOMS>
      <ARRAY BUILTIN="X2">
      -1.342 0.137 0.8 -0.1029 -1.3289 -1.882 -1.8799 0.438 0.464
          -0.1409 0.163
      </ARRAY>
      <ARRAY BUILTIN="Y2">
      -0.527 -0.905 0.335 1.2439 0.879 -0.8419 -0.878 -1.471
          -1.441 1.1049 2.28
      </ARRAY>
   </ATOMS>
   <BONDS>
      <ARRAY BUILTIN="ATID1">
         1 1 1 1 2 2 2 3 4 4 4
      </ARRAY>
      <ARRAY BUILTIN="ATID2">
         2 5 6 7 3 8 9 4 5 10 11
      </ARRAY>
   </BONDS>
   <FORMULA>
      <XVAR BUILTIN="STOICH">
         C C O C O H H H H H H
      </XVAR>
   </FORMULA>
</MOL>
```

Wie immer: Jeder Start-Tag <MOL> braucht einen Schluß-Tag </MOL>.

<XADDR>

Um Adressen von Personen oder Institutionen anzugeben, nehmen Sie den Tag <XADDR>:

```
<XADDR>

Musterstraße 45, 98772 Musterhausen, Deutschland

</XADDR>
```

Sie können Adressen auch mit Hilfe des Tags <XVAR> angeben:

```
<XADDR>>
<XVAR>Musterstraße 45</XVAR>
<XVAR>98772 Musterhausen</XVAR>
<XVAR>98772 Deutschland</XVAR>
</XADDR>
```

Auch hier: am Anfang einen <XADDR>-Tag und am Ende einen </XADDR>-Tag.

<XLIST>

Der Tag <XLIST> dient zur Beschreibung von so etwas wie einem Container-Element. Dieser Container kann Elemente von Typ ARRAY, XVAR oder andere XLIST-Elemente aufnehmen. Im folgenden Beispiel wird mit Hilfe von XLIST ein Feld von sechs Elementen beschrieben. Dabei wird der <XVAR>-Tag dazu benutzt, um Daten von Typ string (das bedeutet auf deutsch «Text») aufzunehmen.

```
<XLIST CONTENT="ARRAY" SIZE="6" SUBELEMENT="XVAR">
   <XVAR TYPE="string">Sauerstoff</XVAR;>
   <XVAR;>Wasserstoff</XVAR;>
   <XVAR;>Natrium</XVAR;>
   <XVAR;>Kohlenstoff</XVAR;>
   <XVAR;>Schwefel</XVAR;>
   <XVAR;>Phosphor</XVAR;>
</XLIST>
```

Im nächsten Beispiel wird mit Hilfe von XLIST ein Feld von Datumsangaben beschrieben. XLIST wird hier benutzt, um Informationen über ein Datum abzulegen.

```
<XLIST CONTENT="ARRAY" SIZE="5" SUBELEMENT="XVAR">
<XVAR TYPE="date">01-01-1998</XVAR;>
   <XVAR;>01-01-1997</XVAR;>
   <XVAR;>01-01-1997</XVAR;>
   <XVAR;>01-01-1996</XVAR;>
   <XVAR;>01-01-1995</XVAR;>
   <XVAR;>01-01-1994</XVAR;>
</XLIST>
```

Und auch hier wieder: Jeder Start-Tag <XLIST> braucht einen Schluß-Tag </XLIST>.

<XVAR>

Um allgemeine Variablen zu definieren, kann man den Tag <XVAR> benutzen. Wie schon gesehen, können Sie <XVAR> benutzen, um damit Formeln anzugeben:

```
<FORMULA>
   <XVAR BUILTIN="STOICH">
      H H S O O O O
   </XVAR>
</FORMULA>
```

Jetzt wissen Sie es bestimmt: Jeder Start-Tag `<XVAR>` bekommt einen Schluß-Tag `</XVAR>`.

CML-Beispiele

Wenn Sie sich einige Beispiele für die Darstellung von CML-Dokumenten ansehen wollen, so können Sie unter `http://www.ch.ic.ac.uk/java/cml/` einigen der Links folgen. Ihr Browser sollte, sobald Sie auf einen Link klicken, ein Java-Applet laden und starten. Bitte beachten Sie, daß einige Beispiele etwas länger brauchen, bis alle Daten fertig geladen sind.

In diesem Abschnitt werden drei Beispiele für CML-Dokumente besprochen. Das erste Beispiel wird das grundlegendste Dokument (es hat keinen Inhalt) behandeln. Dann werden wir uns die Beschreibung eines Moleküls, bestehend aus Atomen, deren chemischen Bindungen und der entsprechenden Formel ansehen. Schließlich werden wir uns ein Dokument ansehen, das Referenzen und Zeiger zu bzw. auf andere CML-Dokumente enthält.

Ein leeres CML-Dokument

Das folgende Dokument ist die einfachste Form für ein CML-Dokument. Es ist nur ein Rahmen und hat keinen Inhalt:

```
<!DOCTYPE CML PUBLIC "-//CML//DTD CML//EN">
<CML TITLE="Leeres CML-Dokument">
</CML>
```

Jedes Dokument muß eine erste Zeile wie in dem obigen Beispiel haben. Durch die Deklaration `!DOCTYPE` wird der Typ eines XML-Dokumentes festgelegt. In diesem Fall ein CML-Dokument. Der Inhalt des eigentlichen Dokumentes steht dann zwischen den Tags `<CML>` und `</CML>`. Das obige Beispiel definiert keinen Inhalt sondern nur ein leeres Dokument mit einem Titel durch das Attribut `TITLE`.

Moleküle mit CML

Wie wäre es mit einem etwas reichhaltigeren Beispiel? Das nächste Dokument beschreibt ein Molekül mit Atomen, Bindungen und einer Formel. Die Einrückungen im Code sollen die hierarchische Struktur eines Moleküls verdeutlichen. Vorab eine kurze Erklärung der Bedeutung der später im Beispiel verwendeten Tags:

- ✔ Der Tag <MOL> wird unser Molekül repräsentieren.
- ✔ Mit dem Tag <ATOMS> werden die einzelnen Atome beschrieben. Er enthält eine Reihe von eindimensionalen Feldern. Felder sind für gewöhnlich ein- oder zweidimensional, in diesem Beispiel werden nur eindimensionale Felder vorkommen. Das Attribut BUILTIN spezifiziert eine Variable des Atoms und legt deren Wert fest.
- ✔ Der Tag <BONDS> dient der Beschreibung von chemischen Bindungen zwischen Atomen. Ähnlich wie der Tag <ATOMS> enthält auch dieser Tag eine Reihe von Feldern. Auch hier werden nur eindimensionale Felder vorkommen. Das Attribut BUILTIN legt hier den Typen der chemischen Bindung fest.
- ✔ Mit dem Tag <FORMULA> werden Formeln repräsentiert. Durch <XVAR> werden die Variablen einer Formel beschrieben. Eine Formel kann eine oder mehr Variablen haben.

Da sich im folgenden alles Wesentliche innerhalb des Elementes CML abspielt, handelt es sich um ein echtes CML-Dokument:

```
<!DOCTYPE CML PUBLIC "-//CML//DTD CML//EN">
<CML>
<MOL>
   <ATOMS>
      <ARRAY BUILTIN="X2">
      -1.342 0.137 0.8 -0.1029 -1.3289 -1.882 -1.8799 0.438 0.464
          -0.1409 0.163
      </ARRAY>
      <ARRAY BUILTIN="Y2">
      -0.527 -0.905 0.335 1.2439 0.879 -0.8419 -0.878 -1.471
          -1.441 1.1049 2.28
      </ARRAY>
<XVAR BUILTIN="ELSYM">
         C C O C O H H H H H H
      </XVAR>
   </ATOMS>
   <BONDS>
      <ARRAY BUILTIN="ATID1">
         1 1 1 1 2 2 2 3 4 4 4
      </ARRAY>
      <ARRAY BUILTIN="ATID2">
         2 5 6 7 3 8 9 4 5 10 11
      </ARRAY>
      <ARRAY BUILTIN="ORDER">
         1 1 1 1 1 1 1 1 1 1 1
      </ARRAY>
      <ARRAY BUILTIN="STER">
         0 0 0 0 0 0 0 0 0 0 0
      </ARRAY>
   </BONDS>>
```

```
    <FORMULA>>
        <XVAR BUILTIN="STOICH">
            C C O C O H H H H H H
        </XVAR>
    </FORMULA>
</MOL>
</CML>
```

Referenzen und Zeiger in CML

Das nächste Beispiel zeigt ein Dokument mit Referenzen zu anderen Dokumenten. Diese Referenzen werden mit Hilfe der Tags <XLIST> und <XVAR> realisiert. Jeder <XVAR>-Tag hat eine Reihe von Attributen, u.a. TITLE und MIME. Das Attribut TITLE spezifiziert den Titel eines CML-Dokumentes. Durch das Attribut MIME wird der so genannte *mime type*, so etwas wie ein Typ für Dateien im Internet, festgelegt. So legt zum Beispiel der Typ *chemical/x-cml* fest, daß es sich um ein CML-Dokument handelt.

```
<!DOCTYPE CML PUBLIC "-//CML//DTD CML//EN">
<CML>
<XLIST TITLE="Einige andere CML-Dokumente">
    <XVAR MIME="chemical/x-cml" TITLE="Ein CML-Dokument">
Beispiel.cml
    </XVAR>
    <XVAR MIME="chemical/x-cml" TITLE="Ein anderes CML-Dokument">
Beispiel2.cml
    </XVAR>
    <XVAR MIME="chemical/x-cml" TITLE="Einfache Proteine">
proteine.cml
    </XVAR>
    <XVAR MIME="chemical/x-jcamp" TITLE="IR Spektrum">
ir-spektrum.jdx
    </XVAR>
    <XVAR MIME="chemical/x-jcamp" TITLE="NMR Spektrum">
nmr-spektrum.jdx
    </XVAR>
    <XVAR MIME="chemical/x-jcamp" TITLE="Massen Spektrum">
massen-spektrum.jdx
    </XVAR>
    <XVAR MIME="chemical/x-mdl-molfile" TITLE="MDL Mol-Datei">
mdl1.mol
    </XVAR>
</XLIST>
</CML>
```

Die Spitze des Eisbergs

CML befindet sich immer noch in der Version 1. In naher Zukunft ist jedoch zu erwarten, daß diese neue Auszeichnungssprache noch verbessert und verändert wird. Da die Open Molecule Foundation (OMF) hinter der Entwicklung steckt, ist zu erwarten, daß CML zu einem Standard für die Darstellung von chemischen Informationen im Internet wird. Zusätzlich steht zu erwarten, daß es mehr und bessere Werkzeuge zur Erstellung und Bearbeitung von CML-Dokumenten geben wird. CML ist eine Sprache für die Anwendung im WWW und ist auch dort entstanden.

- ✔ Mehr Informationen über CML gibt es unter `http://www.venus.co.uk/omf/cml/`.
- ✔ Die vollständige Dokumentation von CML mit Beispielen, Tutorials, der DTD und der Java-API findet sich unter `http://www.venus.co.uk/omf/cml/doc/index.html`
- ✔ Eine Liste mit den häufigsten Fragen (und Antworten) zu CML (FAQ) gibt es unter `http://www.venus.co.uk/OMF/cml-1.0/doc/faq/index.html`.
- ✔ Informationen über den CML-Browser JUMBO gibt es unter `http://www.venus.co.uk/~pmr/README`.

Wenn Sie etwas über die Open Molecule Foundation erfahren möchten, finden Sie Informationen unter `http://www.venus.co.uk/omf/`.

XML ist ein Kanal für viele Quellen

11

In diesem Kapitel

- Einen Channel definieren
- Das CDF (Channel Definition Format) untersuchen
- Der Internet Explorer 4.0 und CDF
- Der DataChannel RIO und CDF

Channel ist eines der Schlagworte im Internet heute. In diesem Kapitel werden wir das Konzept der Channels vorstellen und etwas über deren Anwendung erfahren. Wir werden das Channel Definition Format (CDF) vorstellen und werden zeigen, wie dieses XML-basierte Format im Einzelnen definiert ist. Weiterhin werden wir zwei der wichtigsten Anwendungen betrachten, die CDF verwenden: zum einen den Internet Explorer 4.0 und zum anderen RIO von DataChannel.

Was ist eigentlich ein Channel?

Das Wort *channel* (dt.: Kanal) taucht in vielen Zusammenhängen auf, einige von ihnen scheinen keinerlei Gemeinsamkeiten zu haben. Die bekannteste Verwendung des Begriffes »Kanal« steht im Zusammenhang mit dem Fernsehen. Wir benutzen den Begriff Kanal im Zusammenhang mit dem Fernsehen täglich, denken jedoch selten oder nie über die genaue Definition des Begriffes nach.

Wenn Sie sich für Sport interessieren, dann schalten Sie das Programm eines entsprechenden Senders oder *Kanals* ein. Suchen Sie aktuellsten Nachrichten, finden Sie diese bei einem Nachrichtensender. Mit anderen Worten, ein (Fernseh-)Kanal versorgt Sie mit einem festen Angebot (Programm) an Informationsquellen (Sendungen) über bestimmte Themen (Sport, Nachrichten). Andere Beispiele dieser Art sind Wetter- oder Spielfilmkanäle.

Die Wahl einer bestimmten Zeitung ist ähnlich der Wahl eines bestimmten Senders oder Kanals. Ob Sie ein Blatt mit dem Schwerpunkt Wirtschaft wählen, wie etwas das Handelsblatt, oder eine Zeitung mit allgemeinen und lokalen Nachrichten, wie etwa die WAZ (oder eine Zeitung aus Ihrer Umgebung), bleibt Ihnen überlassen.

Weiten wir die Analogie mit der Tageszeitung noch etwas aus. Vermutlich lesen Sie jeden Tag den Lokalteil, den Sportteil oder lösen das Kreuzworträtsel. Kanäle sorgen also dafür, daß Sie Ihre bevorzugten Informationen nicht lange suchen müssen, Sie wissen ja, wo alles steht. Noch wichtiger ist, Sie können sicher sein, daß die Fußballergebnisse nicht eines Tages bei den Kleinanzeigen, etwa zwischen Gebrauchtwagen und Gartenwerkzeugen, stehen werden.

Fernsehsender, Zeitungen, Bücher und sogar Supermärkte stellen Ihnen im Grunde genommen eine Auswahl an klassifizierten Informationen bzw. Gütern zur Verfügung. Channels im World Wide Web benutzen dasselbe Konzept.

Kanäle beschreiben

Die Organisation und Klassifikation von Inhalten im WWW kann eine Herausforderung sein. Zwei mögliche Alternativen bieten sich an.

Eine Alternative besteht darin, daß viele Dienste versuchen, eine Art Verzeichnis oder Datenbank zu sein. Dutzende von Suchmaschinen und Portalseiten versuchen, ein guter Ausgangspunkt für Informationssuchende zu sein. In vielen Fällen jedoch ist die Suchmaschine nicht in der Lage, mit der gewünschten Information zu dienen. Für einen Dritten (jemand anderen als den Autor der Inhalte von Web-Seiten) ist es oft schwierig, eine treffende Beschreibung für diese Seiten zu finden oder zu erkennen, wie sie organisiert ist. Die Navigation auf eine große Anzahl von Web-Seiten ist ein Problem für sich. Mit zunehmendem Wachstum dieser Suchmaschinen und Portale werden diese auch zunehmend nutzloser, weil man den richtigen Weg zu den gewünschten Informationen innerhalb der Seiten nicht mehr finden kann oder weil man nicht in der Lage ist, die richtige Kombination von Suchbegriffen für eine erfolgreiche Suche anzugeben.

Der zweite Ansatz ist es, daß alle Autoren von Web-Seiten und Channels die Absicht zeigen, die Inhalte und Strukturen ihrer Seiten explizit zu beschreiben, so daß diese Informationen für alle zugänglich sind. Diese Beschreibung, sogenannte Meta-Informationen (metacontent), bietet dann einem Menschen oder einem Programm (Agent) die benötigten Informationen über den Inhalt des Web-Angebotes.

Suchmaschine bietet channelähnliche Dieste

Eines der großen Probleme im Internet ist die unglaubliche Fülle an Informationen zu einem bestimmten Thema oder Schlagwort. Wir alle kennen die Frustration, wenn man auf eine Anfrage mehr als 1000 Treffer erhält, weil man zu allgemeine und mehrdeutige Suchbegriffe eingegeben hat. Was man eigentlich möchte, sind Webseiten die sich umfassend mit einem bestimmen Thema befassen.

Suchmaschinen versuchen dieses Problem mit einer Dienstleistung anzugehen, die man auch als Channel bezeichnen könnte. Die Suchmaschine Yahoo! z.B. bietet auf der Startseite zunächst eine sehr allgemeine Gliederung der Themen. Der Benutzer kann dann die Hierarchie hinab navigieren, bis er dann hoffentlich zu dem Thema kommt, das ihn interessiert.

Stellen Sie sich vor, Sie sollten die Seiten auf dem Web-Server Ihrer Firma beschreiben. Sie würden vermutlich so etwas sagen wie »Auf unseren Seiten finden Sie Produktinformationen, Weißbücher, Pressemitteilungen und Stellenausschreibungen.« Wäre es nicht toll, diese Informationen an einen Browser direkt schicken zu können, so daß ein Benutzer mit einem einzigen Mausklick die gewünschte Rubrik erreichen kann? Bei Channels geht es im Wesentlichen genau darum. Channels erlauben es Ihnen, Ihre Seiten zu kategorisieren, entsprechend zu beschreiben und die Informationen darüber allen Benutzern mitzuteilen. Mit anderen Worten sind Channels so etwas wie Straßenkarten für Web-Seiten und Web-Server.

Noch wichtiger ist, daß man diese Informationen für unterschiedliche Dienste bzw. Kunden (Clients) wie Browser, Indizierer, Channelverzeichnisse oder beliebige andere Formen von Agenten durch ein gemeinsames Format zur Verfügung stellen kann.

Ziehen und schieben

Wenn Sie im Internet surfen, holt sich Ihr Web-Browser die Seiten von einem WWW-Server. Dieses »Holen« wird im Fachjargon als *pulling* (ziehen, holen) bezeichnet. Ihr Browser zieht (pullt) also die Seiten von einem Server auf Ihren Arbeitsplatzrechner.

Mit Hilfe von Channels kann man viel weiter gehen. Angenommen, Sie könnten mit Ihrem Browser Informationen über einen Channel beziehen und in einer Datei steht die Information, wo Sie alles rund um das Thema Skifahren erfahren können. Mit diesen Informationen können Sie Ihrem Browser mitteilen, wo alle wichtigen Neuigkeiten zum Thema Skifahren zu finden sind. Ihr Browser kann dann auf eine der zwei folgenden Arten Informationen beziehen:

- ✔ **Smart-pull**: Beim »Smart-pull« (etwa: cleveres Ziehen) zieht der Browser zwar immer noch Informationen von einem Server, es gibt aber zwei wichtige Unterschiede im Vorgehen:
  - **Smart-pull ist zielgerichtet**: Da man dem Browser mitgeteilt hat, wo alle relevanten Informationen zu einem Thema liegen, muß man nicht mehr lange danach suchen.
  - **Smart-pull ist automatisiert**: Sie können Ihren Browser so einstellen, daß er automatisch nach neuen Informationen auf einem Server sucht. Da ein Channel mehr als ein Lesezeichen (bookmark) ist, kann Ihr Browser auch mehr tun, als nur auf einer Homepage nach den gewünschten Informationen zu suchen.
- ✔ **Push**: Das Push-Verfahren (etwa: Schiebe-Verfahren) dreht die ursprüngliche Idee des Surfens um. Anstatt einen Browser die Informationen von einem Server ziehen zu lassen, sorgt ein Prozeß auf dem Server dafür, daß die gewünschten Daten auf den Browser geschoben werden. Sie müssen also nicht mehr mit dem Browser ins WWW, das World Wide Web kommt direkt zu Ihnen.

Das Channel Definition Format (CDF)

Das Channel Definition Format (CDF) ist ein XML-basiertes Dateiformat für die Beschreibung von Channel-Informationen. CDF wurde von Microsoft entwickelt und wird vom Internet Explorer ab Version 4.0 unterstützt. Aber auch Software anderer Hersteller, wie z.B. DataChannel und PointCast, unterstützt CDF.

Eine kleine CDF-Datei

Im folgenden Beispiel zeigen wir ein sehr einfaches, aber ausreichendes Beispiel für eine CDF-Datei, die auf einem Web-Server hinterlegt werden könnte. Im Beispiel wird der URL `www.xml.org` verwandt, diese Web-Seite gibt es inzwischen wirklich. Zum Zeitpunkt der Drucklegung der Originalausgabe des Buches war dieser URL noch fiktiv.

```
<?XML version="1.0"?>
<CHANNEL
HREF="http://www.xml.org/xml.html">
<TITLE>>XML.Org - XML for everybody</TITLE>
<ABSTRACT>>
XML.org is a non-profit organization that wants to foster the adoption of
          XML technology. XML members are drawn from different industries
          and from countries all over the world. Here you will find all
          relevant information about XML.
</ABSTRACT>
</CHANNEL>
```

Weil die Struktur dieses Beispiels so allgemein ist, daß sie in vielen Anwendungen von CDF vorkommt, soll dieses Beispiel Zeile für Zeile erklärt werden.

- ✔ `<?XML version="1.0"?>`: Wie Sie schon wissen, ist CDF eine Anwendung von XML. Diese Zeile drückt im Grunde nichts anderes als das aus.
- ✔ `<CHANNEL> ... </CHANNEL>`: Dieses Element ist so etwas wie ein Container für die Informationen über den Channel.
- ✔ `HREF="http://www.xml.org/xml.html"`: Der Tag `<CHANNEL>` hat ein wichtiges Attribut, `HREF`, das Sie vermutlich schon aus HTML kennen. `HREF` kennzeichnet einen Hyperlink auf eine Ressource (Quelle) im WWW, zum Beispiel ein HTML-Dokument. Da Channels im allgemeinen Ressourcen im Web beschreiben, wie z.B. Web-Seiten, verweist `HREF` im allgemeinen auf eine Startseite eines Web-Servers. In diesem Beispiel verweist `HREF` auf die Startseite des WWW-Servers von `www.xml.org`.
- ✔ `<TITLE>... </TITLE>`: Dieses Element erlaubt es, einen Titel für den Channel zu vergeben.
- ✔ `<ABSTRACT> ... </ABSTRACT>`: Mit diesem Element können Sie eine etwas ausführlichere Beschreibung (Abriß, Auszug) des Informationsangebotes abgeben, als es in einem Titel allein möglich ist.

Die Wahl des Titels und der Informationen im Auszug können entscheidend für den Erfolg eines Channels sein. Es sind die ersten Informationen, die ein Benutzer über einen Channel bekommt. Der Benutzer wird aufgrund dieser Informationen entscheiden, ob er sich ein Channel-Angebot näher ansieht oder nicht.

Das ganze Potential von CDF

In diesem Abschnitt werden alle Aspekte von CDF behandelt. Sie werden das notwendige Wissen erhalten, um eigene Channels spezifizieren zu können. Machen Sie sich auf, ein »Kanalbaumeister« zu werden, aber lassen Sie sich die neu erworbene Macht nicht zu Kopf steigen.

Machen Sie einen Zeitplan (Scheduling)

Sie können einen Zeitplan angeben, wie oft ein Channel aktualisiert werden muß. Sie können so einer Client-Anwendung (z.B. Ihrem Browser) Anweisungen geben. Sie können beispielsweise festlegen, wie oft der Server den Channel auf die Ankunft neuer Informationen oder Änderungen hin überprüfen soll. Das folgende Beispiel zeigt, wie man festlegt, das Aktualisierungen einmal täglich gemacht werden:

```
<SCHEDULE>
 <INTERVALTIME DAY="1"/>
</SCHEDULE>
```

Im nächsten Fall wird festgelegt, daß Aktualisierungen alle vier Stunden stattfinden sollen. Die Zeitplanung beginnt immer um Mitternacht. In diesem Fall bedeutet das eine Aktualisierung um 04:00 Uhr, 08:00 Uhr, 12:00 Uhr, 16:00 Uhr, 20:00 Uhr und 24:00 Uhr.

```
<SCHEDULE>>
 <INTERVALTIME HOUR="4"/>
</SCHEDULE>
```

Sie können auch für bestimme Aufgaben einen Start- und End-Tag festlegen:

```
<SCHEDULE START="1998-01-01" END="1998-05-01">>
</SCHEDULE>
```

Allgemein ist das Format für die Angabe eines Datums: »JJJJ-MM-TT«.

Es gibt noch eine andere Art der Zeitplanung, die Sie verwenden können. Angenommen, Sie betreiben einen eigenen Web-Server und Tausende von Benutzern greifen gleichzeitig auf Ihren Server zu, da sie alle die gleiche CDF-Datei, mit denselben zeitlichen Voreinstellungen für die Aktualisierung, benutzen. Um solche Stoßzeiten zu vermeiden, können Sie mit CDF auch Zeitrahmen für die Zugriffe von Clients (Browser) festlegen. Ein Client kann dann innerhalb dieses Zeitrahmens zu einem zufällig gewählten Zeitpunkt auf den Server zugreifen.

```
<SCHEDULE>
 <INTERVALTIME HOUR="12"/>
 <LATESTTIME HOUR="2"/>
 <EARLIESTTIME HOUR="1"/>
</SCHEDULE>
```

Mit diesem Zeitplan würden Aktualisierungen zwischen 01:00 Uhr und 02:00 Uhr und noch einmal zwischen 13:00 Uhr und 14:00 Uhr möglich sein.

Bibliographische Angaben

Bibliographische Angaben haben wir bereits im Beispiel für XML.org kennengelernt (im Abschnitt 1.2.1 »Eine kleine CDF-Datei«. Mit Hilfe von `TITLE` und `ABSTRACT` können Sie den Inhalt eines Channels allgemein beschreiben.

Bezug von Web-Seiten

Mit Hilfe von Attributen können Sie festlegen, wie HTML-Dokumente, also Channel-Inhalte, von einem Browser bezogen werden.

- ✔ `LASTMOD`: Dieses Attribut legt fest, wann die Inhalte eines Channels zuletzt aktualisiert wurden. Ein Browser kann dieses Attribut überprüfen und nur die Seiten herunterladen, die nach dem angegeben Datum aktualisiert wurden. Das Format für die Angabe des Datums ist `JJJJ-MM-TTTStunde:Minute`
- ✔ `PRECACHE`: Dieses Attribut legt fest, ob Inhalte in einem Pufferspeicher (Cache) des Browsers vorgehalten werden sollen. Die Voreinstellung ist `YES`. Mit dem Wert `NO` wird das Puffern von Seiten abgestellt. `PRECACHE` ist eine wichtige Eigenschaft, da es Ihnen erlaubt, einmal geladene Seiten auch offline, also ohne ins Internet zu gehen, zu lesen.
- ✔ `LEVEL`: Sie können `LEVEL` dazu benutzen, festzulegen, wie weit ein Browser, von der Startseite aus gerechnet (im Attribut `HREF` festgelegt), in der Hierarchie absteigen soll. `LEVEL="1"` bedeutet, daß alle Seiten, die von der Startseite aus mit einem Link erreichbar sind, auch mit heruntergeladen und gepuffert werden.

Das folgende Beispiel zeigt eine Einstellung, bei der alle Seiten, die nach dem 1. Januar 1998, um 15:00 Uhr geändert wurden, geladen werden. Außerdem werden alle Seiten, die durch bis zu zwei Links von der Startseite aus erreichbar sind, ebenfalls heruntergeladen. Da `PRECACHE` ohnehin voreingestellt ist, werden die Seiten auch gepuffert.

```
<CHANEL HREF="http://www.xml.org/xml.html"
   LASTMOD="1998-01-01T15:00"
   LEVEL="2">
</CHANEL>
```

Hierarchien

Mit Hilfe von CDF können Sie Ihre Web-Seiten hierarchisch organisieren. Angenommen, Sie möchten getrennte Bereiche für geschäftliche und private Informationen auf Ihrer Homepage haben. Wenn Sie z.B. oft reisen, dann wollen Sie vielleicht einen eigenen Channel für Reiseinformationen einrichten. Wenn Sie oft verreisen, dann ändern sich die Informationen entsprechend oft.

Zunächst sollten Sie bedenken, daß die Beschreibung Ihres Channels nicht zu vage ausfallen sollte. Ein Titel wie »Reiseinformationen« ist vielleicht keine gute Idee. Überlegen Sie sich, wie Sie die Seiten Ihres Channels organisieren möchten, und geben Sie Ihnen einen aussagekräftigen Titel, z.B. »Die besten Skigebiete der Alpen«.

Nun können Sie mit Hilfe von CDF die Inhalte Ihres Channels feiner organisieren.

Sie können das folgende Beispiel als Ausgangspunkt für eigene CDF-Dateien benutzen. Es wurde erstellt, damit Sie es benutzen können, um z.B. Ihre persönliche Homepage besser zu strukturieren. Auf ganz einfache Weise zeigt es Ihnen, wie ein Channel aussehen kann. Um das Ganze noch leichter zu machen, ist bereits ein Thema, die fiktive Reiseseite, in dem Beispiel enthalten. Wenn Sie nicht gern skifahren, ersetzen Sie für Ihre Seite dieses Thema durch etwas für Sie Passendes.

```
<?XML Version="1.0"?>
<CHANNEL>
 <TITLE>Meine Homepage</TITLE>
 <ABSTRACT>Diese Seite ist nur über mich! Hier geht es um mein Leben,
          meine Hobbys und Reisen.</ABSTRACT>
 <ITEM HREF="http://www.lustigereisen.de/">
   <TITLE>Meine Ski-Seite</TITLE>
   <ABSTRACT>Reiseberichte über meine unzähligen Skireisen!</ABSTRACT>
 </ITEM>
</CHANNEL>
```

Logo

Mit CDF ist es möglich, ein Logo (eine Grafik, ein Symbol oder ein Icon) festzulegen, das dann zusammen mit den anderen Informationen über Ihren Channel angezeigt wird. Das Element `LOGO` hat auch ein Attribut `STYLE`, das festlegt, wie ein Logo angezeigt werden soll. Das Attribut `STYLE` kann folgende Werte haben:

- ✔ ICON: Wenn Sie diesen Wert benutzen, muß Ihr Logo genau 16x16 Pixel groß sein. Ein Icon dieser Größe wird beispielsweise angezeigt, wenn Sie sich Ihre CDF-Datei im Internet Explorer 4.0 ansehen. Mit anderen Worten, wenn Sie die Informationen über Inhalte und Strukturen Ihrer Web-Seiten auf dem Bildschirm darstellen wollen, dann können Sie durch diese Anweisung das entsprechende Icon festlegen. Für einen anderes Programm (Agent), wie z.B. einen Indizierer, spielt die Information über das Icon keine

Rolle. Da der Internet Explorer aber in einer eigenen Leiste für Channels auch Grafiken darstellt, benutzt der Browser den Wert des Attributs STYLE, um das Icon darzustellen.

- ✔ IMAGE: In diesem Fall muß die Grafik 32x80 Pixel groß sein. Diese Grafiken werden u.a. auch in der Channelleiste des Internet Explorers angezeigt.
- ✔ IMAGE-WIDE: Eine Grafik, die 32x194 Pixel groß ist.

Die Spezifikation von CDF sieht außerdem vor, daß GIF- und JPEG-Dateien als Bilder für Logos dienen können. Der Internet Explorer 4.0 erlaubt jedoch auch Dateien im ICO-Format (Dateiendung .ico) für Logos im Stil ICON (16x16 Pixel).

Das nachstehende Beispiel zeigt, wie man z.B. ein Logo von Typ »IMAGE« definiert:

```
<LOGO HREF="http://www.MeinServer.com/bilder/logo.gif" STYLE="IMAGE">
```

Login

Es kann vorkommen, daß bestimmte Inhalte durch ein Paßwort geschützt werden sollen. Das Element LOGIN veranlaßt einen Browser, den Benutzer nach einem Paßwort zu fragen, wenn er diesen Channel abonnieren will. Dieses Paßwort wird dann auch bei späteren Aktualisierungen (Updates) benutzt.

```
<LOGIN/>
```

Das folgende Beispiel zwingt einen Benutzer das Passwort einzugeben, wenn er die Webseiten dieses Channel sehen möchte.

```
<?XML version="1.0"?>
<CHANNEL>
        <TITLE>Meine geheime Seite</TITLE>
<ABSTRACT>
Diese Seite kann nur mit einem Paßwort betrachtet werden.
</ABSTRACT>
<LOGIN/>
</CHANNEL>
```

Logging

Alle heutigen WWW-Server erlauben es einem Administrator, zu überprüfen, wann und von welchem Rechner eine Seite seines Servers angefordert wurde. Das so genannte »Page-hit-logging«, also das Protokollieren der Seitenzugriffe, erlaubt es auch Autoren, Zugriffe auf die eigenen Seiten mit zu verfolgen.

Das Logging kann drei Aktionen erkennen. Folgende Aktionsbereiche (sog. »Scopes«) sind möglich:

- ✔ `online`: Nur Seiten, die über eine bestehende Internet-Verbindung gelesen wurden, werden gemeldet.
- ✔ `off-line`: Nur Seiten, die ohne Internet-Verbindung aus dem Cache (Pufferspeicher) gelesen wurden, werden gemeldet.
- ✔ `all`: Eine Kombination aus `off-line` und `online`.

Der Autor der CDF-Datei muß einen URL angeben, an den die protokollierten Informationen gesendet werden, und muß angeben, wie diese Informationen auf den Rechner gelangen sollen (upload). Ein Client (Browser) kann entweder per `POST` oder `PUT` Daten an einen Rechner schicken. Die Methode `POST` wird von den meisten HTTP-Servern unterstützt. Die Methode `PUT` setzt einen Server voraus, der HTTP 1.1 unterstützt. Im folgenden Beispiel sollen die protokollierten Daten an den Server der Firma DataChannel gesendet werden, und es sollen alle Zugriffe, ob sie offline oder online erfolgten, gemeldet werden.

```
<LOGTARGET
 HREF="http://www.datachannel.com/logging"
 Method="POST"
 SCOPE="ALL">
</LOGTARGET>
```

Zusätzlich können Sie den Browser (oder einen anderen Client) zwingen, nur Daten zu senden, die nach einem bestimmten Datum protokolliert wurden. Das Element `PURGETIME` ermöglicht es Ihnen, nur die Zugriffe zu protokollieren, die innerhalb eines gewissen Zeitraumes erfolgen. Die folgende Anweisung legt fest, daß der Client nur Zugriffe innerhalb der letzten vierundzwanzig Stunden an den Server melden soll. Das Element `PURGETIME` muß innerhalb des Elementes `LOGTARGET` auftauchen.

```
<PURGETIME HOUR="24"/>
```

Das Element `LOG` legt fest, welche Teile der CDF-Datei beim Protokollieren berücksichtigt werden sollen.

Das nächste Beispiel zeigt, wie man einen Browser veranlaßt, jedes Mal einen Eintrag in die Protokolldatei zu schreiben, wenn ein Dokument angesehen wird.

```
<ITEM HREF="http://www.datachannel.com/news.html">
 <LOG VALUE="document:view"/>
</ITEM>
```

Bitte beachten Sie, daß, um Mißbrauch vorzubeugen, nur Zugriffe auf die Seiten protokolliert werden können, die den gleichen URL-Stamm haben wie die CDF-Datei oder der Server, zu dem die Protokolldaten geschickt werden. Also Seiten, die auf demselben Server liegen wie die CDF-Datei oder auf dem Server, der die Protokolle bekommt.

Der Internet Explorer 4.0 und CDF

Um Channels richtig zu verstehen und sie auch in eigenen Seiten anwenden zu können, muß man verstehen, wie Besucher Ihrer Seiten Channels benutzen. Der Internet Explorer 4.0 von Microsoft war die erste Anwendung, die CDF unterstützte. Die Unterstützung von Channels ist in den Browser eingebaut. Um nun CDF in Ihrem Browser zu aktivieren, müssen Sie im Menü des Browsers ANSICHT|EXPLORERLEISTE|CHANNELS wählen.

Wenn Sie den Internet Explorer gerade installiert haben oder CDF zum ersten Mal benutzen, sehen Sie eine Sammlung von Beispielen für CDF-Dateien, die auf eine Reihe von Seiten mit den unterschiedlichsten Themen verweisen. Abbildung 11.1 zeigt das Bild des Internet Explorers mit aktivierter Channelleiste.

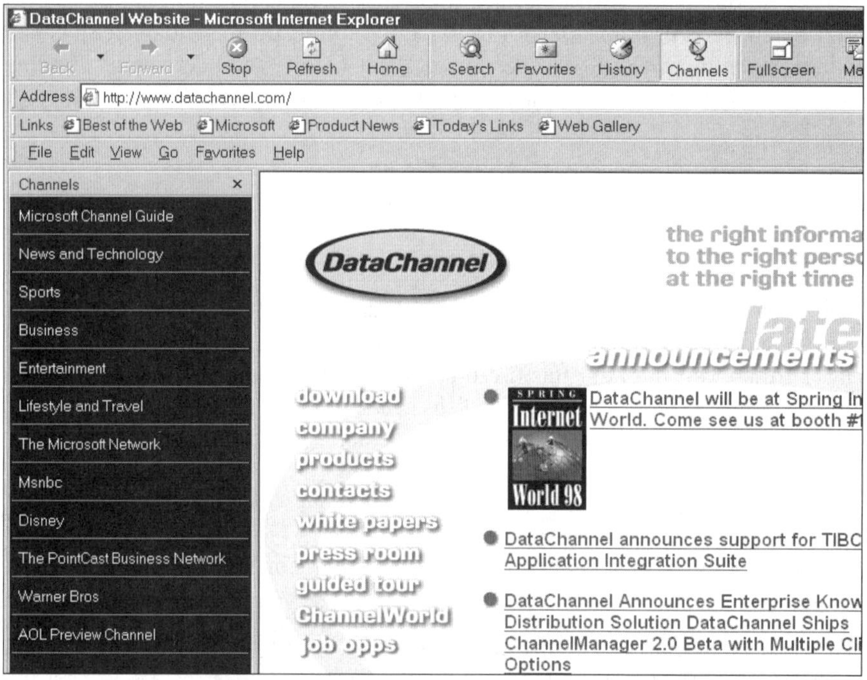

Abbildung 11.1: Internet Explorer 4.0 mit aktiver Channelleiste.

Beim Internet Explorer werden die Channels laut Voreinstellung nach Themen sortiert in der Leiste angezeigt. Klicken Sie auf eines der Symbole (Icons), und der Browser wird Ihnen eine Menge Seiten zu dem entsprechenden Thema anzeigen. Sie können sich natürlich alle Themengebiete ansehen, die Ihnen in der Channelleiste angeboten werden. Riskieren Sie ruhig einen Blick auf die wunderbare Welt der Information, die sich direkt vor Ihren Augen auftut. Viel Vergnügen bei der Erforschung der Welt der Channels.

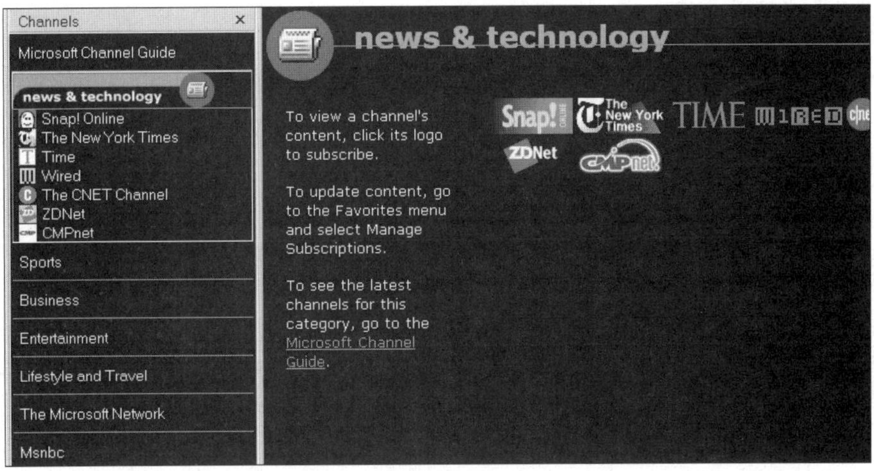

Abbildung 11.2: Der Channel »news & technologie« des Internet Explorer 4.0.

Channels: von Disney-World zur Wirtschaftswelt

So wie es Verzeichnisse von WWW-Servern (Portale, Suchmaschinen) gibt, so gibt es natürlich auch Sammlungen von CDF-Dateien im Web. Genau wie bei einer Zeitung finden Sie Channels zu den Themen Nachrichten, Technik, Sport, Wirtschaft, Unterhaltung und Reisen. Microsoft bietet den Dienst »Channel Guide« an, der mehr als siebenhundert Links zu Informationsanbietern bzw. CDF-Dateien enthält. Im Internet Explorer können Sie über das Menü WECHSELN ZU|CHANNEL GUIDE diesen Dienst direkt erreichen. Abbildung 11.3 zeigt das entsprechende Bild.

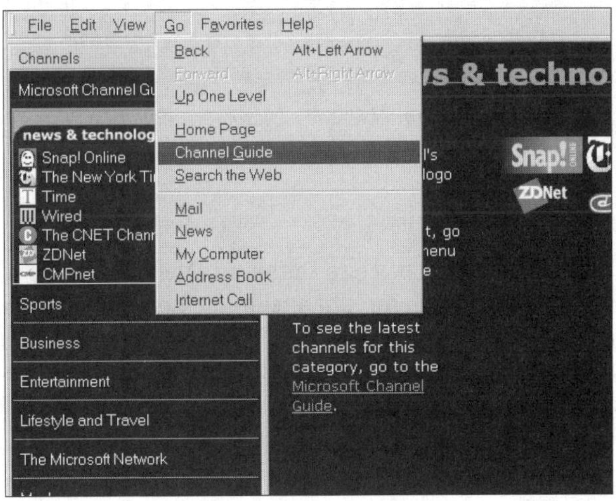

Abbildung 11.3: Nutzen Sie WECHSELN ZU|CHANNEL GUIDE, um die tollsten Informationen über Lieblingsthema zu erhalten.

Einen Channel abonnieren

Nachdem Sie die reichhaltige Auswahl an Channels im Internet begutachtet haben, können Sie nun daran gehen, sie voll zu nutzen. Aber bevor Sie richtig loslegen können, müssen Sie noch herausfinden, wie man einen Channel abonniert.

Wenn Sie einen Channel abonnieren möchten, müssen Sie einen Link auf die entsprechende CDF-Datei dieses Channels finden. Wenn Sie diese CDF-Datei herunterladen, beispielsweise indem Sie dem Link folgen, dann erkennt Ihr Browser den Channel und leitet Sie automatisch durch den Prozeß der Anmeldung.

Sehr oft werden Sie ein Symbol (eine Grafik, ein Icon) finden, das mit ADD ACTIVE CHANNEL beschriftet ist und so ähnlich wie in Abbildung 11.4 aussieht. Ein Klick auf dieses Icon genügt, um den Prozeß der Anmeldung zu starten. Gelegentlich sieht man auch rein textbasierte Links, die etwa mit »`Klicken Sie hier zur Anmeldung`« beschriftet sind.

Abbildung 11.4: Abonnieren Sie einen Channel, indem Sie auf die Schaltfläche klicken.

Der Internet Explorer bietet Ihnen die Möglichkeit, Ihre Anmeldung etwas ihren Wünschen anzupassen. Nachdem Sie zum Beispiel einen Link, der zur Anmeldung führt, angeklickt haben, erscheint der Dialog »Modify Channel Usage«, wie in Abbildung 11.5 zu sehen ist.

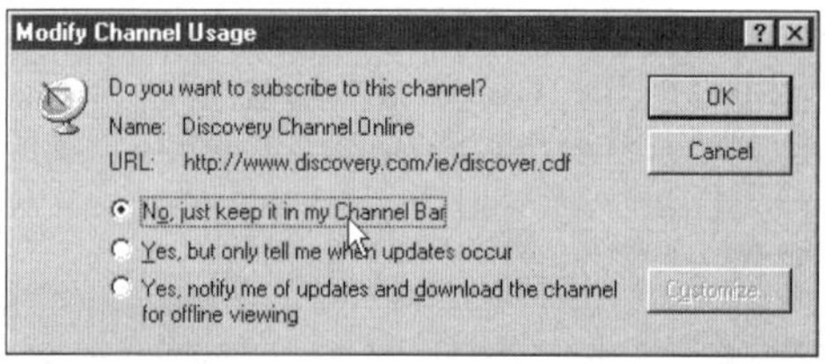

Abbildung 11.5: Der »Modify Channel Usage«-Dialog ermöglicht es Ihnen, auszuwählen, wie Sie den Channel abonnieren möchten.

Sie haben folgende Wahlmöglichkeiten:

✔ **In die Channelleiste einfügen:** Die erste Option im Menü ist: NEIN, NUR ZUR CHANNELLEISTE HINZUFÜGEN. Damit nehmen Sie diesen Channel in die Liste der abonnierten Channels auf. Wenn Sie diesen Punkt wählen, wird der neue Channel den bisherigen hinzugefügt. Von da an können Sie diesen Channel als einfachen Einstiegspunkt für diesen Web-Server verwenden. Sie erhalten jedoch keine Benachrichtigung über auftretende Änderungen oder Aktualisierungen.

- **Einfügen und benachrichtigen**: Die wirkliche Stärke von Channels erfahren Sie, wenn Sie den Punkt JA, ABER BEI AKTUALISIERUNGEN NUR BENACHRICHTIGEN auswählen. Jedes Mal, wenn sich auf dem Channel etwas ändert, wird es Ihnen mitgeteilt. Zusätzlich können Sie es so einrichten, daß Ihnen diese Benachrichtigungen direkt per E-Mail zugeschickt werden.
- **Einfügen, benachrichtigen und herunterladen**: Wählen Sie diesen Punkt, so können Sie den Browser dazu veranlassen, bei Änderungen an den Seiten diese auch herunterzuladen. Diese Seiten werden dann zwischengespeichert und, wenn nötig, aus dem Pufferspeicher geholt. Auf diese Weise können Sie die Änderungen auch offline nachlesen. Wenn Sie den Punkt ERWEITERT wählen, können Sie den Vorgang der automatischen Aktualisierung voll kontrollieren.

  Sollten Sie die dritte Methode wählen, so werden Sie in einem Dialog gefragt, ob der Browser alle Seiten des Channels oder nur die Startseite (`HREF`-Attribut der CDF-Datei) herunterladen soll. Sollten Sie sich entscheiden, alle Seiten zu laden, dann werden diese auf Ihrer Festplatte gespeichert und können auch offline gelesen werden.

Kündigen eines Abonnements

Um einen Channel zu löschen, klicken Sie das entsprechende Symbol mit der rechten Maustaste an. Daraufhin erscheint ein Menü, in dem Ihnen verschiedene Aktionen angeboten werden. Wählen Sie den Punkt LÖSCHEN, um den Channel zu entfernen.

Ein Channel für die eigene Homepage

Nachdem Sie nun die Theorie des CDF (Channel Definition Format) und dessen Anwendung im Internet Explorer verstanden haben, wollen Sie doch sicher wissen, wie Sie Ihre eigene CDF-Datei erstellen können, oder? Nun das trifft sich, denn in dem folgenden Abschnitt soll die Vorlage einer CDF-Datei für die eigene Homepage erstellt werden. Diese Vorlage ist nur eine Art Grundgerüst, mit dem Sie experimentieren sollten, um es schließlich so erweitern, daß es Ihren Anforderungen genügt.

Der erste Schritt

Um dieses Beispiel überhaupt anwenden zu können, brauchen Sie Zugang zu einem Web-Server, über den Sie auf die CDF-Datei zugreifen können. Im folgenden soll davon ausgegangen werden, daß die HTML-Dokumente unter `E:\MeineHomepage\` liegen und der Web-Server über den URL `www.MeineHomepage.com/MeinChannel` Ihre Homepage zur Verfügung stellt.

Für den Anfang erstellen Sie eine CDF-Datei, die Ihre Homepage auf der obersten Hierarchieebene erläutert. Das folgende Beispiel enthält auch einen Zeitplan für Aktualisierungen, die einmal wöchentlich stattfinden sollen.

1. **Starten Sie den Editor, mit dem Sie am liebsten arbeiten, und erstellen Sie eine neue Datei.**

   Sie sollten für den Namen der Datei etwas Sinnvolles verwenden, vielleicht Ihren Namen oder nur Ihre Initialen und eine Versionsnummer, um den Stand der Entwicklung wiederzugeben. Zum Beispiel könnte Hans Mustermanns erste CDF-Datei `HMC-0.cdf` heißen.

2. **Tippen Sie das folgende Beispiel ab, ersetzen Sie die Informationen innerhalb der Tags durch Ihre eigenen und speichern Sie die Datei.**

   Der Code in dieser Datei ist nur als Anregung und Ausgangspunkt für Ihre eigenen Ideen gedacht. Ändern Sie den Inhalt, so daß er Ihre eigenen Ideen korrekt wiedergibt. Beachten Sie bitte auch, daß diese Datei bereits einen Zeitplan für wöchentliche Aktualisierungen enthält.

   ```
   <?XML version="1.0"?>
   <CHANNEL
   HREF="http://www.MeinProvider.com/HansMustermann/index.html">

   <TITLE>Hans Mustermanns erster Channel</TITLE>
   <ABSTRACT>
   Das ist mein erster persönlicher Channel. Hier gibt es Infos über mein
           aufregendes Leben und Tips zu Channels und CDF.
   </ABSTRACT>

   <SCHEDULE>
   <INTERVALTIME DAY="7"/>
   </SCHEDULE>

   </CHANNEL>
   ```

3. **Kopieren Sie die Datei in das Wurzelverzeichnis für Ihre Homepage.**

   Angenommen, das Wurzelverzeichnis Ihrer Homepage ist `E:\MeineHomepage\`, dann kopieren Sie Datei in dieses Verzeichnis. Nehmen wir an, die Datei heißt `HMC-0.cdf`, dann ist der vollständige Pfad der Datei `E:\MeineHomepage\HMC-0.cdf`.

4. **Laden Sie die CDF-Datei.**

   Nun sollten Sie den Internet Explorer benutzen, um sich die Datei anzusehen. Da wir davon ausgingen, daß der URL der Homepage `www.MeineHomepage.com/MeinChannel` ist, lautet der URL der CDF-Datei `www.MeineHomepage.com/MeinChannel/HMC-0.cdf`.

   Nachdem die CDF-Datei geladen ist, sollte der Internet Explorer Ihnen den Dialog CHANNEL HINZUFÜGEN zeigen

5. **Klicken Sie einen der Radiobuttons (Optionsschaltflächen) Ihrer Wahl an, und klicken Sie auf OK.**

   Nachdem Sie den Channel erfolgreich abonniert haben, sollte er im Microsoft-Channel-Guide auftauchen.

Verwendung eigener Icons (Symbole)

Wenn Sie sich Ihren Channel in der Channelleiste des Browsers ansehen, dann werden Sie feststellen, daß zur Anzeige Ihres Channels das Standardsymbol des Explorers, eine Satellitenschüssel, verwendet wird. Wenn Sie jedoch ein farbenfrohes, persönliches Logo, wie all die anderen Channels auch, haben wollen, so geht das selbstverständlich auch. Lesen Sie weiter!

Befolgen Sie diese vier Schritte, um zu einem »echt coolen« Icon zu kommen:

1. **Erzeugen Sie ein eigenes Icon.**

   Wie schon in dem Abschnitt über Logos beschrieben, werden drei Arten von Icon-Größen unterstützt. Benutzen Sie ein Grafikprogramm Ihrer Wahl, um drei Icons entsprechend der erlaubten Größen zu erzeugen. In diesem Beispiel ist die Grafik für das Logo in den Dateien `test.ico` (für ein Icon) und `test_sl.gif` (für ein großes Bild) gespeichert.

2. **Kopieren Sie die Icon-Datei in das Verzeichnis Ihrer Homepage.**

   Da in unserem Beispiel die Homepage sich in `E:\MeineHomepage\` befindet, kopieren Sie die Datei dort hin.

3. **Editieren Sie die CDF-Datei aus dem letzten Beispiel, indem Sie den nachstehenden Code ergänzen. Geben Sie der Datei ruhig eine neue Versionsnummer, also einen neuen Namen.**

   In unserem Fall speichern wir die Datei von Hans Mustermann unter HMC-1.cdf, um anzuzeigen, daß es eine neue Version ist. Der folgende Code (fett dargestellt) sollte nach dem Element `SCHEDULE` und vor dem End-Tag `</CHANNEL>` eingefügt werden.

```
</SCHEDULE>

<LOGO HREF="test.ico" STYLE="ICON"/>
<LOGO HREF="test_sl.gif" STYLE="IMAGE"/>

</CHANNEL>
```

4. **Laden Sie die neue CDF-Datei in Ihren Browser, indem Sie dieselben Schritte wiederholen wie für HMC-0.cdf.**

   Sobald Sie bestätigt haben, daß Sie einen neuen Channel hinzufügen wollen, merkt der Browser, daß Sie schon einen Channel mit diesem Namen abonniert haben. Es wird ein Dialog erscheinen, in dem Sie gefragt werden, ob der bestehende Channel überschrieben werden soll oder die Anmeldung abgebrochen werden soll. Um den neuen Channel zu abonnieren, müssen Sie die Option ÜBERSCHREIBEN wählen.

Während dieser Testphase können Sie auch erst den alten Channel löschen, bevor Sie den neuen Channel anmelden. Manchmal kann dieses Vorgehen helfen, Probleme zu vermeiden.

Bitte beachten Sie, daß, solange wir keine Unterpunkte (Items) in der CDF-Datei haben, auch nur das Logo von Typ `IMAGE` benutzt wird. Sobald Sie jedoch ein oder zwei Unterpunkte hinzufügen, werden Sie sehen, wie das Logo vom Typ `ICON` ins Spiel kommt. Beachten Sie auch, daß Sie für jeden Channel festlegen müssen, welche Logos für den Channel selbst und welche für die Unterpunkte verwandt werden sollen.

Es ist wichtig, daß Ihre Einstellungen für das Internet in Bezug auf temporäre Dateien festlegen, daß alle Dateien auf Änderungen überprüft werden, und zwar jedes Mal, wenn Sie die Seite ansehen. Um diese Einstellungen zu überprüfen, gehen Sie in das Menü ANSICHT|INTERNETOPTIONEN. In der Registerkarte Allgemein finden sie den Punkt TEMPORÄRE INTERNETDATEIEN. Um immer die aktuellsten Dateien herunterzuladen, klicken Sie auf EINSTELLUNGEN und wählen dann die Einstellung BEI JEDEM ZUGRIFF AUF SEITE.

Hierarchien einführen

Zur Zeit steht Ihnen eine kleine CDF-Datei auf Ihrer Homepage zur Verfügung, was für die meisten Anwender auch halbwegs befriedigend sein sollte. Es könnte jedoch auch sein, daß Sie einige Hierarchieebenen in die Struktur Ihrer Seiten einführen wollen.

Wir wollen zunächst annehmen, daß Ihre Homepage zwei getrennte Bereiche hat:

- ✔ **Der Teil für die beruflichen Aspekte Ihres Lebens**: Hier stellen Sie Ihre Arbeit dar, was Sie daran schätzen oder weniger mögen. Sie haben vielleicht sogar einen Lebenslauf und Ihre Qualifikationen ins Web gestellt (besonders, wenn Sie Ihre Arbeit weniger mögen). Wir nehmen an, daß die entsprechenden Seiten alle im Verzeichnis `Beruf` liegen und mit der Seite `Beruf/index.html` beginnen.
- ✔ **Der Teil über Ihr Privatleben**: Obwohl Sie ein hart arbeitender Mensch sind, schaffen Sie es, etwas Zeit für ein Privatleben abzuzwacken. In diesem Teil dreht sich also alles um Ihre/Ihren Partner/Partnerin, die Familie oder die Haustiere. Vielleicht wollen Sie die Familienbilder zeigen oder lustige Geschichten über Ihre Katze berichten. Was auch immer Sie ins Web stellen wollen, in unserem Beispiel soll alles im Verzeichnis `Privat` liegen und mit der Seite `Privat/index.html` beginnen.

Fügen Sie folgenden Code nach dem Element SCHEDULE in das Beispiel ein.

```
<CHANNEL HREF="Beruf/index.html">
....
<ITEM>
<TITLE>Berufliches</TITLE>
<ABSTRACT>Erfahren Sie alles über meinen Beruf!</ABSTRACT>
</ITEM>
<ITEM HREF="Privat/index.html">
<TITLE>Persönliches</TITLE>
<ABSTRACT> .... </ABSTRACT>
</ITEM>
```

RIO, CDF und Ihr Intranet

Die vorherigen Abschnitte in diesem Kapitel erörterten die Anwendung von CDF und Channels im professionellen und privaten Bereich. CDF kann aber auch ganz anders angewandt werden. Dieser Abschnitt soll zeigen, wie man CDF und Channels im Intranet verwenden kann.

Ein Intranet ist im Grunde ein ausschließlich auf eine Firma oder beliebige andere Organisationen beschränktes Internet. Typischerweise findet man in einem Intranet lokal erzeugte Informationen und Inhalte und zusätzliche Informationen aus dem Internet. Der wichtigste Aspekt an einem Intranet ist, daß die Informationen darin nur für Anwender innerhalb einer bestimmten Gruppe bestimmt sind.

Channels für Ihr Intranet

Intranets sind normalerweise so organisiert, daß sie es den Mitarbeitern einer Firma gestatten, Informationen sehr elegant auszutauschen. Die etablierteste Anwendung in einem Intranet ist E-Mail, der Austausch von elektronischen Nachrichten zwischen Menschen. Viele der Informationen, die in einem Intranet abgelegt werden, sind für ein größeres Publikum gedacht. Die erzeugten Inhalte und Informationen müssen für eine ganze Anzahl interessierter Parteien veröffentlicht werden. Der Schlüssel zum Erfolg liegt darin, die richtige Information an die richtige Person zur richtigen Zeit zu liefern.

Bestimmte Arten von Informationen sollten zentral gehalten werden, um zu verhindern, das dutzende Versionen dieses Dokumentes im Umlauf sind, von denen vermutlich fast alle veraltet sind. Typische Beispiele sind Telefonlisten oder Personalverzeichnisse. Die Anwender müssen wissen, wo sie die aktuellsten Nachrichten und Dokumente finden, ohne vorher stundenlang suchen zu müssen. Idealerweise sollte man in der Lage sein, alle interessierten Gruppen zu informieren, sobald sich Änderungen ergeben haben.

Sie können RIO von DataChannel benutzen, um die Möglichkeiten von Channels für Ihr Intranet nutzbar zu machen. RIO ist eine datenbankgesteuerte Anwendung, die es Ihnen erlaubt, eine Reihe von Informationsquellen zu warten, um so das Maximum aus Ihren bestehenden Netzwerken herauszuholen. Unter anderem bietet Rio:

- ✔ **Benutzerprofile**: Ein Benutzerprofil, ähnlich wie in Abbildung 11.6 dargestellt, ist ein Dokument mit Informationen über Benutzer. Es enthält unter anderem Informationen über Gruppen, Einstellungen der Arbeitsoberfläche und ähnliches. Jeder einzelne Benutzer braucht eine Reihe von Informationsquellen, um seine Aufgaben erledigen zu können. Daher ist ein wichtiger Teil des Benutzerprofils die Information, welche Channels diesen Benutzer interessieren.
- ✔ **Gruppenprofile**: Firmen und Organisationen sind im allgemeinen in Gruppen unterteilt. Diese Gruppen können mal aus einer ganzen Abteilung bestehen oder auch mal nur aus einem Team von zwei Angestellten. Im Zusammenhang mit Channels und Intranets ist nur wichtig, daß Gruppen das Interesse an bestimmten Themen teilen und daher auch ein gemeinsames Interesse an Channels haben.
- ✔ **Channels**: Channels sind Informationen über geordnete Inhalte. Die Inhalte selbst können sowohl im Intranet selbst oder irgendwo im Internet liegen. Typischerweise finden sich im Intranet Informationen wie Marketingunterlagen, Verkaufszahlen und Personallisten. Während man Daten wie Börsenberichte und Wettervorhersagen aus dem Internet beziehen wird.

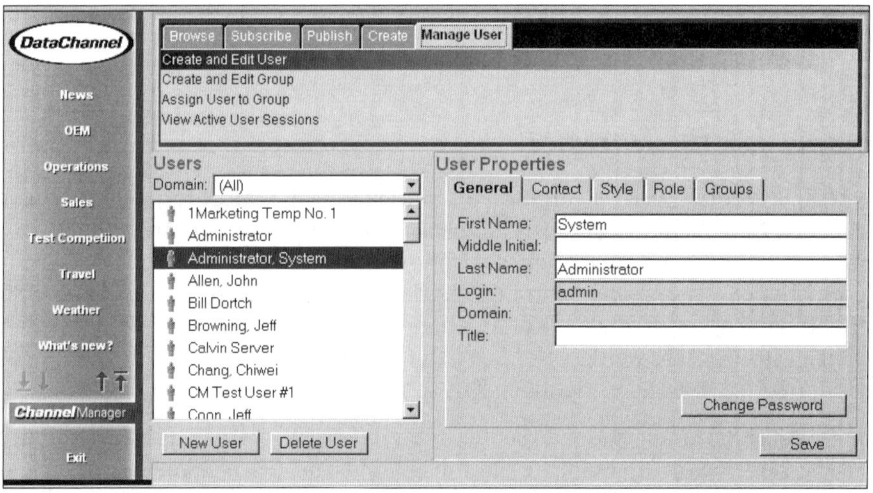

Abbildung 11.6: Verwaltung von Benutzerprofilen mit RIO.

RIO kombiniert diese Fülle an Informationen zu Channels, die dafür sorgen, daß jeder Angestellte die benötigten Informationen erhält. Da alle Informationen zentral gepflegt werden, braucht man sich keine Sorgen darüber zu machen, ob einzelne Angestellte vielleicht veraltete Informationen auf dem Rechner haben. Sobald sich etwas an einem Channel ändert, können diese Änderungen an die Empfänger gesendet werden, und die Benutzer werden über die Neuigkeiten informiert.

RIO und der Internet Explorer

RIO ist in der Lage, seine Channel-Informationen in vielen verschiedenen Formaten zu exportieren und kann daher leicht mit vielen verschiedenen Anwendungen zusammenarbeiten. RIO kann die eigenen Channel-Informationen im laufenden Betrieb aus einer Datenbank heraus in CDF umwandeln.

RIO wird mit einer eigenen, leistungsfähigen Client-Anwendung, dem RIO-Client ausgeliefert. Der RIO-Client ist eine Java-Anwendung, die mit allen wichtigen Browsern (32-Bit-Versionen) läuft. Es ist manchmal aber auch sinnvoll, die von RIO bereitgestellten Informationen zusammen mit anderen Anwendungen zu benutzen.

Da RIO CDF benutzt, können diese Informationen über die Channelleiste des Internet Explorers genutzt werden. Die kombinierte Anwendung von RIO und dem Internet Explorer erlaubt es, die Vorteile einer zentralisierten Informationsverwaltung und wichtiger Browser-Technologie gemeinsam zu nutzen.

CDF auf allen Plattformen

Unglücklicherweise werden Sie nicht immer in der Lage sein, eine hochentwickelte Client-Anwendung, wie den RIO-Client oder den Internet Explorer, zu benutzen. Nichtsdestotrotz können Sie durch die Anwendung von CDF immer noch alle Vorteile einer solchen Client-Anwendung nutzen. Da CDF eine Anwendung von XML ist, ist es einfach, eine eigene CDF-basierte Anwendung zu erstellen, z.B. einen eigenen Betrachter (Viewer) für CDF-Dateien. Sie brauchen dafür zweierlei:

- ✔ **Einen XML-Parser**: Implementierungen von Parsern für XML gibt es in vielen wichtigen Programmiersprachen und für alle wichtigen Betriebssysteme. Benutzen Sie den Parser für Baumstrukturen, um die CDF-Informationen auszulesen und diese dann an Ihren Betrachter (Viewer) für Baumstrukturen weiterzugeben. Mehr Hinweise zu XML-Parsern finden Sie im Kapitel 6.
- ✔ **Einen Betrachter für Baumstrukturen**: Die Aufgabe dieses Viewers ist es, die Informationen, die vom Parser geliefert werden, anzunehmen und die hierarchischen Strukturen der CDF-Datei in einer Baumstruktur darzustellen. Grafische Elemente, die eine Baumstruktur darstellen, sind inzwischen recht verbreitet, es sollte also keine Probleme bereiten, etwas Passendes für Ihr System zu finden. Ihre Aufgabe ist dann, die grafische Darstellung mit den Daten aus der Datei zu beleben. Unter `meteora.ucsd.edu/~pierce/ncview_home_page.html` finden Sie Ncview, einen Betrachter für das X-Window-System.

Bei DataChannel finden Sie XML Development Kit, eine Sammlung von Programmen für die Entwicklung von XML-Software. Das XDK (XML Development Kit) enthält unter anderem ein Beispiel, wie man einen in Java implementierten XML-Parser und Betrachter für Baumstrukturen verwendet, um einen den eigenen Wünschen angepaßten CDF-Viewer zu programmieren. Dies ist nur ein Beispiel, wie man zwei vorhandene Komponenten (Parser und allgemeiner Betrachter) dazu verwenden kann, eine neue Anwendung (Betrachter für CDF-Dateien) zu erzeugen.

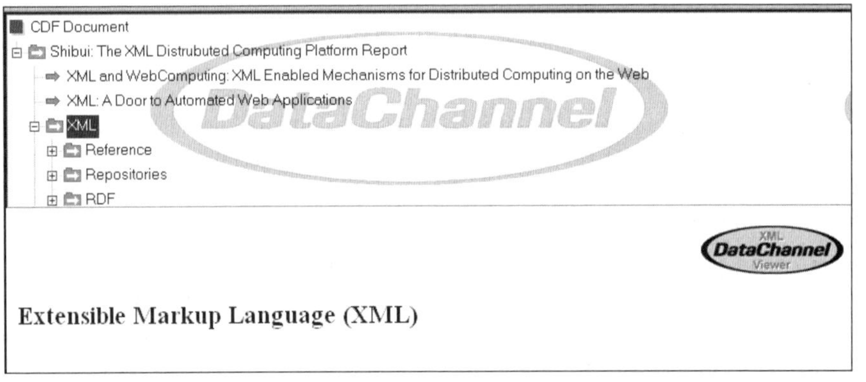

Abbildung 11.7: Ein einfacher Viewer für CDF-Dateien.

Mit XML an die Quellen gelangen

12

In diesem Kapitel

- Das Resource Description Framework (RDF) untersuchen
- Web-Collections benutzen
- MCF (Meta Content Framework) definieren
- Viewer, Regeln und Ressourcen

Wenn Sie ein typisches Büro betreten, so werden Sie dort viele Papiere, Ordner und Bücher liegen sehen, oft ungeordnet und in Stapeln. Diese Art der Organisation macht es einem nicht einfach, einmal abgelegte Informationen schnell wiederzufinden.

Wäre es nicht schön, wenn man die ganzen losen Blätter, Ordner und Bücher, also alles, was an Informationsträgern so anfällt, in einer Art universeller Bibliothek aufnehmen und verwalten könnte? Dies würde den Suchprozeß nach beliebigen Informationen wesentlich vereinfachen. Mit der Hilfe von RDF (Resource Description Framework), Web-Collections und dem MCF (Meta Content Framework) kann man genau das tun. Durch die Anwendung von RDF kann man sogenannte Web-Collections und/oder MCFs erstellen. Beide, Web-Collections und MCFs, helfen dabei, die vielen Informationsquellen im WWW (allgemeiner: Web-Ressourcen), wie einzelne Web-Seiten oder den Inhalt eines ganzen Servers, strukturiert zu organisieren. Dabei werden diese einzelnen Ressourcen - auf den Begriff gehen wir gleich noch genauer ein - als einzelne Objekte betrachtet, die durch Attribute und deren Werte repräsentiert werden. XML paßt ganz hervorragend in dieses Bild, da es bei XML im wesentlichen um strukturierte Daten jeder Art geht. Daher sind Web-Collections und MCF zwei Anwendungen von XML, die auf RDF basieren.

Nun noch einmal zu dem Begriff der Web-Ressourcen. Eine solche Ressource kann ein einfaches HTML-Dokument sein, eine ganze Website, also eine Sammlung von HTML-Dokumenten, oder aber jede Art von elektronischer Information, also zum Beispiel Bilder, Musik, Videos und vieles mehr. Diese Ressourcen lassen sich anhand ihrer Attribute beschreiben. Zum Beispiel läßt sich eine Website durch die Attribute Autor, Bearbeitungsdatum und Titel beschreiben. Ein Bild, ein Video oder eine Musikdatei könnte die Attribute wie Titel, Typ, Quelle und URL haben. Sie müssen also in der Lage sein, all diese Informationen geordnet zu verwalten. Genau das können Sie sowohl mit Web-Collections als auch mit MCF tun.

RDF ist die Grundlage für die Verarbeitung von Metadaten. Metadaten sind nichts anderes als Daten über Daten. In diesem Fall Daten über Web-Seiten oder allgemeiner Web-Ressourcen, die ja im Grunde auch nur Daten sind. Microsoft ist der stärkste Befürworter von Web-Collections, obwohl auch Netscape und Apple an den Sitzungen des W3C zum Thema Web-Collections teilgenommen haben. Netscape hat dann jedoch MCF von Apple gekauft und ist seitdem der stärkste Befürworter von MCF. Welches der beiden konkurrierenden Konzepte zum Standard erhoben wird, bleibt abzuwarten.

Die durch RDF, Web-Collections und MCF repräsentierten Informationen bedürfen nicht notwendigerweise eines eigenen Viewers. Diese Konzepte legen die Regeln fest, wie Ressourcen repräsentiert werden. Wie Sie diese Informationen für eine Darstellung nutzen, hängt von Ihrem konkreten Anwendungsfall und den verwendeten Tools ab. Eine Reihe möglicher Anwendungen für Web-Collections und MCF verwenden Metadaten, so zum Beispiel Suchmaschinen, Portalseiten, Anwendungen mit Personal-Information-Management- (PIM-) Funktionen, Planungs-Software und Programme für so genanntes *content labeling*. So könnte zum Beispiel eine Suchmaschine mit den Suchergebnissen auch Metadaten über die gefundenen Seiten liefern. Sie können Metadaten auch zur Dokumentierung Ihrer Web-Seiten nutzen, indem Sie diese Informationen strukturiert ablegen und dann das entsprechende XML-Dokument mit einem Parser bearbeiten. Sie können also Web-Collections und MCF zur Markierung / Beschriftung der Inhalte Ihrer Web-Seiten nutzen, indem Sie Informationen wie Kommentare, bestimmte Eigenschaften Attribute und die Entwicklungsgeschichte Ihrer Seiten speichern.

Dieses Kapitel wird Ihnen einen Überblick über RDF, Web-Collections und MCF geben.

RDF: Mehr als eine lokale Adresse

Das W3C (World Wide Web Consortium) definiert RDF als die Grundlage für die Verarbeitung von Metadaten. Wie schon gesagt sind Metadaten nichts anderes als Daten über Daten. In diesem konkreten Fall sind es Daten über die verschiedenen Arten von Web-Ressourcen.

Wie der Name schon andeutet, ist RDF ein Regelwerk oder eine Umgebung (Framework) zur Beschreibung von Web-Ressourcen. Um RDF verstehen zu können, muß man das Datenmodell von RDF und seine Grammatik (DTD) verstehen. Das klingt vermutlich etwas verwirrend. Betrachten wir also eine Aussage wie »Ed Tittel ist der Autor des Buches HTML für Dummies. Mehr Informationen zu diesem Buch finden Sie unter `http:\\www.lanw.com/books/h4d3.htm`.« Mit Hilfe des Datenmodells und der Grammatik von RDF können Sie solche Aussagen formal darstellen.

Denken Sie sich eine Web-Ressource als ein Objekt (im Sinne der objektorientierten Programmierung, nicht im Sinne von irgend einem Gegenstand). Objekte haben Eigenschaften (Attribute), und diese wiederum haben Werte. Analog zu den Objekten haben auch Web-Ressourcen Eigenschaften bzw. Attribute mit bestimmten Werten. Zum Beispiel hat jeder URL einen Autor. Den Autor kann man als Attribut des Objektes URL sehen, und der Name des Autors ist dann der Wert des Attributes. Der Autor der Web-Seiten von Microsoft ist »Microsoft Corporation«. Die Seiten (`www.microsoft.com`) sind eine Web-Ressource (oder URL). Diese Seiten haben also ein Attribut Autor, dessen Wert »Microsoft Corporation« ist. Analog ist als Autor der Seiten auf dem Netscape WWW-Server »Netscape Corporation« eingetragen. Diese Seiten (`www.netscape.com`) sind wieder eine Web-Ressource. Auch diese Ressource hat das Attribut Autor aber den Wert »Netscape Corporation«.

Die Grammatik von RDF

Die Grammatik von RDF definiert die Elemente (Tags) und deren Attribute, die zur Beschreibung von Web-Ressourcen verwendet werden dürfen.

In diesem Abschnitt werden die wichtigsten Elemente vorgestellt. Wenn Sie sich umfangreicher über RDF informieren wollen, sollten Sie sich die Seiten des W3C dazu ansehen. Diese finden Sie unter `www.w3.org/TR/WD-rdf-syntax/`.

- ✔ **RDF serialization**: Um eine RDF-Serialisierung zu definieren, benutzt man das Tag-Paar `<RDF:serialization> ... </RDF:serialization>`. Innerhalb der Tags definieren Sie die einzelnen Knoten, Knoten sind unter anderem `assertion` und `resource`. Die Syntax für eine RDF-Serialisierung ist

  ```
  <RDF:serialization> Knoten </RDF:serialization>
  ```

- ✔ **RDF resource**: Um eine Ressource zu definieren, verwendet man das Tag-Paar `<RDF:resource>...</RDF:resource>`. Geben Sie die Attribute innerhalb des Start-Tags an. Die Syntax für die Definition einer Ressource ist

  ```
  <RDF:resource idAttrib> Attribut </RDF:resource>
  ```

  Beschreiben Sie `idAttrib` wie folgt (beachten Sie bitte, daß `IDSymbol` den Namen der Ressource angibt):

  ```
  Id=<IDSymbol>
  ```

- ✔ **RDF assertion**: Eine Assertion (dt.: Erklärung) definiert man mittels `<RDF:assertion> ...<RDF:asertion>`. Auch hier geben Sie die Attribute innerhalb des Start-Tags an. Die Syntax für eine Assertion ist

  ```
  <RDF:assertion idAttrib> Attribut <RDF:assertion>
  ```

  Beschreiben Sie `idAttrib` wie folgt an

  ```
  Id=<IDSymbol>
  ```

  Beachten Sie bitte auch hier, daß `IDSymbol` den Namen der Assertion angibt.

Ressourcen festlegen

Eine grafische Repräsentation für Ressourcen finden Sie in Abbildung 12.1.

Zum Beispiel können Sie die vorher erwähnte Ressource für die Microsoft-Homepage wie in Abbildung 12.2 angeben.

Sie können die Ressource aus Abbildung 12.2 mit der Grammatik von RDF auch wie in folgendem Beispiel angeben:

```
<RDF:serialization>
     <RDF:resource http://www.microsoft.com/>
       <bib:name>Microsoft Corporation<bib:name>
     </RDF:resource>
</RDF:serialization>
```

Analog können Sie die Ressource Netscape-Homepage wie in Abbildung 12.3 angeben.

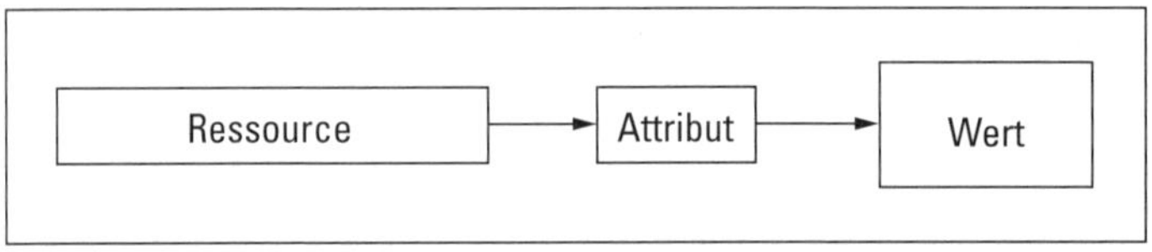

Abbildung 12.1: Eine Ressource hat Attribute, diese haben ihrerseits Werte.

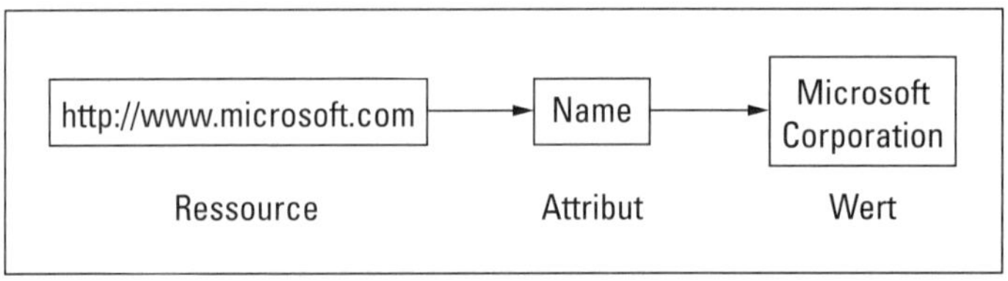

Abbildung 12.2: Eine Repräsentation für die Ressource Microsoft-Homepage.

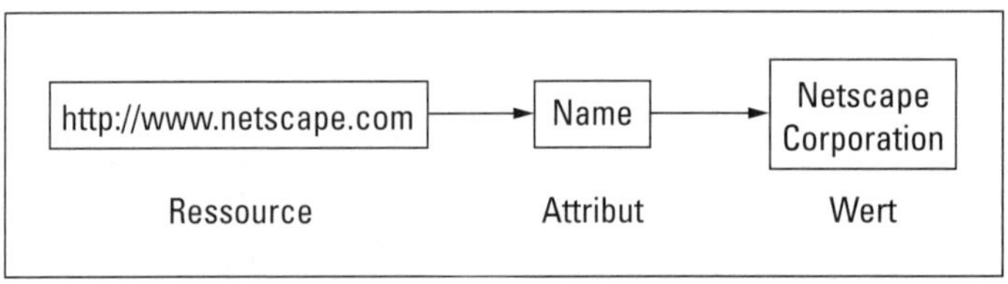

Abbildung 12.3: Eine Repräsentation für die Ressource Netscape-Homepage.

Mit RDF können Sie die Definition für die Ressource Netscape Homepage so schreiben:

```
<RDF:serialization>
      <RDF:resource http://www.netscape.com/>
        <bib:name> Netscape Corporation<bib:name>
      </RDF:resource>
</RDF:serialization>
```

Erklärungen abgeben

Eine Ressource kann durchaus mehr als ein Attribut haben. Jedes der möglichen Attribute hat einen dazugehörigen Wert, wie das folgende Beispiel zeigt:

```
Resource...Attribut1   Wert1
           Attribut2   Wert2
           Attribut3   Wert3
```

Die Spezifikation von RDF definiert eine Ressource, die mehrere Attribute hat, als eine »Assertion« (dt.: Erklärung). Das nachfolgende Beispiel zeigt, wie man eine Assertion definiert. Auch hier dient wieder die Microsoft-Homepage als Beispiel für eine Ressource. In diesem Fall haben wir die Attribute Name, E-Mail-Adresse und Telefonnummer für diese Ressource. Als Werte für die Attribute nehmen wir `Microsoft Corporation`, `info@microsoft.com` und `+1 (800) 123-4567` für Name, E-Mail und Telefonnummer:

```
<RDF:serialization>

  <RDF:assertion href="http://www.microsoft.com/">
    <bib:author>
      <RDF:resource>
        <bib:name>Microsoft Corporation</bib:name>
        <bib:email>info@microsoft.com</bib:email>
        <bib:phone>+1 (800) 123-4567</bib:phone>
      </RDF:resource>
    </bib:author>
  </RDF:assertion>
</RDF:serialization>
```

Das nächste Beispiel demonstriert auch eine Definition für eine Ressource mit einer Assertion. Hier wird die Ressource für die Netscape-Homepage definiert und hat in diesem Fall die Attribute Name, E-Mail, Anschrift und Telefonnummer. Die Werte für die Attribute sind `Netscape Corporation, info@netscape.com, 501 E. Middlefield Road, Mountain View, CA 94043` und `+1 (800) 123-4567.`

```
<RDF:serialization>
  <RDF:assertion href="http://www.netscape.com/">
    <bib:author>
      <RDF:resource>
        <bib:name>Netscape Corporation</bib:name>
```

```
        <bib:email>info@netscape.com</bib:email>
        <bib:address>501 E. Middlefield Road * Mountain View
              CA 94043</bib:address>
        <bib:phone>+1 (800) 123-4567</bib:phone>
      </RDF:resource>
    </bib:author>
  </RDF:assertion>
</RDF:serialization>
```

Wir sammeln Web-Collections

Am 9. März 1997 reichte Microsoft die Spezifikation für Web-Collections beim W3C ein, damit diese von dem Konsortium zu einem Standard erklärt wird.

Mit Web-Collections können Sie, wie mit RDF, die Attribute eines Objektes strukturiert beschreiben. Ein Objekt kann ein oder mehrere Attribute haben, die ihrerseits alle Werte haben. Eine Web-Seite wird dann zum Beispiel durch Attribute wie Autor, URL, Titel und Bearbeitungsdatum beschrieben.

Da man am besten aus Beispielen lernt, sehen wir uns gleich eines an, um zu verstehen, wie Web-Collections funktionieren. Das folgende Beispiel zeigt ein Objekt (eine Web-Seite) mit den Attributen Autor, Bearbeitungsdatum (`LastMod`) und Titel. Als Werte nehmen wir `IDG Corporation`, `18.02.1998` und `IDG Home Page`. Das Attribut `profile` des Tags `<WEBPAGE>` steht für die Bezeichnung des Objektes. Wohl gemerkt ist hier `profile` ein Attribut des Tags, nicht Attribut (im Sinne von Eigenschaft des Objektes) der Ressource. Der Wert für dieses Attribut ist der URL `www.idg.com/`:

```
<XML>
<WEBPAGE profile="http://www.idg.com/">
     <Autor value="IDG Corporation"/>
     <LastMod value="18.02.1998"/>
     <Title value="IDG Home Page">
</WEBPAGE>
</XML>
```

Wie das Beispiel zeigt, ist eine Web-Collection nichts anderes als eine Sammlung von Attributen (Eigenschaften) eines Objektes. Beachten Sie bitte, das die Definition einer Web-Collection mit dem Tag `<XML>` beginnt und mit `</XML>` endet.

Sie können Web-Collections auch schachteln, d.h., eine Web-Collection kann auch andere Web-Collections enthalten, die wiederum Web-Collections enthalten, usw. Nehmen wir an, eine Web-Seite hat mehrere Ebenen von Seiten. Sie können eine solch strukturierte Seite in der Form eines Hierarchiebaumes darstellen. Zum Beispiel sind die Seiten unter `www.samachar.com` eine Sammlung von unterschiedlichen Nachrichtenseiten, die sich speziell an ein indisches Publikum richten. Abbildung 12.4 zeigt die Startseite.

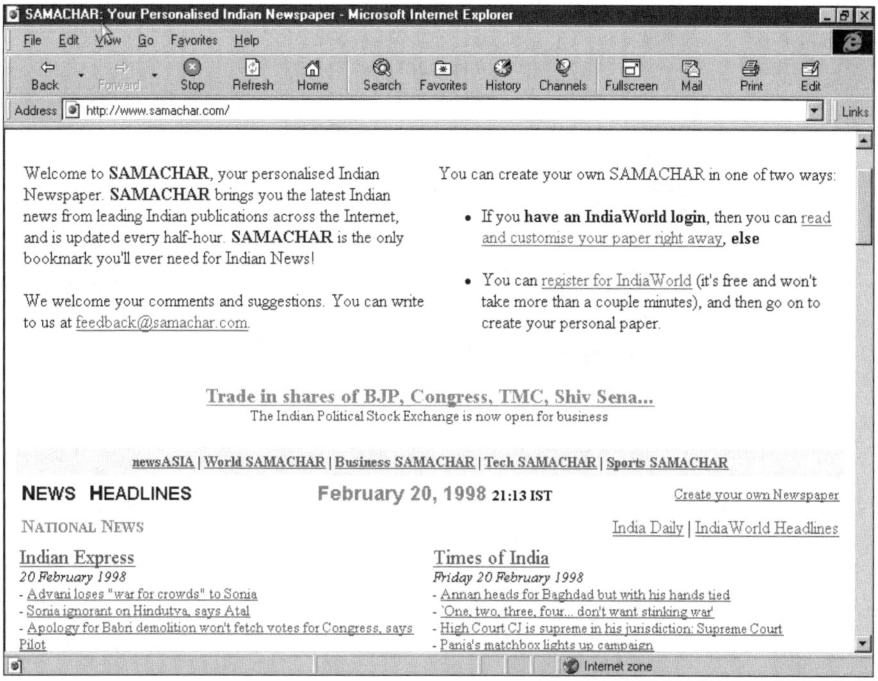

Abbildung 12.4: SAMACHAR ist eine Sammlung von Nachrichtenseiten für ein indisches Publikum.

Sie müssen Web-Collections immer innerhalb von `<XML>` und `</XML>` schreiben wie z.B. hier:

```
<XML>
<WEBPAGE profile="http://www.idg.com/">
     <Author value="IDG Corporation"/>
     <LastMod value="18.02.1998"/>
     <Title value="IDG Home Page">
</WEBPAGE>
</XML>
```

Auch alle anderen Beispiele für Web-Collections in diesem Kapitel stehen zwischen den Tags <XML> und </XML>.

Jeder Link auf dieser Seite ist im Grunde eine Web-Collection. Abbildung 12.5 zeigt eine grafische Darstellung der Seitenstruktur von SAMACHAR.

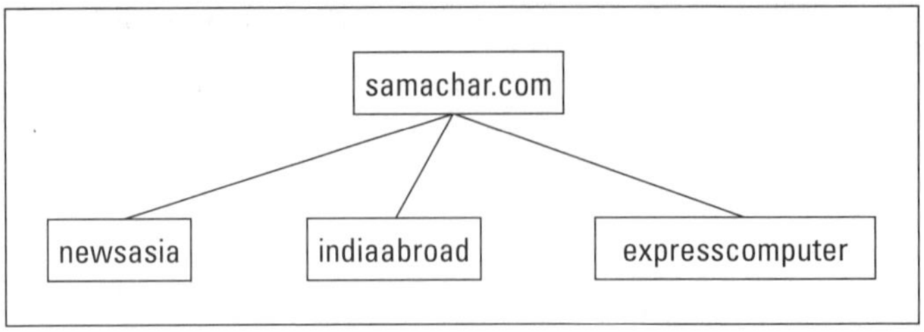

Abbildung 12.5: Eine grafische Darstellung der Seitenstruktur von SAMACHAR.

Natürlich gibt es auch eine entsprechende Repräsentation in XML:

```
<XML>
<WEBMAP profile="http://www.samachar.com">
  <Author value="India World"/>
  <Feedback value=feedback@samachar.com/>
  <Page about="http://www.newsasia.com">
    <Author value="India World"/>
    <LastMod value=="Sun, 01 Feb 1998 10:21:18 GMT"/>
    <Title value="News Asia"/>
    <Slogan value="All the Asian News... just 1 click away"/>
    <Schedule value=DAILY/>
  </Page>
  <Page about="http://www.indiaabroadonline.com/">
    <Author value="India World"/>
    <LastMod value=="Mon, 09 Feb 1998 08:14:18 GMT"/>
    <Title value="India Abroad Online"/>
    <Schedule value=MONTHLY/>
  </Page>
  <Page about="http://www.expressindia.com/bpd/ec/">
    <Author value="Indian Express Group"/>
    <LastMod value=="Tue, 17 Feb 1998 7:15:10 GMT"/>
    <Title value="Express Computer"/>
    <Slogan value="The Weekly Update on Information Technology"/>
    <Schedule value=WEEKLY/>
  </Page>
</WEBMAP>
</XML>
```

Hat man eine vollständige Repräsentation der Seite von SAMACHAR, so kann zum Beispiel die Suchmaschine von SAMACHAR diese Beschreibung nutzen, um Informationen über die einzelnen Bestandteile der Seite zu liefern. Interessiert sich zum Beispiel ein Benutzer für die Indian Express Group, so kann die Suchmaschine ihm zusätzliche Informationen etwa über Autoren, Titel und Aktualisierungszyklen zurück liefern. Oder aber beliebige andere Meta-Informationen, wenn diese angegeben wurden.

Eine Web-Collection kann eines oder mehrere der folgende Attribute haben:

- ✔ `about`: Dieses Attribut wird benutzt, um zusätzliche Informationen zu einer Web-Collection zu liefern. Typischerweise verweist man mit `about` durch einen URL auf ein Dokument entsprechenden Inhalts.

```
<Page about="http://www.MeineFirma.com/Info.html">
```

- ✔ `href`: Mit diesem Attribut können Werte für (Objekt-)Attribute indirekt angegeben (referenziert) werden. Hier ein Beispiel:

```
<WEBPAGE profile="http://www.microsoft.com/">
...<Author href="http://www.microsoft.com/about"/>
...<Title value="Microsoft Home Page">
</WEBPAGE>
```

- ✔ `id`: Das Attribut dient dazu, eine Web-Collection eindeutig zu markieren:

```
<WebPage id:="MyPage"> ... <WebPage>
```

- ✔ `profile`: Dieses Attribut bezeichnet die Web-Collection, wie im folgenden Beispiel:

```
<WEBPAGE profile="http://www.idg.com/">
   <Author value="IDG Corporation"/>
   <LastMod value="18.02.1998"/>
   <Title value="IDG Home Page">
</WEBPAGE>
```

- ✔ `type`: Mit diesem Attribut können Sie den Typ eines Wertes festlegen. In dem Beispiel ist `WebMap` eine Web-Seite vom Typ `MyPage`.

```
<WebMap type="MyPage"> ... </WebMap>
```

- ✔ `value`: Das (Tag-)Attribut `value` legt den Wert eines Objekt-Attributes (Eigenschaft) fest.

```
<WEBPAGE profile="http://www.idg.com/">
   <Autor value="IDG Corporation"/>
   <LastMod value="18.02.1998"/>
<WEBPAGE>
```

Die Spezifikation von Web-Collections befindet sich noch in der Entwicklung. Es ist zu erwarten, daß Microsoft der Spezifikation noch mehr Attribute hinzufügen wird.

Wir bauen ein MCF

Meta Content Framework (MCF) ist das Pendant von Netscape zu den Web-Collections. Auch mit MCF können Sie Web-Seiten durch Attribute (Eigenschaften) beschreiben. Netscape hat die Spezifikation von MCF am 6. Juni 1997 beim W3C, aus demselben Grund wie Microsoft eingereicht, man hofft, daß MCF zum Standard erklärt wird.

Sie können MCF dazu benutzen, Web-Seiten als eine Sammlung von Objekten und deren Attributen (Eigenschaften) darzustellen. MCF stellt Ihnen auch die Möglichkeit zur Verfügung, Web-Ressourcen strukturiert darzustellen. Im folgenden Beispiel wird gezeigt, wie man mit MCF die Eigenschaften einer Web-Seite beschreibt:

```
<WebPage>
   <LastMod>1/9/1998</LastMod>
   <Title>IDG Home Page</Title>
   <URL>http://www.idg.com</URL>
   <Author unit="IDG Corporation"/>
</WebPage>
```

Wie Sie sehen, nutzt MCF auch XML, um Web-Seiten zu beschreiben. Das obige Beispiel beschreibt die Web-Seite von IDG, die Ihnen schon aus vorherigen Beispielen bekannt ist. Diese Beschreibung umfaßt die Attribute (Eigenschaften der Seite, nicht der Tags) Bearbeitungsdatum, Titel, URL und Autor. Diese sind durch die Tags `LastMod`, `Title`, `URL` und `Author` repräsentiert. Die Werte sind dann entsprechend: `1/9/1998` (ein Datum), `IDG Home Page` (ein Text), `http://www.idg.com` (ein URL) und `IDG Corporation` (eine Einheit, `unit`).

Eine `unit` bezieht sich immer auf ein anderes Objekt der Ressource. In diesem Fall auf ein Objekt, welches eine Firma darstellt. Hier nun ein Beispiel für die Definition eines Objektes für eine Firma:

```
<Corporation id="IDG Corporation">
   <name>International Data Group</name>
   <email>info@idg.com</email>
</Corporation>
```

Wie Sie sehen, hat dieses Objekt selbst wiederum auch eigene Attribute im Sinne von Eigenschaften (`name` und `email`) und ein (Tag-)Attribut `id`. Die Werte der Attribute `name` und `email` sind vom Typ Text. Das Attribut `id` ist auch hier ein eindeutiger Bezeichner für das jeweilige Objekt.

Sie können die oben beschriebene Seite auch anders beschreiben:

```
<WebPage>
   <LastMod>1/9/1998</LastMod>
   <Title>IDG Home Page</Title>
   <URL>http://www.idg.com</URL>
   <Author>IDG Corporation</Author>
</WebPage>
```

In diesem Beispiel verweist das Attribut `Author` nicht auf ein anderes Objekt, sondern hat einen Wert vom Typ Text. Das obige Beispiel ist eine einfache und direkte Beschreibung einer Web-Seite, ohne verschachtelte Objekte.

Das folgende Beispiel greift noch einmal die Beschreibung von SAMACHAR auf, die wir schon im letzten Abschnitt, Abbildung 12.4, kennengelernt haben. Dort haben wir gesehen, wie die Beschreibung der Web-Seite durch Web-Collections von Microsoft aussieht. Nun, als Kontrastprogramm und zum Vergleich, wollen wir uns die Darstellung derselben Seite durch MCF ansehen. Sehen Sie sich bitte das folgende Beispiel genau an und vergleichen Sie es mit der Beschreibung aus dem letzten Abschnitt:

```
<WebPage id="samachar.com">
<URL>http://www.samachar.com</URL>
<Feedback>feedback@samachar.com</Feedback>
<Author>India World</Author>
</WebPage>

<WebPage id="newsasia">
<URL>http://www.newsasia.com</URL>
<Parent unit="samachar.com"/>
<Author value="India World"/>
    <LastMod value=="Sun, 01 Feb 1998 10:21:18 GMT"/>
    <Title value="News Asia"/>
    <Slogan value="All the Asian News... just 1 click away"/>
    <Schedule value=DAILY/>
</WebPage>

<WebPage id="indiaabroad">
<URL>http://www.indiaabroadonline.com</URL>
<Parent unit="samachar.com"/>
<Author value="India World"/>
    <LastMod value=="Mon, 09 Feb 1998 08:14:18 GMT"/>
    <Title value="India Abroad Online"/>
    <Schedule value=MONTHLY/>
</WebPage>

<WebPage id="expresscomputer">
<URL>http://www.expressindia.com/bpd/ec/</URL>
<Parent unit="samachar.com"/>
<Author value="Indian Express Group"/>
    <LastMod value=="Tue, 17 Feb 1998 7:15:10 GMT"/>
    <Title value="Express Computer"/>
    <Slogan value="The Weekly Update on Information Technology"/>
    <Schedule value=WEEKLY/>
</WebPage>
```

Bei der Beschreibung mittels MCF ist es notwendig, jeden URL, jede Site auf dem Server, einzeln für sich als eine Einheit, zu beschreiben. Dann erst kann man die Beziehungen (Relationen) unter den einzelnen Sites (URLs) untereinander beschreiben. Dies geschah im Beispiel durch den Tag `<Parent>`. In der Beschreibung von SAMACHAR mittels Web-Collections wurde die Gesamtheit der Seiten als eine Einheit beschrieben, wobei die Beziehungen der einzelnen Seiten untereinander in der Struktur der Elemente zum Ausdruck kam.

Beschreibung von Objekt-Attributen

Das Beispiel im letzten Abschnitt bot eine Beschreibung der Web-Seiten der Firma IDG Corporation anhand von Attributen (Eigenschaften) wie `LastMod`, `Title`, `URL` und `Author`. Mit MCF können Sie auch den Gültigkeitsbereich (`domain`) und den Wertebereich (`range`) dieser Attribute definieren. Mit `range` wird im Grunde nur der Typ des Attributwertes festgelegt, also z.B., ob Texte, oder Zahlen als Werte dienen.

Das folgende Beispiel soll zeigen, wie man den Gültigkeits- und Wertebereich eines Attributes, konkret für `LastMod`, definiert. Der Gültigkeitsbereich (`domain`) legt fest, auf welche Einheit (`unit`) sich das Attribut bezieht. Mit `range` legt man den Typ des Wertes fest. Beachten Sie bitte, daß `domain` und `range` Teil der Spezifikation von MCF sind. Sie sollten diese Tags auch tatsächlich verwenden, um die Gültigkeitsbereiche und Werte von Objekt-Attributen festzulegen. Nun aber zum Beispiel:

- ✔ Der Gültigkeitsbereich für das Attribut `LastMod` soll sich auf die Einheit `WebPage` beschränken, die wir im vorherigen Abschnitt definiert haben. Der Wert für `LastMod` besteht aus einem Text (engl.: String).

  ```
  <PropertyType id="LastMod">
     <domain unit="WebPage"/>
     <range unit="String"/>
  </PropertyType>
  ```

- ✔ Für das Attribut `Title` ist der Gültigkeitsbereich ebenfalls `WebPage`, und auch hier ist der Wert ein Text:

  ```
  <PropertyType id="Title">
     <domain unit="WebPage"/>
     <range unit="String"/>
  </PropertyType>
  ```

- ✔ Die Gültigkeit von `URL` ist ebenfalls auf `WebPage` beschränkt, und auch hier ist der Wert vom Typ Text:

  ```
  <PropertyType id="URL">
     <domain unit="WebPage"/>
     <range unit="String"/>
  </PropertyType>
  ```

- ✔ Das Attribut `Author` bezieht sich auf `Corporation` und ist auch vom Typ Text:

```
<PropertyType id="Author">
   <domain unit="Corporation"/>
   <range unit="String"/>
</PropertyType>
```

- ✔ Das Attribut `name` bezieht sich ebenfalls auf `Corporation` und ist auch vom Typ Text:

```
<PropertyType id="name">
   <domain unit="Corporation"/>
   <range unit="String"/>
</PropertyType>
```

- ✔ Das Attribut `email` bezieht sich auch auf `Corporation` und ist wiederum vom Typ Text:

```
<PropertyType id="email">
   <domain unit="Corporation"/>
   <range unit="String"/>
</PropertyType>
```

Bitte beachten Sie, daß `domain` und `range` nur ein Teil der sich noch entwickelnden Spezifikationen sind.

Die festgelegten Elemente des MCF

Die MCF-Spezifikation wird laufend fortentwickelt. Zur Zeit sind nur wenige Elemente festgelegt. Diese festgelegten Elemente bringt MCF mit, sie gehören quasi zur Serienausstattung und können gleich angewendet werden. Mit der fortlaufenden Entwicklung von MCF werden neue Elemente hinzukommen. Diese Tatsache sollten Sie beachten, da mit neuen Elementen auch die Ausdrucksmöglichkeiten von MCF größer werden. Neue Elemente werden es gestatten, die Eigenschaften von Web-Seiten noch genauer zu beschreiben.

Hier eine Liste von einigen der bereits festgelegten MCF-Attribute:

- ✔ `name`: Um einem Objekt-Attribut einen Namen zuzuweisen, kann man das Element `name` verwenden:

```
<PropertyType>
   <name>Author<name>
   <domain unit="Corporation"/>
   <range unit="String"/>
</PropertyType>
```

- ✔ Um ein Objekt-Attribut zu beschreiben, verwendet man das Element `description`:

```
<PropertyType id="Author">
   <description> Author's name<description>
   <domain unit="Corporation"/>
   <range unit="String"/>
</PropertyType>
```

- ✔ `propertyType` und `superPropertyType`: Um eine hierarchische Beziehung zwischen zwei Objekt-Attributen auszudrücken, können Sie die Elemente `propertyType` und `superPropertyType` verwenden. Mit diesen Elementen haben Sie die Möglichkeit, Instanzen von Objekten zu beschreiben, die in einer Beziehung »Objekt B ist abgeleitet von Objekt A« stehen. `propertyType` bietet die Möglichkeit, abstrakte Objekte zu beschreiben, während `superPropertyType` abgeleitete oder allgemeiner spezialisierte Objekte beschreiben kann. Nehmen Sie als Beispiel eine Person, als allgemeines Objekt, und den Autor, als davon abgeleitetes Objekt:

```
<PropertyType id="Person">
   <domain unit="Mensch"/>
   <range unit="String"/>
</PropertyType>
<PropertyType id="Autor">
   <description>Ein Autor ist ein spezieller Mensch.<description>
   <domain unit="Corporation"/>
   <superPropertyType unit="Mensch"/>
</PropertyType>
```

Tools, Regeln und Ressourcen

Zur Zeit gibt es kein besseres Tool zur Erstellung und Bearbeitung von MCF-Dateien oder Web-Collections als Ihren guten, alten Texteditor. Zur Zeit gibt es kein Tool mit einer netten grafischen Oberfläche, was sich aber hoffentlich mit zunehmender Akzeptanz ändern sollte.

Nachdem Sie Ihre Web-Collections oder MCF-Dateien erzeugt haben, sollten Sie diese durch einen Parser schicken. So wie Sie Ihre in Visual Basic oder C++ geschriebenen Programme durch einen Compiler (auch Kompilierer genannt) schicken, wo diese überprüft und übersetzt werden, sollten Sie auch Ihre XML-Dateien durch einen Parser prüfen lassen. Nachdem die Dokumente erfolgreich geprüft wurden und (hoffentlich) fehlerlos waren, könnten Sie sich das Ergebnis in einem Viewer ansehen. Leider gibt es im Moment noch keine wirklich guten Parser für Web-Collections und MCF-Dateien. Aber auch das sollte sich mit zunehmender Akzeptanz in der Industrie ändern.

Es gibt auch noch keine Viewer für Web-Collections oder MCF-Dateien. Sobald sich diese XML-Sprößlinge entwickeln und bekannter werden, werden sich auch Programmierer den entsprechenden Tools widmen.

Regeln und Gestaltungsrichtlinien

Wenn Sie mit MCF oder Web-Collections experimentieren, müssen Sie sich natürlich an die jeweilige DTD halten. Sie sollten aber auch einige Richtlinien im Hinblick auf die Gestaltung beachten:

- ✔ Denken Sie immer daran, daß jedes Element einen Start- und einen End-Tag hat. Zum Beispiel muß das Element Page mit `<Page>` beginnen und mit `</Page>` enden.
- ✔ Rücken Sie die Elemente im Quelltext entsprechend ein. Einrückungen erhöhen die Lesbarkeit von Quelltexten und erleichtern es so, die Übersicht zu behalten. Außerdem können Sie so der Hierarchie der Elemente gleich Ausdruck verleihen.
- ✔ Um eine Sammlung von Web-Seiten angemessen beschreiben zu können, sollten Sie sich erst über alle Attribute, d.h. Eigenschaften der Seiten und deren Werte, klar werden. Ordnen Sie diese Informationen über die Web-Ressourcen strukturiert an, um die Beziehungen zwischen einzelnen Objekten korrekt auszudrücken.

Mehr Informationen gefällig?

Wenn Sie sich für Web-Collections, das Meta Content Framework oder das Resource Description Format interessieren, dann sollten Sie folgende Web-Seiten ansurfen:

- ✔ Informationen zu Web-Collections gibt es unter `http://www.w3.org/TR/NOTE-XMLsubmit.html`.
- ✔ Mehr zum Thema Meta Content Framework finden Sie unter `http://www.oasis-open.org/cover/mcfSpec970622.html` oder `http://www.w3.org/TR/NOTE-MCF-XML/`.
- ✔ Informationen zur RDF gibt es beim W3C direkt unter `http://www.w3.org/RDF/`. Dokumente zum aktuellsten Stand der Entwicklung finden Sie unter `http://www.w3.org/TR/PR-rdf-schema/` und `http://www.w3.org/TR/REC-rdf-syntax`. Die FAQ (frequently asked questions) finden Sie unter `http://www.w3.org/RDF/FAQ`.
- ✔ Allgemeine Informationen zum Thema Metadaten gibt es unter `http://www.w3.org/Metadata /`.

XML faltet Web-Seiten

13

In diesem Kapitel

- DRP (Distribution and Replication Protocol) verstehen
- Verteilung mit DRP und automatisierte Informationen
- DRP effektiv nutzen
- Wie funktioniert DRP?
- Beispiele für die Inhalte und Anwendungen von DRP
- Ein Blick auf die technische Spezifikation von DRP

In diesem Kapitel behandeln wir das HTTP-Distribution-und-Replication-Protokoll (DRP) und wie es innerhalb von XML arbeitet. Es soll auch diskutiert werden, wie man mit DRP die automatisierte Verteilung von Informationen verbessern kann. Das ist ein notwendiger Bestandteil jeder Dokumentation oder Software, die sich über einen langen Zeitraum verändert. Außerdem ist es ein wichtiger Punkt der XML-Programmierung. Wir werden auch sehen, warum DRP effektiv ist, warum man es braucht und wie es funktioniert. Zusätzlich werden wir uns ein paar Beispiele für die Anwendung von DRP und die Spezifikationen ansehen.

DRP bietet automatisierte und effektive Verteilung von Informationen

Weltweit sind heute Firmen und Organisationen auf der Suche nach effektiveren und billigeren Wegen, die steigende Zahl von Anwendungen, Daten und Web-Inhalten zu verteilen und zu pflegen, um den Bedürfnissen von Kunden und Angestellten besser gerecht zu werden. Durch die Verbesserung der Effektivität und Leistungsfähigkeit des WWW können Firmen das Web auch effektiver für ihre Anwendungen nutzen. Nachstehend einige Punkte, wodurch DRP die Leistungsfähigkeit (unter anderem) verbessert.

- ✔ Es bietet effektivere Channels, Verteilung von Software und verbesserte Möglichkeiten, im Web zu navigieren
- ✔ Es verkürzt die Zeiten für den Download von Daten-Channeln und die Reduzierung von Server-Last. Das eliminiert das so genannte »Web-Crawling« und den Verbindungsaufbau für das Download jeder einzelnen Datei, was normalerweise dafür verantwortlich ist, daß viele normale Channel so langsam sind.

- ✔ Es unterstützt differenzielle Updates, d.h. nur Updates veränderter Teile, was die Verteilung von Software wesentlich effizienter macht, da statt einer ganzen Datei nur der veränderte Teil der Datei übertragen wird.

- ✔ Es ermöglicht schnelleres und leichteres Navigieren im Web, besonders bei langsamen Modem-Verbindungen, durch die Beschleunigung der Übertragung vieler Elementen von Web-Seiten.

Basierend auf der Marimba-Technologie und ursprünglich als Teil des Costanet entwickelt und ausgeliefert, vereinfacht DRP das Update beliebiger Dateien und bietet mächtige Möglichkeiten der Vervielfältigung (Kopieren) zur besseren Skalierbarkeit. DRP verwendet fortschrittliche Prüfsummen-Verfahren (Checksummen), um so sicherzustellen, daß angeforderte Daten und Programme korrekt übermittelt werden.

In diesem Kapitel wird es recht oft um Prüfsummen gehen. Eine Prüfsumme ist ein Wert, der aus dem Inhalt einer Datei errechnet wird, bevor sie abgeschickt wird, und der dann zur Prüfung noch einmal nach dem Empfang der Datei errechnet wird. Stimmen die beiden Werte überein, kann man davon ausgehen, daß die Übertragung erfolgreich war. Denn die Änderung nur eines Bits an der Datei sollte dazu führen, daß eine andere Prüfsumme errechnet wird.

Zu diesem Zeitpunkt haben Sie sicher eine Menge Fragen zu den Grundlagen von DRP. Die beste Quelle für Antworten zu diesem Thema ist, wie für viele Fragen aus der Informatik oder Datenverarbeitung, ein sogenannter FAQ. Marimba (einer der Entwickler von DRP) verwaltet eine umfangreiche Liste der häufigsten Fragen (frequently asked questions, FAQ) und Antworten zum Thema DRP. Sie brauchen sich also nicht nur auf unser Wort zu verlassen, sondern können direkt die Quelle unter `www.marimba.com/faq/drp-faq.html` befragen.

Die Spezifikation von DRP

Die Entwicklung von DRP zielt darauf ab, es einfach zu machen, Teile von Dateien innerhalb einer hierarchischen Dateistruktur zu identifizieren und zu isolieren, so daß dann nur die notwendigen Teile übertragen werden, um einen Dateibestand zwischen dem Server und einem Client abzugleichen. Hoffentlich hilft diese etwas allgemeine Erklärung beim Verständnis von DRP.

"Wie identifiziert und isoliert nun RDF diese Teile der Dateien?" werden Sie fragen. Hauptsächlich durch die Verwendung eines bestimmten Symbols (Token), eines sogenannten *Content-Identifiers,* um so bestimmte Teile von Dateiinhalten zu identifizieren. Ein solches Token besteht aus mindestens einem Uniform-Resource-Identifier (URI) - wenn es mehr als einen gibt, werden sie durch Kommata getrennt. URIs werden zu einem einzigen Content-Identifier (Inhaltsmarke) kombiniert, um so einen eindeutigen Bezeichner für eine ganze Dateihierarchie zu bilden. Nach der DRP-Spezifikation ist die Syntax für einen Content-Identifier:

```
content-identifier ::= URI  ("," URI)*
```

In Worten ausgedrückt bedeutet diese Regel folgendes: Ein Content-Identifier besteht aus mindestens einem URI, dem beliebig viele URIs, durch Kommata getrennt, folgen dürfen.

Der Stern nach der schließenden Klammer bedeutet, daß alles innerhalb der Klammer, also ein Komma gefolgt von einem URI, nie oder beliebig oft vorkommen darf. Siehe hierzu auch die Erklärungen im Kapitel 4.

Gewöhnlich wird ein Algorithmus für Prüfsummen auf jedes Stück Inhalt (Dateien etc.) angewandt, um so eine Prüfsumme zu errechnen. Ein Prüfsummen-Algorithmus implementiert eine mathematische Funktion, die aus einer gegebenen Sequenz von Bytes einen Wert oder eine Reihe von Werten errechnet, die dann eine eindeutige Identifikation der eingegebenen Inhalte erlaubt. Diese Werte repräsentieren so etwas wie eine digitale Signatur oder einen Fingerabdruck einer jeden Datei. In der Spezifikation des DRP-Protokolls sind zwei Algorithmen für die Identifikation von Dateiinhalten angegeben, um so zusätzliche Sicherheit zu haben:

- ✔ *MD5*: MD5 steht für *Message Digest* und ist ein bekannter Algorithmus von RSA, ein Akronym für Rivest, Shamir und Adelman, den Gründern der RSA Data Security, Inc., einer auf die Lizenzierung von Technologien aus dem Bereich Sicherheit und Verschlüsselung spezialisierten Firma. MD5 berechnet eine 128 Bit lange Prüfsumme für jede Art von digitalen Daten. Mehr über den Algorithmus und seine Implementierung finden Sie unter `www.rsa.com/pub/rfc1321.txt`.

  Laut der RDF-Spezifikation können Sie für jedes beliebige Objekt im Internet einen so genannten URN (Universal Resource Name) generieren. Dieser URN ist dann eine besondere Form von URI und sieht für jede 128 Bit lange MD5-Prüfsumme wie folgt aus:

  ```
  MD5-URN ::= "urn:md5:" base64-number
  ```

- ✔ *SHA*: SHA steht für Secure Hash Algorithm (sicherer Hashing-Algorithmus). Er kommt vom amerikanischen National Institute of Standards und ist dem MD5-Algrorithmus recht ähnlich. Die vom SHA errechneten Prüfsummen sind aber 160 Bit lang und haben etwas andere Eigenschaften, die genau unter `csrc.nist.gov/fips/fip180-1.txt` nachzulesen sind. Die Notation, um aus einer SHA-Prüfsumme einen URN zu generieren, ist:

  ```
  SHA_URN ::= "urn:sha:" base64-number
  ```

Der Inhalt wird für MD5- und SHA-basierte URIs *base64-kodiert*. Das bedeutet, es werden je drei Bytes der Prüfsumme in vier Base64-Zeichen kodiert, von denen jedes dann sechs Bits an Information trägt. Es ist wichtig, zu wissen, daß Base64-Zeichen auch die Zeichen / und + enthalten. Wenn diese Zeichen in einer URN-Prüfsumme vorkommen, ist es nicht notwendig, sie besonders zu schützen (im DV-Jargon spricht man von *quoten* oder *escapen*), obwohl sie auch als Sonderzeichen in der Spezifikation (Metazeichen) für den URN vorkommen.

Legt der URI eines Content-Identifiers einen der beiden Prüfsummen-Algorithmen (MD5 oder SHA) fest, so kann die Vollständigkeit des Inhaltes leicht überprüft werden. Legt der URI einen anderen Algorithmus fest, so wird der Content-Identifier als ein sogenannter *Opaque-String* (opaque, bedeutet nicht anderes als unverständlich oder durchsichtig) betrachtet, d.h., daß der Inhalt dieses Strings nicht überprüft werden kann. Das hat zur Folge, daß solche URIs nur zur Adressierung, nicht aber zur Prüfung verwandt werden können. Folgende Beispiele sind alles gültige Content-Identifier:

```
urn:md5:FNG4c6MJLdDEY1rcoGb4pQ==
urn:md5:HUXZLQLMuI/KZ5KDcJPcOA==
urn:sha:thvDyvhflqlvFe+A9MygxAfml1q5=
```

Das vorherige Beispiel und alle anderen Beispiele in diesem Kapitel sind der DRP-Note entnommen. Dieses Dokument wurde von Arthur von Hoff von Marimba, Inc., John Giannandrea von Netscape, Inc., Marc Hapner von Sun Microsystems, Inc., Steve Carter von Novell, Inc., und Milo Medin von der At Home Corporation geschrieben. Diese Note ist auf der Homepage des W3C unter `www.w3.org/TR/NOTE-drp` nachzulesen. Alle mit diesem Dokument verbundenen Urheberrechte liegen ebenfalls beim W3C.

Wenn Sie eine Anwendung entwickeln, die keinerlei Kopien eines URN erlauben, können Sie eindeutige Content-Identifier durch eine Sammlung von URIs erzeugen. Wenn zum Beispiel eine Versionsnummer Teil des Inhaltes ist, so stellen Sie sicher, daß diese Versionsnummer eindeutig ist. Das können Sie erreichen, in dem Sie den URL der entsprechenden Datei der Prüfsumme des URN hinzufügen. Das nächste Beispiel zeigt zwei URIs, bei denen der URL einer Datei dem URN vorangestellt sind:

```
http://www.acme.com/images/
            foo.gif,urn:md5:FNG4c6MJLdDEY1rcoGb4pQ==
http://www.acme.com/Example/,urn:x-version:5
```

Ein solcher Content-Identifier wird oft in einem HTTP-Header eingebettet, daher dürfen die enthaltenen URIs keine Zeichen enthalten, die für einen HTTP-Server eine besondere Bedeutung haben. Solche reservierten Zeichen sind unter anderem Leerzeichen, Kommata, das Plus (+), das Gleichheitszeichen (=) und das Ampersand (&). Alle diese geschützten Zeichen sollten so kodiert werden, wie es in der URI-Spezifikation festgelegt ist. Daher ist im folgenden Beispiel das Leerzeichen als `%20` kodiert, was einem geschützten Leerzeichen (engl. escaped space) entspricht.

```
ftp://www.acme.com/Hello%20World/
```

Das Indexformat

DRP benutzt einen Index, um den genauen Zustand einer Menge von Dateien zu beschreiben. Der Index hat zwei wichtige Aufgaben:

- ✔ Er beschreibt die hierarchische Struktur von Dateien und konserviert so die Verzeichnisstrukturen.
- ✔ Er hält Informationen über Version, Größe und Typ einer jeden Datei in dem Index vor.

Im allgemeinen bietet der Index ein Abbild der Zustände aller enthaltenen Dateien zu einem Zeitpunkt. Ändert sich eine der Dateien, so ändert sich auch deren Eintrag im Index.

Für gewöhnlich wird der Index im Hauptspeicher eines Rechners in der Form einer baumartigen Datenstruktur gespeichert. Wenn diese Informationen aber über das Internet, konkret HTTP, zwischen einem Server und den Clients ausgetauscht werden sollen, so kann man diesen Index auch in XML beschreiben. Die DTD des Indexes ist Teil der Spezifikation des DRP-Protokolls und sieht so aus:

```
<!-- XML DTD for the DRP Protocol -->
  <!ELEMENT index           (file|dir)*
           >
  <!ATTLIST index           id          CDATA
           #IMPLIED         >
  <!ATTLIST index           base        CDATA
           #IMPLIED         >
  <!ELEMENT file            EMPTY
           >
  <!ATTLIST file            path        CDATA
           #REQUIRED        >
  <!ATTLIST file            id          CDATA
           #IMPLIED         >
  <!ATTLIST file            size        CDATA
           #IMPLIED         >
  <!ATTLIST file            mime        CDATA
           #IMPLIED         >
  <!ATTLIST file            info        CDATA
           #IMPLIED         >
  <!ELEMENT dir             (file|dir)*
           >
  <!ATTLIST dir             path        CDATA
           #REQUIRED        >
```

Mit Hilfe dieser DTD wurde das folgende Beispiel eines Indexes für eine Sammlung von hierarchisch organisierten Dateien erstellt. Zu Beginn wird erst die Struktur der Verzeichnisse und Dateien beschrieben:

```
   Name              Size     MD5-Checksum
Root-level
  home.html         12.345     PEFjWBDv/sd9alS9ByuXOw==
  layer1.js         32.112     W25Ycu3toJt3ZsDsHIZmpg==

subdirectory: images
  acme.gif           4.532     +hbZN5XfU6QAJB1RF1/KSQ==
  banner.gif        10.452     tr3X+oN3r9kqvsiyDSSjjg==

subdirectory: java/classes
  scroll.java       14.323     xjBkgWouS6p&FTUMIkx/Zg==
  gui.jar          540.321     tcUzwODKut3SiTpmpAsi8g==
```

Mit anderen Worten haben wir hier ein HTML-Dokument (Endung `.html`) und ein JavaScript-Programm (Endung `.js`) im Wurzelverzeichnis dieser Hierarchie. Darunter noch zwei Unterverzeichnisse mit den Namen `images` und `java/classes`. Das Verzeichnis `images` enthält zwei Dateien mit Grafiken (Endung `.gif`) und unter `java/classes` findet man eine Datei mit Java-Quellcode (Endung `.java`) und ein Archiv mit Java-Dateien (Endung `.jar`). Diese Dateien sollen nur eine kleine Zahl an geänderten Dateien repräsentieren, die DRP auf eine viel größere Menge an Verzeichnissen unterhalb der Wurzelebene abbilden kann.

Bitte beachten Sie im folgenden XML-Code, wie der Index durch den Tag `<index>` eingeleitet wird und anschließend jeder Verweis auf ein Unterverzeichnis durch den Tag `<dir>` eingeleitet wird. Durch die End-Tags (`</index>`, `</dir>`) wird explizit das Ende einer Hierarchieebene angezeigt, so kann man genau sagen, welche Dateien in der Wurzelebene (alles vor dem ersten Element `<dir>`) liegen und welche in den Unterverzeichnissen.

```
<?XML VERSION="1.0" RMD="NONE">
<index>
<file path="home.html" size="12345" id=" PEFjWBDv/sd9alS9ByuXOw=="/>
<file path="layer1,js" size="32112" id=" W25Ycu3toJt3ZsDsHIZmpg=="/>
<dir path="images">
<file path="acme.gif" size="4532" id="+hbZN5XfU6QAJB1RF1/KSQ=="/>
<file path="banner.gif" size="10452" id=" tr3X+oN3r9kqvsiyDSSjjg=="/>
</dir>
<dir path="java/classes">
<file path="scroll.java" size="14323" id=" xjBkgWouS6p&FTUMIkx/Zg=="/>
<file path="gui.jar" size="540321" id=" tcUzwODKut3SiTpmpAsi8g=="/>
</dir>

</index>
```

Woher bezieht man diesen Index?

Wenn Sie DRP benutzen, wird ein Index für eine bestimmte Dateihierarchie durch einen spezifischen URL für diesen Index festgelegt. Solch ein Index kann in einer beliebigen Datei gespeichert werden und kann über das Internet mittels HTTP (der ganz normalen `GET`-Methode) geholt werden. Durch den *MIME-Typen* der Index-Datei kann eine Client-Anwendung den Index als eine Datei mit Meta-Informationen über eine Dateistruktur erkennen und als solche behandeln. MIME steht für Multipurpose Internet Mail Extensions (dt. etwa Mehrzweck-Erweiterungen für Internet-Mail) und bietet eine einheitliches Benennungsschema für Dateitypen im Internet. Mit Hilfe dieses Schemas können Anwendungen die Inhalte von Dateien genau identifizieren. Auch ein DRP-Index hat einen solchen MIME-Typen, der eine Index-Datei als DRP-Index kennzeichnet.

Nachdem eine Index-Datei als solche erkannt ist, kann sie von einer Anwendung dazu benutzt werden, die im Index angegebenen Dateien automatisch herunterzuladen. Nimmt man das Beispiel aus dem letzten Abschnitt, so würde dieser Index, von einer Client-Anwendung ausgewertet, diese dazu veranlassen, die angegebenen Dateien über das Netz zu holen und diese in das eigene Wurzelverzeichnis und die darunterliegenden Unterverzeichnisse zu kopieren.

Ein Index kann in einer einfachen Textdatei auf einem HTTP-Server abgelegt sein, aber auch dynamisch durch eine Anwendung auf Anfrage generiert werden. Eine solche Anwendung könnte den jeweiligen Verzeichnisbaum durchlaufen und den Index zur Laufzeit generieren. Dieses Vorgehen würde es einem ersparen, sicherzustellen, daß die Datei mit dem Index immer auf dem aktuellsten Stand der Änderungen im Dateibaum ist.

Ein Index muß nicht notwendigerweise aus den Daten eines Dateisystems generiert werden. Es können auch hierarchisch organisierte Dateien aus anderen Quellen, z.B. einer Datenbank, repräsentiert werden.

Nachdem ein Index zum ersten Mal heruntergeladen wurde, kann ein Client dessen Inhalt leicht auf dem neuesten Stand halten, indem er einfach die aktuellste Version des Indexes vom Server holt und die beiden Version vergleicht. Durch den Vergleich kann der Client genau bestimmen, welche Dateien einer Aktualisierung bedürfen oder gar neu geholt werden müssen. Durch die Einmaligkeit eines Indexeintrages wird sichergestellt, daß nur die wirklich notwendigen Aktualisierungen vorgenommen werden, wodurch wertvolle Bandbreite und Zeit gespart wird.

Der Basis-URL eines Indexes

Typischerweise wird man die Index-Datei im Wurzelverzeichnis der durch den Index beschriebenen Dateihierarchie speichern wollen. In diesem Fall ist der Basis-URL für die einzelnen Dateien identisch mit dem Basis-URL der Index-Datei selbst. Ein Basis-URL definiert den Ursprung für eine Menge von HTTP-Anfragen und legt auch den Bezugspunkt für relative Adressierungen von Dateien fest. Diese Mimik ist direkt von dem aus HTML bekannten Tag `<BASE>` abgeleitet.

Die Index-Datei selbst sollte auf gar keinen Fall in den Index aufgenommen werden. Das würde eine Endlosschleife von Verweisen erzeugen, die ein Parser nicht mehr erkennen kann – er würde ebenfalls endlos diesen Kreis durchlaufen.

Ein Index kann auch auf einen anderen relativen oder absoluten URL verweisen. Dies geschieht durch das Attribut `base` des Tags `<index>`. Damit kann man mit einem Index auch auf Dateien verweisen, die in einem völlig anderen Verzeichnis liegen oder gar auf einem anderen Server. Ein Index, der unter dem URL

```
www.acme.com/Examples/index.xml
```

liegt, definiert den Basis-URL

```
www.acme.com/Examples/
```

solange dieser nicht ausdrücklich durch das Attribut `base` auf einen anderen URL gesetzt wird.

Angenommen, wir nehmen den Basis-URL aus dem letzten Beispiel, so würde der Index aus dem letzten Anschnitt über das Indexformat tatsächlich die folgenden absoluten Dateireferenzen enthalten:

```
www.acme.com/Examples/home.html
www.acme.com/Examples/layer.js
www.acme.com/Examples/images/acme.gif
www.acme.com/Examples/images/banner.gif
www.acme.com/Examples/java/classes/Scroll.java
www.acme.com/Examples/java/classes/gui.jar
```

Wann wird ein Index ungültig?

Wenn nicht durch Metadaten ausdrücklich anders festgelegt, muß ein Client das Feld `Expires`, das in der Antwort des HTTP-Servers auf seine Anfrage enthalten ist, auswerten. Dieses Feld gibt an, wie lange der Index gültig bleibt. Wenn ein Index ungültig wird, gleichsam sein Verfallsdatum abläuft, sollte der Client den neuen aktuellen Index vom Server holen. Durch dieses Feld bietet DRP einen einfachen Mechanismus, um Aktualisierungen zu veranlassen.

In einigen Fällen werden auch zusätzliche Metadaten verfügbar sein, die dann ausführlichere Informationen über den Zeitpunkt der Aktualisierung von Index und Dateien bereitstellen. Das bringt normalerweise mehr Programmierarbeit mit sich, da XML-Dateien nach Meta-Informationen abgesucht werden müssen, oder nach Einträgen in den Antworten eines HTTP-Servers untersucht werden müssen.

Mehr zu diesem Punkt finden Sie in dem Text von Robin Cover, einer gelungenen Erörterung zum Thema DRP. Sie finden den Text unter `www.sil.org/sgml/xml.html#xml-drp`.

Das Puffern des Indexes

HTTP-Proxies dürfen Index-Dateien nur puffern (cachen), wenn ihnen dies im HTTP-Header ausdrücklich erlaubt wird. Im allgemeinen sollte ein Proxy Index-Dateien genau so wie alle anderen Dateien behandeln. HTTP 1.0 und 1.1 enthalten verschiedene Kontrollmechanismen für Pufferspeicher (Caches), die es erlauben, das Speichern von Index-Dateien zu manipulieren.

Informationen über beide Versionen des HTTP-Protokolls finden Sie beim W3C unter `www.w3.org/Protocols/`.

Ein Server, der benutzerbezogene Indizes mit demselben Basis-URL erzeugt, muß diese als "non cacheable" kennzeichnen, d.h. diese Indizes dürfen nicht gepuffert werden. Diese Kennzeichnung kann der Server mittels der in HTTP 1.0 und 1.1 vorgeschriebenen Mechanismen tun. Das ist notwendig, da verschiedene Benutzer durchaus denselben Basis-URL haben können, aber völlig verschiedene Index-Dateien, je nach installierter Software oder Nutzung des Rechners. Diese Kennzeichnung verhindert, daß so etwas vorkommen kann, weil es den Proxy zwingt, den Index jedes Mal neu herunterzuladen, wenn er angefordert wird. Dadurch wird verhindert, daß ein Index eines Benutzers an einen anderen Benutzer ausgeliefert wird.

Inhaltsbezogene Addressierung

Wenn ein Client einen Index anfordert, so erhält er eine vollständige Beschreibung der Struktur und des Zustandes einer Menge von Dateien. Hat ein Client diesen Index, so kann er genau bestimmen, welche Dateien er anfordern muß und wie groß der Umfang aller zu ladenden Dateien ist. Durch die genaue Kenntnis der zu holenden Dateien kann ein Benutzer das tatsächliche Laden der Dateien (eine GET-Anfrage pro Datei) veranlassen.

Verschiedene Erweiterungen von HTTP sind bis jetzt durch die Arbeitsgruppe HTTP-NG vorgeschlagen worden. Eine andere Erweiterung ist der Vorschlag des HTTP-Pipelinings, der den Download von mehreren Dateien effektiver gestalten soll. Das NG bei HTTP-NG steht für Next Generation (nächste Generation, Entwicklungsstufe) und repräsentiert die fortlaufenden Forschungsbemühungen des W3C auf dem Gebiet der Definition einer neuen und verbesserten Version von HTTP. Mehr zu dem Thema finden Sie unter `www.w3.org/Protocols/HTTP-NG/`.

Diese Bemühungen, die HTTP-NG und HTTP-Pipelining unternehmen, dienen dazu, HTTP um die Fähigkeit zu erweitern, auf mehrere Dateien gleichzeitig zuzugreifen und diese auch gleichzeitig auszuliefern. Bisher können HTTP 1.0 und 1.1 nur eine Datei nach der anderen ausliefern. Die Fähigkeit, mehrere Dateien in einem Transfer zusammenzufassen, soll die Auslieferung von Dateien verbessern. Zum einen würde so die Anzahl der notwendigen TCP-Verbindungen für den Transfer reduziert, zum anderen würde es den Einsatz von Streaming-Technologien zur Beschleunigung des Transfers erlauben.

Da Clients Daten in einem lokalen Speicher vorhalten können, können sie alle Indizes nach Dateien mit gleichem Inhalt (Content-Identifier) durchsuchen. Sollte eine Datei tatsächlich in mehreren Indizes vorkommen, so kann der Client einfach eine Kopie aus dem lokalen Speicher holen statt sie ein zweites Mal vom Server zu holen. Diese verbreitete Vorgehensweise wird benutzt, wenn verschiedene Web-Seiten auf dieselben Dateien (Bilder etc.) verweisen, da sie tatsächlich überflüssige Downloads vermeidet.

Durch das Eliminieren überflüssiger (redundanter) Downloads wird Aufwand für das Herunterladen häufig benutzter Daten drastisch reduziert. Clients können mittels des Content-Identifiers identische Dateien identifizieren, auch wenn sie auf verschiedenen Servern liegen. Die Ersparnis an überflüssigen Aufwand entspricht genau dem Gesamtumfang der durch die (unnötigen) Zugriffe auf redundante Dateien verursachten Netzlast.

Indizes müssen Content-Identifier nicht für jede Datei enthalten. Es kann auch sein, daß die Content-Identifier für alle Dateien in einem Index gelöscht werden. Ein Server kann auch entscheiden, ob er den Content-Identifier für dynamisch erzeugte Dateien (z.B. Live-Audio) entfallen läßt. Fehlt ein Content-Identifier, so wird die Datei mit der normalen `GET-IF-MODIFIED`-Anfrage geholt. Wenn Clients verschiedene Versionen eines Indexes vergleichen und auf Dateien ohne Content-Identifier treffen, sollten diese Dateien bei jedem Zugriff als geändert betrachtet werden.

Das Content-ID-Feld im HTTP-Header

Nun, da es einen Index für eine große Zahl an Dateien gibt, brauchen wir nur noch einen Mechanismus, der uns dabei hilft, die richtige Version der benötigten Datei zu finden.

Die richtige Version einer Datei wird durch den Content-Identifier bestimmt, wie er im Index steht. Die erfolgreiche Verteilung von Software hängt wesentlich davon ab, daß die richtige (benötigte) Version einer Datei geliefert wird, das muß nicht unbedingt die aktuellste sein.

Fordert ein Client eine Datei vom Server an, so kann er den Content-Identifier innerhalb der GET-Anfrage angeben, wie im folgenden Beispiel angegeben:

```
GET /Example/home.html HTTP/1.1
Content-ID: urn:md5:PEFjWBDv/sd9alS9ByuXOw==
```

Das Feld `Content-ID` ist neu bei HTTP und gibt die korrekte Version der angeforderten Datei an. Der Server entscheidet anhand dieses Feldes dann, ob die angeforderte Datei an den Client geschickt werden kann oder nicht. Wenn der Server dem Client antwortet, dann sollte die `Content-ID` der Antwort mit `Content-ID` aus der Anfrage übereinstimmen. Ist die korrekte Version der Datei nicht verfügbar, dann sollte der Server mit der gefürchteten Antwort `404 File Version Not Found` antworten.

Beachten Sie, daß diese Fehlermeldung sich etwas von der Fehlermeldung, die Sie häufiger beim Surfen sehen, unterscheidet. Diese Meldung enthält nun das Wort "Version". Das bedeutet nicht unbedingt, daß die *Datei* gar nicht vorhanden ist, sondern nur, daß die *angeforderte Version* der Datei nicht auf dem Server liegt. Ein subtiler aber entscheidender Unterschied.

Ist kein Content-Identifier in der Anfrage angegeben, so liefert der Server die aktuellste Version der Datei aus, genau wie bei einer normalen HTTP-Anfrage. Ein Server sollte die `Content-ID` in seiner Antwort mitschicken, wenn die DRP-Anwendung des Clients den Content-Identifier der angeforderten Datei kennt. Kann ein Server das Feld `Content-ID` nicht auswerten, so sollte er die aktuellste Version der Datei an den Client schicken.

Der Server ist nicht verpflichtet, eine `Content-ID` in seiner Antwort mitzuschikken. Der Client seinerseits muß jedoch sicherstellen, daß die Antwort den korrekten Content-Identifier enthält, falls die Antwort des Servers das Feld `Content-ID` enthält. Ist in dem angeforderten Content-Identifier eine nachrechenbare Prüfsumme (MD5 oder SHA) enthalten, so sollte der Client immer diese Prüfsumme neu berechnen und so überprüfen, ob der Inhalt korrekt übermittelt wurde.

Differentielle Downloads

Wird eine Datei auf dem Server aktualisiert, so wird diese Datei von jedem Client heruntergeladen, der diese neue Version benötigt. Die Aktualisierung einer Datei betrifft jedoch oft nur einen kleinen Teil der Datei, z.B. eine Zeile einer Textdatei. Daher ist es am effizientesten für den Server, wenn er bei dieser Art von Anfragen nur die Teile der Dateien sendet, die sich tatsächlich geändert haben. Das verlangt nach der Verwendung der differentiellen `GET`-Methode.

Das Header-Feld »Differential-ID«

Clients können anhand eines Indexes feststellen, was an einem Dateibaum geändert wurde. Der Index hilft auch dabei, festzustellen, ob Dateien aktualisiert wurden, nicht nur, ob Dateien neu angelegt oder gelöscht wurden.

Ist eine Datei aktualisiert worden, so kann der Client für diese Datei eine Anfrage nach einem differentiellen `GET` stellen, die folgende Punkte enthält:

- ✔ Den Content-Identifier für die angeforderte Datei
- ✔ Den Content-Identifier für die bereits auf dem Client vorhandenen Datei

Zusätzlich zu dem Feld `Content-ID` einer normalen `GET`-Anfrage enthält eine differentielle `Get`-Anfrage noch das Feld `Differential-ID`, das den Content-Identifier der Datei enthält, die bereits auf dem Client vorhanden ist. Das nächste Beispiel veranschaulicht eine solche Anfrage:

```
GET /Example/home.html HTTP/1.1
Content-ID: urn:md5:PEFjWBDv/sd9alS9ByuXOw==
Differential-ID: urn:md5:3FS2oCnWPZptpNO5KbemA==
```

Erhält ein Server eine solche Anfrage, so sucht er in seinem lokalen Speicher nach den zwei Versionen der Datei, wie sie in den Feldern `Content-ID` und `Differential-ID` spezifiziert sind. Sind beide Versionen vorhanden, kann der Server leicht die Unterschiede zwischen den Versionen feststellen und diese in einer speziellen Patch-Datei an den Clienten zurückschicken. Eine *Patch-Datei* (to patch = flicken) enthält alle Informationen, die nötig sind, um die Datei auf dem Client so zu manipulieren, daß sie der Datei auf dem Server entspricht. So wird also nur die Patch-Datei übermittelt und vom Client auf die entsprechende Datei angewandt, statt die ganze Datei zu senden.

Wenn der Server auf eine differentielle `Get`-Anfrage antwortet, so muß er den Content-Identifier der resultierenden Datei im Feld `Content-ID` angeben und den Content-Identifier der zu aktualisierenden Datei im Feld `Differential-ID`.

Hat ein Server keinen Zugriff auf die Version, die durch die `Differential-ID` referenziert wird, kann er dieses Feld ignorieren und statt dessen gleich die gesamte aktuellere Datei schicken. Auch wenn die Patch-Datei größer ist als die aktuellere Version der angeforderten Datei, kann der Server statt der Differenzen gleich die neuere Datei schicken.

Ein Client kann entscheiden, ob eine differentielle `GET`-Anfrage beantwortet wird, indem er den MIME-Typen der Antwort auswertet. Nach der Überprüfung der Felder `Differential-ID` und `Content-ID` kann der Client die Datei mit den Differenzen auf seine vorhandene Version anwenden, um so die gewünschte Version zu generieren.

Um die Zusammenarbeit zwischen Server und Client sicherzustellen, muß man ein bekanntes und verbreitetes Format für die Beschreibung der Differenzen angeben. Das voreingestellte Format für die Patch-Dateien ist `GDIFF`, das in einem eigenen Vorschlag an das W3C definiert ist. Jeder DRP-Client kann zusätzliche Formate für Patch-Dateien, die er akzeptiert, im `Accept`-Feld des HTTP-Headers angeben.

Ein einfacher Server kann differentielle `GET`-Anfragen einfach ignorieren und stattdessen immer die angeforderte Version der Datei ausliefern. Wenn Sie die aktuellste Version einer Datei anfordern möchten, können Sie das Feld `Content-ID` auch frei lassen. Beachten Sie bitte, daß obwohl in dem letzten Beispiel das Feld angegeben wurde um eine bestimmte Version einer Datei anzufordern, dieses Feld auch ganz entfallen darf, wenn man die aktuellste Version einer Datei anfordern möchte. Hat sich die Datei auf dem Server nicht verändert, sollte der die Antwort `304 Not Modified` senden.

Differentieller Download des Indexes

Auch das Herunterladen des aktuellsten Indexes sollte ein effizienter Vorgang sein, da Clients wiederholt nach Aktualisierungen fragen. Jedesmal den gesamten Index neu zu schicken, wäre wenig effizient, zumal sich der Index zwischen den einzelnen Anfragen oft kaum oder gar nicht ändert. Außerdem können Index-Dateien viele Dateien umfassen und dadurch recht groß werden.

Um den wiederholten Download des ganzen Indexes zu vermeiden, können Clients auch den Index mittels einer differentiellen `GET`-Anfrage holen. Als Antwort auf eine solche Anfrage kann der Server mit den Differenzen zwischen dem eigenen Index und dem Index des Clients antworten.

Der Server entscheidet, welchen Content-Identifier er für welchen Index benutzt. Einzige Einschränkung: Jeder Content-Identifier muß eindeutig sein. Eine Möglichkeit, das sicherzustellen, ist es, eine Prüfsumme über den Index zu bilden, eine andere Möglichkeit ist es, URL mit einer Versionsnummer zu kombinieren. Es ist ganz interessant, daß der Algorithmus zur Bestimmung der Differenzen nicht nur Text zeilenweise vergleichen kann, sondern daß er auch die Strukturen vergleichen kann. Dennoch ist die Grundidee dieselbe: man identifiziert die Unterschiede zwischen zwei Indizes und sendet nur die Differenzen, um Client und Server zu synchronisieren.

Puffern durch einen HTTP-Proxy

Es ist möglich, einen HTTP-Proxy dazu zu bringen, die Felder `Content-ID` und `Differential-ID` in den Headern von Anfragen und Antworten zu beachten. So kann es der Proxy vermeiden, die falsche Version einer Datei auszuliefern, weil der Content-Identifier in jeder `GET`-Anfrage mit angegeben wird. Bekommt man von einem zwischengeschalteten Proxy eine falsche Version einer Datei, kann dies –sowohl bei Daten als auch bei Anwendungen - zu ernsthaften Problemen führen.

Der Proxy muß das Feld `Content-ID` zur eindeutigen Identifikation der übermittelten Inhalte benutzen. Dieselbe Datei, auch wenn sie von verschiedenen Quellen bezogen wurde, sollte denselben Content-Identifier haben. Der Proxy kann dieses Feld auch auswerten, um redundante Downloads zu vermeiden.

Zusätzlich kann der Proxy auch das Feld `Differential-ID` auswerten, um auf differentielle `GET`-Anfragen antworten zu können. Sind beide Versionen der Datei in dem lokalen Speicher des Proxys vorhanden, so kann dieser auch die Differenzen vor Ort berechnen und zurücksenden, ohne erst den ursprünglichen Server zu kontaktieren.

Rückwärtskompatibilität

Das DRP-Protokoll arbeitet gut mit bestehenden HTTP-fähigen Umgebungen zusammen. Es ist jedoch notwendig, einige Vorsichtsmaßnahmen zu treffen, damit ältere Proxy-Versionen nicht mit der DRP-Strategie zur Versionsverwaltung kollidieren.

Puffern durch HTTP-1.0-Proxy

Um zu verhindern, daß die falschen Daten im Speicher eines HTTP-1.0-Proxys landen, sollte der Server alle Daten, die an einen Client, der nur HTTP 1.0 beherrscht, als "non cacheable" markieren. Das kann man mit Hilfe des Feldes `Pragma` und / oder `Expires` tun, so wie es in der Spezifikation von HTTP 1.0 steht.

Um Dateien korrekt in einem HTTP-1.1-Proxy zu speichern, kann der Server das Feld `Vary` in seiner Antwort benutzen. Es sollte den Wert `Content-ID` haben, wie das folgende Beispiel zeigt:

```
HTTP/1.1 200 OK
Vary: Content-ID
Content-ID: urn:md5:PEFjWBDv/sd9alS9ByuXOw==
```

Ist auch das Feld `Differential-ID` gesetzt, sollte das Feld `Vary` den Wert `Content-ID,Differential-ID` haben. Das folgende Beispiel zeigt eine Antwort auf eine differentielle `GET`-Anfrage:

```
HTTP/1.1 200 OK
Vary: Content-ID,Differential-ID
Content-ID: urn:md5:PEFjWBDv/sd9alS9ByuXOw==
Differential-ID: urn:md5:3FS2oCnWPZptpNO5KbemA==
```

Wendet man diese Strategie an, so ist offensichtlich, daß Anfragen, die eine `Content-ID` angeben, von einem HTTP-1.1-Proxy korrekt behandelt werden. Wenn jedoch die `Content-ID` weggelassen wird, so wird der Proxy die Anfrage nicht selbst beantworten, sondern sich bei jeder Anfrage an den Server wenden.

Die Verwendung des Feldes `Vary` im Header bietet die beste Leistung bei HTTP 1.1, ohne eine der von DRP geforderten Zusagen bezüglich der Pufferung von Proxys (Cachings) zu verletzen.

Kompatibilität zu vorhandenen Servern

Das DRP-Protokoll wurde so entwickelt, daß es keine besondere Unterstützung durch einen Server benötigt. Ein Index kann durch eine normale Textdatei angegeben werden, die einen Teil der Seiten beschreibt. Einen Index kann man leicht durch ein einfaches Programm, das die Festplatte absucht, erzeugen lassen.

Ein Client kann mit Hilfe des Indexes leicht feststellen, welche Dateien vom Server zu holen sind, und dies über normale HTTP-Anfragen auch tun. Bietet der Server keinen besonderen DRP-Support, kann man für die Versionsverwaltung nicht garantieren. Sind jedoch im Index die Content-Identifier angegeben, so kann der Client für jede Datei nach dem Download die Prüfsumme errechnen, um so festzustellen, ob die richtige Version heruntergeladen wurde.

Die gerade vorgestellte Technik erlaubt die Anwendung von DRP zusammen mit einer Reihe von URL-Typen, wie z.B. `ftp:` und `file:`, ohne irgendwelche Änderungen machen zu müssen.

Das HTTP-Distribution-and-Replication-Protokoll stellt eine wertvolle Erweiterung von HTTP dar. Es erlaubt die Verteilung und Vervielfältigung von beliebigen Dateien auf eine effiziente und einfache Art und Weise. Das Protokoll kann in vielen Fällen gut angewandt werden und eignet sich sowohl für die Verteilung von HTML-Dokumenten als auch für Anwendungen und andere Daten.

Mit XML können Sie rechnen

14

In diesem Kapitel

- Erstellung einer XML-Anwendung
- Die Vorteile von MathML verstehen
- Darstellung mathematischer Inhalte im Internet durch MathML
- Auszeichnungen zur Präsentation
- Inhaltsbezogene Auszeichnungen von MathML anwenden
- MathML-Beispiele untersuchen
- Tools, Quellen und Regeln für MathML erforschen

MathML ist eine neue objektorientierte Auszeichnungssprache auf der Basis von XML. Auch wenn MathML noch kein Standard ist, so sieht es danach aus, als ob sich das bald ändern würde. In diesem Kapitel werden wir MathML genau unter die Lupe nehmen und sehen, wie man mathematische Texte für die Darstellung im Internet aufbereitet. Zusätzlich wird dieses Kapitel versuchen, die Vorteile der Anwendung von MathML und geeigneter Tools herauszustellen. Haben Sie sich erst mit den Elementen von MathML und deren Attributen vertraut gemacht, werden Sie schnell in der Lage sein, eigene MathML-Dokumente zu erstellen.

Genau wie CML (siehe Kapitel 10), ist auch MathML (Mathematical Markup Language) eine Anwendung von XML. Sie können MathML zusammen mit speziellen Anwendungen benutzen, um so eine geeignete Darstellung mathematischer Texte im Web zu erreichen. Zum Beispiel können Ausdrücke wie $x + 2$, $x^2 + y^2$, $(x+4y)$, etc. durch MathML in Ihren Web-Dokumenten dargestellt werden.

Auch wenn Sie kein Mathematiker sind, sollten Sie das Kapitel lesen, um ein besseres Verständnis für MathML und XML zu bekommen.

Das Verhältnis von XML zu MathML

Bei XML geht es immer um strukturierte Daten. Wenn Informationen strukturiert repräsentiert werden können, kann man sie in eine XML-Datei stecken. Diese Informationen können jeden beliebigen Inhalt haben, z.B. Daten über Bücher und Verlage, neue Software oder irgend etwas anderes.

Die Sprache für die Repräsentation mathematischer Informationen ist MathML. Da hier sehr spezielle Daten behandelt werden, die z.B. eine besondere Darstellung verlangen, benötigt man auch spezialisierte Viewer. Sie können keinen üblichen Web-Browser verwenden, um sich MathML-Dateien anzusehen.

Die sehr spezielle Syntax und Grammatik von MathML wird von HTML-Browsern nicht von Haus aus unterstützt. Sie können Ihren Browser jedoch dazu anleiten, eine Hilfsanwendung für MathML-Dokumente zu verwenden. Noch gibt es leider keine solche Hilfsanwendungen oder PlugIns für den Browser. Auch eigene Viewer existieren noch nicht. Das sollte sich aber mit zunehmender Verbreitung von MathML ändern.

Begriffsklärung

Bevor wir uns auf die Details von MathML und die verfügbaren Programme stürzen, sollen vorweg einige wiederkehrende Begriffe aus der XML-/MathML-Welt geklärt werden. XML basiert auf SGML. SGML ist eine Metasprache, mit der andere Auszeichnungssprachen, wie MathML und CML, definiert werden können.

Wie in Kapitel 3 besprochen, ist eine Metasprache eine Sprache über Sprachen. Wenn Sie ein MathML-Dokument erzeugen, so bearbeiten Sie direkt die MathML-Elemente und ihre Attribute. Anschließend könnten Sie das Ergebnis in einem Viewer betrachten.

MathML hat, wie jede auf XML basierende Sprache, eine eigene DTD. In Kapitel 6 wurde das Thema DTDs bereits behandelt. Jedes MathML-Dokument muß der DTD entsprechen, sonst ist es kein gültiges Dokument und kann nicht innerhalb eines Viewers betrachtet werden.

Das folgende Beispiel gibt ihnen schon mal einen kurzen Einblick in MathML. Es enthält den MathML-Code für den Ausdruck $x^2 + x - 4$. Folgen Sie den einfachen Schritten aus dem Beispiel, um den entsprechenden Code zu erzeugen:

1. **Wandeln Sie den Ausdruck in einen binären Baum um, der in den Knoten die Operatoren und in den Blättern die Operanden trägt, wie in Abbildung 14.1 gezeigt wird.**
2. **Wenden Sie das entsprechende MathML-Element für jeden Knoten an.**

```
<MROW>
<MROW>
   <MI>x</MI>
   <POWER/>
   <MI>2</MI>
</MROW>
<PLUS/>
   <MI>x</MI>
<MINUS/>
   <MI>4</MI>
</MROW>
```

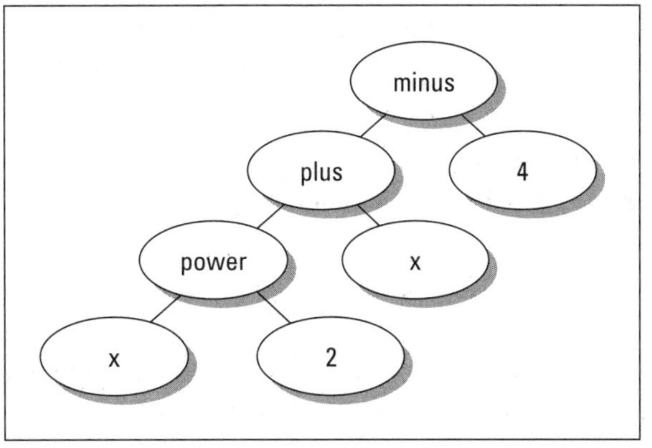

Abbildung 14.1: Der binäre Baum zu dem Ausdruck

Die Anwendung von MathML

HTML eignet sich gut zur Darstellung von allgemeinen Texten und Bildern im Internet, wenn es aber um spezielle Notationen geht, versagt HTML. MathML eignet sich zur Beschreibung von mathematischen Sachverhalten. Egal, ob es um Sätze, Gleichungen, Polynome, Integrale etc. geht, durch MathML kann man es ausdrücken. Während HTML für ein ganz breites Publikum gedacht ist, nämlich für jede Person im Web, richtet sich MathML an ein spezielles Publikum aus Mathematikern, Technikern, Ingenieuren.

MathML unterstützt zwei Arten von Auszeichnungen (Markups). Die eine dient der Darstellung, die andere ist rein inhaltlich orientiert.

Im folgenden werden wir jetzt nur noch den englischen Begriff »Markup« statt des deutschen Begriffes »Auszeichnung« verwenden.

Präsentationsorientiertes Markup

Mit Hilfe des präsentationsorientierten Markup, kann man die Struktur mathematischer Ausdrücke beschreiben. Dies geschieht im wesentlichen durch zwei Arten von Elementtypen. Zum einen Elemente, die den Typen der Daten kennzeichnen (`MI`, `MN` etc.), und zum anderen Elemente, die auf die Art der Darstellung verweisen, z.B. für Brüche, Zeilen (`MFRAC`, `MROW`).

In folgenden sind einige der präsentationsorientierten Elemente mit Anwendungsbeispielen aufgelistet. Es werden keine Attribute aufgeführt, da wir hier keine vollständige Referenzen abliefern können.

Die vollständige Liste aller präsentationsorientierter Elemente und ihrer Attribute finden Sie natürlich auf den Seiten des W3C unter dem URL `www.w3.org/TR/WD-math-970515/section3.html#sec3`.

- Das Element `MI` dient der Beschreibung jeder Art von Bezeichnern, z.B. Variablen, symbolische Konstanten (p) oder Namen von Funktionen. Hier einige Beispiele:

  ```
  <MI>x</MI>
  <MI>D</MI>
  <MI>sin</MI>
  ```

- Das Element `MF`: Mit diesem Element kann man Begrenzungen (Klammern etc.) beschreiben. Das F steht für das englische Wort fence (Zaun, Grenze).

  ```
  <MF>(</MF>
  <MF>)</MF>
  <MF>[</MF>
  <MF>]</MF>
  ```

- Das Element `MN`: Numerische Werte lassen sich durch dieses Element beschreiben:

  ```
  <MN>1.2</MN>
  <MN>.234</MN>
  <MN>3.2e10</MN>
  ```

- Das Element `MO` dient der Beschreibung von Operatoren:

  ```
  <MO>+</MO>
  <MO>--</MO>
  <MO>--</MO>
  <MO>.AND.</MO>
  <MO>.NOT.</MO>
  <MO>.OR.</MO>
  ```

- Das Element `MTEXT`: Mit diesem Element können beliebige Texte angegeben werden:

  ```
  <MTEXT>Bemerkungen:</MTEXT>
  <MTEXT>/* Kommentare */</MTEXT>
  ```

- Das Element `MS`: Durch dieses Element können Sie Literale vom Typ Text (strings) in Ausdrücke einbetten.
- Das Element `MSPACE: <MSPACE/>` fügt beliebig viele Leerstellen ein.
- Das Element `MTABLE` dient dazu, Tabellen oder Matrizen (zweidimensionale Strukturen) zu beschreiben.
- Das Element `MTD` beschreibt ein Element innerhalb einer Tabelle oder Matrix. Es darf nur innerhalb von `MTABLE` vorkommen.
- Das Element `MTR` beschreibt eine Zeile aus einer Tabelle oder Matrix. Es darf ebenfalls nur innerhalb von `MTABLE` vorkommen.

Layout-Definitionen für präsentationsorientierte Elemente

Dieser Abschnitt stellt einige der Elemente vor, mit denen das Layout, also die Darstellung, von Inhalten bestimmt werden kann. Auch hier werden wir auf die Angabe der Attribute verzichten.

Die vollständige Liste aller Elemente, die das Layout betreffen, und ihrer Attribute finden Sie ebenfalls in dem URL `www.w3.org/TR/WD-math-970515/section3.html#sec3`.

- ✔ Das Element `MERROR`: dient der Ausgabe von Fehlermeldungen:

```
<MERROR>Das ist eine Fehlermeldung!</MERROR>
```

- ✔ Das Element `MFRAC`: Mit diesem Element beschreibt man Brüche:

```
<MFRAC>5 6</MFRAC>
```

- ✔ Das Element `MROOT`: Mit diesem Element kann man allgemeine Wurzeln beschreiben:

```
<MROOT>5 3</MROOT>
<MROOT>123 5</MROOT>
```

- ✔ Das Element `MROW` dient dazu, mehrere Ausdrücke horizontal (in einer Zeile) zu gruppieren:

```
<MROW>
   <MSUP>
     <MI>x</MI>
     <MN>2</MN>
   </MSUP>
     <MO>+</MO>
     <MI>x</MI>
     <MO>-</MO>
     <MN>4</MN>
</MROW>
```

- ✔ Das Element `MSQRT` beschreibt die Quadratwurzel:

```
<MSQRT>5</MSQRT>
<MSQRT>9</MSQRT>
```

- ✔ Das Element `MSTYLE`: Mit diesem Element kann man Änderungen an der Art der Darstellung vornehmen:

```
<MSTYLE maxsize="2">
   <MI>a</MI>
   <MO><OVER/></MO>
   <MI>b</MI>
</MSTYLE>
```

Präsentationsorientiertes Markup für Symbolbeschriftungen

In diesem Abschnitt geht es um Elemente, mit denen es möglich wird, allgemeine Beschriftungen von Textelementen vorzunehmen. Hoch- und Tiefstellungen, wie in x^2 oder a_1, sind Beispiele für solche Beschriftungen. Auch hier haben wir auf die Angabe der Attribute verzichtet.

Die vollständige Liste der Elemente und ihrer Attribute finden Sie ebenfalls unter dem URL `www.w3.org/TR/WD-math-970515/section3.html#sec3`.

- ✔ Das Element `MSUB` definiert eine Tiefstellung. Das Format ist `<MSUB>Basis Tiefstellung</MSUB>`. Zum Beispiel:

  ```
  <MSUB>6 3</MSUB>
  ```

- ✔ Das Element `MSUBSUP` dient der Darstellung, wenn sowohl Tief- als auch Hochstellung vorkommen. Das Format ist `<MSUBSUP>Basis Tiefstellung Hochstellung</MSUBSUP>`. Zum Beispiel so:

  ```
  <MSUBSUP>Basis Tiefstellung Hochstellung</MSUBSUP>
  ```

- ✔ Das Element `MSUP`: Hiermit wird eine Hochstellung dargestellt. Das Format ist `<MSUP>Basis Hochstellung</MSUP>`. Zum Beispiel so:

  ```
  <MSUP>2 4</MSUP>
  ```

- ✔ Das Element `MOVER` erzwingt die Darstellung einer Überschrift. Das Format ist `<MOVER>Basis Überschrift</MOVER>`. Zum Beispiel so:

  ```
  <MOVER>2 2</MOVER>
  ```

- ✔ Das Element `MUNDER` dient der Darstellung einer Unterschrift. Das Format ist `<MUNDER>Basis Unterschrift</MUNDER>`. Zum Beispiel so:

  ```
  <MUNDER>2 2</MUNDER>
  ```

- ✔ Das Element `MUNDEROVER`: Hiermit können Unter- und Überschriften kombiniert werden. Das Format ist `<MUNDEROVER>Basis Unterschrift Überschrift</MUNDEROVER>`. Zum Beispiel so:

  ```
  <MUNDEROVER>2 5 2</MUNDEROVER>
  ```

Inhaltsorientiertes Markup

Das inhaltsorientierte Markup ermöglicht es, die eigentliche Bedeutung des Inhaltes zu beschreiben. Während man mit präsentationsorientierten Elementen die Darstellung beeinflussen kann, dient das inhaltsorientierte Markup dazu, die Bedeutung von Formeln etc. zu kodieren.

Arithmetische und algebraische Elemente

In der Tabelle 14.1 sind verschiedene arithmetische und algebraische Elemente und ihre Tags aufgelistet.

Operation	MathML-Tag
Addition	<PLUS/>
Subtraktion	<MINUS/>
Division	<OVER/>
Multiplikation	<TIMES/>
Potenz	<POWER/>
Exponent	<EXP/>
Rest einer Division	<REM/>
Ganzzahlige Division	<FACTORIAL/>
Maximum	<MAX/>
Minimum	<MIN/>

Tabelle 14.1: Arithmetische und algebraische Elemente

Die folgenden Abschnitte zeigen Beispiele für die Anwendung von arithmetischen Ausdrücken und Gleichungen in MathML-Dokumenten.

Einfache arithmetische Ausdrücke

Dieses Beispiel zeigt, wie man mit arithmetischen Elementen einfache arithmetische und algebraische Ausdrücke in MathML formuliert. Es soll um folgenden Ausdruck gehen:

```
(x*2 + x - 4) /(x - 2)
```

Die Baumstruktur zu diesem Ausdruck finden Sie in Abbildung 14.2.

Um eine entsprechende Beschreibung in MathML zu erzeugen, sollten Sie jeden Knoten in dem Baum durch das entsprechende Element repräsentieren.

Da der Ausdruck einen Zähler und einen Nenner hat, kann man jeden von ihnen durch das Element `MROW` repräsentieren. Auch den Ausdruck `x * 2` im Zähler kann man durch dieses Element kapseln.

Die Variable `x` wird durch das Element `MI` beschrieben. Die Zahlen `2` und `4` können durch das Element `MN` repräsentiert werden. Um die Operatoren anzugeben, kann man die entsprechenden Tags (`<PLUS/>` etc.) innerhalb des Elements `MO` verwenden.

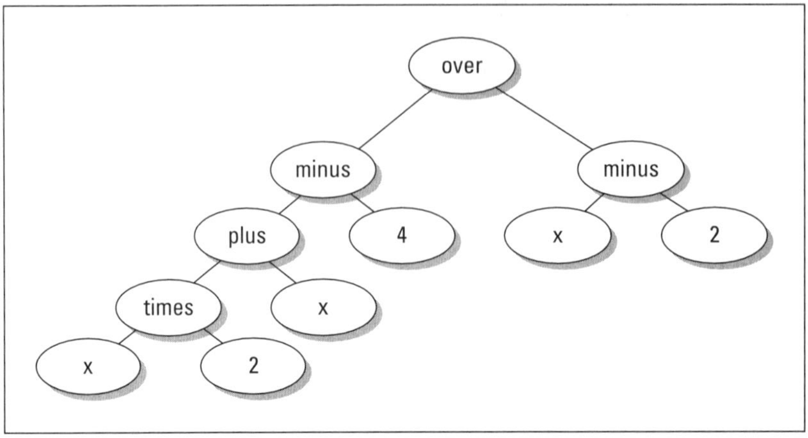

*Abbildung 14.2: Die Baumstruktur für den Ausdruck (x*2 + x - 4) /(x - 2)*

Das folgende Listing zeigt den MathML-Code für unseren Ausdruck.

```
<MROW>
   <MROW>
     <MROW>
       <MI>x</MI>
       <MO><TIMES/></MO>
       <MI>2<MI/>
     </MROW>
    <MO><PLUS/></MO>
    <MI>x</MI>
    <MO><MINUS/></MO>
    <MN>4</MN>
   </MROW>
</MROW>
```

Komplexe algebraische Ausdrücke

Hier ein Beispiel für die Konstruktion von etwas komplexeren Ausdrücken. Wir versuchen uns an dem Ausdruck

```
(x(x + 1) + y(y - 1)) / xy
```

Die Baumstruktur dazu finden Sie in Abbildung 14.3.

Auch hier müssen die Knoten des Diagramms durch die entsprechenden Elemente repräsentiert werden, um zu einer Darstellung in MathML zu gelangen. Auch hier ist wieder ein Zähler und ein Nenner beteiligt, die wir wieder jeweils durch das Element `MROW` repräsentieren. Analog zum letzten Beispiel werden wir auch die geklammerten Ausdrücke `(x + 1)` und `(y - 1)` durch das Element `MROW` beschreiben.

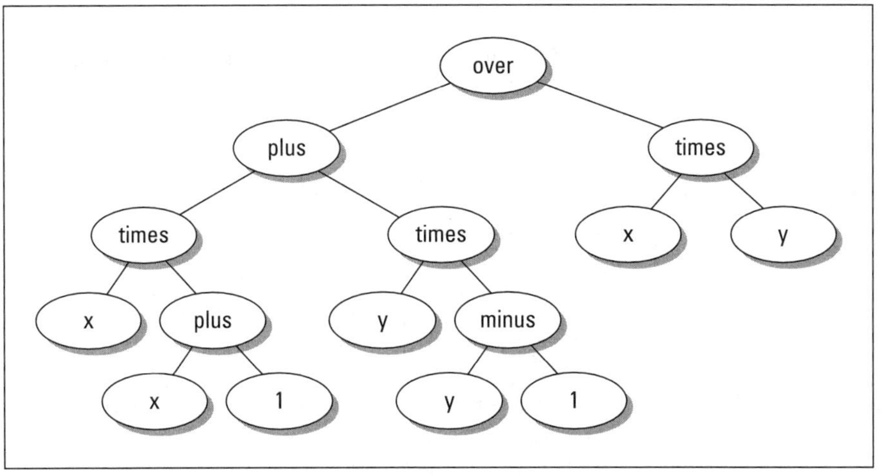

Abbildung 14.3: Baumstruktur für (x(x + 1) + y(y - 1)) / xy

Die Variablen `x` und `y` werden wieder durch das Element `MI` beschrieben. Die Zahl `1` beschreibt das Element `MN`. Um die Operatoren anzugeben, verwenden wir die entsprechenden Tags (`<PLUS/>` etc.) innerhalb des Elements `MO`.

```
<MROW>
   <MROW>
     <MI>x</MI>
     <TIMES/>
     <MROW>
       <MI>x</MI>
       <PLUS/>
       <MN>1<MN/>
     </MROW>
     <PLUS/>
     <MI>y</MI>
     <TIMES/>
     <MROW>
       <MI>y</MI>
       <MINUS/>
       <MN>1<MN/>
     </MROW>
   </MROW>
   <OVER/>
   <MROW>
       <MI>x</MI>
       <TIMES/>
       <MI>y<MI/>
   </MROW>
</MROW>
```

Gleichungen

Hier ein Beispiel dafür, wie man Gleichungen in MathML formuliert. Wir nehmen folgende Gleichung:

```
PV = 1 / (1 + r)
```

Die entsprechende Baumstruktur finden Sie in Abbildung 14.4.

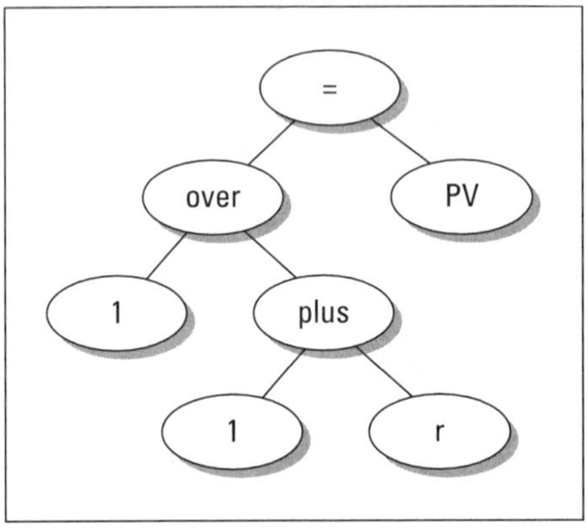

Abbildung 14.4: Die Baumstruktur für die Gleichung PV = 1 / (1 + r)

Auch hier können wir analog zu den bisherigen Beispielen verfahren und die Baumstruktur in MathML-Elemente überführen. Die rechte Seite der Gleichung enthält auch wieder einen Bruch, also Zähler und Nenner, die wir durch `MROW` beschreiben könnten. Da der Zähler aus einer einzigen Zahl besteht, wird nur der Nenner durch `MROW` beschrieben.

Die Variablen `PV` und `r` können wir durch das Element `MI` beschreiben. Wie gehabt, werden Zahlen durch `MN` und die Operatoren durch die entsprechenden Tags beschrieben. Neu ist lediglich der Tag `<EQ/>` für das Gleichheitszeichen.

```
<MROW>
   <MI>PV</MI>
   <EQ/>
   <MN>1</MN>
   <OVER/>
   <MROW>
     <MN>1</MN>
     <PLUS/>
     <MI>r</MI>
   </MROW>
</MROW>
```

Elemente für allgemeine Grundbausteine und Mengen

Die Tabelle 14.2 bietet eine Auflistung der Elemente von allgemeinen Grundbausteinen von mathematischen Texten. Tabelle 14.3 zeigt Elemente für die Formulierung von Aussagen aus der Mengentheorie.

Elementbeschreibung	MathML-Tag
Benutzerdefinierte Funktion	`<FN> ... <FN/>`
Allgemeines Trennsymbol	`<SEP/>`
Trennsymbol	`<ST/>`
Allgemeine Inverse	`<INVERSE/>`
Wendet eine Funktion auf die Argumente an.	`<APPLY/>`
Definiert einen Gültigkeitsbereich	`<EXPR> ... <EXPR/>`
Gleichung oder Relation	`<E> </E>`
Definiert ein Intervall	`<INTERVAL> ... </INTERVALL>`

Tabelle 14.2: Elemente für grundlegende Bausteine

Relation	MathML-Tag
Menge	`<SET> ... </SET>`
Vereinigung	`<UNION/>`
Schnittmenge	`<INTERSECT/>`
Element von	`<IN/>`
Ist nicht Element von	`<NOTIN/>`
Teilmenge	`<SUBSET/>`
Echte Teilmenge	`<PRSUBSET/>`
Keine echte Teilmenge	`<NOTPRSUBSET/>`

Tabelle 14.3: Mengenrelationen und ihre MathML-Tags

Hier ein Beispiel für die Anwendung der Elemente, die Sie eben kennengelernt haben. Betrachten wir folgende Aussage aus der Mengentheorie:

```
A vereinigt mit der Schnittmenge von B und C
```

Das entsprechende Diagramm ist in Abbildung 14.5 dargestellt.

In diesem Beispiel werden die Operationen Vereinigung und Schnittmenge benutzt, diese können wir einfach durch die entsprechenden Elemente darstellen. Für die Bezeichner der Mengen verwenden wir wieder das Element `MI`.

Der gesamte Ausdruck und auch der Teilausdruck, Schnittmenge von `B` und `C`, wird durch das Element `EXPR` beschrieben.

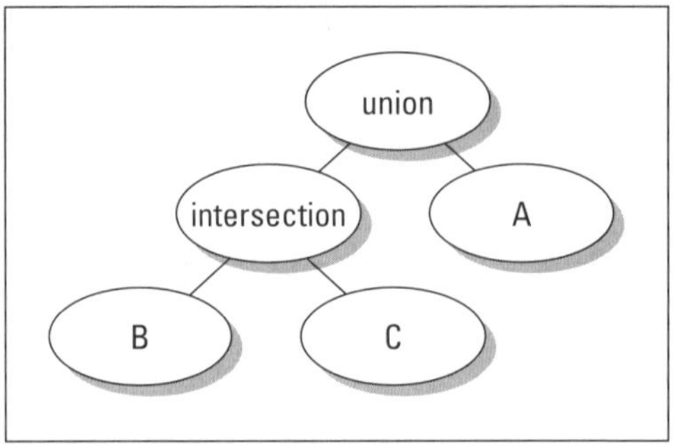

Abbildung 14.5: Baumstruktur für die Aussage A vereinigt mit der Schnittmenge von B und C.

Das ergibt folgenden MathML-Code:

```
<EXPR>
   <MI>A</MI>
   <UNION/>
   <EXPR>
     <MI>B</MI>
     <INTERSECTION/>
     <MI>C</MI>
   </EXPR>
</EXPR>
```

Lineare Algebra

Tabelle 14.4 zeigt verschiedene Elemente für die Beschreibung von Sachverhalten aus der linearen Algebra.

Funktion	MathML-Tag
Vektor	`<VECTOR> ... </VECTOR>`
Matrix	`<MATRIX> ...</MATRIX>`
Zeile einer Matrix	`<MATRIXROW> ... </MATRIXROW>`
Inverse einer Matrix	`<MATRIXINVERSE> ...</MATRIXINVERSE>`
Determinante	`<DETERMINANT> ... </DETERMINANT>`

Tabelle 14.4: Lineare Abbildungen und ihre MathML-Tags

Ein Beispiel für einen Ausdruck aus der linearen Algebra ist die Addition von zwei Matrizen:

```
A=      | 1 0 1 |     | 1 0 0 |
        | 0 1 0 |  +  | 0 1 0 |
        | 1 1 0 |     | 1 0 1 |
```

Die passende Darstellung als Baumdiagramm finden Sie in Abbildung 14.6.

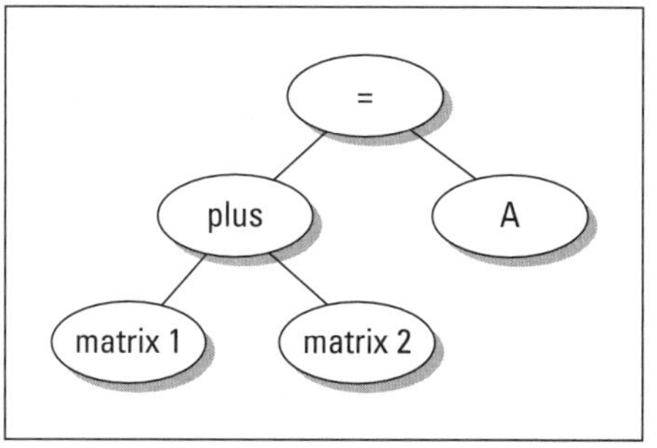

Abbildung 14.6: Diagramm der Baumstruktur für A = Matrix1 + Matrix2

Um eine Darstellung in MathML zu erzeugen, gehen wir wie gewohnt vor. Um die Matrizen zu beschreiben, benutzen wir das Element `MATRIX`. Die einzelnen Zeilen einer Matrix werden durch `MATRIXROW` beschrieben. Um zwei Matrizenelemente zu trennen, verwenden wir das Element `SEP`.

Wie gewohnt werden Zahlen durch `MN`, Variablen durch `MI` beschrieben. Da der Ausdruck eine Gleichung darstellt, wird alles zusammen durch das Element `E` beschrieben. Das Gleichheitszeichen selbst wird durch das Element `EQ` beschrieben.

```
<E>
  <MI>A</MI><EQ/>
  <MATRIX>
    <MATRIXROW>
      <MN>1</MN><SEP/>
      <MN>0</MN><SEP/><MN>1</MN>
    </MATRIXROW>
    <MATRIXROW>
      <MN>0</MN><SEP/>
      <MN>1</MN><SEP/><MN>0</MN>
    </MATRIXROW>
    <MATRIXROW>
      <MN>1</MN><SEP/>
      <MN>1</MN><SEP/><MN>0</MN>
    </MATRIXROW>
  </MATRIX>
  <PLUS/>
  <MATRIX>
    <MATRIXROW>
      <MN>1</MN><SEP/>
      <MN>0</MN><SEP/><MN>0</MN>
    </MATRIXROW>
    <MATRIXROW>
      <MN>0</MN><SEP/>
      <MN>1</MN><SEP/><MN>1</MN>
```

```
    </MATRIXROW>
    <MATRIXROW>
      <MN>1</MN><SEP/>
      <MN>0</MN><SEP/><MN>1</MN>
    </MATRIXROW>
  </MATRIX>
</E>
```

Relationen

Die Tabelle 14.5 zeigt einige Elemente, mit denen Relationen beschrieben werden können.

Relation	MathML-Tag
=	<EQ/>
!=	<NEQ/>
>	<GET/>
<	<LT/>
>=	<GEQ/>
<=	<LEQ/>

Abbildung 14.5: Mathematische Relationen und ihre MathML-Tags

Ein Beispiel für die Anwendung dieser Elemente wäre der folgende Ausdruck.

```
B > (C <= D)
```

Das Diagramm zu dem Ausdruck finden Sie in Abbildung 14.7.

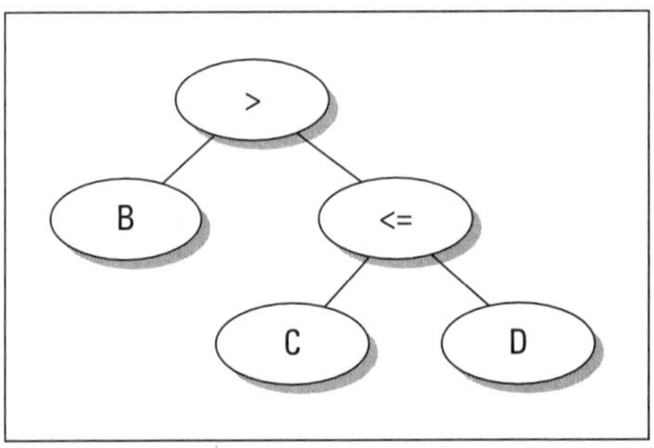

Abbildung 14.7: Das Diagramm mit der Baumstruktur zu B > (C <= D)

Auch hier ersetzen wir die Knoten in Baum durch die MathML-Elemente, um zu einer Darstellung in MathML zu gelangen. Die Relationen `>` (echt größer) und `<=` (kleiner oder gleich) werden durch die Elemente `GT` und `LEQ` beschrieben.

Der Code sieht in MathML dann so aus:

```
<E>
   <MI>B</MI>
   <GT/>
   <E>
     <MI>C</MI>
     <LEQ/>
     <MI>D</MI>
   </E>
<E>
```

Folgen und Reihen

Tabelle 14.6 listet Elemente zur Beschreibung von Folgen und Reihen auf.

Um so etwas wie

```
Limes für x gegen 0 von ...
```

auszudrücken, kann man recht einfach direkt vorgehen. Elemente für Zahlen und Variablen sind bekannt. Das einzig Neue sind die Elemente für den Grenzwert (`limit`) und das Verhalten von `x` (`tendsto`).

```
<EXPR>
   <LIMIT/>
   <MI>x</MI><TENDSTO><MN>x</MN>
</EXPR>
```

Element	MathML-Tag
Summe	`<SUM/>`
Produkte	`<PRODUCT/>`
Limes (Grenzwert)	`<LIMIT/>`
Zeigt an von gegen welchen Wert	`<TENDSTO/>`

Tabelle 14.6: Elemente für Folgen und Reihen

Statistik

In Tabelle 14.7 sind Elemente für die Beschreibung statistischer Funktionen aufgelistet.

Funktion	MathML-Tag
Mittelwert	`<MEAN> ... </MEAN>`
Median	`<MEDIAN> ... </MDIAN>`
Modus	`<MODE> ... </MODE>`

Funktion	MathML-Tag
Varianz	`<VAR> ... </VAR>`
Standardabweichung	`<SDEV> ... </SDEV>`
Moment	`<MOMENT> ... </MOMENT>`

Tabelle 14.7: Statistische Funktionen und ihre MathML-Tags

Um eine Aussage wie

```
Die Standardabweichung von x
```

in MathML auszudrücken, können wir das Element SDEV, das wir hier neu kennengelernt haben, verwenden. Der Rest sollte bekannt sein.

```
<SDEV>
   <MI>x</MI>
</SDEV>
```

Trigonometrie

Tabelle 14.8 listet eine Reihe von Elementen für trigonometrische Funktionen aus. Als Beispiel nehmen wir folgende Gleichung:

```
t = cos (x + a) + tan(y / b)
```

Abbildung 14.8 zeigt das entsprechende Diagramm.

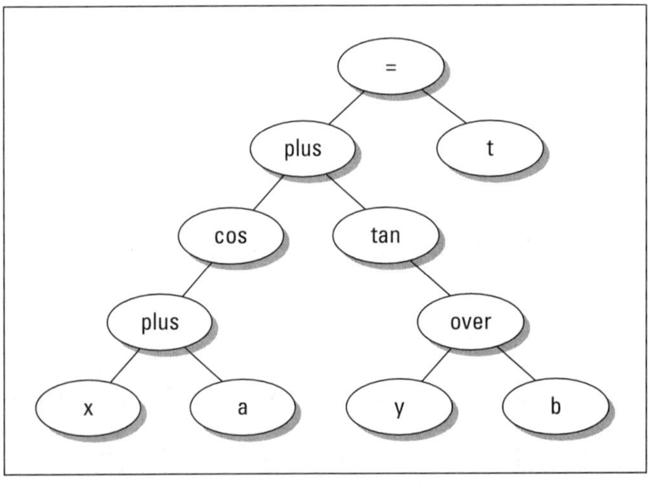

Abbildung 14.8: Baumstruktur für die Gleichung t = cos (x + a) + tan(y / b)

Auch hier ersetzen wir die Knoten im Baum durch die MathML-Elemente, um zu einer Darstellung der Gleichung in MathML zu gelangen. Die rechte Seite der Gleichung enthält eine Summe von zwei trigonometrischen Funktionen. Diese Argumente dieser Funktionen werden durch das Element MROW geklammert. Alle anderen Bestandteile kennen Sie aus den vorherigen Beispielen.

```
<MROW>

   <MI>t</MI>
   <EQ/>
   <COS/>
   <MROW>
     <MI>x</MI>
       <PLUS/>
         <MI>t</MI>
   </MROW>
<PLUS/>
<TAN/>
   <MROW>
     <MI>y</MI>
       <OVER/>
         <MI>b</MI>
   </MROW>
</MROW>
```

Funktion	MathML-Tag
Sinus	<SIN/>
Cosinus	<COS/>
Tangens	<TAN/>
Acros Sinus	<ARCSIN/>
Acros Cosinus	<ARCCOS/>
Acros Tangens	<ARCTAN/>
Sinus Hyperbolicus	<SINH/>
Cosinus Hyperbolicus	<COSH/>
Tangens Hyperbolicus	<TANH/>
Sekans	<SEC/>
Kosekans	<COSEC/>
Kotangens	<COTAN/>
Hyperbolische Sekante	<SECH/>
Hyperbolische Kosekans	<COSECH/>
Hyperbolischer Kotangens	<COTANH/>

Tabelle 14.8: Trigonometrische Funktionen und ihre MathML-Tags

Berechnungen verstehen

In Tabelle 14.9 sind die Tags für Infinitesimalrechnung aufgeführt.

Funktion	MathML-Tag
Logarithmus	`<LOG> ... </LOG>`
Logarithmus Naturalis	`<LN> ... </LN>`
Ableitung	`<DIFF> ... </DIFF>`
Partielle Ableitung	`<PARTIALDIFF> ... </PARTIALDIFF>`
Totale Ableitung	`<TOTALDIFF> ... </TOTALDIFF>`
Das bestimmte Integral	`<INT> ... </INT>`
Untere Intervallgrenze	`<LOWER> ... </LOWER>`
Obere Intervallgrenze	`<UPPER> ... </UPPER>`
Gebundene Variable	`<BVAR> ... </BVAR>`
Grad der Ableitung	`<DEGREE> ... </DEGREE>`

Tabelle 14.9: Statistische Funktionen und ihre MathML-Tags

Mit MathML können Sie auch Probleme aus der Infinitesimalrechnung beschreiben. Zum Beispiel:

```
Log (a / b)
```

Die Abbildung 14.9 zeigt das entsprechende Diagramm als Beispiel.

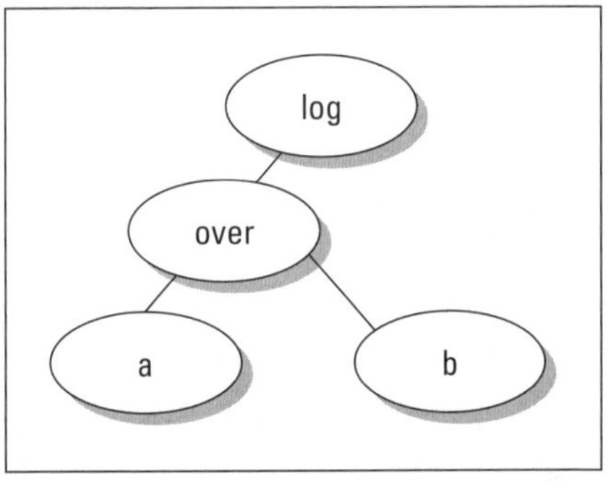

Abbildung 14.9: Die Baumstruktur zu Log (a / b).

Auch hier wird jeder Knoten durch das entsprechende Element ersetzt, um eine Darstellung in MathML zu gewinnen. Außer dem Element `log` gibt es auch hier nichts Neues.

Daher ergibt sich folgender Code:

```
<LOG>
   <MI>a</MI>
     <MO><OVER/></MO>
     </MO>b</MI>
</LOG>
```

Ableitung eines Ausdrucks aus dem Markup

Dieser Abschnitt erklärt, wie man einen mathematischen Ausdruck aus seiner Repräsentation in MathML ableitet. Wir betreiben hier also eine Rücktransformation. Folgender Code soll als Beispiel dienen:

```
<MROW>
   <MI>x</MI>
   <MO><POWER/></MO>
   <MN>2</MN>
</MROW>
<MO><PLUS/></MO>
<MI>a</MI>
<MO><PLUS/></MO>
<MI>b</MI>
```

Die Baumstruktur zum Code finden Sie in Abbildung 14.10.

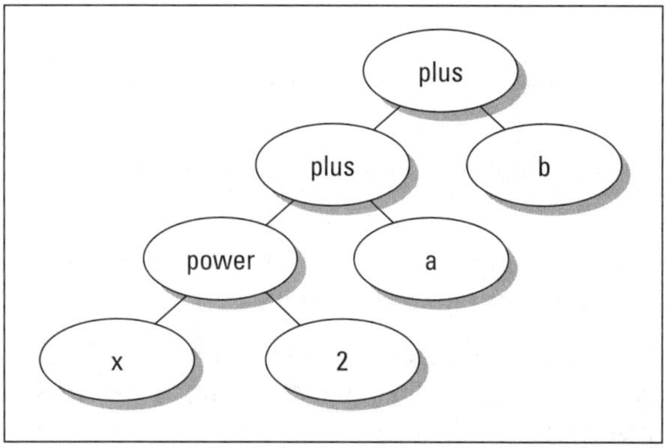

Abbildung 14.10: Baumdiagramm zum Ausdruck aus dem Beispiel $x^2 + a + b$

Um den Ausdruck herzuleiten, brauchen wir uns nur die Elemente anzusehen. Es beginnt mit einer Gruppierung durch `MROW`, dann folgen Operatoren (zweimal +) und die Variablen `a` und `b`. Innerhalb von `MROW` steht die Variable `x` und der Potenz-Operator, gefolgt von der Zahl `2`. Also ist alles zusammen:

$x^2 + a + b$

Tools, Regeln und Ressourcen

Da MathML noch sehr jung ist, gibt es noch kaum spezielle Tools oder Anwendungen für diese Sprache.

Die einfachste Methode, eigene MathML-Dokumente zu erstellen, ist auch hier der bevorzugte Texteditor. Es wird wohl noch eine Weile dauern, bis es spezialisierte Tools geben wird. Sie sollten also weiterhin mit dem Editor Ihrer Wahl arbeiten.

Bevor Sie ein MathML-Dokument in irgendeiner Anwendung verwenden, sollten Sie es durch einen Parser für MathML schicken. Dieser Parser überprüft die Datei auf syntaktische Fehler und Verstöße gegen die DTD. Erst wenn der Parser seinen Segen erteilt hat, können Sie ruhigen Gewissens mit dem Dokument arbeiten.

Da noch kein Viewer für MathML auf dem Markt ist, können Sie leider auch Ihre Dokumente noch nicht betrachten. Mit der weiteren Verbreitung von MathML sollte sich das aber rasch ändern.

Hinweise zur Gestaltung

Wenn Sie eigene MathML-Dokumente erstellen, müssen Sie sich natürlich an die DTD halten. Aber auch die folgenden Punkte sollten Sie beachten:

- Denken Sie an die End-Tags. Bei HTML-Dokumenten dürfen End-Tags entfallen, bei XML und somit auch MathML nicht! Zum Beispiel muß das Element `MI` mit `<MI>` beginnen und mit `</MI>` enden.
- Denken Sie an die Einrückungen. Sie erhöhen die Lesbarkeit und erleichtern das Verständnis.
- Um die MathML-Darstellung zu einem Ausdruck zu erhalten, benutzen Sie eine der zwei Methoden:
    - Gehen Sie den Ausdruck von links nach rechts durch, und notieren Sie die entsprechenden Elemente für die Bestandteile.
    - Erstellen Sie ein Baumdiagramm für den Ausdruck. Gehen Sie dieses Diagramm von oben nach unten durch, und ersetzen Sie die Knoten durch die entsprechenden Elemente.
- Um die Richtigkeit Ihres Codes zu überprüfen, transformieren Sie den Code wieder in einen Ausdruck zurück und vergleichen Sie die Ausdrücke.

Zusätzliche Quellen

Detailliertere Informationen über die Themen dieses Kapitels finden Sie auf folgenden Seiten.

- ✔ Den Arbeitsentwurf (working draft) zu MathML finden Sie unter: `www.w3.org/TR/WD-math-979515/`.
- ✔ Die vollständige Liste aller Elemente zum präsentationsorientierten Markup gibt es unter `www.w3.org/TR/WD-math-970515/section3.html#sec3`.
- ✔ Die Liste mit allen Elementen zum inhaltsorientierten Markup finden Sie unter: `www.w3.org/TR/WD-math/chap4_1.html`.

XML verbreitet Kinoatmosphäre

15

In diesem Kapitel

- Synchronisation von multimedialen Inhalten
- Grundlegende Konzepte von SMIL untersuchen
- Verstehen der Grundlagen
- Synchronisation für Fortgeschrittene
- Ein Einblick in die Spezifikation von Layouts
- Alternative Präsentationen durch Switching
- Hyperlinks für Fortgeschrittene
- Der SMILing-Code

Multimedia war schon seit den frühen Tagen der Browser-Technologie ein heißes Thema im World Wide Web. Das Einfügen von multimedialen Inhalten in Web-Seiten war lange eine große Herausforderung. Die verschiedenen Medientypen, wie bewegte und nicht bewegte Bilder oder Audioclips, sind nichts Neues mehr, nichtsdestotrotz stellen sie noch immer hohe Anforderungen an Browser und Netzwerke. Dieses Kapitel soll Sie durch die nebelige Welt des Web-basierten Multimedia führen.

Synchronisation von multimedialen Inhalten

Web-Seiten, besonders kommerzielle, sind übersät mit den aufwendigsten multimedialen Finessen – Videodateien, die das jeweils neueste Produkt vorstellen, Audioclips, die Konsumenten in die richtige Stimmung bringen sollen, oder auffallende Graphiken, die den Surfer auf die Seite aufmerksam machen sollen. Jede dieser Komponenten ist für sich allein schon sehr mächtig, aber zusammen eingesetzt erreichen sie ein viel höheres Maß an Effektivität. Die Bündelung von multimedialen Inhalten wirft aber auch das Problem der Synchronisation auf. Sind die einzelnen Komponenten nicht aufeinander abgestimmt, hat man nicht viel mehr als Ausschuß produziert.

Channel++ News

Was aber bedeutet Synchronisation eigentlich? Betrachten wir einmal ein Beispiel aus dem wirklichen Leben, etwa eine Nachrichtensendung, um uns zu verdeutlichen, wie wichtig Multimedia und die Synchronisation einzelner Medien ist.

Eine Nachrichtensendung beginnt normalerweise mit einer mitreißenden Musik, die den Zuschauer aufrütteln und aufmerksam machen soll. Der Musik folgen die Schlagzeilen des Tages, die von Videoaufnahmen begleitet werden und uns über die jeweils neuesten politischen Verfehlungen der gewählten Volksvertreter oder über Katastrophen informieren. Außerdem erscheint am Bildschirmrand eine Laufschrift, die uns die Schlagzeilen noch einmal in der Form eines Textes liefert. Als nächstes erscheint der Sprecher in Großaufnahme und trägt gekonnt die wichtigsten Themen des Tages vor.

Meist erscheint dabei, wie in Abbildung 15.1, ein zum Thema passendes Bild, etwa das eines Politikers, der wieder irgendeine politische Verfehlung begangen hat. Eine Liste aller möglichen Auswirkungen erscheint auf der linken Bildschirmseite und jedesmal, wenn der Moderator einen neuen Punkt ausführt, wird der entsprechende Punkt der Liste hinzugefügt.

Abbildung 15.1: Das grundlegende Konzept der Präsentation von Multimedia im Fernsehen.

Dies ist nur ein Beispiel für die Synchronisation von Multimedia. Das nächste Mal, wenn Sie sich eine Nachrichtensendung ansehen, sollten Sie diese unter dem Gesichtspunkt »Synchronisation einzelner Medien« betrachten, das kann recht lehrreich sein. Normalerweise liegt die Kontrolle in der Hand von nur einer Person, welche anhand eines Skriptes den gesamten Ablauf der Sendung Sekunde für Sekunde plant und die einzelnen Elemente der Sendung in die richtige zeitliche Reihenfolge bringt. Dies verdeutlicht, wie wichtig Geometrie und Layout für den Erfolg einer Nachrichtensendung sind.

Bevor wir die Details der Kontrolle einer Fernsehübertragung betrachten, beschäftigen wir uns mit den typischen Komponenten, die uns beim Fernsehen und, in weniger verwirrender Form, im Netz begegnen.

Ein Universum aus wenigen Atomen

Eine Nachrichtensendung im Fernsehen ist ein sehr kompliziertes Szenario mit vielen unterschiedlichen Komponenten, die letzten Endes für das Erlebnis Fernsehen verantwortlich sind. Wir können versuchen, einige dieser Komponenten zu identifizieren und diese auf das World Wide Web zu übertragen, um einen ähnlichen Effekt in puncto Unterhaltung zu erzielen.

- ✔ **Audio:** Der Reporter, der über die neuesten Geschehnisse in der Welt berichtet, und die zu Beginn der Sendung eingespielten Melodien, spielen eine wichtige Rolle für die Sendung: Nur wenn sie gut koordiniert sind, erzielen sie ihre Wirkung.
- ✔ **Video:** Video ist nichts anderes als eine Folge von einzelnen Bildern. Bei einer Nachrichtensendung muß der Sprecher mit seinem Einsatz warten, bis die eingespielten Bilder abgelaufen sind, erst dann kann er mit seinem Text beginnen. Dies ist ein einfaches, aber sehr wichtiges Beispiel für Synchronisation.
- ✔ **Bilder:** Bilder und Graphiken dienen dem Austausch von Informationen und spielen eine wichtige Rolle für die menschliche Kommunikation. Das richtige Zusammenspiel von Bildern und allen anderen Medien, die wir im Web, aber auch im Fernsehen einsetzen, ist eine große Herausforderung.
- ✔ **Text:** Das geschriebene Wort war lange Zeit das wichtigste Medium im World Wide Web. Texte, die Bilder beschreiben, Textbanner, die wie Ticker aussehen oder wie Listen, die wichtige Informationen zusammenfassen oder hervorheben, sind wichtige Elemente.

  Im World Wide Web, ein Netz, das für alle verfügbar sein soll, ist das geschriebene Wort noch sehr wichtig, da Texte leicht in andere Formate übersetzt werden können. Zum Beispiel können Texte in gesprochene Worte übersetzt werden, die es Blinden oder stark Sehbehinderten trotz ihrer Behinderung erlauben, das World Wide Web zu benutzen.

Grundlegende Konzepte von SMIL

Die Synchronized Multimedia Integration Language (SMIL) wurde erschaffen, um die unterschiedlichsten multimedialen Komponenten miteinander zu verbinden und aufeinander abzustimmen. SMIL erlaubt damit die Erstellung von Präsentationen, wie etwa das Beispiel über die Nachrichtensendung, für das World Wide Web. SMIL wurde geschaffen, um einzelne Medien im WWW zusammenzubringen.

Eines der tollen Features von SMIL ist, daß die gesamte Koordination der Präsentation in einer leicht lesbaren Beschreibung vorliegt. Es wird Sie zu diesem Zeitpunkt nicht mehr überraschen, daß SMIL eine XML-Syntax für die Beschreibung der Präsentationen verwendet. SMIL wird wie das englische Wort »smile« (Lächeln) gesprochen. Daher ist es nicht verwunderlich, daß ein Prototyp einer SMIL-Anwendung mit dem Namen GRINS existiert.

Die folgende Liste enthält einige der Prinzipien und Ziele, die das Design von SMIL bestimmten:

- **URLs für alle Medienressourcen:** Weil wir uns mit SMIL im World Wide Web befinden, müssen alle Objekte, die für eine Präsentation benutzt werden, online zu finden sein. URLs dienen als Pfad zu den gesuchten Ressourcen im World Wide Web, daher müssen alle verwendeten Objekte durch einen URL zugänglich sein.
- **Synchronisierte Medienobjekte:** Synchronisation ist die Stärke und natürlich auch das angestrebte Ziel von SMIL. Eine Beschreibung einer SMIL-Präsentation muß in der Lage sein, Objekte aufgrund ihrer Start- und Endzeiten zu synchronisieren (wie etwa: »Starte A sobald B beendet ist«) und natürlich aufgrund von absoluten Zeitangaben (wie etwa: »5 Sekunden, nachdem das Musikstück gestartet wurde, zeige Bild X in der rechten unteren Ecke des Bildschirms«).
- **Einfache Bedienbarkeit:** Ein Mensch muß mit einer SMIL-Präsentation wie mit einem Videorecorder arbeiten können, sprich, er muß die Möglichkeit haben, die Präsentation zu stoppen, nur anzuhalten, um sie dann wieder weiter laufen zu lassen, oder sie vorwärts oder rückwärts laufen zu lassen. Zusätzlich müssen alle beteiligten Medienobjekte auf diese Ereignisse synchron reagieren.
- **Präsentationen mit Hyperlinks:** Was wäre das World Wide Web ohne Hyperlinks? Wahrscheinlich würde es dann nicht existieren. SMIL gibt jedem Benutzer die Möglichkeit, Links oder Verknüpfungen anzulegen, die mit den einzelnen multimedialen Objekten assoziiert sind. Dabei geht SMIL sogar noch einen Schritt weiter als das traditionelle HTML und bietet einige erweiterte Hyperlink-Funktionen, die durch den XML-Standard definiert sind.

SMIL wurde in seinem Design auf einige wenige Grundkonzepte hin ausgerichtet. Diese Grundkonzepte werden in den folgenden Abschnitten aufgegriffen und erklärt. Dabei werden die Begriffe *parallel* und *sequentiell* von maßgebender Bedeutung sein. Einfach ausgedrückt bedeutet »parallel« im Zusammenhang mit einer SMIL-Präsentation, daß mehrere Komponenten simultan zueinander ablaufen und erst dadurch eine komplette Präsentation bilden, während »sequentiell« nichts weiter bedeutet, als daß mehrere Komponenten nacheinander während einer Präsentation ablaufen.

Zum Verständnis der folgenden Beispiele in diesem Kapitel, müssen Sie wissen, daß SMIL sich auf Medienobjekte durch einen allgemeinen Elementtypen bezieht: `<ref .../>`. Um die Lesbarkeit zu verbessern, verfügt SMIL über Synonyme für den Elementtypen, die nach den verschiedenen Medientypen benannt sind:

```
<audio> ... </audio>
<video> ... </video>
<text> ...  </text>
<img> ...   </img>
```

SMIL macht keine Annahmen über das tatsächliche Format der Daten, mit denen Sie Ihre Videos, Bilder oder Töne repräsentieren. Der durch SMIL vorgeschlagene Standard definiert die Tags (zum Beispiel: `<audio>` repräsentiert Audioclips, `<video>` steht für Videoclips usw.), aber der Standard schreibt nicht vor, welche Dateiformate für Video- oder Audioclips oder Bilder verwendet werden müssen. Sie können also, wenn Sie möchten, MPEG-Dateien für die Videoclips, WAV-Dateien für die Audioclips und JPEG, GIF oder PNG als Dateiformat für Ihre Bilder verwenden.

Einen Rahmen für SMIL

Eine SMIL-Beschreibung wird immer durch das Element `smil` repräsentiert, es steht zwischen den Tags `<smil>` und `</smil>`. SMIL-Dokumente bestehen aus zwei Teilen: einem Kopf (head) und einem Rumpf (body). Jeder dieser Teile kann spezielle Anweisungen in der Form von XML-Elementen enthalten, wie etwa Kommentare oder Verarbeitungsanweisungen. Der Kopf des Dokumentes wird durch das Element `head` definiert, während der Rumpf durch das Element `body` definiert wird.

```
<smil>
   <head>
        <! -- Das ist der Kopfteil --  >
   </head>
   <body>
        <! - Das ist der Körper -- >
   </body>
</smil>
```

Im Kopf

Der Kopfbereich eines SMIL-Dokumentes wird benutzt, um das Layout der Präsentation zu beschreiben, und umfaßt auch Meta-Informationen über die Präsentation.

```
<smil>
   <head>
     <! -- Hier stehen Angaben über das Layout und einige Metadaten. --  >
   </head>
   <body>
     <! -- hier steht der Inhalt -- >
   </body>
</smil>
```

Indem der Autor eines SMIL-Dokumentes eine Layoutspezifikation benutzt, kann er die Darstellung der multimedialen Objekte auf dem Bildschirm festlegen. Wenn der Autor nicht explizit festlegt, wie das Layout seines Dokumentes auszusehen hat, dann legt die Anwendung, die das SMIL-Dokument ausführt, selbst fest, wie das Layout auszusehen hat. Im weiteren

Verlauf dieses Kapitels wird sich ein ganzer Abschnitt nur mit dem Thema Layout beschäftigen, weshalb wir an dieser Stelle nicht in die Details gehen werden.

Metadaten, die in einem SMIL-Dokument stehen, befinden sich in dem Element `meta`. Die empfohlene Art, Metadaten in einem Dokument anzugeben, ist:

```
<meta
   name="Der Name einer Variable"
   content="Der Wert der Variable"
/>
```

Diese Methode, Metadaten anzugeben, wird Ihnen bekannt vorkommen, denn es ist dieselbe Methode wie bei HTML-Dokumenten.

SMIL besitzt einige vordefinierte Namen für die Angabe von Metadaten:

- ✔ `Sync`: Die Synchronisation einer SMIL-Präsentation kann als hart (hard) oder weich (soft) definiert werden. *Hart* bedeutet, daß sich der SMIL-Interpreter bei der Präsentation exakt an die vordefinierten Zeitangaben für parallele Präsentationen von Medienobjekten halten muß. *Weich* gibt dem Interpreter einigen Spielraum während der Ausführung. Wenn der Wert für `sync` nicht gesetzt ist, wird automatisch ein implementationsabhängiger Wert eingesetzt. (Keine Sorge, es wird später noch in einem eigenen Abschnitt erklärt, was eine parallele Präsentation denn genau ist.)
- ✔ `title`: Benutzen Sie `title`, um Ihrer Präsentation einen Namen zu geben. Der Standard definiert die Semantik der Benennung einer Präsentation nicht, aber es ist wahrscheinlich, daß SMIL diese Information als Titel des Präsentationsfensters benutzen wird. Kommt Ihnen das bekannt vor? Diese Funktion erfüllt denselben Zweck wie das Element `title` in HTML-Dokumenten.
- ✔ `pics-label`: *PICS* steht für »Platform for Internet Content Selection«. `pics-label` wird benutzt, um besser kontrollieren zu können, welche Benutzergruppe auf welche Inhalte zugreifen darf. PICS wurde ursprünglich entwickelt, um Eltern dabei zu helfen, besser beaufsichtigen zu können, was ihre Kinder sehen dürfen und was nicht. Ausnahmsweise sind hier echte Eltern und echte Kinder gemeint, nicht die »Kinder« und »Eltern« einer Vererbungshierarchie in der Objektorientierten Programmierung.

Weitere Informationen über PICS finden Sie auf der Web-Seite des W3C unter `www.w3.org/PICS/labels.html`.

Im Rumpf

Es gibt drei Präsentationstypen, die im Rumpf eines SMIL Dokumentes stehen dürfen. Zwei davon sind besonders wichtig, nämlich die uns schon bekannten Typen *parallel* und *sequenti-*

ell. Parallel beschreibt, wie zwei Objekte zur selben Zeit präsentiert werden und wie sich ihre Start- und Endezeiten zu einander verhalten. *Sequentiell* beschreibt genaugenommen nur eine »Erst A dann B«-Methode. Da diese beiden Konzepte so grundlegend sind, werden sie in einem separaten Abschnitt erklärt.

Der Präsentationstyp »parallel«

Sehr oft werden zwei Medienobjekte parallel präsentiert, in unserem Beispiel, der fiktiven »Chanel++ news« zu Beginn dieses Kapitels, sahen wir ein Bild von einem Mr. X und ein Videobild von dem Sprecherr zur selben Zeit. Für unsere Zwecke wäre es auch möglich, zu sagen, daß die Präsentation des Moderators selbst aus einer parallelen Übertragung aus Videobildern und Tönen (seiner Sprache) bestand.

Ein Diagramm des zeitlichen Ablaufs

Diagramme wie das in Abbildung 15.2 sind oft sehr nützlich, wenn man versucht, die Konzepte von SMIL zu erklären. Wir werden diesen Typ von Diagramm in diesem Kapitel noch häufiger anwenden.

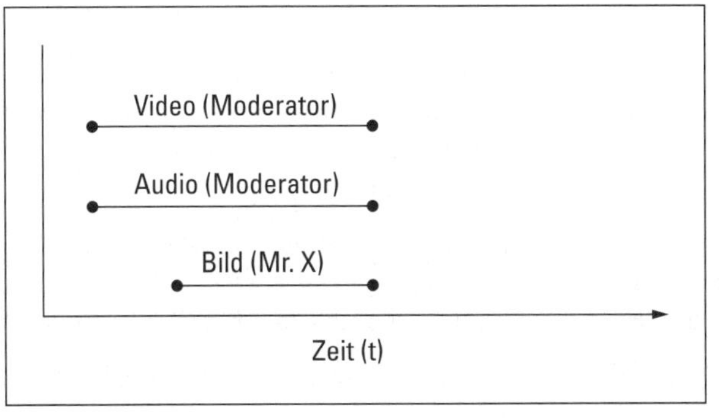

Abbildung 15.2: Ein einfacher Fall parallel angeordneter Medienobjekte.

Remenber Wenn wir im Verlauf des Kapitels über SMIL-Präsentationen reden werden, sollten Sie die folgenden Fragen im Hinterkopf behalten:

- ✔ *Über welches Objekt reden wir?* In diesem Fall reden wir über ein Videoobjekt, ein Audioobjekt oder ein Bild. Oft nennt man nicht einmal den Namen eines Objektes, sondern redet nur über die Art, den Typ, des Objektes.
- ✔ *Wann beginnt die Präsentation, und wann endet sie?* Wie Sie in unserem Beispiel aus Abbildung 15.2 sehen können, starten das Video- und das Audioobjekt zur selben Zeit und enden auch zur selben Zeit. Das eingeblendete Bild kommt zwar erst später hinzu, endet jedoch auch gleichzeitig mit den beiden anderen Medienobjekten.

- *In welchem Zeitraum bewegen wir uns?* In der Abbildung 15.2 ist die untere Achse, die X-Achse, die Zeitachse. Sie beschreibt den Zeitraum, in der die Präsentation abläuft.

Parallel – von Innen nach Außen

Ein paralleler Block wird durch das Element `par` beschrieben. Zum Beispiel können eine parallele Präsentation eines Audioobjektes und eines Bildes wie folgt beschrieben werden:

```
<par>
   <audio .../>
   <img    .../>
</par>
```

Das Ende einer Präsentation

Nichts hält ewig. Diese Binsenweisheit gilt auch für SMIL-Präsentationen. Normalerweise entspricht die Gesamtzeit einer parallelen Präsentation der maximalen Ausführungsdauer der einzelnen Objekte dieser Präsentation. Das längste Objekt bestimmt also im wesentlichen die Gesamtzeit der Präsentation. Aber der Autor einer Präsentation hat selbstverständlich einen gewissen Spielraum bei der Anordnung der Elemente und hat so natürlich auch Einfluß auf die Dauer der Präsentation.

Das optionale Attribut `endsync` spezifiziert die Endzeit für einen parallelen Block, indem es die Laufzeit des gesamten Blocks von der Laufzeit eines der enthaltenen Objekte abhängig macht. Das `endsync`-Attribut kann zwei diskrete Werte annehmen und hat noch eine dritte, allgemeinere Möglichkeit einen Wert anzugeben:

- `last`: Dieser Wert sorgt dafür, daß die Präsentation oder ein einzelner Block erst endet, wenn das letzte noch laufende Objekt inaktiv wird. Ein paralleler Block kann erst beendet werden, wenn das letzte Objekt endet. Abbildung 16-4 illustriert diese Situation.
- `first`: Analog zu `last` endet ein paralleler Block nun, sobald das erste Objekt aus dem Block endet.
- `id-ref`: Der parallele Block endet, sobald das durch seine `id` charakterisierte Objekt inaktiv wird. Damit hat der Autor einer Präsentation die Möglichkeit, das Ende etwas individueller zu gestalten.

Die nun folgenden Zeilen sind ein einfaches Beispiel für eine parallele Präsentation, die endet, sobald das erste Objekt inaktiv wird (siehe Abbildung 15.3).

```
<par  endsync="first">
   <audio  video  .../>
   <video  audio  .../>
   <img  .../>
</par>
```

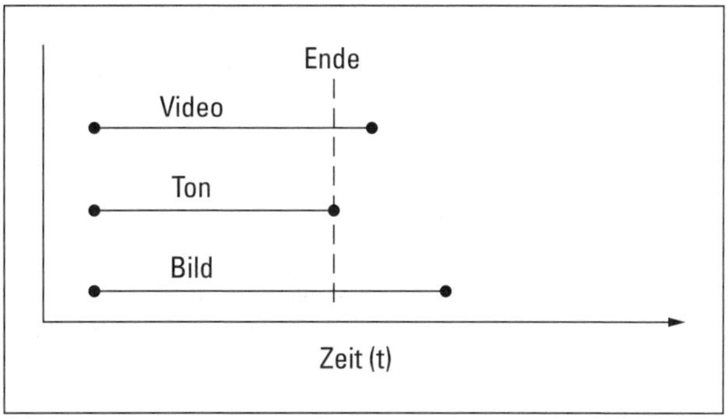

Abbildung 15.3: Sobald das erste Objekt endet, endet auch der parallele Block.

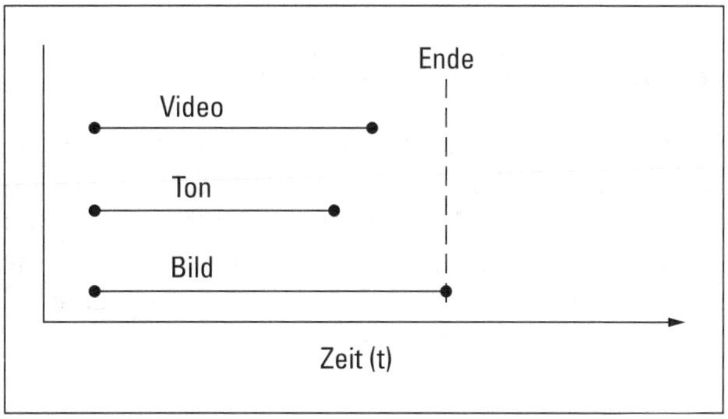

Abbildung 15.4: Erst wenn das letzte Element endet, endet auch der parallele Block.

Der Präsentationstyp »sequentiell«

Eine Sequenz definiert eine Menge von Objekten, die nacheinander ausgeführt werden müssen. Als Beispiel könnte man sagen, erst kommt Video A und dann Video B. Die allgemeine Form für eine Sequenz ist:

```
<seq>
   <!-- erstes Objekt -->
   <!-- zweites Objekt -->
</seq>
```

Das erste Objekt wird angezeigt, sobald die gesamte Präsentation beginnt. Die anderen Objekte werden immer der Reihe nach ausgeführt, d.h. eines nach dem anderen. Die ganze Sequenz endet, sobald alle Objekte ausgeführt worden sind. Diese Situation ist in Abbildung 15.5 dargestellt.

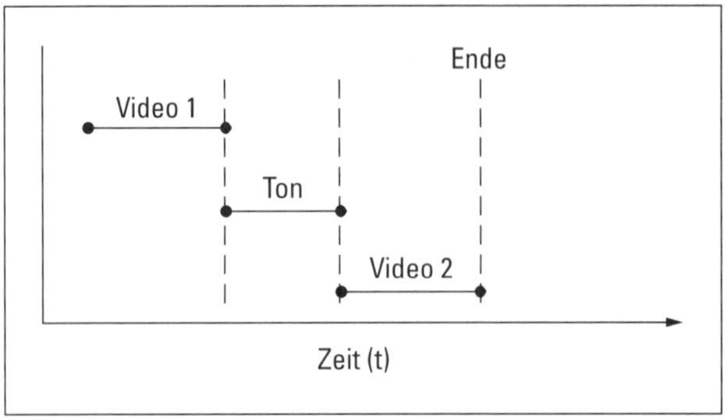

Abbildung 15.5: Eine einfache Sequenz.

Synchronisation für Fortgeschrittene

SMIL bietet einige wenige, aber dafür sehr mächtige Attribute, die sich sowohl auf Medienobjekte allgemein als auch auf parallele oder sequentielle Blöcke einer Präsentation beziehen lassen. Das bedeutet, ein Autor hat die Möglichkeit, ein Multimediaobjekt fünf Sekunden nach dem Ende eines anderen Objektes starten zu lassen, er kann aber auch eine komplette Sequenz fünf Sekunden nach dem Ende einer anderen Sequenz beginnen lassen. Die entsprechenden Attribute lassen sich in beiden Fällen anwenden.

Die Attribute begin und end

Die Attribute `begin` und `end` verändern die vorgegebenen Anfangs- und Endzeiten für die einzelnen Elemente einer Präsentation. Abhängig von dem Objekt, auf das sie sich beziehen, unterscheidet sich die Bedeutung der Attribute. Die Werte für diese Attribute bestehen entweder aus einem *Offset*, d.h. einem Wert, der auf einen anderen Wert aufaddiert wird, oder aus einem *diskreten Ereignis*. Was diskrete Ereignisse genau sind, wird etwas später in dem Abschnitt über »Ereignis-basierte Synchronisation« erklärt werden, wir wollen uns zuerst mit Offset-Werten beschäftigen.

Einer nach dem anderen

In einer Sequenz bestimmt der Offset-Wert den Zeitraum, der zwischen dem Ende der Ausführung des letzten Objektes und dem Beginn der Ausführung des nächsten Objektes verstreichen muß. Es wird also zum Endzeitpunkt des Vorgängers ein gewisser Wert hinzuaddiert (Offset) und dann erst, nachdem diese Zeit verstrichen ist, das neue Objekt angezeigt. Der folgende SMIL-Code ist ein simples Beispiel für die Sequenz einer Audio- und einer Videodatei, wobei die Videodatei zwei Sekunden nach dem Ende der Audiodatei angezeigt wird. Abbildung 15.6 zeigt ein entsprechendes Diagramm.

```
<seq>
   <audio  .../>
   <video begin="2s"  .../>
</seq>
```

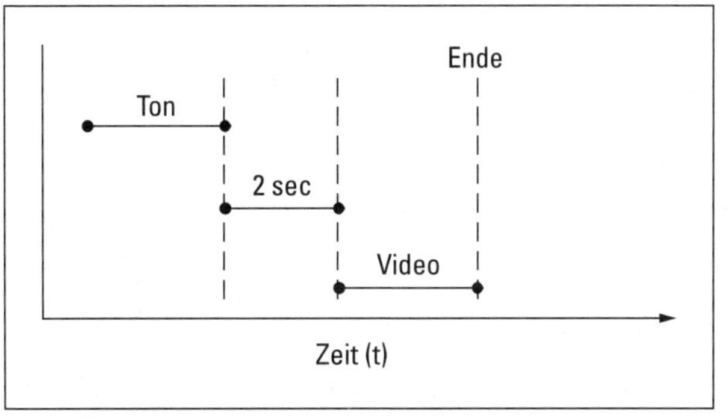

Abbildung 15.6: Eine Sequenz mit verzögertem Start.

Alle gleichzeitig

Sollen zwei Objekte parallel zueinander ausgeführt werden, d.h., das übergeordnete Element zu den Objekten ist das Element `par`, legt `begin` den Offset bezüglich des Anfangs für den ganzen parallelen Block fest. Das folgende Beispiel zeigt einen solchen Fall (Abbildung 15.7):

```
<par>
   <audio  .../>
   <video begin="5s"  .../>
</par>
```

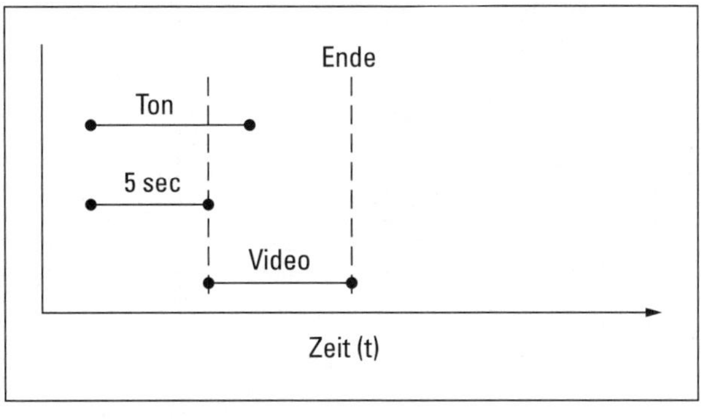

Abbildung 15.7: Eine parallele Präsentation mit verzögertem Start eines Objektes.

Ereignisbasierte Synchronisation

Dieser mächtige Synchronisations-Mechanismus bietet die Möglichkeit, Objekte auf der Basis von eintretenden Ereignissen anderer Objekte zu synchronisieren. Objekte können mit anderen Objekten aus demselben parallelen Block oder derselben Sequenz synchronisiert werden.

Es gibt drei Ereignisse, die für jedes Element einer SMIL-Präsentation definiert sind:

- ✔ `begin`: Dieses Ereignis wird ausgelöst, sobald ein Element aktiv wird.
- ✔ `end`: Dieses Ereignis tritt ein, wenn ein bestimmtes Element inaktiv wird.
- ✔ `clock-val`: Man kann ein Ereignis mit einer Uhr verknüpfen. Eine SMIL-Präsentation kennt zwei verschiedene Arten von Uhren, ein Audioobjekt oder Videoobjekt zum Beispiel besitzen eine sogenannte »media clock«. Diese Uhr kann sich zeitlich von der Uhr der gesamten SMIL-Präsentation unterscheiden.

Diese zeitlichen Unterschiede können durch große Netzlasten oder durch rechenintensive Darstellungen von Körpern oder Bildern (rendering) zustande kommen. Sequenzen und parallele Blöcke richten sich nach der Uhr der Präsentation. Wird ein paralleler Block durch das Attribut `endsync` mit dem Ende eines bestimmten Objektes gekoppelt, so richtet sich die Uhr des ganzen Blockes an der Uhr dieses Objektes aus.

Ein Beispiel:

```
<par>
   <audio id="audioclip1"  begin="6s"  .../>
   <img  begin="id(audioclip1)(begin)+3s"  .../>
</par>
```

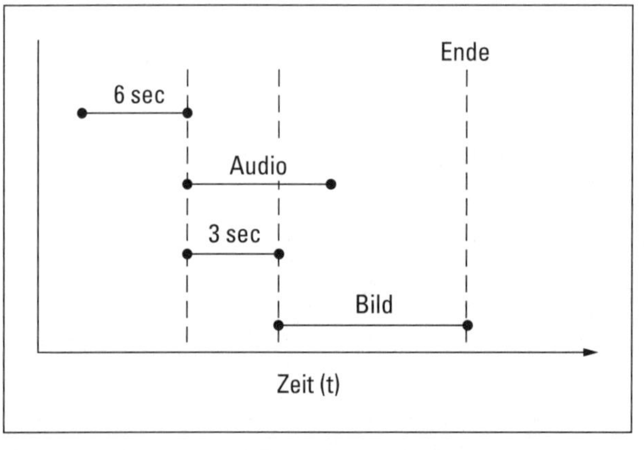

Abbildung 15.8: Synchronisation auf der Basis von Ereignissen.

Wie ist das Beispiel zu verstehen? Wir haben zwei Medienobjekte, ein Audioobjekt und ein Bild, die parallel zueinander ablaufen sollen. Die Ausführung des Audioclips beginnt sechs Sekunden nach dem Start der Präsentation. Das Bild erscheint drei Sekunden, nachdem die Ausführung des Audioclips begonnen hat, weil in dem Attribut `begin` über die `id` auf den Audioclip Bezug genommen wird. Abbildung 15.8 zeigt das entsprechende Diagramm zu der Präsentation.

Spezifikation von Layouts

Die SMIL-Spezifikation unterstützt eine Vielzahl von unterschiedlichen Layoutspezifikationen, die in eine SMIL-Präsentation einfließen können. Die einfachste Layoutspezifikation, die SMIL unterstützt, ist die Benutzung von »Channels« (Kanälen). Diese Channel haben nichts mit denen aus Kapitel 11 zu tun. Ein Channel definiert (einzeln für jedes Objekt) die Position, Größe und Proportionen eines Medienobjektes. Sich überlappende Channel werden durch das sogenannte »clipping« bearbeitet. Beim Clipping werden Bilder, die zu groß oder zu klein sind, um genau in den angegebenen Bildschirmbereich zu passen, etwa ein Fenster, entsprechend angepaßt.

Jeder Channel muß eine eindeutige `Id` haben, die ihn nach außen hin charakterisiert. Falls Sie sich nicht mit der Definition eines Layouts herumschlagen möchten, können Sie ganz einfach das Standardlayout verwenden, indem Sie die folgenden Zeilen in Ihre Präsentation einfügen.

```
<layout type="text/smil-basic"></layout>
```

Die richtigen Proportionen finden

Die Position eines Channels wird durch die folgenden Werte definiert:

- ✔ `top`: Definiert die Entfernung zum oberen Rand des sichtbaren Feldes, die Angabe kann ein absoluter Wert oder eine Prozentangabe sein. Wenn der Wert eine Prozentangabe ist, dann ist der resultierende Wert relativ zu der Breite des sichtbaren Bereiches. Der Standardwert ist null.
- ✔ `left`: Definiert die Entfernung zum linken Rand des sichtbaren Feldes. Auch dieser Wert kann als absolute Zahl oder als Prozentsatz des sichtbaren Bereiches angegeben werden. Wenn der Wert als Prozentsatz angegeben wird, dann orientiert sich der Wert an der Höhe des sichtbaren Bereiches. Abbildung 15.9 zeigt diese Situation.

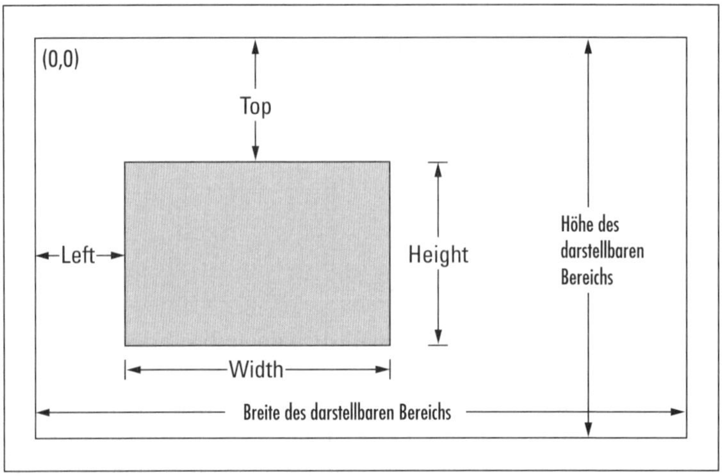

Abbildung 15.9: Die Definition der Bildschirmkoordinaten.

Die Proportionen eines Channels werden durch seine Breite (width) und seine Höhe (height) definiert:

- `width`: Dieses Attribut (wenn verfügbar), definiert die Breite eines Medienobjektes. Der eingesetzte Wert muß entweder absolut oder relativ sein. Falls kein Wert eingesetzt wird, wird `width` als Raum zwischen der Position `left` und dem rechten Rand des sichtbare Bereiches definiert.
- `height`: Ist das Gegenstück zu `width` und verhält sich bei der Definition seines Wertes analog zu seinem Gegenstück. Wenn nicht explizit angegeben wird, welchen Wert `height` haben soll, so wird die Höhe des Objektes als Raum zwischen dem Wert von `top` und dem unteren Rand des sichtbaren Bereiches definiert.

Die Kunst des Clippings

Das Clipping kommt genau dann ins Spiel, wenn die eigentliche Größe eines Objektes nicht mit den Proportionen des definierten Channels zu vereinbaren ist. SMIL stellt ein Attribut zur Verfügung, das verwendet werden kann, um das Clipping von Objekten zu beeinflussen. Der Name des Attributes ist `clip` und seine möglichen Werte sehen so aus:

- `meet` *(voreingestellt)*: Zwingt die Präsentationssoftware dazu, das Objekt solange zu skalieren, bis eine der Dimensionen (Breite oder Höhe) der Definition des Channels entspricht. Die Skalierung wird unter Beibehaltung des Verhältnisses von Höhe und Breite vorgenommen. Zum Beispiel: Ein Objekt hat einen Wert von 10 für die Breite und einen Wert von 20 für die Höhe (Verhältnis 1:2) und soll auf einen Wert von 5 für die Breite gebracht werden. Es muß also die Höhe auf den Wert 10 gesetzt werden, um das Seitenverhältnis zu bewahren (siehe Abbildung 15.10).

Unterschreitet der Wert für die Dimension eines Objektes den Wert des Channels, so wird an den Seiten des Objektes der Raum mit leeren Flächen aufgefüllt. Dadurch wird das Bild zentriert dargestellt.

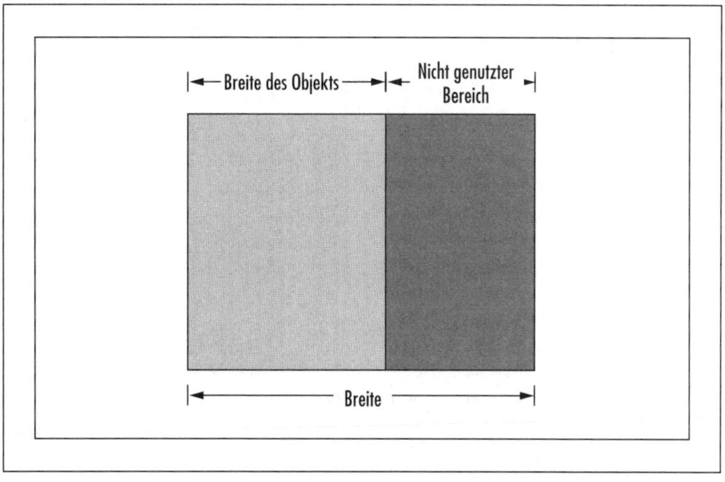

Abbildung 15.10: Clipping mit Flächenfüllung.

- `slice`: Verändert die Proportionen des Objektes, ohne das Verhältnis von Höhe und Breite zu verändern, solange bis entweder die Höhe oder die Breite in die Angaben des Channels passen. Bei überstehender Breite des Objektes wird am rechten Rand abgeschnitten, während eine überstehende Höhe des Objektes an dessen unteren Rand abgeschnitten wird (siehe Abbildung 15.11).
- `fill`: Erzwingt ein Verhalten ähnlich dem des HTML-Elementes `img`. Es streckt sowohl die Höhe als auch die Breite eines Objektes, so daß es zu den Proportionen des Channels paßt. Dabei können die Proportionen verloren gehen.
- `visible`: Vergrößert die Höhe und Breite eines Objektes, damit der gesamte Inhalte sichtbar sind.
- `hidden`: Die Semantik dieses Wertes ist sehr ähnlich zu der von `slice`. Der Unterschied liegt aber darin, daß die SMIL-Software nicht die Höhe oder Breite eines Objektes in Hinsicht auf eine der Dimensionen ändert, sondern das Clipping durchführt, ohne die Proportionen anzupassen.
- `auto`: Überläßt es der Applikation, die Größe des Objektes anzupassen, die Applikation entscheidet selbst wie es die Proportionen des Objektes beeinflußt.

- ✔ `scroll`: Fügt eine sogenannte Scrollbar (dt.: Rollbalken) zu dem Channel hinzu, dieses geschieht auch, wenn das Objekt nicht zu groß für den Channel sein sollte. Das Hinzufügen von Scrollbars verhindert oft einige der Probleme, die in dynamischen Umgebungen entstehen.

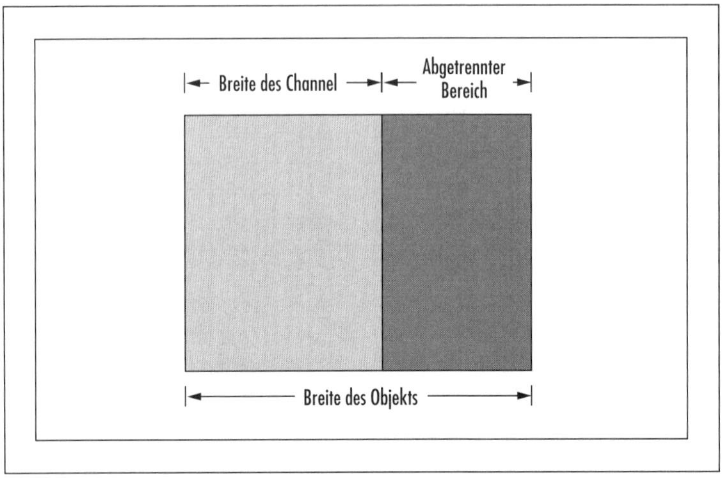

Abbildung 15.11: Anpassen durch Abschneiden (slice).

Alternative Präsentationen durch Switching

Es kommt bei der Beschreibung einer SMIL-Präsentation vor, daß man mehrere Alternativen für die Präsentation anbieten möchte, von denen dann, je nach Benutzerwunsch oder Umgebung, eine ausgesucht wird. SMIL verwendet das Element `switch` zu genau diesem Zweck.

Dieses SMIL-Element hat nur einige wenige Parameter vordefiniert. Allerdings besteht die Möglichkeit, nach bester XML-Tradition, eigene Attribute für das Element `switch` zu definieren und diese zu den bestehenden Attributen hinzuzufügen.

Die Bit-Rate

Wer wäre nicht gern über eine Glasfaserleitung an das Internat angeschlossen? Leider ist das für Normalsterbliche viel zu teuer, so daß man sich mit billigeren Bandbreiten abfinden muß. Die Übertragungsrate (oder Bandbreite) ist aber besonders wichtig für Multimediaanwendungen, da sie für die Präsentationsgeschwindigkeit und damit auch für die Qualität der Präsentation verantwortlich ist. Das Attribut `bitrate` gibt dem Designer von Präsentationen die Möglichkeit, Objekte für die Präsentation, in Abhängigkeit von der Bandbreite, die dem Kunden zur Verfügung steht, zu definieren. Auf diese Weise gelingt der Spagat zwischen Geschwindigkeit, Qualität und Größe einer Präsentation wesentlich besser.

Für Modembenutzer ist eine Übertragungsrate von 28.800 bps (bits per second / Bits pro Sekunde) oder 56.000 bps üblich, es sei denn, man zählt zu den glücklichen Besitzern einer ISDN-Leitung, die eine übliche Übertragungsrate von 128.000 bps liefert. Mit diesen Informationen über die Beschaffenheit einer Leitung könnte das Programm die Objekte für die Präsentation auswählen und damit die Downloadzeit an die Leitung anpassen. Darüber hinaus könnte man dem Benutzer selbst die Wahl zwischen den verschieden Objekten überlassen, so daß er selbst entscheiden kann, ob sich der Download für ihn lohnt oder nicht. Der Code für die Überprüfung der Bit-Rate und für die Auswahl der angemessenen Medienobjekte sieht wie folgt aus:

```
<switch>
   <par bitrate="14400">
     <! - -  irgendein Medienobjekt  - - >
   </par>
   <par bitrate="28800">
     <! - -  irgendein Medienobjekt  - - >
   </par>
   <par bitrate="56000">
     <! - -  irgendein Medienobjekt  - - >
   </par>
</switch>
```

Verschiedene Sprachen unterstützen

Das World Wide Web umspannt nun mal die gesamte Welt, und so muß man sich mit den vielen Sprachen dieser Welt auseinandersetzen. Das führt dazu, daß man eine Präsentation auf die Sprache seiner Leser abstimmen können sollte. Wollen Sie zum Beispiel eine Präsentation für Ihre Freunde oder Geschäftspartner in Amerika oder Japan vorbereiten, müssen Sie in der Lage sein, Objekte je nach Eignung für einen Sprachraum auszuwählen.

Das SMIL-Attribut `lang` hat nichts mit dem XML-Attribut `lang` zu tun. Das XML-Attribut legt durch einen Wert gemäß RFC 1766 fest, welchem Sprachraum ein Dokument zuzuordnen ist. Der Wert des SMIL-Attributes ist eine Liste der durch die Präsentation unterstützten Sprachen. Entspricht eine der Sprachen den Einstellungen auf Benutzerseite, so wird das entsprechende Objekt ausgewählt.

SMIL verwendet als Standard für die Angabe von Sprachen ebenfalls den RFC 1766. Hier ein Beispiel für die Syntax der Angabe von Sprachen:

```
<switch>
   < audio src="interview-in-french" language="fr"/>
   < audio src="interview-in-german" language="de"/>
   < audio src="interview-in-english" language="en"/>
<switch>
```

Die Bildschirmauflösung

Eine Präsentation an alle infrage kommenden Bildschirmauflösungen und Typen anzupassen, ist extrem schwer wenn nicht gar unmöglich. Diese Aufgabe läßt sich nur aufwendig für Bilder lösen und ist noch sehr viel lästiger für multimediale Objekte. SMIL ermöglicht es dem Benutzer, eine Reihe von Auflösungen für seine Präsentationen zu definieren, dabei geben die eingetragenen Zahlen die Werte für die Bildschirmauflösung in Pixel an. Der folgende Code zeigt exemplarisch eine solche Auswahl:

```
<switch>
   <par screen-size="640*480">
   <! - - Das zu der Auflösung gehörende Objekt  - - >
</par>
<par screen-size="1280*1024">
   <! - - Das zu der Auflösung gehörende Objekt  - - >
</par>
</switch>
```

Farbtiefe

Das Charakteristikum Farbtiefe eines Bildschirms macht es dem Designer oft schwierig, seine Präsentation so zu gestalten, daß sie mit allen Bildschirmeinstellungen optimal funktioniert. Typische Werte für die Farbtiefe eines Bildschirms sind 8 Bit, 16 Bit oder 32 Bit. Um auch diese Parameter bei der Spezifikation einer Präsentation zu berücksichtigen, gehen wir noch einmal zu unserem vorherigen Beispiel zurück und fügen das Attribut der Farbtiefe ein:

```
<switch>
   <par screen-size="640*480" screen-depth="32">
   <! - - Das zu der Auflösung gehörende Objekt  - - >
   </par>
   <par screen-size="1280*1024" screen-depth="16">
   <! - - Das zu der Auflösung gehörende Objekt  - - >
   </par>
</switch>
```

Hyperlinks für Fortgeschrittene

Die Definition eines Links bei SMIL ähnelt dem Element `link` bei HTML. Dieses Element erlaubt es dem Benutzer, Verweise anzulegen, die verschiedene Objekte miteinander verbinden. Die Konzepte der Links bei SMIL basieren auf den schon erwähnten Konzepten von XLL (eXtensible Linking Language).

Allerdings ist hier zu erwähnen, daß SMIL die Konzepte von XLL nur beschränkt verwendet und es somit Unterschiede in der Anwendung gibt. Wenn Sie weitere Informationen über XLL haben möchten, sollten Sie die Website von Robin Cover besuchen, die unter `www.sil.org/sgml/xll.html` zu finden ist, oder das Kapitel 19 lesen.

Die Links bei SMIL sind immer gerichtet, sprich, es gibt einen Ausgangspunkt und ein Ziel für jeden Link. Außerdem sind alle Links *in-line*, d.h., sie verweisen aus dem Dokument, in dem sie stehen, heraus. Dieses Konzept könnte Ihnen von HTML bekannt sein, wo Links mit dem Element `a` die gleiche Funktion erfüllen.

Alle SMIL-Links haben eine impliziertes Attribut mit dem Namen `acutate` und dem Wert `user`.

Links in SMIL

Ein einfaches Beispiel für einen SMIL-Link könnte so aussehen:

```
<a href="hhtp://www.irgendwo.com/objekt.smi">
   <video
     src="rtsp://sonst.com/graph.imf"
     channel="Fenster-1"
   />
</a>
```

Im nun folgenden Beispiel werden wir einen Link zu einer neuen Präsentation definieren, welche die alte Präsentation ersetzen wird. Das Ersetzen von alten Objekten durch neue ist eine typische Anwendung von Links unter SMIL, dabei bietet das Attribut `show` eine bessere Kontrolle über Veränderungen.

Das Attribut `show` kann drei mögliche Werte annehmen:

- ✔ `replace`: Dieser Wert ist standardmäßig gesetzt und wird im folgenden verwendet, er bewirkt das Ersetzen der derzeitigen Präsentation durch eine neue, die über den Link angegeben wurde
- ✔ `new`: Startet die Präsentation in einem neuen Kontext, was dazu führt, daß ein neues SMIL-Fenster geöffnet wird, in dem die Präsentation ausgeführt wird.

```
<a href="hhtp://www.irgentwo.com/objekt.smi"
      show="new">
<video
   src="rtsp://sonst.com/graph.imf"
   channel="Fenster-1"
   />
</a>
```

✔ `pause`: Dieser Wert ist spezifisch für SMIL und existiert nicht in XLL. Die alte Präsentation wird unterbrochen, während eine neue in einem neuen Fenster ausgeführt wird. Der Designer muß aber dafür sorgen, daß der Benutzer die Möglichkeit hat, die alte Präsentation wieder zu starten.

Anker anstatt Image-Maps

Anker sind in etwa für SMIL das, was Image-Maps für HTML sind. Mit der Hilfe von Ankern kann man rechteckige Teile eines Bildes mit einem Link assoziieren. Klickt ein Benutzer dann später während der Präsentation auf das Bild, so folgt der Browser dem Link. Abbildung 15.12 zeigt die Definition eines Ankers.

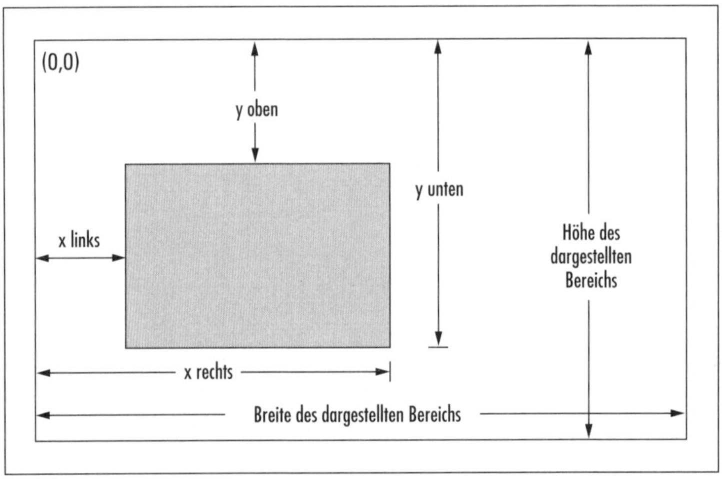

Abbildung 15.12: Definition eines Ankers

Die Koordinaten eines Ankers können entweder mit absoluten oder mit relativen (prozentuale Angaben) Werten definiert werden. Die Koordinaten werden in der Form von Listen mit vier Einträgen definiert, als erster Wert ist die linke X-Koordinate, als zweiter Wert die rechte X-Koordinate, als dritter folgt die obere Y-Koordinate und zuletzt die untere Y-Koordinate. Das folgende Beispiel benutzt sowohl absolute als auch relative Angaben:

```
<video src="http://www.irgendwo.net/show">
   <anchor href="http://www.hier.org/"
      coords="0%,0%,50%,50%"/>
<anchor href="http://www.datenkannal.com/presentationen"
     coords="30,20,120,100"/>
</video>
```

Das ganze Potential von Ankern ausnutzen

Es gibt eine Anekdote über einen Vortrag, bei dem der Vortragende nach ca. 120 Folien und entsprechend langer Zeit eine Folie auflegte, auf der stand »Genug der Einleitung!« Soweit wollen wir nicht gehen. Statt dessen wollen wir uns einige Beispiele ansehen, in denen verdeutlicht werden soll, wie man anspruchsvollere Anker definiert und bereits bekanntes Wissen aus diesem Kapitel kombiniert:

```
<video src="http://www.irgendwo.net/show">
   <anchor href="http://www.hier.org/"
     begin="0s" end="7s"
/>
   <anchor href="http://www.datachannel.com/presentations"
     begin="7s" end="10s"
/>
</video>
```

Hier wird die Laufzeit eines Videoobjektes mit der Definition für einen Anker verknüpft. Innerhalb der ersten sieben Sekunden würde ein Klick auf den Anker den Anwender zu dem URL `www.hier.org` bringen, nachdem sieben Sekunden verstrichen sind, verbleibt ein Zeitraum von drei Sekunden, in dem ein Klick auf den Anker zu `www.datachannel.com/presentations` führen würde.

Ein Anker kann auch als Bezugspunkt benutzt werden, der mit einer bestimmten ID assoziiert werden kann. Diese Anker können dann aus anderen Dokumenten heraus angesprochen werden. In einer Präsentation können wir zum Beispiel folgendes tun:

```
<a href="http://www.datachannel.com/demo#norbert">
   <video src="rtsp://irgendwo.com/xml.imf">
</a>
```

In einer anderen schreiben wir dann:

```
<video src="http//demo.datachannel.com/NorbertAndXML">
   <anchor id="norbert" begin="0s" end="5s" />
   <anchor id="ernst" begin="5s" end="10s" />
</video>
```

Mit diesen Zeilen haben wir eine Verbindung zwischen einem Video über XML und einem Video von einer Person namens Norbert hergestellt, die uns etwas über XML erzählen will.

Ein kleiner SMIL(y) für Sie

Nun da wir uns mit den wichtigsten Aspekten von SMIL beschäftigt haben, sollten wir uns noch einmal mit dem Beispiel aus dem ersten Abschnitt beschäftigen. Unser Nachrichtensprecher hält sein freundlichstes Lächeln für Sie bereit und wartet nur darauf, übers Web zu Ihnen zu kommen:

```
<smil>
  <head>
    <layout>
     <channel id="Mr-X-Image" left="0" top="0"
              width="100" height="100"/>
     <channel id="Mr-X-text" left="0" top="100"
              width="100" height="20"/>
     <channel id="Channel++Logo" left="0" top="120"/>
     <channel id="Anchorman" left="100" top="0"/>
    </layout>
  </head>

  <seq>
    <!-- We start the show with the Channel++ background and
         the jingle starts two seconds after we see the background
         for the first time. That first part finishes three seconds
         after the jingle is over.
    -->

    <par end="id(jingle)(END)+3s">
      <img src="http://www.channel++.com/background"/>
      <snd id="jingle" begin="2s"
          src="http://www.channel++.com/jingle"/>
    </par>

    <!-- Next is the picture of Mr. X in the top-left corner,
         the text underneath. In the left bottom corner we have the
         Channel++ logo and the right part of the screen is covered
         with the anchorman. The sound footage starts five seconds
         after the anchorman appears on the screen. We stay where we
         are until five seconds after we finish the video.
    -->

    <par end="id(anchorman)(END)+5s">

      <!-- Because we are on the Web now, a clock on Mr.X's image
           opens a new window with his bio. -->

      <a href="http://www.cia.org/bios/Mr.X" show="new">
        <img src="http://www.pictures.com/celebrities/Mr.X/"
             channel="Mr-X-Image"/>
      </a>

      <video id="anchorman"
             src="http://www.channel++.com/newsfeed/studio/mr-x"
             channel="Anchorman"/>
```

```
      <text src="http://www.channel++.com/newsfeed/studio/mr-x-label"
             channel="Mr-X-text"/>
      <snd src="http://www.channel++.com/newsfeed/studio/mr-x.snd"
           begin="5s"/>
    </par>
  </seq>
</smil>
```

Für XML ist Software ein offenes Buch

16

In diesem Kapitel

- Wir untersuchen die Open Software Description (OSD)
- Warum wurde OSD mit Hilfe von XML entwickelt?
- Spezielle Anwendungen und Vorzüge von OSD
- Einführung in das Vokabular von OSD
- Verteilung von Software mittels »Push« und »Pull«
- OSD und das Channel Definition Format (CDF)
- Eine OSD-Referenz ein einfachen Worten

Das Installieren von Software auf einzelnen Rechnern oder in Netzwerken hat sich in den letzten Jahren als eine immer unangenehmere Arbeit herausgestellt, die oft sogar Computer-Gurus verzweifeln läßt. Stellen Sie sich vor, durch welche Hölle Entwickler und Programmierer manchmal gehen müssen! Welche Hardware bereitet Probleme? Welches Betriebssystem macht in welcher Version Probleme? Welches Medium soll zur Verteilung der Software benutzt werden? Disketten, Platten oder doch eine CD-ROM? Diese und andere Probleme sorgen dafür, daß einem in diesem Geschäft zumindest nie langweilig wird. Es stellt sich aber auch die Frage, ob es nicht vielleicht einen anderen Weg gibt, der all diese Probleme lösen kann. Wenn man Microsoft und Marimba Glauben schenkt, dann liegt das Geheimnis zu der Lösung der oben genannten Probleme bei XML.

Die Open Software Description (OSD) ist ein XML-Vokabular, das von Microsoft und Marimba gemeinsam entwickelt wurde, um Software via Internet oder Intranet für Rechner mit unterschiedlichen Betriebssystemen zugänglich zu machen. OSD benutzt Auszeichnungen zur Beschreibung der vielfältigen Teile moderner Software. Das Hauptziel ist jedoch, Software über ein Netzwerk an Rechner mit unterschiedlichster Hardware und den unterschiedlichsten Betriebssystemen einfach und störungsfrei zu verteilen. Wäre das nicht toll?

In diesem Kapitel werden wir sehen, wie OSD funktioniert. Weiterhin werden wir sehen, mit welchen XML-Elementen die Software-Komponenten beschrieben werden können und durch welche Technologie OSD überhaupt möglich wird. Es wird in diesem Kapitel etwas technisch werden. Machen Sie es sich bequem, nehmen Sie sich eine Tasse Kaffee oder Tee zur Entspannung! Ach ja, und starten Sie schon mal Ihr liebstes XML-Tool, wir werden Daten übers Netz jagen!

OSD wirft ein helles Licht auf die Entwicklung von Technologie

Wenn wir zurückdenken an die Zeiten, als Disketten die wichtigsten Massenspeicher waren, wird es einem heutzutage etwas mulmig zu Mute. Die Diskette wurde sowohl von Software-Firmen als auch von Heimanwendern benutzt und führte normalerweise dazu, das man gezwungen war, vor seinem Rechner zu sitzen und zuzusehen, wie die Installation quälend langsam vonstatten ging. Während der gesamten Prozedur mußte man leider anwesend sein, denn irgend jemand mußte ja die Disketten wechseln und den Installationsvorgang so am Laufen halten. Also war die Diskette für die meisten nicht gerade ein Freude spendendes Medium. Vor nicht all zu langer Zeit begann die CD-ROM, die Diskette abzulösen und ihren Platz als Haupt-Speichermedium einzunehmen. Wir können uns sicher alle noch an den Tag erinnern, als dann Wing Commander auf gleich zwei CD-ROMs erschien. CD-ROMs erwiesen sich als viel praktischer bei der Verwaltung von Daten, da sie auch ein digitaler Datenträger sindt und viel mehr Daten speichern können als eine Diskette (bis zu 700 Mbyte anstatt der 1,44 Mbyte einer Diskette).

Mittlerweile sieht es leider so aus, als ob auch die CD-ROM den Weg der Diskette gehen könnte, da heutzutage der Speicherbedarf für Daten und Software ständig steigt und dieser Trend noch kein Ende erkennen läßt. In dieser Situation betritt OSD die Bühne des Geschehens.

Was ist OSD?

OSD dient der Beschreibung von Software-Einheiten, sogenannten Paketen. Ein solches Paket kann, analog zu einem Paket im herkömmlichen Sinne, über ein Netzwerk verteilt (zugestellt) werden. Diese Technik wird im DV-Jargon als *Push-Technologie* bezeichnet. Dieses Vorgehen macht den steinigen Weg der Installation von Software bedeutend erträglicher als bisher. Ein weiteres Plus liegt in der (theoretischen) Plattformunabhängigkeit. Die Computerwelt entwickelt sich rasend schnell zu einer Welt von Netzwerken. Die Zeiten isoliert vor sich hin werkelnder Computer ist fast vorbei. Vieles spricht dafür, daß Software zukünftig über Datennetze an den Kunden geliefert werden wird, da bereits heute viele Heimbenutzer, die eigentlich nur auf einem Rechner für sich allein arbeiten, regelmäßig ins World Wide Web gehen, um Software herunterzuladen. Die CD-ROM ist tot, es lebe das Kabel!

Da Kabel ein fester Teil jedes Netzwerkes sind, sind auch die Kosten für die Verteilung der Software fix. Passé sind die Zeiten zusätzlicher Kosten für die Produktion von CDs oder von Disketten.

Wenn man Software auf CD-ROMs oder Disketten ausliefert, so muß der Benutzer selbst diese Software auf seine Festplatte bringen. Die CD wird nicht selbst ins Laufwerk springen, um den Anwender mit der Software zu erfreuen. Auch wenn CDs das Wechseln von Disketten überflüssig machen, so braucht man immer noch jemanden, der die Software auf dem oder den betreffenden Rechnern installiert und den Installationsvorgang überwacht. Diese Methode der Datenverbreitung wird im DV-Jargon als Pull-Methode bezeichnet.

Das Verbreiten von Software über ein Netzwerk hat eher den Charakter der Push-Technologie. Wenn Software oder Daten über ein Netzwerk gesendet werden, muß der Datentransfer nicht von einem Benutzer initiiert werden, er kann genauso gut vom Administrator des Netzwerkes gestartet werden. Obwohl diese Methode der Datenübermittlung nicht neu in der Welt der Netzwerke ist, sind die bestehenden Modelle der Verteilung von Software fast immer proprietär, d.h. an eine bestimmte Netzwerk-Software gebunden. Sie würden sicher nicht im World Wide Web oder auf TCP/IP basierenden Intranets funktionieren.

Die Installationen mit der Push-Methode hat einige überragende Vorteile:

- ✔ Software, die über ein Netzwerk geschoben (gepushed) wird, wird nicht von Problemen eines falschen Betriebssystems getroffen. Software, die an den Empfänger geschickt wird, ist an seine Bedürfnisse und Verhältnisse angepaßt. Wird eine inkompatible Software geschickt, kann der Benutzer diese zurückweisen.
- ✔ Durch die Push-Methode versendete Software kann ohne Eingriffe des Benutzers installiert werden. Der Empfänger der Software muß nicht einmal anwesend sein, damit die Software installiert wird. Es muß auch niemand da sein, um irgendwelche Datenträger wechseln.
- ✔ Einmal per Push installierte Software kann leicht in regelmäßigen Abständen aktualisiert werden. Der Benutzer ist nicht länger gezwungen, nach neuen Versionen seiner Software oder sogenannten Patches zu suchen. Dieses Problem kann er von nun an getrost dem Computer überlassen.

OSD bietet die Möglichkeit festzulegen, wie eine Vielzahl von Software-Paketen von einem zentralen Server aus auf eine Gruppe von Computern zu installieren ist. Dabei spielt es keine Rolle, welches Betriebssystem ein Client benutzt, solange eine Version der Software für sein Betriebssystem auf dem Server existiert.

Warum wurde XML für die Entwicklung von OSD benutzt?

Die Entwickler von OSD wählten XML als Metasprache, weil XML weitreichende Möglichkeiten zur Darstellung hierarchisch organisierter Daten bietet. Einfach ausgedrückt bedeutet dies, daß XML es ermöglicht, ein genaues Bild (metaphorisch oder wörtlich) von baumartigen Strukturen, wie z.B. der Struktur von Software-Paketen, zu zeichnen. OSD mußte in der Lage sein, Teile der hierarchischen Struktur eines Software-Paketes und deren Beziehungen untereinander zu beschreiben. Dabei fiel die Wahl auf XML, weil es flexibel ist und den Entwicklern erlaubt, eigene Elemente zur Auszeichnung von beliebigen Objekten zu kreieren.

Was bedeutet das in der realen Welt? Oft muß Software, die man aktualisieren möchte, nicht komplett erneuert werden, es würde genügen, einzelne Dateien aus dem ganzen Paket auszutauschen. Klar ist, daß es nicht besonders effizient sein kann, viele Dateien durch eine exakte Kopie zu ersetzen. Da OSD über ein Netzwerk arbeitet, ist es wichtig, nur die Teile eines Paketes zu ersetzen, die tatsächlich einer Aktualisierung bedürfen. Dieses Vorgehen spart wertvolle Zeit und Bandbreite.

Wird eine Software zum ersten Mal auf einem Rechner installiert, ist es nicht immer notwendig, eine vollständige Installation zu machen. Einige Benutzer brauchen vielleicht nur Teile eines Paketes. Trotzdem muß sichergestellt werden, daß alle benötigten Teile installiert werden, d.h., alle internen Abhängigkeiten müssen erfüllt sein. Für solche Fälle besitzt OSD einen Mechanismus, um alle Abhängigkeiten von Software-Paketen beschreiben zu können. So werden alle benötigten Teile installiert, auch wenn keine vollständige Installation durchgeführt wird. OSD bietet einen robusten und durchdachten Mechanismus zur Beschreibung von Software-Paketen, der die Installation sehr ökonomisch und praktisch macht.

Die Vorteile von OSD

OSD bietet Lösungen für viele unterschiedliche Probleme:

✔ *Erstellung unabhängiger XML-Dokumente*: Da OSD eine XML-Anwendung ist, kann man gültige XML-Dokumente mit Beschreibungen von Abhängigkeiten erstellen. Diese Dokumente enthalten Anweisungen für den Download und die Installation der benötigten Software, in Abhängigkeit vom Betriebssystem, der Konfiguration des Computers und der bereits installierten Software.

✔ *Sammeln von Zusatzinformationen für Archive*: Java-Archive (JAR) oder Cabinet-Dateien (CAB) können Informationen aufnehmen, wie sie von OSD-Dateien beschrieben werden. Ein OSD-Dokument enthält außerdem zusätzliche Informationen über die Anforderungen der Software, sowie Informationen über Alternativen der Installation oder Verwendung der Archive. Dies ist insbesondere bei Kombination von JAR- und OSD-Dateien praktisch, da beide plattformunabhängig sind. Sie passen also zu einander wie ein Handschuh zur Hand.

✔ *Beschaffung von Informationen über benötigte Software für das Betrachten von Web-Seiten*: PlugIns, Hilfsprogramme und externe Applikationen spielen eine Schlüsselrolle, wenn es darum geht, außergewöhnliche Daten in HTML-Dokumente zu integrieren.

  Ein Problem liegt vor, wenn die benötigten Hilfsprogramme einem Benutzer fehlen. Er ist dann oft nicht in der Lage, die Seiten so zu sehen, wie es beabsichtigt worden ist, manchmal sieht er sie auch gar nicht. In diesem Kontext kann OSD dazu benutzt werden, Informationen über zusätzliche Software zu liefern, die für die Betrachtung von Web-Seiten unerläßlich ist. Früher oder später werden sich Referenzen auf OSD-Ressourcen innerhalb der HTML-Elemente `applet` oder `object` wiederfinden. So können OSD und HTML innerhalb eines Dokumentes koexistieren. Theoretisch wäre OSD sogar in der Lage, die benötigte Software sofort aus dem Netz herunterzuladen und zu installieren. Obwohl der letzte Schritt noch in weiter Ferne liegt - zuerst müssen effektive Sicherheitsmechanismen gefunden werden - zeigt dies dennoch die potentielle Leistungsfähigkeit von OSD.

✔ *Die automatische Verteilung von Software*: OSD kann in Kombination mit Push-fähiger Software benutzt werden, um automatisch Software auf den Rechner eines Benutzers herunterladen. Da OSD von seiner Konzeption darauf ausgelegt ist, Software detailliert zu beschreiben, wird nur benötigte Software heruntergeladen und installiert. Dokumente, die für das Channel Definition Format (CDF) geschrieben wurden, können direkt auf OSD-Dokumente verweisen und so Informationen über die benötigte Software bereitstellen. CDF wäre für den Push der Dateien verantwortlich, während OSD festlegt, welche Software per push verteilt werden soll. OSD kann nicht nur für Web-basierte Technologien als Auslöser für automatisierte Downloads dienen. Es funktioniert auch mit proprietären Verteilungsmechanismen, wie Castanet von Marimba.

Anwendung von OSD für die Beschreibung von Software

OSD beschreibt die Abhängigkeiten zwischen beliebigen Software-Komponenten, also wie Komponenten von Software-Paketen untereinander und mit anderen Paketen zusammenarbeiten. Die Abhängigkeiten werden durch eine mathematische Struktur, einen gerichteten Graphen, repräsentiert. Das Wort »gerichtet« deutet an, daß man mittels OSD Aussagen darüber machen kann, welches Paket ein anderes Paket benötigt. »Graph« bedeutet, daß jedes Paket als ein Knoten dargestellt wird. Jeder Knoten kann ein für sich allein stehendes Paket sein oder ein anderes Paket benötigen. Gibt es eine Abhängigkeit zwischen zwei Paketen, so gibt es eine Kante zwischen den Paketen. Bei der Verteilung der Software erhalten die Pakete denselben Namen, den auch der Knoten trägt. Die Richtung der Kanten zwischen den Knoten gibt an, welches Paket für den Knoten die Abhängigkeit erfüllt.

So, das war anstrengend! Nehmen Sie sich etwas Zeit, die Sache mit den Graphen zu verdauen.

OSD-Dokumente beschreiben eine oder mehrere Abhängigkeiten für jede beliebige Software-Komponente. Das schließt Informationen über Abhängigkeiten von CPU, Betriebssystem und anderen Aspekten des Systems ein. Jedes OSD-Dokument beschreibt genau eine Ebene von Abhängigkeiten. Liegt mehr als eine Ebene von Abhängigkeiten vor, so muß das OSD-Dokument auf eine andere OSD-Datei verweisen, die dann die nächste Ebene von Abhängigkeiten beschreibt. Theoretisch kann dieses Spiel ewig weiter laufen. Allgemein gilt, je größer eine OSD-Datei ist, desto mehr OSD-Dateien braucht man, um die inneren Abhängigkeiten zu beschreiben.

Das ganze Gerede über Graphen und Abhängigkeiten ist sicher etwas viel auf einmal. Was Sie aber wirklich verstehen sollten, ist, daß durch die richtige Anwendung von OSD jeder Benutzer seine eigene, für ihn maßgeschneiderte Software erhalten kann, ohne daß er stundenlang vor dem Rechner sitzen und installieren muß. Um all das leisten zu können, muß ein OSD-Entwickler genaue Kenntnisse über Hardware und Betriebssystem des Client-Rechners haben. Außerdem sollte er wissen, in welcher Sprache die Anwendungen implementiert sind, die dann die OSD-Dateien auswerten.

Die folgenden Zeilen XML-Code, sowie alle weiteren Beispiele und Zusatzinformationen in diesem Kapitel, sind Auszüge aus der Note zum Open Software Description Format, die auf der Web-Seite des W3C unter dem URL `www.w3.org/TR/NOTE-OSD` zu finden ist. Die Autoren dieser Note sind Arthur van Hoff von Marimba Inc., Hadi Partovi und Tom Thai von Microsoft Inc. Die W3C behält sich alle Urheberrechte an diesem Material vor. Näheres zu den Bedingungen finden Sie unter `www.w3.org/Consortium/Legal/copyright-documents.html`.

Im folgenden Beispiel wird gezeigt, wie OSD Abhängigkeiten beschreibt. Zum besseren Verständnis dieses Beispiels haben wir eine eigene Form von Kommentar eingefügt. Diese Kommentare beginnen mit ** und enden auch mit **. Diese Kommentare sind im Original selbstverständlich nicht enthalten.

Zusätzliche Informationen finden Sie im Abschnitt »Die OSD-Referenz«, später in diesem Kapitel.

```
<SOFTPKG NAME="com.foobar.www.Solitaire" VERSION="1.0.0.0">
** Benennt die Software, die geöffnet wird, und ihren Standort. **

<TITLE>Solitaire</TITLE>
** Benennt den exakten Titel der Software. **

<ABSTRACT>Solitaire von FooBar Corporation</ABSTRACT>
<LICENSE HREF="http://www.foobar.com/solitaire/
                      license.html/">
** Ort, an dem die Lizenz zu finden ist, sowie abstrakte Informationen **

<! - - FooBar Solitaire ist implementiert im nativen Win32-Code, Javacode
      für andere Plattformen - - >
<IMPLEMENTATION>
<OS VALUE="WinNT">
   <OSVERSION VALUE="4.0.0.0"/>
   </OS>
<OS VALUE="Win95"/>
<PROCESSOR VALUE="x86"/>
<LANGUAGE VALUE="en"/>
** Betriebssystemspezifikationen **

<CODEBASE HREF="http://www.foobar.org/solitaire.cab"/>
</IMPLEMENTATION>
<IMPLEMENTATION>
```

```
<IMPLTYPE VALUE="Java"/>
<CODEBASE HREF=" http://foobar.org/solitaire.jar"/>
** Ort, an dem das Javaobjekt und die Solitaire-Software gefunden
   werden können **

<! - - Java benötigt das DeckOfCards-Objekt - ->
<DEPENDENCY>
<CODEBASE HREF=" http://www.foobar.org/cards.osd"/>
</DEPENDENCY>
</IMPLEMENTATION>
</SOFTPKG>
** Benennt den Ort an dem sich das Javaobjekt (deck of cards) befindet,
   welches von dem Software-Paket benötigt wird. **
```

Ein Client muß ein OSD-Dokument komplett einlesen, um feststellen zu können, welche Abhängigkeiten relevant sind. Es kann vorkommen, daß der Client noch weitere OSD-Dokument herunterladen muß. Angenommen, die Datei `cards.osd` referenziert ein weiteres OSD-Dokument mit einer weiteren Ebene von Abhängigkeiten. Erst wenn der Client auch dieses Dokument heruntergeladen und gelesen hat, wird er den vollen Überblick (dependency graph, dt. Abhängigkeitsgraph) haben. Erst jetzt wird er in der Lage sein, nur die wirklich benötigten Dateien herunterzuladen.

HTML: Starthilfe für OSD

In einem früheren Teil dieses Kapitels sprachen wir über die Bedeutung der Push-Methode und über deren Vorteile gegenüber der Pull-Methode. Obwohl OSD den Download und die Installation von Software automatisiert, muß der Benutzer noch immer eine HTML-Seite öffnen, die dann den Push der Daten einleitet. Eine etwas elegantere Methode ist die Benutzung von Browsern oder Agenten, die OSD-fähig sind und von selbst erkennen, ob eine neue Version einer bereits installierten Software vorhanden ist, und diese selbständig herunterladen und installieren. Um dieses zu ermöglichen, kann man das HTML-Element `object` benutzen. Man läßt es einfach auf eine OSD-Ressource zeigen, die eine neue Version des Programmes enthält. Dann kann ein Browser oder Agent die Software automatisch holen und installieren, die Erlaubnis durch den Benutzer vorausgesetzt.

Ein Beispiel für eine solche Konstruktion könnte so aussehen:

```
<OBJECT CLASSID="clsid:9DBAFCCF-592F-101B-85CE
   00608CEC297B"
   VERSION="1.0.0.0"
   CODEBASE="http://www.acme.com/test.osd"
   HEIGHT=100 WIDTH=200 >
</OBJECT>
```

Das Element `applet` kann ganz ähnlich benutzt werden:

```
<APPLET code=foo.class id=testid width=320 height=240>
   <PARAM NAME=useslibrary VALUE="test">
   <PARAM NAME=useslibraryversion VALUE=0.0.0.1">
   <PARAM NAME=useslibrarycodebase VALUE="test.osd">
</APPLET>
```

Details über das Element `object` von HTML 4.0 finden Sie unter `www.w3.org/TR/WD-thml40/html40.txt`. Details zu dem Element `applet` (seit HTML 3.2) gibt es unter `www.w3.org/TR/REC-html32.html`.

Eine hilfreiche Beschreibung mit guten Beispielen für die Anwendung der Elemente `object` und `applet` finden Sie in dem Buch »HTML 4 für Dummies«, erschienen im MITP-Verlag, oder in der Online-Version, zu finden unter `www.lanw.com/books/html4dum/h4d4d/html4dum.htm`.

Man kann auf eine OSD-Datei direkt verweisen, indem man das Attribut `codebase` des Elementes `object` verwendet oder den Parameter `useslibrarycodebase` im Element `applet`. Sie können auf dieselbe Art auch auf JAR- oder CAB-Archive, die eine OSD-Datei enthalten, verweisen.

Durch CDF macht Software Druck

Auch wenn man einen Verweis auf eine OSD-Datei in einer HTML-Seite hat, muß der Benutzer noch immer diese Seite ansurfen, um Software automatisch herunterzuladen und zu installieren. Damit ist diese Methode der Software-Installation noch immer vom Benutzer abhängig. Da aber CDF, wie schon in einem früheren Kapitel beschrieben, die Beziehung zwischen HTML-Seiten und Web-Ressourcen beschreibt, kann man CDF für folgende Zwecke verwenden:

- ✔ Zur Erstellung von CDF-fähigen Clients, wie zum Beispiel dem Browser Hot Metal, der auch »smart-pull« beherrscht (www.softquad.com).
- ✔ Zur Erstellung CDF-fähiger Server, wie zum Beispiel des »Web Automation Toolkit« (`www.webmethods.com`). Dieser Server benutzt zur Verteilung von Software an Clients eine Technologie, die sich »true-push« nennt.

CDF dient dazu, Web-Seiten über das Netz an Clients zu schicken, so wie man E-Mails verschickt. Damit bietet CDF einen idealen Ansatzpunkt für die automatische Verteilung von Software. Will man über CDF einen Push starten, muß man lediglich ein durch OSD beschriebenes Paket referenzieren. Dies geschieht in CDF durch des Element `softpkg`. Das folgende Beispiel veranschaulicht, was zu tun ist:

```
<CHANNEL HREF="http://www.acme.com.intropage.htm">
<SELF="http://www.acme.com/software.cdf" />
   <TITLE> Ein Softwareverteilungskanal </TITLE>
<SOFTPKG HREF="http://www.acme.com/HilfeZurSoftware.htm"
   NAME="{D27CDb6E-AE6D-11CF-96B8-444553540000}"
   VERSION="1.0.0.0">
<IMPLEMENTATION>
   <OS VALUE="WinNT">
   <OSVERSION VALUE="4.0.0.0"/>
   </OS>
<OS VALUE="Win95"/>
<PROCESSOR VALUE="x86"/>
<CODEBASE HREF="http://www.acme.com/test.cab"/>
</IMPLEMENTATION>
</SOFTPG>
</CHANNEL>
```

Die OSD-Referenz

Die folgenden Abschnitte liefern eine kurze Beschreibung der wichtigsten Teile des OSD-Vokabulars. In der Liste am Ende dieses Kapitels werden Sie weitere Informationen über die Beziehung zwischen den Hauptelementen und den, in ihnen enthaltenen, Nebenelementen finden. Sie finden dort auch eine Auflistung aller Attribute der genannten OSD-Elemente.

OSD ist von seiner Spezifikation her nicht in Haupt- und Nebenelemente unterteilt, aber die Note zur OSD, auf die wir uns hier beziehen, und unsere Beschreibung machen diese Trennung, um die Rolle der einzelnen Elemente deutlicher zu charakterisieren.

Die Hauptelemente

- ✔ SOFTPKG: Definiert eine allgemeines Software-Paket
- ✔ IMPLEMENTATION: Ein in SOFTPKG eingebettetes Element, das ein auf den Client abgestimmtes Paket beschreibt.
- ✔ DEPENDENCY: Dieses Element kommt entweder innerhalb von SOFTPKG oder IMPLEMENTATION vor und beschreibt die Abhängigkeiten zwischen Software-Paketen oder deren Bestandteilen.

Die Nebenelemnte

- TITLE: Das Element kommt innerhalb von SOFTPKG vor und dient der Vergabe eines Titels oder einer Beschreibung.
- ABSTRACT: Das Element kommt innerhalb von SOFTPKG vor und dient der Beschreibung des Inhalts und der Funktion des Paketes.
- LICENSE: Das Element kommt innerhalb von SOFTPKG vor und verweist auf eine Datei mit Lizenzbestimmungen zur Software.
- CODEBASE: Das Element kommt innerhalb von IMPLEMENTATION vor und zeigt auf einen Ort (URL), an dem die Archive eines Software-Paketes zu finden sind. Es ist möglich, mehr als einen URL anzugeben, wenn man andeuten möchte, daß es mehrere Quellen für eine Software gibt. CODEBASE ist von essentieller Bedeutung für die Funktion eines OSD-Dokumentes und darf nicht weggelassen werden.
- OS: Das Element kommt innerhalb von IMPLEMENTATION vor und definiert das Betriebssystem, für das ein Paket vorgesehen ist. Es ist möglich, ein, mehr als ein oder gar kein Betriebssystem festzulegen.
- OSVERSION: Das Element kommt innerhalb von OS vor und definiert die Version des Betriebssystems, unter der die Software arbeiten soll. Es muß keine Version definiert werden, in diesem Fall sollte die Software auf allen Versionen lauffähig sein. Es ist auch möglich, keine oder mehrere Versionen zu spezifizieren.
- PROCESSOR: Das Element kommt innerhalb von IMPLEMENTATION vor und definiert den benötigten Prozessortyp.
- LANGUAGE: Das Element kommt innerhalb von IMPLEMENTATION vor und definiert, welche Sprache von der Software benötigt wird. Gibt man keine Sprache an, so sollte die Software mit allen Spracheinstellungen laufen. Man kann auch mehr als eine Sprache angeben.
- VM: Das Element kommt innerhalb von IMPLEMENTATION vor und definiert die virtuelle Maschine, die von der Software gebraucht wird.
- MEMSIZE: Das Element kommt innerhalb von IMPLEMENTATION vor und spezifiziert die Menge an Hauptspeicher, die von der Software zur Laufzeit gebraucht wird.
- DISKSIZE: Das Element kommt innerhalb von IMPLEMENTATION vor und gibt die Menge an Festplattenspeicher an, die von der Software gebraucht wird.
- IMPLTYPE: Das Element kommt innerhalb von IMPLEMENTATION vor und beschreibt den Typ der Implementierung.

Die folgende Liste enthält Definitionen für OSD-Elemente, Informationen über ihre Beziehung zueinander und ihre Attribute. Jede Beschreibung enthält den Namen des Elementes, den erlaubten Inhalt, Informationen zum Kontext und eine Auflistung der Attribute.

- ✔ ABSTRACT
  Inhalt: <string>
  Kind von: SOFTPKG
  Elternteil von: keinem
  Attribute: keine
- ✔ CODEBASE
  Inhalt: keiner
  Kind von: IMPLEMENTATION
  Elternteil von: keinem
  Attribute:
  SIZE=<maxKB> – maximale Größe für das Archiv
  HREF=<URL> – der Ort, an dem sich das Archiv befindet
  FILENAME=<string> – spezifiziert den Namen einer Software, die sich zusammen mit einem OSD-Dokument in einem Archiv befindet.
- ✔ DEPENDENCY
  Inhalt: keiner
  Kind von: SOFTPKG, IMPLEMENTATION
  Elternteil von: SOFTPKG
  Attribute: ACTION=(Assert | Install) – Assert sorgt dafür, daß die Software ignoriert wird, falls die Bedingungen in DEPENDENCY nicht erfüllt werden. Install sorgt für die Installation der Software und aller benötigten Komponenten.
- ✔ DISKSIZE
  Inhalt: keiner
  Kind von: IMPLEMENTATION
  Elternteil von : keinem
  Attribute: VALUE=<KB-Zahl> – definiert die Menge an Festplattenplatz, der für das Paket gebraucht wird.
- ✔ IMPLEMENTATION
  Inhalt: keiner
  Kind von: SOFTPKG
  Elternteil von: CODEBASE, DEPENDENCY, DISKSIZE, IMPLTYPE, LANGUAGE, OS, PROCESSOR, VM
  Attribute: keine

- ✔ IMPLTYPE
  Inhalt: keiner
  Kind von: IMPLEMENTATION
  Elternteil von: keinem
  Attribute: VALUE=<string> – beschreibt den Implementationstypen
- ✔ LANGUAGE
  Inhalt: keiner
  Kind von: IMPLEMENTATION
  Elternteil von: keinem
  Attribute: VALUE=<string> – definiert die Sprache des Paketes nach dem ISO639-Standard
- ✔ LICENSE
  Inhalt: keiner
  Kind von: SOFTPKG
  Elternteil von: keinem
  Attribute: HREF=<URL> – der Ort, an dem die Lizenz lokalisiert ist
- ✔ MEMSIZE
  Inhalt: keiner
  Kind von: IMPLEMENTATION
  Elternteil von: keinem
  Attribute: VALUE=<KB - Zahl> – definiert die Menge an Hauptspeicher, der zur Laufzeit benötigt wird.
- ✔ OS
  Inhalt: keiner
  Kind von: IMPLEMENTATION
  Elternteil von: keinem
  Attribute: VALUE=<string> – spezifiziert das Betriebssystem oder die Betriebssysteme, die für die Software gebraucht werden.
- ✔ PROCESSOR
  Inhalt: keiner
  Kind von: IMPLEMENTATION
  Elternteil von: keinem
  Attribute: VALUE=<string> – spezifiziert den Prozessor, der für die Ausführung der Software geraucht wird.

- ✔ SOFTPKG
  Inhalt: keiner
  Kind von: DEPENDENCY
  Elternteil von: ABSTRACT, CODEBASE, IMPLEMENTATION, DEPENDENCY, TITLE
  Attribute: HREF=<URL> – eine Website, die mit dem Software-Paket assoziiert ist;
  NAME=<string> – ein einzelnes Software-Paket mit dem angegebenen Namen
  VERSION=<string> – spezifiziert die Versionsnummer der Software
- ✔ TITLE
  Inhalt: <string>
  Kind von: SOFTPKG
  Elternteil von: keinem
  Attribute: keine
- ✔ VM
  Inhalt: keiner
  Kind von: IMPLEMENTATION
  Elternteil von: keinem
  Attribute: VALUE=<string> – spezifiziert die virtuelle Maschine, die von dem Software-Paket gebraucht wird.

Die Idee, Netzwerke als Medium zur Verbreitung von Software zu nutzen, ist nicht mehr neu. Alle bisherigen Lösungen sind aber an bestimmte Software oder ein bestimmtes (nicht öffentliches) Format gebunden. Die von OSD angebotenen Lösungen und Möglichkeiten, Software unabhängig von Plattformen und Betriebssystemen zu verbreiten, sind dagegen jedem zugänglich. Diese Tatsache und die Unterstützung von Microsoft und Marimba könnte dafür sorgen, daß OSD es noch weit bringen könnte.

Teil IV

Die Top-Ten

In diesem Teil...

Es ist eine gute Tradition, in allen Büchern der Dummies-Reihe den Top-Ten-Teil zu haben. In diesem Teil werden all die Dinge zusammengefaßt und verdichtet, die man in den anderen Teilen des Buches kennengelernt hat. Daher gibt Ihnen dieser Teil die Chance, den wichtigen, aber oft verdeckten Einfluß von SGML auf XML noch einmal genauer zu betrachten. Zusätzlich erhalten Sie eine gute Gelegenheit, einige der besten Anwendungen von XML kennenzulernen. Wie haben für sie die Crème de la Crème der Tools und Quellen zum Thema XML herausgesucht. So können die geneigten Leser unter Ihnen ohne Umwege auf die besten Informationsquellen im Internet zugreifen. Danach streifen wir eine der wichtigsten Formen für Informationen im Internet, die so genannten FAQs (frequently asked questions). Hier geben wir Ihnen die Gelegenheit, über einige der wichtigsten Antworten zum Thema XML nachzudenken. Wir beenden unsere Odyssee mit einigen Informationen über Tools, die absolut unentbehrlich für die Arbeit mit XML sind. Diese können Sie dann im Internet oder auf der CD zum Buch finden. Alles weitere bleibt Ihnen überlassen!

Beinahe zehn Geheimnisse zum SGML-Glück

17

In diesem Kapitel

- Wo findet man die Spezifikationen?
- Kurse besuchen
- Welche Informationen gibt es online?
- Einige Tools anwenden
- Literatur zu SGML
- Das Erlernte üben

Als wir sagten, es sei der Teil der Top-Ten, haben wir die Wahrheit etwas gedehnt. Nicht in jedem Kapitel wird es genau zehn Abschnitte geben. Wir werden nicht immer genau zehn der besten Wege durch das unvorstellbar große SGML-Universum aufzeigen. Dennoch werden wir Ihnen keine Informationen vorenthalten.

Da SGML die Grundlage für XML darstellt, ist ein fundiertes Wissen über SGML für jeden XML-Experten unabdingbar. In diesem Kapitel wollen wir Ihnen einige Richtungen auf dem Weg zur SGML-Erleuchtung weisen und zeigen Ihnen einige Quellen, die Ihnen dabei helfen, Ihre XML-Kenntnisse zu perfektionieren. Wenn Sie alle faszinierenden Details und noch mehr Informationen haben wollen, bleiben Sie dran.

Solide Grundlagen durch Spezifikationen

Der Versuch, einen Einstieg in das Thema SGML zu finden, kann manchmal etwas ernüchternd wirken, da man eine erschlagende Fülle an Informationen findet. Unser bevorzugter Startpunkt für die Suche nach Informationen befindet sich auf den Web-Seiten des W3C. Diese Seiten sind im allgemeinen eine gute Quelle für alle relevanten Informationen zum Thema XML oder anderen Web-bezogenen Auszeichnungssprachen und Technologien.

Einer der vielen Schätze, die diese Seiten bergen, ist eine Seite mit dem Titel »Overview of SGML Resources«. Dieses Juwel enthält eine ganze Reihe von Verweisen zu Seiten, die fast alle Themenbereiche dieses Kapitels abdecken. Darunter auch Verweise auf wichtige Spezifikationen. Diese Seite finden Sie unter `www.w3.org/Markup/SGML/`.

Wir können uns keinen besseren Ausgangspunkt für die Suche nach Informationen zum Thema SGML vorstellen als die Seiten des W3C. Wenn Sie aber die Originalversion der ISO8879-Spezifikation, in der SGML definiert wird, lesen wollen oder müssen, so können Sie eine Kopie von der ISO selbst beziehen. Die entsprechende Web-Seite hat den URL `www.iso.ch/cate/d16387.html#0`.

Zusätzlich können Sie einen Blick auf die Seite von Steve Pepper werfen. Sie finden sie unter `www.infoseek.no/sgmltool/guide.htm`.

Unserer persönlichen Meinung nach ist das Buch »The SGML Handbook« von Charles Goldfarb (Clarendon Press, Oxford, UK, 1993), das auch die komplette SGML-Spezifikation enthält, nicht nur lesenswerter, sondern auch informativer als die Dokumentation der ISO. Wir möchten Ihnen dieses Buch ans Herz legen.

SGML-Kurse

Eine erstaunliche Zahl von Unternehmen bietet Kurse zum Thema SGML an. Geben Sie doch einmal den Text »`SGML AND training`« in einer der vielen Suchmaschinen ein. Unsere Suche, mit genau diesem Text, ergab bei `www.excite.com` mehr als einhundert Treffer, von denen die meisten recht interessant aussahen. Die folgenden Firmen oder Organisationen bieten nachweislich die bekanntesten und besten Kurse zum Thema SGML. Die meisten Firmen mit SGML-Know-How springen jedoch, wegen der vielen Übereinstimmungen mit XML, auch voll auf den XML-Zug auf.

- ✔ Die Firma Isogen International war seit ihrer Gründung in den frühen Neunzigern unter vielen anderen Namen bekannt (Insight Data Systems und Highland Consulting), hatte aber stets ein umfangreiches und vielseitiges Angebot an SGML-Schulungen im Programm. Einige dieser Kurse wurden in Verbindung mit der SGML World Trade Show angeboten. Es ist kein Zufall, daß diese Firma eine hoch geachtete Position als Beratungsfirma im SGML-Umfeld einnimmt. Mehr Informationen finden Sie auf der Web-Seite von Isogen International unter `www.isogen.com/index.html`.
- ✔ Das SGML Resource Center repräsentiert ein Konsortium von Schulungs- und Beratungsunternehmen, die sich unter dem Banner der SGML Open vereinigt haben. Die SGML Open ist eine Organisation von SGML-Experten aus den unterschiedlichsten Bereichen der Wirtschaft, die als eine Art Kontaktbörse fungiert. Sie bringt Menschen mit Bedarf an SGML-Wissen mit denjenigen zusammen, die dieses Wissen haben. Wenn Sie mehr über die angebotenen Schulungen oder das Beratungsangebot erfahren wollen, können Sie sich die Web-Seiten unter `www.mcs.net/~dken/` ansehen.

- ✔ Die Graphic Communications Association (GCA) ist ebenfalls eine hervorragende Quelle für SGML-Wissen und bietet außerdem eines der besten Schulungsangebote in diesem Bereich. Diese Schulungen werden vornehmlich im Rahmen der von der GCA veranstalteten SGML- bzw. XML-Tagungen angeboten. Auf diesem Tagungen hat man die Möglichkeit, die Hersteller von SGML-Anwendugen und deren Produkte näher kennenzulernen, Experten zu treffen und Kurse zu belegen. Auch hier können Sie mehr Informationen zu den Tagungen auf der Web-Seite der GCA unter `www.gca.org/` finden.

Diese handverlesenen Vertreter ihrer Zunft gehören zu den besten, stellen aber nur die Spitze des Eisbergs dar. Wenn Sie in näherer Zukunft eine Schulung vor sich haben, dann sollten Sie sich nach den besten Angeboten an einem für Sie günstigen Ort umsehen, bevor Sie sich in Unkosten stürzen. Eine Schulung im Bereich SGML kann Sie zwischen 400 und 800 Dollar, also ca. 750 – 1.500 DM pro Schulungstag kosten.

Informationen zu SGML im Web

Es gibt eine Menge Web-Seiten und anderer Dokumente zum Thema SGML im Internet. In den letzten Jahren haben sich die folgenden Seiten als besonders informativ und nützlich herausgestellt.

- ✔ Für alle Neulinge auf dem Gebiet SGML bietet die Text Encoding Initiative (TEI), eine Gruppe, die sich der Verbreitung von SGML und verwandter Technologien widmet, eine einfach zu verstehende und leichte Einführung in das Thema. Unter `http://www-tei.uic.edu/orgs/tei/sgml/teip3sg/SG.htm` findet man den Text zur "Gentle Introduction to SGML", also einer sanften und behutsamen Einführung in das Thema.
- ✔ Mit mehr als siebenhundert Einträgen ist die Web-Seite von Robin Cover zum Thema SGML/XML die umfangreichste Literatursammlung nicht nur zum Thema SGML bzw. XML, sondern auch damit zusammenhängender Themen, die uns bekannt ist. Wenn Sie hier nicht fündig werden, werden Sie woanders auch nichts finden. Diese Fundgrube finden Sie unter `www.oasis-open.org/cover/`.
- ✔ Erik Naggum pflegt ein Archiv aus vielen nützlichen Tools und Dokumenten, die man direkt herunterladen kann. Außerdem werden Sie auch hier viele Verweise auf andere Firmen und Organisationen, die sich mit SGML beschäftigen, finden. Auch diese Seite ist ein guter Ausgangspunkt für Ihre Suche nach Wissen. Der URL zum Archiv ist `ftp://ftp.ifi.uio.no/pub/SGML/`.

Auch diese Auswahl ist sicher nicht der Weisheit letzter Schluß, sie ist ganz sicher nicht vollständig oder repräsentativ. Aber Sie werden auf diesen Seiten eine gute Einführung in das Thema und reichlich Hinweise auf andere Informationsquellen finden.

Wo findet man Software?

So wie bei der Suche nach Schulungsangeboten kann man auch bei der Suche nach Software eine Suchmaschine bemühen und wird Hunderte von Treffern erhalten. Dennoch, genau wie bei der Suche nach Schulungsangeboten, haben sich die großen Organisationen und Konsortien, wie die SGML Open oder die GCA (Graphic Communications Association), auch hier als wertvolle Quellen herausgestellt. Schließlich bietet auch noch Steve Pepper auf seiner Web-Seite eine recht vollständige Liste von SGML-Software. Diese Seite finden Sie unter `www.infotek.no/sgmltool/guide.htm`.

Aber auch die unterschiedlichsten Firmen bieten im Internet ihre Produkte an. Wir würden also ein wichtiges Feld vernachlässigen, wenn wir nicht auch hier eine kleine Auswahl präsentieren würden. Auch hier ist die Auswahl rein subjektiv.

- ✔ Die Firma SoftQuad bietet eine große Auswahl an Tools rund um SGML, XML und HTML. Darunter befinden sich ausgewachsene Programme zur Erstellung von SGML-Dokumenten, Tools zur Überprüfung Ihrer Dokumente (Parser etc.) und viele kleine Hilfsprogramme. All dies finden Sie unter `www.softquad.com`.

- ✔ Die Firma Inso Corporation, ehemals Electronic Book Technologies, bietet sehr hoch entwickelte Anwendungen für die Erstellung und Verwaltung von Dokumenten auf der Basis von SGML an. Darunter eine Reihe von Anwendungen für die Erstellung von sehr umfangreichen Dokumenten. Die Homepage finden Sie unter `www.inso.com`.

- ✔ James Clark ist einer der Götter unter den Entwicklern von SGML-Anwendungen. Clark entwickelt auch weiterhin mit die besten SGML-Anwendungen, darunter den hoch geschätzten Parser SP SGML und den DSSSL-Prozessor Jade. All diese Tools finden Sie auf der Homepage von James Clark unter `www.jclark.com/`.

- ✔ Arbortext ist ein Unternehmen, das nicht nur ein breites Angebot von Programmen rund um das Thema SGML und XML im Programm hat, sondern auch Schulungen und Beratung auf diesem Gebiet anbietet. Arbortext ist schon recht lange im Geschäft. Sehen Sie sich einmal die Homepage unter `www.arbortext.com/` an.

- ✔ DataChannel ist ein recht neues Unternehmen, hat aber einen soliden technischen Hintergrund auf dem Gebiet SGML/XML. Da einer der Autoren für dieses Unternehmen tätig ist, verdient es, auch an dieser Stelle erwähnt zu werden. DataChannel stellt Software für die Erstellung und Bearbeitung von SGML- und XML-Dokumenten her. Die Homepage finden Sie unter `www.datachannel.com`.

Übung macht den Meister

Es spielt keine Rolle, auf welche Weise Sie Ihre Kenntnisse über SGML erworben haben, ob durch Schulungen, der Lektüre von Büchern oder gar der Spezifikation selbst: Kein noch so großer Lernaufwand allein wird Ihnen helfen, SGML professionell anzuwenden. Nur die ständige Praxis und Auseinandersetzung mit Ihren eigenen Anwendungen wird Ihnen helfen, das nötige Maß an Verständnis und Routine im Umgang mit SGML zu erwerben.

Wir möchten Ihnen besonders ans Herz legen, an Ihren Fähigkeiten zur Erstellung von DTDs zu arbeiten. Eine DTD legt das Wesen eines jeden XML-Dialektes fest und gibt Ihnen die Möglichkeit, bestehende XML-Anwendungen Ihren Wünschen anzupassen oder gar neue zu entwickeln. Das ist auch der Grund, warum man nicht über XML reden kann, ohne SGML erwähnen zu müssen und warum dieses Kapitel in dem Buch enthalten ist.

Die zehn besten Anwendungen von XML

18

In diesem Kapitel

- Tipparbeit sparen
- Viele Dinge gleichzeitig erledigen
- Form und Funktion garantieren
- Die Mathematik beherrschen
- Für eine gute Chemie sorgen
- Informationen kanalisieren
- Daten über das Web verteilen
- Text, Grafik und Ton synchronisieren
- Web-Ressourcen organisieren

Obwohl man viel über XML und was es alles für einen Anwender leistet, sagen kann, so fallen alle großen Vorteile von XML in eine von zwei Kategorien. Wir werden beide Kategorien in diesem Kapitel behandeln. Die erste Kategorie von Vorteilen hat mit der XML »angeborenen« Fähigkeit zur Beschreibung zu tun. Dadurch kann XML

- ✔ Abkürzungen erzeugen.
- ✔ Durch einen Link mehrere Aktionen gleichzeitig ausführen / auslösen.
- ✔ Die Qualität bzw. Korrektheit von Dokumenten durch die Überprüfung von Syntax und Struktur (DTD) feststellen.

Die zweite Kategorie von Vorteilen beruht auf der Tatsache, daß man mit XML beliebige und komplexe Daten modellieren kann. Daher kann man mit XML so unterschiedliche Dinge tun, wie mathematische Sachverhalte beschreiben oder Daten automatisch über das Web verschicken. Die Kombination beider Arten von Vorteilen macht XML zu einer sehr mächtigen Sprache.

Arbeit Sparen durch ENTITY

Eine unter den vielen Eigenschaften der Deklaration einer `ENTITY` innerhalb einer XML/SGML-DTD ist, so die Möglichkeit zu schaffen, Texte automatisch zu ersetzen. Dabei können Symbole der Form `&name;` durch Texte (Strings) beliebiger Länge ersetzt werden. Das ist ein großer Vorteil, wenn `name` wesentlich kürzer ist als der Text, durch den es ersetzt wird. So könnte man automatisch den sehr langen Namen der Firma "ACME Internet-Technologie und XML Consulting GmbH" statt des Symbols `&acme;` in Dokumenten einfügen lassen, wenn die entsprechende Definition in der DTD auftaucht. Eine solche Definition sieht so aus:

```
<!ENTITY acme "ACME Internet-Technologie und XML Consultung GmbH ">
```

Bitte beachten Sie, daß Groß- und Kleinschreibung in XML entscheidend ist. Es ist also ein Unterschied, ob man `&acme;` oder `&ACME;` schreibt. Das erste würde ersetzt werden, letzteres nicht.

Mächtige Links erweitern die Möglichkeiten

XML unterstützt einen erweiterten Typ von Links, nicht nur die einfachen, aus HTML bekannten Links. Die TEI (Text Encoding Initiative) definiert eine kompakte Syntax, mit der man komplexe Links erzeugen kann. HyTime ist ein ISO-Standard, der ebenfalls eigene Mechanismen und Konzepte für komplexe Links zur Verfügung stellt. Beide Definitionen helfen dabei, den XPointer-Mechanismus zu verstehen, der die Grundlage der erweiterten Links von XML bildet. Mehr Informationen zu XPointer gibt es im Kapitel 7. Es genügt, an dieser Stelle zu erwähnen, daß diese Links bidirektional sein dürfen und daß sie nicht nur ein Dokument, sondern auch mehrere Dokumente (oder mehrere Punkte in einem Dokument etc.) referenzieren dürfen.

Mehr Informationen zu diesem Thema und den technischen Grundlagen finden Sie auf den entsprechenden Seiten des W3C. Außerdem sollten Sie einen Blick auf eine der folgenden Seiten werfen:

- ✔ Lloyd Rutledge hat einen kurzen Überblick über HyTime, mit guten Verweisen, geschrieben. Sie finden ihn unter `http://www.oasis-open.org/cover/hytimeWhatRutledge.html`.
- ✔ Robin Cover bietet eine Reihe guter Hinweise auf andere Dokumente, unter anderem auch zum Thema XLL (XML Linking Language), diese finden Sie unter `http://www.oasis-open.org/cover/xll.html`.
- ✔ Die Universität von Virginia hat eine Sammlung von Dokumenten zum Thema TEI zusammengestellt, diese findet sich unter `etext.lib.virginia.edu./tei/uvatei.html`.

Wohlgeformte und gültige Dokumente

Will man mit XML-Dokumenten arbeiten, so müssen diese immer analysiert und ausgewertet werden. Diesen Vorgang nennt man *parsen*. Ein zwangsläufiger Bestandteil des Parsens ist es, ein Dokument auf seine Korrektheit im Bezug auf die DTD zu untersuchen. Ist das Dokument entsprechend den Regeln seines Dokumenttyps (DTD) erstellt worden, so ist es ein gültiges Dokument. Hat man lediglich das Dokument, aber keine DTD, so kann man immer noch das schwächere Kriterium der Wohlgeformtheit prüfen. Ein Dokument, daß wohlgeformt ist, erfüllt lediglich die XML-Spezifikation. Im Gegensatz zu HTML-Dokumenten können XML-Dokumente, die nicht der DTD entsprechen, als ungültig markiert werden, und können dann nicht mehr bearbeitet oder angezeigt werden.

Diese Anforderungen setzen natürlich die Autoren von XML-Dokumenten gehörig unter Druck. Sie müssen besonders gut darauf achten, daß ihre Dokumente keine formalen Fehler enthalten und daher keine Probleme bei der Anwendung auftreten. Dieser Druck hat aber auch den Vorteil, dafür zu sorgen, daß die Darstellung für alle Leser einheitlich wirkt, egal auf welcher Plattform oder mit welcher Software die Dokumente betrachtet werden. Die Anforderungen, die XML an ein Dokument stellt, sollen dabei helfen, die Probleme mit dem babylonischen Sprachgewirr, das HTML anhaftet, zu beseitigen. Heute müssen die Verantwortlichen zum Teil verschiedene Versionen eines HTML-Dokumentes vorhalten, um sicherzustellen, daß auch jeder Leser eine geeignete Version für seinen Browser bekommt. XML soll mit dieser Vielfalt aufräumen und alle Anwender unter einem Standard vereinen. Welchen Viewer oder Browser man verwendet, sollte dann keine Rolle mehr spielen.

MathML befriedigt mathematische Ansprüche

Natürlich wird MathML (siehe Kapitel 14) niemanden interessieren, der nicht die Notwendigkeit hat, in seinen Dokumenten mathematische Inhalte zu beschreiben. Aber wenn Sie Formeln und ähnliches in Ihren Dokumenten brauchen, wird MathML die einzige Möglichkeit sein, überhaupt ein Dokument zu schreiben. Daher wird MathML als ein Segen für die Mathematiker in aller Welt betrachtet und bringt endlich den lange ersehnten Abschluß der Vorschläge, die seit HTML 3.0 gemacht wurden, um die Unterstützung einer mathematischen Notation für HTML einzuführen.

Schließlich hat sich XML als die bessere Umgebung für eine solch spezialisierte Notation herausgestellt, weil XML es den Zielgruppen solch spezialisierter Sprachen erlaubt, selbst nach befriedigenden Lösungen zu suchen.

Mehr Informationen zu MathML finden Sie unter `www.w3.org/TR/WD-math-980106/`.

Die Chemie von XML stimmt

Die Chemical Markup Language (CML), die wir im Kapitel 10 behandelt haben, ist einer der ersten Versuche gewesen, eine spezialisierte XML-Anwendung zu schaffen, und entsprang hauptsächlich den Bemühungen von Peter Murray-Rust. Er schuf eine Sprache, mit der man

- ✔ komplexe atomare und molekulare Bindungen darstellen kann
- ✔ alle notwendigen Bestandteile einer wissenschaftlichen Publikation (Fußnoten, Zitate, Abbildungen etc.) handhaben kann

Menschen, die nichts mit Chemie zu tun haben, werden diese Arbeit nicht zu schätzen wissen, es sei denn, sie brauchen ein gut gemachtes Beispiel, um zu demonstrieren, was mit XML so alles möglich ist.

Wenn Sie mit der Darstellung von Inhalten aus der Chemie in Berührung kommen, finden Sie mehr Informationen unter `http://www.oasis-open.org/cover/gen-apps.html#cml`.

CDF bringt Channels ins Web

Das Channel Definition Format (CDF), daß wir in Kapitel 11 näher behandelt haben, wurde von den unterschiedlichsten Firmen, wie Microsoft oder DataChannel, propagiert. CDF definiert einen Mechanismus, mit dem man Sammlungen von Daten, sogenannte Channels, von einem Server aus an verschiedene Clients automatisch ausliefern kann. Dieses Vorgehen wird als *push* bezeichnet. Es erlaubt einem Server, eine beliebige Anzahl von Clients mit den unterschiedlichsten Daten (Web-Seiten, Software etc.) zu versorgen. Eine der Anwendungen dieser Technik sind die Channels des Internet Explorers.

Auf der Seite von Robin Cover finden Sie mehr zum Thema CDF. Der URL dazu ist `http://www.oasis-open.org/cover/xml.html#xml-cdf`.

DRP hilft, Web-Seiten zu spiegeln

Das HTTP-Distribution-und-Replication-Protokoll (DRP), das wir in Kapitel 13 besprochen haben, stellt den gemeinsamen Versuch der Firmen Marimba, Inc., Netscape Communications, Sun Microsystems, @Home, Inc., und Novell dar, die Verteilung von Daten mittels HTTP wesentlich effizienter und zuverlässiger zu gestalten (hierbei handelt es sich um ein Zitat, das sinngemäß aus der Presseveröffentlichung der DRP-Arbeitsgruppe übersetzt wurde). DRP zielt darauf ab, das Internet als Verbreitungsmedium für Software und deren regelmäßige Aktualisierungen zu nutzen. Dennoch wird DRP vermutlich von RDF (Resource Definition

Framework) verdrängt werden, das wir in Kapitel 12 bereits behandelt haben und in einem späteren Abschnitt in diesem Kapitel noch einmal aufgreifen werden.

Robin Cover gibt auf seiner Seite auch einen guten Überblick zu diesem Thema, der URL dazu ist `http://www.oasis-open.org/cover/xml.html#xml-drp`.

SMIL synchronisiert Multimediaobjekte

Ende 1997 hat das W3C den ersten Entwurf der Synchronized Multimedia Language, die wir schon in Kapitel 16 besprochen haben, vorgestellt. Diese XML-basierte Technik ist ein ernsthafter Versuch, einen Mechanismus zu schaffen, um multimediale Daten (Text, Bild, Ton) zeitlich synchronisiert zu transportieren. Damit wird es möglich, verschiedene Datenströme zeitlich koordiniert auf dem Bildschirm des Benutzers darzustellen. Auch wenn Sie dieses Vorgehen an den Film » What's Up, Tiger Lily?« von Woody Allen erinnern mag, in dem er bewußt die Stimmen aus dem Off zeitlich so legt, daß sie mit der gezeigten Handlung kollidieren, verspricht SMIL, vielen Web-Designern eine große Hilfe zu sein.

Mehr Informationen finden Sie unter `http://www.oasis-open.org/cover/xml.html#xml-smil`.

RDF bindet alle Ressourcen

Das Resource Definition Framework (RDF) stellt einen groß angelegten Versuch des W3C dar, alle ähnlichen Versuche der Definition von Metadaten zur Beschreibung von Inhalten beliebiger Web-Seiten zu koordinieren und auf eine einheitliche Basis zu stellen. Die Presseveröffentlichung des W3C vom Oktober 1997 bietet die bündigste Definition dieses allumfassenden Unterfangens überhaupt, indem es die sechs möglichen Anwendungen für Metadaten auflistet:

Wie in der Presseerklärung des W3C zu diesem Thema ausgeführt, können RDF-Metadaten für folgende Anwendungen benutzt werden:

1. Zum Auffinden von Web-Ressourcen, um so die Fähigkeiten von Suchmaschinen zu erweitern.
2. Bei der Katalogisierung von Web-Seiten. Durch RDF können die Inhalte einer Web-Seite, eines ganzen Servers oder einer digitalen Bibliothek und deren Beziehungen untereinander beschrieben werden.
3. Als Eingaben für intelligente Software-Agenten, um so den Austausch und die gemeinsame Nutzung von Wissen zu ermöglichen.

4. Zur Bewertung von Inhalten, um Jugendliche vor bestimmten Inhalten zu schützen, oder zum Schutz privater Daten.
5. Zur Gruppierung von verschiedenen Web-Seiten, die aber eine logische Einheit bilden.
6. Zur Wahrung von Urheberrechten auf geistiges Eigentum im Web.

Da RDF recht umfangreich ist und viele vorhandene Ansätze umspannt, muß man sich manchmal ganz schön anstrengen, um alles zu erfassen. Aber auch hier lohnt sich ein Blick auf die schon oft zitierte Seite von Robin Cover. Der entsprechende URL ist `http://www.oasis-open.org/cover/lists.html#rdf-dev`.

Außerdem sollten Sie einen Blick auf die Seite des W3C werfen. Hier finden Sie unter `www.w3.org/TR/WD-rdf/WD-rdf-syntax/` eine Liste aller Elemente und ihrer Attribute.

Es gibt noch mehr!

In dieser Liste möglicher Anwendungen und Vorteile konnten wir noch längst nicht alle Möglichkeiten von XML ausschöpfen. Auch wenn wir hier nicht reißerisch Werbung machen wollen, so möchten wir dennoch darauf hinweisen, daß viele der neuen Auszeichnungssprachen sich bald auch auf Ihnen bekannten Web-Seiten einfinden werden. XSL (eXtensible Style Language), die wir in Kapitel 8 behandelt haben, gehört zu diesen Sprachen. XSL stellt den Versuch dar, ein dynamisches Verhalten für die Informationen zur Darstellung von XML-Dokumenten zu definieren. Viele Unternehmen setzen auf XML, wenn es um den Handel über das Web geht (electronic commerce). Auch die Entwicklung mächtigerer Mechanismen zur Verknüpfung von Dokumenten (XPointer) könnte sich bald auswirken.

Eine gute Möglichkeit, über diese Entwicklungen auf dem Laufenden zu bleiben, ist, die in Kapitel 19 aufgelisteten Web-Seiten regelmäßig aufzusuchen.

Die XML-Seite des W3C, die Urmutter aller XML-Seiten, bietet ebenfalls eine gute Möglichkeit, die aktuellsten Entwicklungen zu verfolgen. Sie finden die Seite unter `www.w3.org/XML/`.

Hoffentlich konnten wir Ihnen zeigen, wie einfach XML spezialisierte Auszeichnungssprachen unterstützt und daß die Möglichkeiten zur Beschreibung von Sachverhalten mit XML beinahe grenzenlos sind. Auch wenn Sie nie alle Möglichkeiten von XML in einem einzigen Dokument anwenden werden oder verschiedene XML-Dialekte zur selben Zeit verwenden werden, so ist es doch gut, von diesen Möglichkeiten zu wissen.

Zehn hervorragende XML-Seiten

19

In diesem Kapitel

- Den Stein der (XML-)Weisen finden
- An die Antworten auf unsere Fragen herantasten
- Mit Grundwissen eindecken
- Eine XML-Universität besuchen
- Microsoft und XML
- Wer SGML sagt, muß auch XML sagen
- XML bildlich betrachtet
- Was sagen die Experten?
- ArborText und XML

Brandaktuelle Technologien wie XML haben es an sich, oft Änderungen und Weiterentwicklungen zu unterliegen. Daher sollte es auch nicht verwundern, wenn die besten Informationsquellen zu diesem Thema fast immer im WWW zu finden sind. In diesem Kapitel werden wir Sie auf eine Rundreise zu den Höhepunkten der elektronischen Informationslandschaft zum Thema XML schicken. Auf unserer Reise werden wir nur an den Punkten haltmachen, die eine so umfassende Menge an Informationen bieten, daß nicht einmal der versierteste Informationssuchende umhinkönnen wird, etwas von dieser Reise mitzunehmen.

Alles beginnt beim W3C

Sie haben vielleicht schon bemerkt, daß die beste Quelle für Wissen rund um das Web die Seiten des W3C selbst sind. Wenn es um Wissen zum Thema XML geht, verhält es sich nicht anders. Eine Seite mit vielen ausgezeichneten Links über alle möglichen Aspekte von XML, darunter auch zur XML-Spezifikation selbst, finden Sie unter `www.w3.org/XML/`.

Lesen Sie die FAQ!

Eine Tradition im Internet ist es, Listen mit allen häufig gestellten Fragen zu einem Thema - und noch viel wichtiger, deren Antworten – zu pflegen und anzubieten. Dieses Vorgehen hilft Anfängern, sofern sie die FAQ auch lesen, zu einem leichteren Einstieg in ein Thema. Auch hier macht XML keine Ausnahme.

Die FAQ zum Thema XML wird mit viel Liebe von verschiedenen Mitgliedern der XML Working Group des W3C, allen voran Peter Flynn, zusammengestellt und gepflegt. Sie finden die FAQ unter `www.ucc.ie/xml/`.

Wenn Sie sich mit dem Gedanken tragen, irgendeine Frage zu irgendeinem Thema an die Internet-Gemeinde zu richten, sollten Sie zuerst den weisen Rat »Lies die FAQ« beachten. Wenn Sie diesen Rat stets befolgen, werden Sie nie in die Verlegenheit kommen, eine längst beantwortete, alte Frage neu aufzuwerfen.

Robin hat schon vorgesorgt

Robin Cover ist ein sehr bekannter Experte auf den Gebieten SGML und XML. Seine Web-Seiten zu diesen Themen sind weithin anerkannt und werden oft genutzt. Wie schon öfter in diesem Buch gesagt, finden Sie auf diesen Seiten Links zu allen möglichen interessanten und wichtigen Informationen rund um SGML und XML.

Die XML-Seite von Robin Cover ist bei weiten die bemerkenswerteste Seite in dieser Liste von Highlights. Unter `http://www.oasis-open.org/cover/xml.html` finden Sie eine erschöpfende (und manchmal ermüdende) Sammlung an Links zu allen erdenklichen XML-Ressourcen.

Die SGML-Universität nimmt XML in den Lehrplan auf

Die SGML-University ist ein Anbieter von Schulungen zum Thema SGML und damit verwandter Themen. Betrachtet man die natürliche Nähe von XML zu SGML, so wundert es einen nicht, daß dort nun auch XML auf dem Lehrplan steht.

Die SGML-University bietet u.a. einen Kurs mit dem Titel »Making XML Work« an. Außerdem werden Übersichten über verschiedene XML- und SGML-Tools angeboten. Mehr Informationen über das Lehrangebot finden Sie unter `www.sgmlu.com/tut.htm`.

Auch Microsoft arbeitet mit XML

Trotz seiner berüchtigten Einstellung zum Thema Standards und der konsequenten Anwendung proprietärer Lösungen, bietet Microsoft eine Menge an Informationen zu diesem Thema. Vornehmlich dazu, wie XML in Verbindung mit eigenen XML-Produkten anzuwenden ist. Ein Blick auf die entsprechenden Seiten kann sicher nicht schaden, vielleicht werden Sie dort mehr erfahren, als Sie von Microsoft erwartet hätten. Der URL lautet `http://msdn.microsoft.com/xml/default.asp`.

Das SGML Resource Center beschäftigt sich auch mit XML

Wegen der tief verwurzelten Gemeinsamkeiten von XML und SGML findet man bei vielen Quellen zu Thema SGML auch Hinweise zum Thema XML. Eine der besseren Adressen zu diesem Thema ist die Seite von Dianne Kennedy. Sie finden ihr SGML Resource Center unter `www.mcs.net/~dken/`.

Die Seiten zum Thema XML finden Sie direkt unter `www.mcs.net/~dken/xml.htm`.

XML-Schmankerl in rauhen Mengen

Die GCA (Graphics Communication Association), obwohl der Name nicht darauf schließen läßt, ist schon lange als Anbieter von Schulungen, Tagungen und Publikationen für die SGML-Gemeinde aktiv. Nun bieten sie ihr Fachwissen auch auf dem Gebiet XML an, mit erwartungsgemäß großem Erfolg. Egal, ob Sie sich mit anderen XML'ern austauschen wollen, Schulungen besuchen möchten oder nur eine Liste der verfügbaren Publikationen einsehen möchten, die XML-Seiten der GCA bieten Ihnen diese Informationen.

Wenn Sie sich gleich auf die entsprechenden Seiten begeben wollen, dann ist die Seite mit dem Titel »Was ist XML?« genau der richtige Startpunkt für Sie. Sie finden die Seite unter `www.gca.org/conf/xml/xml_what.htm`.

Wenn Sie sich das ganze Web-Angebot ansehen wollen, gehen Sie einfach nur zu `www.gca.org/`.

Expertenmeinungen

James K. Tauber ist eines der Mitglieder der W3C XML Working Group, das sein Wissen und sein Engagement auf einer gut gemachten Web-Seite demonstriert. Auf seiner Seite finden Sie alles an Links zu Standards und Erörterungen bis hin zu Mailing-Listen, Newsgruppen, Bibliographien und anderen Informationsquellen. Neben Robin Covers Arbeit sind die Seiten von Tauber einer der meistzitierten Einstiegspunkte für Recherchen zum Thema XML.

Sehen Sie sich die Seiten unter dem URL `www.jtauber.com/xml/` an.

ArborText – mehr als nur XML-Software

Auch wenn wir die herausragenden ADEPT XML/SGML-Tools von ArborText noch in Kapitel 21/22 erwähnen werden, so bietet ArborText doch eine gute Börse mit Links zum Thema XML und Informationen, an denen man sich notfalls an den eigenen Haaren aus dem XML-Sumpf ziehen kann.

Diese Informationen gibt es unter `www.arbortext.com/xml.html`.

DataChannel und XML

Norbert Mikula ist einer der Co-Autoren dieses Buches. Sein Arbeitgeber, DataChannel, bietet zufälligerweise ebenfalls eine bemerkenswerte Sammlung an Informationen zum Thema XML. Trotz unserer engen Verbindungen zu diesem Unternehmen meinen wir, daß es sich für Sie lohnt, sich die Seiten anzusehen.

Prüfen Sie die Seriosität unserer Aussagen unter `www.datachannel.com/` nach.

Obwohl wir längst nicht alles, was von Bedeutung wäre, in diesem kurzen Kapitel abdecken konnten, sollten Sie einen guten Anfang für Ihre eigenen Nachforschungen erhalten haben. Wenn Sie jedem Link auf jeder Seite, die wir Ihnen vorgestellt haben, folgen, werden Sie feststellen, daß sich die Informationen schneller ändern, als sie von Ihnen gelesen werden können.

20 Zehn wichtige Fragen zu XML (und die Antworten)

In diesem Kapitel

- Die Bedeutung von XML verstehen
- XML statt HTML
- XML ist keine Pflicht
- Von HTML zu XML
- Worum geht es bei DTDs?
- Hyperlinks und XML
- Programme und Applets in XML-Dokumenten anwenden
- Aussehen und Darstellung von Dokumenten steuern
- Metadaten und XML
- HTML in XML umwandeln

Nach dem ersten Kontakt mit XML haben potentielle XML-Anwender eine Menge Fragen. Eine gute Quelle für Antworten auf diese Fragen ist die XML-FAQ, die Sie unter `www.ucc.ie/xml/` finden können. FAQ steht für frequently asked questions und daher überrascht es nicht, daß der volle Titel des Dokumentes »Frequently Asked Questions about the Extensible Markup Language« ist. Diese FAQ wird im Auftrag der XML Special Interest Group des W3C von Peter Flynn und anderen Mitgliedern der Gruppe gepflegt.

In der Welt des Internets stellen FAQs das gesammelte Wissen in der Form von Antworten auf die häufigsten Anfängerfragen zu einem bestimmten Thema dar. Eine der häufigsten Antworten auf Anfängerfragen in Newsgruppen und auf Mailing-Listen ist "Lies die FAQ!". Generell gehört es zum guten Ton, erst die FAQ zu lesen, bevor man irgendeine Frage stellt. Es ist doch viel interessanter, wenn man spannende und aktuelle Themen diskutiert, anstatt immer und immer wieder alte und oft beantwortete Fragen zu wiederholen.

Leider sind Theorie und Praxis oft zwei Paar Schuhe, so daß auch weiterhin die Antwort »Lies die FAQ« selbst zu den häufigsten Antworten gehören wird. Wir möchten Ihnen ebenfalls dazu raten, die XML-FAQ zu lesen, auch wenn wir hier die häufigsten Fragen und Antworten schon einmal für Sie zusammengestellt haben. Betrachten Sie dieses Kapitel als FAQ für XML-Dummies!

Warum ist XML so wichtig?

Der erste Buchstabe des Akronyms XML steht für das englische Wort extensible (wenn man es genau nimmt, für eXtensible), was soviel wie »erweiterbar« bedeutet. Hier liegt auch der Schlüssel zur Bedeutung von XML für die Zukunft des WWW. XML erweitert die Beschreibungsmöglichkeiten von Web-Dokumenten und erlaubt versierten Autoren, zusätzliche Elemente und Funktionen in ihre Dokumente einzubauen. Mit anderen Worten öffnet XML die streng geschlossene Welt von HTML und läßt Autoren die Möglichkeit offen, eigene Elemente je nach Bedarf einzuführen. Man ist also bei Problemen nicht notwendigerweise darauf angewiesen, auf die Hersteller von Web-Browsern oder einen neuen HTML-Standard des W3C zu hoffen.

Auf der anderen Seite bietet XML fast den ganzen Leistungsumfang von SGML, jedoch ohne sich mit der Komplexität von SGML zu belasten. XML macht es Entwicklern einfacher als SGML, kompakte Parser, Interpreter oder Viewer zu programmieren. Dies wiederum erleichtert den Einsatz von XML im täglichen Betrieb, auch wenn man keinen Großrechner zur Verfügung hat. XML stellt also einen guten Kompromiß zwischen HTML auf der einen Seite und SGML auf der anderen Seite dar. HTML ist einfach, aber beschränkt und inflexibel, während SGML zwar einen mächtigen Funktionsumfang bietet, aber schwer zu handhaben ist. Die beachtliche Leistung von XML ist es, das beste aus beiden Welten zu vereinen und einen Mittelweg anzubieten. XML verspricht, das Web um viele Arten der Darstellung von und Interaktion mit Informationen zu bereichern.

Wieso sollte man XML statt HTML verwenden?

Weil XML erweiterbar ist. XML erlaubt es Autoren, mit verschiedenen Datenquellen zu arbeiten und, wenn nötig, eigene Umgebungen bzw. Dokumenttypen für spezielle Arten von Daten zu erzeugen. Das bedeutet insbesondere, daß Inhalt und Darstellung eines Dokumentes immer durch einen Standard definiert sind, solange man die entsprechende DTD für das Dokument verwendet.

Um denselben Effekt mit HTML zu erzielen, muß man zu Java-Applets, ActiveX oder anderen Hilfsmitteln greifen und sich dabei ganz schön verdrehen. Diese Vorgehensweise hat auch zur Folge, daß die Inhalte von Web-Seiten sich auf die eigentlichen HTML-Seiten einerseits und die Zusatzprogramme andererseits aufspalten. Das ist ein Alptraum für die Verwalter von Web-Seiten. Potentiell können wichtige Daten so nicht nur über viele HTML-Dukumente sondern auch Dutzende von Programmen (Applets, CGI-Skripten, ActiveX) verteilt sein. XML erlaubt es Autoren, Inhalt und Darstellung ihrer Dokumente leichter zusammenzuhalten, was wiederum dafür sorgt, daß solche Dokumente besser gepflegt werden können.

Außerdem bietet XML zwei weitere Vorteile:

- ✔ Gültige XML-Dokumente als Teile von gültigen Dokumenten können jederzeit wiederverwendet werden. Jeder XML-Parser kann mit diesen Dokumenten etwas anfangen. HTML-Dokumente dagegen zerfallen in viele Splittergruppen von Dialekten. Diese Besonderheiten weichen vom Standard ab, da sie meist die speziellen Fähigkeiten eines Browsers oder Zusatzprogramms (PlugIn) reflektieren. XML bleibt XML, egal wo und auf welcher Plattform oder mit welcher Software es eingesetzt wird. Diese Fähigkeit hilft dabei, die Abhängigkeiten von einzelnen Browsern und Betriebssystemen zu beseitigen. Damit könnten sich viele Probleme im Bereich der Wartung und Aktualisierung von Web-Seiten lösen lassen.
- ✔ Jedes gültige XML-Dokument genügt einer echten Untermenge von SGML. Das hat zur Folge, daß diese Dokumente nicht nur z.B. in einem Web-Browser sondern auch von jedem beliebigen SGML-System gelesen werden können. Das scheint kein wichtiges Argument zu sein, es ist jedoch wichtig, wenn man die Tatsache bedenkt, daß fast alle Systeme zur Verwaltung von Dokumenten (document management systems) auf SGML basieren. XML neigt mehr zu dem Ansatz, ein Dokument einmal zu schreiben und dann für beliebige Medien zu publizieren. Das ist es auch, was XML für Firmen interessant macht, die ihre Daten nicht nur im Web sondern auch in anderen Formen (Printmedien etc.) präsentieren wollen.

Wenn ein Unternehmen also bereit ist, in neue Software, Schulung von Mitarbeitern und die Erstellung der nötigen DTDs zu investieren, bietet XML erhebliche Vorteile gegenüber HTML. Gerade der Punkt der Erstellung der notwendigen eigenen DTDs sollte nicht vernachlässigt werden. Dieser Teil ist nicht so einfach, wie er klingt.

Müssen alle Web-Seiten auf XML umgestellt werden?

Mehr als neunundneunzig Prozent aller Inhalte im WWW besteht aus HTML-Seiten. Viele dieser Inhalte werden unverändert bleiben, auch wenn sich XML weiter etabliert und verbreitet. Wenn Sie also nicht unbedingt auf die neuen Möglichkeiten von XML, wie umfangreichere Darstellungsmöglichkeiten, mächtigere Links, die Nutzung verschiedener Datenquellen oder Notationen (MathML etc.) angewiesen sind, gibt es keinen Grund, Ihre Dokumente von HTML auf XML umzustellen. Der Internet Explorer, ab der Version 4.0, kann zum Teil schon XML-Dokumente darstellen und in naher Zukunft werden auch andere Browser XML und HTML unterstützen. Browser mit Unterstützung für XML werden es ermöglichen, Inhalte nach Belieben zu mischen, um so XML nur da einzusetzen, wo es sinnvoll erscheint.

Die Antwort auf die obige Frage ist also ein klares »Nein!«.

Von HTML zu XML

Da es keine wirklich absolut zwingenden Gründe für den Einsatz von XML statt HTML gibt, kann man XML überall dort einsetzen, wo es angemessen erscheint. Viele Organisationen und Firmen nehmen noch eine abwartende Haltung ein, d.h. sie machen sich mit der grundlegenden Technologie vertraut und haben Testprojekte laufen. Je mehr sich der Markt für XML öffnet und somit auch mehr Software Unterstützung für XML bietet, desto mehr XML-Dokumente wird es im Web geben.

Auf einigen Gebieten bietet XML bedeutende Vorteile. Als Beispiel sei hier etwa die Möglichkeit, mathematische und chemische Formeln oder gar ganze Software-Pakete zu beschreiben, angegeben. Hier wird die Wirtschaft sicher schnell Anstrengungen unternehmen, die reichhaltigen Möglichkeiten und das offene Konzept von XML voll auszunutzen. Mit wachsendem Verständnis und der effektiveren Nutzung der Möglichkeiten von XML werden auch mehr Benutzer solche Angebote überzeugend finden. Wer frühzeitig auf XML setzt und Benutzern ein, für sie wertvolles, Angebot anbietet, wird sich sicher an der Spitze einer neuen Entwicklung der Art von Präsentation im Internet befinden.

Die Bewegung weg von HTML hin zu XML wird sich in kleinen, vorsichtigen Schritten vollziehen. Sie wird da am schnellsten sein, wo der Einsatz von XML statt HTML den größten Nutzen bringt. In vielerlei Hinsicht ähnelt diese Entwicklung der von HTML selbst. HTML entstand in der klösterlichen Atmosphäre einer Forschungseinrichtung. Hier hatten die Wissenschaftler zwingende Gründe, Informationen mit einander auszutauschen. Es fand sich jedoch schnell ein immer größer werdendes Publikum, sobald mehr und mehr Menschen von der Nützlichkeit überzeugt waren, und sie begannen, die angebotenen Möglichkeiten immer weiter auszunutzen. Wir glauben, daß auch XML eine ähnliche Entwicklung vor sich hat.

XML-DTDs entdecken und anwenden

Das Herz und die Seele eines jeden XML-Dokumentes ist die DTD (oder sind die DTDs). Diese bestimmen die Elemente und Ausdrucksmöglichkeiten für jede Klasse von Dokumenten. Wenn Sie mit XML richtig vertraut sein wollen und die Möglichkeiten von XML optimal ausschöpfen wollen, sollten Sie sich mit DTDs und deren Anwendung vertraut machen. Es ist keine leichte Aufgabe, sich Wissen über DTDs anzueignen. Es kann sein, daß Sie einige Schulungen besuchen müssen und erst viel durch Fehlversuche lernen werden.

Von allen Quellen, die wir zum Thema Design von DTDs gefunden haben, ist das Buch von Eve Maler und Jeanne El Andaloussi: *Developing SGML DTDs: From Text to Model to Markup*. Prentice Hall, Upper Saddle River, NJ, 1996, ISBN 0-13-309881-8, das beste. Obwohl es sich nicht auf XML bezieht und deshalb mit Vorsicht gelesen werden muß, ist es ein hervorragender Startpunkt, um zu lernen, wie man DTDs korrekt erstellt und anwendet. Sie können aber auch eine der Suchmaschinen im WWW bemühen und werden eine Unmenge von Hinweisen finden.

XML-Links vs. HTML-Links

XML bietet flexiblere und mächtigere Links als HTML. Sie können aber auch weiterhin die einfachen, unidirektionalen und auf ein Ziel gerichteten Links, wie man sie aus HTML (Elemente `a`, `img`) kennt, benutzen. XML unterstützt aber auch bidirektionale Links, d.h. ein Anker auf der einen Seite des Links kann auch ein Ziel auf der anderen Seite des Links sein. XML unterstützt aber auch Links, die auf mehrere Ziele gleichzeitig verweisen dürfen. So kann man mit einem Klick auf einen Link gleich zu mehreren Dokumenten gelangen oder mehrere Ereignisse gleichzeitig auslösen. Wenn Ihnen das Konzept der Frames aus HTML vertraut ist, dann können Sie sich diese Art von Links so vorstellen, als ob ein Klick auf einen solchen Link den Inhalt mehrerer Frames gleichzeitig aktualisiert. XML wird durch die erweiterten Links auch komplexere Arten der Benutzerinteraktion bieten und flexiblere Möglichkeiten der Manipulation von Bildschirmaktionen unterstützen.

XML und die Stilfrage

Obwohl XSL (eXtensible Style Language) langsam den Kinderschuhen entwächst, so ist die Entwicklung noch nicht abgeschlossen. Es ist also immer noch eine gute Idee, sich mit den Stilsprachen auseinanderzusetzen, die man auch von HTML bzw. Dynamic HTML kennt. Die Stilsprache CSS (Cascading Style Sheets) in der Version 1 und 2 (CSS1 und CSS2) bietet die Möglichkeit, fast alle Aspekte der Darstellung von Dokumenten, wie Positionierung, Textfarbe und Stil etc. stark (aber nicht dynamisch) zu beeinflussen. Letzten Endes wird XSL das auch alles und noch mehr können, aber bis dahin sind CSS1 und CSS2 alles andere als schlechte Alternativen. Mehr Informationen zu den Stilsprachen für XML finden Sie unter `www.w3.org/Style/`.

Anwendungen aus XML heraus aufrufen

Wenn es darum geht, externe Programme aus einem XML-Dokument heraus aufzurufen, kommt der Viewer oder Browser, der das Dokument darstellt, ins Spiel. Auch wenn XML Elemente besitzt, die das Einbetten von Skripts oder den Aufruf von externen Programmen erlauben, so wird dennoch nicht vorgeschrieben, welche Programmiersprachen dafür vorgesehen sind und wie externe Programme aufzurufen sind. Dieser Punkt wird komplett den Entwicklern der Browser oder Darstellungssoftware überlassen. Die Aufgabe herauszufinden, wie man am besten die Darstellung und die Nutzung externer Programme bzw. Skripting auf der Client-Seite zusammenbringt, liegt also bei den Entwicklern von entsprechenden Anwendungen. Die Entwicklung auf diesem Gebiet schreitet voran, und Sie sollten sich regelmäßig die Seiten des W3C ansehen, um auf dem neuesten Stand zu bleiben. Auch XSL bietet die Möglichkeit, eingebette Skriptsprachen zu benutzen. Daher sollten Sie auch die Seiten des W3C zum Thema XSL regelmäßig auf neue Entwicklungen hin überprüfen. Sie finden die Seiten zum Thema XSL unter `http://www.w3.org/TR/WD-xsl/`.

Metadaten in XML-Dokumenten

Da XML keine vordefinierten Elemente besitzt wie HTML, wo alle Elemente vordefiniert sind, benötigt man Metadaten in der DTD, um Auszeichnungen überhaupt zu ermöglichen. Diese Notwendigkeit bereitet einem anfänglich etwas mehr Arbeit, was auch durchaus wörtlich gemeint ist, denn die Angabe von internen und externen DTDs muß zu Beginn eines Dokumentes erfolgen. Aber es ermöglicht XML auch die Eingliederung von Metadaten als Teil eines beliebigen Dokumentes. Sie können sich irgendein Schema für Metadaten aus den bereits vordefinierten aussuchen oder, wenn es Ihnen lieber ist, selbst eines austüfteln. Daher können XML-Dokumente so selbsterklärend sein, wie es Ihnen gefällt.

Die folgenden Formate für Metadaten können explizit für jeden passenden Typ von Dokumenten verwandt werden:

- ✔ **Dublin Core**: Ein Projekt, das von Bibliothekaren und Computer-Fachleuten ins Leben gerufen wurde, um eine mächtige Beschreibungssprache für Dokumente zu schaffen, die auch die Suche auf einem Dokument unterstützt. Mehr dazu unter `http://purl.oclc.org/dc/`.
- ✔ **Warwick Framework**: Diese Container-Archiketur vom Metadata-Workshop der Warwick Universität, England baut auf den Ergebnissen von Dublin Core auf. Mehr Informationen finden Sie unter `http://www.dlib.org/dlib/july96/lagoze/07lagoze.html`.
- ✔ **Resource Description Format (RDF)** : Eine Anwendung von XML (Dialekt), die bereits näher in Kapitel 12 beschrieben wurde.
- ✔ **Platform for Internet Content Selection (PICS)** : PICS stellt eine andere Form von Metadaten dar und wird in diesem Buch nicht beschrieben. Mit PICS kann man die Art der Inhalte von Web-Seiten beschreiben und so festlegen, welcher Benutzer welche Art von Inhalten sehen darf. Mehr Informationen finden Sie unter `www.w3.org/PICS/`.

HTML in XML umwandeln

Will man ein Dokument von HTML nach XML umwandeln, so sollte man zunächst sicherstellen, daß die zum HTML-Dokument passende DTD in das XML-Dokument eingebunden wird. Außerdem muß das HTML-Dokument in eine wohlgeformte Version seiner selbst übergeführt werden, da XML das Fehlen von End-Tags nicht toleriert. So würde HMTL zum Beispiel klanglos einen Absatz akzeptieren, der mit `<P>` beginnt aber nicht mit `</P>` endet; XML tut das nicht. Das heißt also, man muß dafür sorgen, daß alle Elemente mit einem Start-Tag beginnen und mit einem End-Tag enden.

Der erste Schritt bei einer Konvertierung ist es, das HTML-Dokument einer Prüfung (Validierung) zu unterziehen. Das können Sie unter anderem mit dem Tool DXP von DataChannel tun. DXP ist ein validierender Parser und befindet sich auf der CD zum Buch. Mehr dazu im Anhang »Die CD zum Buch«.

Nehmen Sie das Tool zur Hand, und befolgen Sie folgende Schritte:

1. **Ersetzen Sie die Deklaration des Dokumenttyps, die mit `<!DOCTYPE HTML ... >` beginnt, am Anfang Ihren Dokumentes durch eine XML-Deklaration, wie etwa `<?XML version = "1.0" standalone="YES">`.**

2. **Ändern Sie alle leeren Elemente (empty elements), so daß sie mit `/>` statt nur `>` enden.**

   Leere Elemente sind die Elemente, die keinen passenden End-Tag besitzen. Das sorgt dafür, daß ein HTML-Dokument die Anforderung von XML erfüllt, daß ein Leeres-Element-Tag (singelton tag) entsprechend gekennzeichnet wird. Daher würde das leere Element `IMG` nun so notiert `<IMG SRC="Bild.gif"/>`.

3. **Überprüfen Sie, ob Inhalte, die nicht zu einem leeren Element gehören, auch mit einem End-Tag abschließen.**

   Stellen Sie zum Beispiel sicher, daß ein durch `<P>` eingeleiteter Text auch mit `</P>` abschließt. XML achtet auch die Groß- und Kleinschreibung (case sensitive). Sorgen Sie also dafür, daß sich alle Start- und End-Tags in der Groß-/Kleinschreibung nicht von der Definition in der DTD unterscheiden. Dasselbe gilt für die Attribute.

4. **Achten Sie darauf, daß alle reservierten Zeichen (Metazeichen), die als Literale im Text auftauchen, durch ihre Entitäten repräsentiert sind.**

   Diese Anforderung betrifft insbesondere die öffnende spitze Klammer (`<`) und das Ampersand (`&`). Um sicherzustellen, daß die Anforderung erfüllt ist, sollten Sie stets `&` für das Ampersand und `<` für die öffnende spitze Klammer verwenden.

5. **Achten Sie darauf, daß die Werte von Attributen stets zwischen Anführungszeichen angegeben sind.**

   HTML ist im Bezug auf die Anführungsstriche vor und nach dem Attributwert sehr tolerant. XML läßt dagegen überhaupt nicht mit sich handeln. HTML akzeptiert so etwas wie `HIGHT=120` als Höhenangabe für das Element `IMG`. XML fordert dagegen die Notation `HIGHT="120"`.

Beachten Sie dabei bitte, daß Browser, die nur HTML beherrschen, mit einem so konvertierten Dokument nicht mehr korrekt umgehen können. Das heißt insbesondere, daß solche Dokumente von XML-fähigen Browsern korrekt dargestellt werden können!

Top-Ten der XML-Tools

21

In diesem Kapitel

- Mit DXP arbeiten
- Den Parser SP benutzen
- Was sagt uns ein Poet zu diesem Thema?
- Das beste aus MSXML herausholen
- Tim Brays Tools ansehen
- XML-Developer's-Toolkit benutzen
- Das Web automatisieren
- Den ChannelManager für uns arbeiten lassen
- Den Editor ADEPT ansehen

Wie wir in diesem Buch bereits wiederholt bemerkt haben, sollte niemand, wirklich niemand, an größere XML-Projekte herangehen, ohne entsprechende Werkzeuge an der Hand zu haben. Aus diesem Grund haben wir für Sie eine Liste mit den absolut besten Tools zur Bearbeitung, Überprüfung und Verwaltung von XML-Dokumenten herausgesucht. Wenn Sie nur wenig Zeit haben, sich umzusehen, und Ihre Mittel beschränkt sind, sollten Sie sich diese Tools auf jeden Fall ansehen.

Nur gültige XML-Dokumente sind es wert, veröffentlicht zu werden

Sie sollten inzwischen bemerkt haben, daß ein gültiges XML-Dokument immer ein wohlgeformtes Dokument mit einer dazu passenden internen oder externen DTD ist. Tools, die diese Art der Überprüfung für Sie erledigen, gibt es zuhauf. Wir kennen uns am besten mit dem DXP (DataChannel XML Parser) aus und schätzen dieses Tool sehr. Weil Norbert Mikula, der ursprüngliche Entwickler des DXP, einer der Co-Autoren ist, können wir nicht umhin, zuzugeben, daß wir natürlich etwas voreingenommen auf diesem Gebiet sind. Außerdem war seine Arbeit an DXP einer der Gründe, warum wir Ihn als Co-Autor haben wollten.

Sie finden den Parser auf der CD zum Buch oder aber eine inzwischen aktuellere Version unter `http://xdev.datachannel.com/directory/xml_parser.html`.

Das ultimative SGML-Tool arbeitet auch mit XML

James Clark ist eine Legende in der SGML-Gemeinde. Sein Ansehen beruht auf der Entwicklung einer Reihe von sehr mächtigen Tools, die viele wichtige Funktionen bieten. Das beste ist aber, das fast alle Freeware sind, also keinen Pfennig kosten. Wer sagt, daß etwas, das nichts kostet, auch nichts taugt? Clarks technisch einwandfreier Parser SP kann nicht nur SGML-Domumente prüfen, man kann ihn auch für XML-Dokumente einsetzen. Ein weiteres interessantes Tool von James Clark ist Jade. Jade implementiert einen Teil von DSSSL (Document Style Semantics and Specification Language), gesprochen »dissel«, der Formatierungssprache von SGML.

Sie finden eine Version von SP für Windows auf der beiliegenden CD oder auf der Homepage von James Clark unter `www.jclark.com/`.

Das XML-Füllhorn

Poet Software bietet alle möglichen Ressourcen zum Thema XML an, darunter auch Artikel, XML-Tools, Links zu anderen Seiten etc. Poet vertreibt eine sehr mächtige, objektorientierte Datenbank auf der Basis von CORBA (Common Object Request Broker Association), die den Austausch und die gemeinsame Nutzung von Daten zwischen den unterschiedlichen Datenbanken und Anwendungen erlaubt. Offensichtlich nehmen die Verantwortlichen bei Poet Software das plattformübergreifende und offene Konzept von XML sehr ernst und werben anhaltend und enthusiastisch für diese Technologie.

Sie sollten sich diese umfangreiche Sammlung an Hinweisen und Tools unter `http://www.poet.com/products/cms/xml_library/xml_lib.html` ruhig einmal ansehen.

Auch Microsoft beschäftigt sich mit XML

In dem Bemühen, die Verbreitung und den Funktionsumfang seiner Internet-Software, besonders des Internet Explorers, auszuweiten, hat sich Microsoft als ein unerwarteter und glühender Befürworter von XML erwiesen. Neben anderen XML-Anwendungen galt das besondere Interesse den eigenen Vorschlägen, wie CDF (Channel Definition Format) und RDF (Resource Description Frame Work).

Der von Microsoft angebotene XML-Parser ist in der Form, wie er zur Drucklegung der Originalausgabe des Buches, noch angeboten wurde, nicht mehr zu haben. Es gibt aber eine in Java implementierte Version unter `http://msdn.microsoft.com/xml/IE4/jparser.asp`.

Das Tool von Tim Bray

Tim Bray ist Mitglied der XML Working Group des W3C schon seit der Zeit, als diese noch gar nicht so hieß und ein Teil der SGML-Gruppe des W3C war. Sein Beitrag zu XML ist allgemein bekannt und wird verdientermaßen gewürdigt. Unter anderem hat Tim Bray an der XML-Spezifikation mitgearbeitet und außerdem einen XML-Prozessor in Java implementiert. Dieses Tool ist unter anderem entstanden, um zu zeigen, wie einfach es ist, Software für XML zu schreiben. Die Früchte seiner Arbeit finden Sie unter `www.textuality.com/Lark/`.

Copernican stellt XML in die Mitte des WWW

Copernican Solutions, Inc., ist nach eigener Aussage eine Firma für Dokument-Technologie (document technologie). Das Unternehmen bietet eine Reihe von Entwicklungswerkzeugen an. Unter anderem auch das DSSSL Application Environment für SGML und XML. Dieses Tool ist für jene besonders nützlich, die bereits mit einem SGML-Autorensystem arbeiten oder es demnächst vorhaben und ihre Dokumente auch in XML veröffentlichen wollen. Die Firma war stark an der Schaffung und Verbesserung von XML-Standards seit Entstehung der XML Working Group beteiligt.

Mehr Information zum Thema DEA (das DSSSL Application Environment) finden Sie unter `http://www.copsol.com/products/dae/index.html`.

Automatisierung mit XML

Die Firma webMethods hat den Kern ihres Web-Automation-Toolkits auf Java und XML aufgebaut. Das Unternehmen wirbt heftig für den Einsatz ihres Produktes im Bereich des Electronic-Commerce und verwandter Anwendungsbereiche. Außerdem wirbt man für den Einsatz zur Automatisierung von Zugriffen auf Daten und Dienste im WWW, wobei sowohl HTML als auch XML als Formate berücksichtigt werden. Das Produkt scheint gut anzukommen und lohnt einen Blick für alle, die den Zugriff auf Daten ihrer Web-Seiten, deren Handhabung und die Sicherheit verbessern wollen.

Eine Demo-Version und mehr Informationen zu dem Produkt finden Sie unter `www.webmethods.com/`.

Der ChannelManager hilft Daten zu kanalisieren

Die Push-Technologie bezeichnet die Möglichkeit, einen Prozeß in Gang zu setzen, bei dem Daten von einem Server zu einem Client geschickt werden. Diese Technologie hat einige Aufruhr verursacht, besonders, wenn es um die automatische Verteilung von Software oder allgemeiner konstanter und vorhersehbarer Datenströme (Börsenkurse, Nachrichten etc.) geht. Der auf XML basierende ChannelManager von DataChannel sorgt dafür, daß XML auch auf dem Gebiet der Push-Technologie eine Rolle spielt. Das Produkt gilt nicht nur bei der Wirtschaftspresse als führend auf seinem Gebiet, sondern bekommt diese Rolle auch durch ein gemeinsames Vermarktungsabkommen mit Microsoft zugesprochen.

Eine Demo-Version auf dem jeweils aktuellen Stand finden Sie auf der Homepage von DataChannel unter `www.datachannel.com`.

Erfahrung zahlt sich aus

Die Firma ArborText ist einer der Pioniere auf dem Gebiet der Entwicklung von Publishing-Software. Sie verfolgte früh den Ansatz, Inhalt und Formatierung zu trennen, so daß man einmal geschriebene Dokumente nicht für jede Veröffentlichung neu bearbeiten muß, nur weil sich die Formatierung oder das Medium ändert. ArborText hat solche Software jahrelang auf der Basis von SGML entwickelt. Mit dem Editor ADEPT kommt nun auch noch XML dazu. Mit ADEPT kann man Dokumente erstellen, die sich zur Veröffentlichung auf Papier (Bücher), Web-Seiten oder CD-ROM (oder für alle drei zusammen) eignen. ADEPT ist speziell für die Arbeit an großen und umfangreichen Projekten konzipiert, bei denen ein ganzer Stab von Autoren gleichzeitig an vielen Dokumenten arbeitet.

Wenn Sie mehr über die Möglichkeiten von ADEPT wissen wollen, sollten Sie die Seiten von ArborText aufsuchen. Sie finden sie unter `www.arbortext.com/editor.html`.

Hier endet unsere Tour durch die zehn besten XML-Tools und auch der reguläre Teil des Buches. Vergessen Sie nicht den Anhang zur CD. Er wird Ihnen helfen, besser mit dem Inhalt der CD zurechtzukommen. Vergessen Sie auch den Index nicht. Er wird Ihnen sicher häufig helfen können, die oft mysteriöse Terminologie von XML zu entschlüsseln.

Die CD zum Buch

A

Die CD zum Buch ist randvoll mit Programmen und Daten, die Ihnen dabei helfen werden leichter und effizienter mit diesem Buch und XML umzugehen. Sie werden unter anderem folgendes finden:

- ✔ Freie XML-Software oder (zeitlich beschränkte) Test-Versionen von XML-Programmen.
- ✔ Alle Beispiele aus dem Buch, nach Kapiteln sortiert.

Wir setzen in diesem Anhang ein grundlegendes Wissen über Computer voraus. Sollten Sie nicht wissen, wie Sie überprüfen können, ob Ihr Rechner den Mindestanforderungen gehorcht, sollten Sie folgende Bücher zu Rate ziehen.

Ist Ihr Rechner fit genug?

Es kann zu Problemen im Umgang mit der CD und der darauf enthaltenen Software kommen, wenn Ihr Rechner nicht die folgenden Mindestanforderungen erfüllt:

- ✔ Ein PC mit mindestens einem 486'er Prozessor.
- ✔ Sie sollten Microsoft Windows NT 4.0 oder Windows 95 oder neuer installiert haben.
- ✔ Ihr Rechner sollte über mindestens 16 MB Hauptspeicher verfügen. PCs mit Windows 95 sollten über 24 MB RAM verfügen, um eine gute Arbeitsgeschwindigkeit zu bieten.
- ✔ Sie werden mindestens 30 MB Festplattenplatz benötigen, wenn Sie alle Programme der CD installieren wollen.
- ✔ Sie werden natürlich ein CD-ROM-Laufwerk (4-fach oder schneller) benötigen.
- ✔ Einen Monitor, der mindestens 256 Farben oder Graustufen darstellen kann.
- ✔ Ein Modem mit einer Transferrate von 14,400 bps (besser 33.600 bps).

Wie nutzt man die CD?

Um den Inhalt der CD zu nutzen, sollten Sie folgende Schritte befolgen:

1. **Legen Sie die CD in Ihr CD-ROM-Laufwerk.**
2. **Sobald die LED an Ihrem CD-ROM-Laufwerk nicht mehr blinkt, können Sie mit einem Doppel-Klick auf das Symbol Arbeitsplatz das Fenster Arbeitsplatz öffnen.**
3. **Klicken Sie mit einem Doppel-Klick auf das Symbol für Ihr CD-ROM-Laufwerk.**

   Es wird sich ein neues Fenster öffnen, das Ihnen den Inhalt der CD (Ordner und Dateien) anzeigt.

4. **Öffnen Sie mit einem Doppel-Klick die Datei `License.txt` und lesen Sie den Text. Anschließend können Sie den Editor (vermutlich Notepad) wieder beenden.**

   Sie müssen den Text der Lizenzvereinbarung lesen, denn sobald Sie beginnen den Inhalt der CD zu nutzen, erklären Sie sich automatisch mit den Lizenzbestimmungen einverstanden.

5. **Öffnen Sie die Datei `Readme.txt` mit einem Doppel-Klick.**

   Diese Datei enthält einen Text mit Hinweisen zur Installation der Software auf der CD, sowie allgemeine Hinweise zum Inhalt der CD. Wenn Sie wollen, können Sie die Datei ruhig geöffnet lassen, während Sie mit der CD arbeiten. So können Sie immer wieder schnell nachlesen, wenn Sie auf Probleme stoßen.

6. **Wenn Sie ein bestimmtes Programm testen wollen, so sollten Sie den entsprechenden Ordner öffnen.**

   Später wird im Abschnitt »CD-Inhalt anwenden« genauer beschrieben, was Sie auf der CD finden (außerdem enthält die Datei `Readme.txt` viele Informationen).

7. **Starten Sie das Installationsprogramm (`Setup.exe` oder `Install.exe`) mit einem Doppel-Klick.**

   Das Installationsprogramm wird Sie dann durch Vorgang der Installation leiten.

CD-Inhalt anwenden

Die Programme und Daten auf der CD lassen sich in folgende Hauptkategorien unterteilen:

- ✔ *Beispiele*: Dieses Verzeichnis enthält die Beispiele aus dem Buch.
- ✔ *Verzeichnisse mit Freeware und Test-Versionen*: Sie finden hier einige der besten XML-Programme überhaupt.

- *license.txt*: Diese Datei sagt Ihnen, welche Bestimmungen Sie beachen müssen, wenn Sie mit der CD arbeiten.
- *readme*: Diese Datei enthält den Text dieses Anhanges und einige Ergänzungen und Änderungen, die es nicht mehr in den Druck geschafft haben.

Beispiele

Dieser Ordner enthält die Beispiele aus diesem Buch, nach Kapiteln sortiert. Sie können auf die Kapitel zugreifen, in dem Sie die entsprechende Datei öffnen. Die Dateien tragen den Namen `ch`*`nn`*`Bsp.htm`, wobei *`nn`* die Kapitelnummer ist, oder `ch`*`nn`*`e`*`xxx`*`.htm`, wobei hier *`xxx`* die Nummer des Beispieles ist.

Software

Sie können sich aus dem Inhalt der CD eine eigne Sammlung an Tools zusammenstellen, die Ihren Wünschen entspricht. In der Tabelle A.1 finden Sie die Deteils über die Programme auf der CD. Genauere Informationen zu den Programmen finden Sie auf der CD in der Datei `Readme.txt`.

Programm	Betriebssystem	Typ	Windows Pfad
Blaise r4.0	Windows	Test-Version	D:\BLAISE\Setup.exe
Lark	UNIX	Freeware	
MSXML	Windows	Freeware	D:\MSXML\xmlinst.exe
DataChannel XML Parser; DXP	Windows, UNIX	Freeware	D:\DXP\README.html
DataChannel XML Viewer (DXDE)	Windows, UNIX	Freeware	D:\XMLVIEW\readme.htm
Channel Manager 2.0	Windows, UNIX	Freeware	D:\CHANMANG\cm20beta1.exe
LT XML Toolkit v.1b	UNIX	Test-Version	
Internet Explorer 4.0	Windows,	Kommerzielle Software	D:\MSIE401\ie4setup.exe
Jade	Windows, UNIX	Freeware	D:\JADE\jade.htm
SP SGML 1.2 parser	Windows	Freeware	D:\SPSGML\readme.txt
ArborText XML Styler	Windows	Freeware	D:\ARBORSTY\Xinstall.exe

Tabelle A.1: Software auf der CD

Erste Hilfe

Starten die Programme auf der CD nicht, obwohl Ihr Computer die Mindestanforderungen erfüllt, haben Sie vermutlich eines der folgenden zwei Probleme. Entweder, Ihr Rechner hat nicht genügend Speicher für das (oder die) Programm(e) oder es läuft bereits ein Programm, das die Installation behindert. Ist dies der Fall, so sollten Sie eine Fehlermeldung wie »`Nicht genügend Arbeitsspeicher`« oder »`Installation abgebrochen`« erhalten. Sollten Sie eine solche Meldung gesehen haben, versuchen Sie erst einige der folgenden Tips und versuchen Sie es dann erneut mit der Installation.

- ✔ Beenden Sie jegliche Antiviren-Software, die auf Ihren Rechner laufen sollte. Installationsprogramme werden gelegentlich von Antiviren-Programmen irrtümlich als Viren erkannt und blockiert.
- ✔ Schließen Sie alle laufenden Programme. Je mehr Programme aktiv sind, desto weniger Hauptspeicher steht anderen Programmen zur Verfügung. Installationsprogramme aktualisieren oft auch bereits Teile installierter Programme. Sollte ein solches Programm gerade laufen, so kann dies die Installation stören.
- ✔ Lassen Sie Ihren Rechner mit mehr Speicher ausrüsten. Das ist sicher eine drastische und unter Umständen teuere Maßnahme. PCs können jedoch erheblich von einer Speicheraufrüstung profitieren. Sie werden für gewöhnlich schneller und erlauben es mehr Programme gleichzeitig auszuführen.

Stichwortverzeichnis

Symbole

A

B

C

F

G

H

I

J

K

L

M

N

O

P

R

S

T

U

V

W

496 Seiten, 2. Auflage 1999, mit CD
DM 49,90
ÖS 364,–
ISBN 3-8266-2863-2

Wallace Wang

Visual Basic 6 für Dummies

Gegen den täglichen Frust mit Visual Basic

- Programmieren ohne Spagetti-Code
- Windows Look & Feel für Ihre Anwendungen
- **Mit vollwertiger Working-Model-Version von Visual Basic 6**

Sie möchten Visual Basic kennenlernen, ohne direkt in die allertiefsten Programmierabgründe zu steigen? Sie haben keine oder nur wenig Programmiererfahrung, sind aber fest entschlossen, es zu lernen? Dann greifen Sie zum Dummy unter den Programmierbüchern und lassen sich von Wallace Wang auf die fröhliche Art in die Welt des Programmierens einführen.

Sie erfahren:

- ✔ Was das alles ist und wie es funktioniert: BASIC-Codes, Caption-Eigenschaften, Ereignisprozeduren, Operatoren usw.
- ✔ Wie Sie Menüs aller Art in den Griff bekommen: Pull Down, Pop Up & Co.
- ✔ Wie Sie mit Visual Basic typische Grundelemente wie Boxen, Buttons und Scroll Bars programmieren, die jeder Benutzer aus dem täglichen Windows-Alltag kennt
- ✔ Wie Sie wiederverwendbare Unterprogramme schreiben, die vielseitig einsetzbar sind
- ✔ Wie Sie mit dem Visual Data Manager Datenbanken erstellen und so bares Geld sparen können

Systemvoraussetzungen:
Windows 95, 98, NT

Auf der CD-ROM: Quellcode der Beispiele aus dem Buch
Working-Model-Version von Visual Basic 6

448 Seiten, 2. Auflage 1999
DM 49,90, kart., mit CD
ÖS 364,–
ISBN 3-8266-2862-4

Michael Hyman & Bob Arnson

Visual C++ 6 für Dummies

Aus dem Amerikanischen übersetzt von Barbara und Uwe Jaekel

- C++-Grundlagen für Jedermann
- Objektorientierte Programmierung leicht gemacht
- **Mit vollwertiger Working-Model-Version von Visual C++ 6**

Wer mit C++ umgehen kann, der beherrscht die Welt! Verbessern Sie Ihre Chancen auf dem Arbeitsmarkt mit C++-Kenntnissen. Lassen Sie sich von Michael Hyman und Bob Arnson in C++ und Microsofts Entwicklungsumgebung Visual C++ einweisen. Erfahren Sie, was Sie schon immer über die Programmierung mit Visual C++ wissen wollten, doch bei abgedrehten Programmiern nie erfahren konnten.

Sie erfahren:

✔ Wie die Entwicklungsumgebung aufgebaut ist, und was man wozu braucht: Compiler, Debugger, Editor ...
✔ Wie Sie mit Hilfe des Anwendungsassistenten schneller als Sie denken Ihre ersten Programme aus dem Hut zaubern können
✔ Wozu man Klassen und Zeiger braucht
✔ Was objektorientierte Programmierung ist und welche Vorteile sie hat
✔ Wie Sie sich mit der MFC Arbeit ersparen können

Auf der CD-ROM:

✔ Working-Model-Version von Visual C++ 6
✔ Quellcode der Beispiele aus dem Buch

ca. 400 Seiten
49,90 DM, kart., mit CD
erscheint im Dezember 1999
ISBN 3-8266-2869-1

Wallace Wang

Programmieren für Dummies

Aus dem Amerikanischen übersetzt von Elke Jauch

- Überblick über die verschiedenen Programmiersprachen
- Absolute Grundlagen des Programmierens
- Auf der CD: Alles, was Sie zum Starten brauchen

Sie sind auf der Suche nach einem auch für »normal Sterbliche« verständlichen Einsteiger-Buch zu dem ebenso spannenden wie Respekt einflößenden Thema Programmieren? - Dann halten Sie gerade das richtige Buch in der Hand!

Wallace Wang verschafft Ihnen den heiß ersehnten Überblick: Er stellt Ihnen die verschiedenen Programmiersprachen mit ihren Vor- und Nachteilen vor, weiht Sie anhand konkrekter Beispiele in die Grundlagen und Grundbegriffe des Programmierens ein und erzählt Ihnen zwischendurch ein paar amüsante Anekdoten über die (Miß-)Geschicke einiger Profi-Programmierer ...

Außerdem finden Sie auf der CD gleich die richtige Programmier-Software, um Ihre ersten Programm-Ideen auszuprobieren.

Sie erfahren:

- ✔ Welche Sprachen es gibt und wofür sie gut sind
- ✔ Was Sie mit Compilern, Entwicklungsumgebungen, Debuggern, Visual Tools usw. alles anfangen können
- ✔ Wie Sie Programme mit Animation, Sound, Encryption aufpeppen können
- ✔ Welche online-Resourcen Sie für's Programmieren nutzen können
- ✔ Warum die NASA unfreiwillig eine Rakete ins Weltall schoß